CHRISTIAN ROUAS

L'EMPRISE DU MONDIALISME

CRISE ÉCONOMIQUE MAJEURE
ORIGINE - ABOUTISSEMENT

ΘMNIA VERITAS

CHRISTIAN ROUAS

L'EMPRISE DU MONDIALISME

CRISE ÉCONOMIQUE MAJEURE

ORIGINE - ABOUTISSEMENT

Publié par Omnia Veritas Ltd

OMNIA VERITAS

www.omnia-veritas.com

© Omnia Veritas Ltd –
Christian Rouas – 2015

AVANT-PROPOS

Pour mieux aborder cet ouvrage, voici quatre citations et une vidéo très à propos :

« *Tous les êtres humains trébuchent un jour sur la vérité, la plupart se relèvent rapidement, secouent leurs vêtements et retournent à leurs préoccupations, comme si de rien n'était* ».
Winston CHURCHILL, premier ministre de Grande Bretagne. Il déclara aussi ultérieurement :
« *Mieux vaut prendre le changement par la main avant qu'il ne nous prenne par la gorge* ».

« *Seuls les plus petits secrets ont besoin d'être protégés, car les plus gros sont gardés par l'incrédulité publique* ».
Marshall MACLUHAN (1911 – 1980) auteur et chercheur Canadien.

« *L'individu est handicapé en se retrouvant face à face avec une conspiration si monstrueuse, qu'il ne peut croire qu'elle existe* ».
J. Edgar HOOVER, directeur du FBI de 1924 jusqu'à sa mort en 1972.
« *L'esprit le plus fertile au monde ne peut pas imaginer tout ce qui se tisse à l'arrière-plan de la vie publique* ».
Les **citoyens du contrat universel**, auteurs de ce livre.

Pour se convaincre des activités séditieuses d'un puissant cartel agissant dans le secret, voir cette vidéo de feu le président **John F. Kennedy – 1961**.[1]

---

[1] **Kennedy dénonçait le complot et les Sociétés secrètes - Qui sont les membres des Sociétés secrètes ?**
https://www.youtube.com/watch?v=ljnVfSGHYhA

INTRODUCTION

Nous sommes les citoyens d'une merveilleuse planète ressemblant à la vôtre. Sur la base de notre expérience de pacification et d'harmonisation planétaire, et motivés par l'intérêt particulier que nous vous portons, nous allons vous expliquer et vous démontrer pourquoi et comment autant d'événements mondiaux aussi dramatiques que les Révolutions, les guerres mondiales, la crise économique majeure, la pauvreté, le dérèglement climatique, se sont abattus durablement sur votre monde moderne, plongeant rapidement l'humanité dans le chaos.

Les péripéties et les intrigues retracées dans ce roman ont échappé à la connaissance du grand public et des médias. Ils ne peuvent être clairement identifiables et explicables qu'à la condition d'y consacrer beaucoup de temps, d'entreprendre avec perspicacité de longues recherches et d'être animés de puissants mobiles de cœur. Une entreprise qui n'est pas aisée, ni envisageable, pour le plus grand nombre de gens, par ailleurs trop occupés dans la vie pour le faire.

Les hauts personnages décrits dans le présent ouvrage sont pour la plupart l'élite des nations, forts de leur organisation secrète, de leurs réseaux d'influence et de corruption. Ils sont aussi aux commandes de l'actuelle véritable gouvernance mondiale. Certains d'entre eux se sont exprimés[2] ouvertement, notamment sur des chaînes de télévision nord-américaines, au sujet de la nécessité d'établir le plus vite possible une nouvelle gouvernance mondiale, faisant des adeptes parmi les chefs

---

[2] **Henry Kissinger et le nouvel ordre mondial**
https://www.youtube.com/watch?v=ThQvt1FaIxg

politiques occidentaux.[3] Cependant, leurs propos sortis du contexte n'ont pas du tout été captés, ni compris, par le grand public...

Les habitants de votre planète ignorent tout de ce qui se trame à l'arrière-plan de la scène mondiale. Les profanes et les candides sont à mille lieues d'avoir l'éclairage leur permettant de saisir le sens de la marche chaotique de votre monde. L'immense majorité des gens n'a pas non plus la moindre idée sur l'origine de la crise économique majeure et sur son aboutissement. Ce chaos en marche représente donc l'objet de notre investigation et le thème principal développé par notre ouvrage de portée planétaire. Nous précisons que certains éléments décrits au cours de ce roman d'investigation pourraient correspondre à certaines situations, à divers événements et individus qui existent réellement, toutefois il ne s'agit là que d'une pure coïncidence.

À l'origine, sur notre planète régnait une paix totale entre les hommes et toutes autres espèces vivantes. Nous ne connaissions aucune forme de nuisance sociale, environnementale. Chaque Être n'aspirait qu'à une vie heureuse, riche de bonnes expériences. L'on évitait toute charge et contrainte inutile, veillant avec autant d'attention à nos propres intérêts qu'à ceux de tous nos concitoyens. Dans ce contexte harmonieux et reposant, au fil du temps et des générations successives, en éduquant la personnalité profonde de notre cœur et l'hémisphère droit de notre cerveau, nous avons appris à pratiquer envers tout Être humain, quelle que soit son origine ethnique ou son apparence, les qualités essentielles d'empathie, d'indulgence, de compassion, d'entraide. Nous évitions tout excès, toute mauvaise expérience,

---

[3] **Nouvel Ordre Mondial: Réponse à: Attali, Minc, BHL, Sarkozy,...etc.**
https://www.youtube.com/watch?feature=player_embedded&v=FyX4F7y2RFM#!

qui auraient pu nuire à notre santé mentale et physique comme à celle des autres.

Bien vite, chaque habitant pouvait apprendre à mesurer tous les effets relationnels négatifs, déstabilisants, produits par un schéma de pensée, par un comportement, empreint de subjectivité, de préjugés, de partialité, d'indifférence, d'égocentrisme exacerbé. Une fois passée une certaine forme d'insouciance liée à la jeunesse, nous cherchions à consolider ses propres valeurs d'affection, de moralité, de sociabilité, que nous avions su patiemment exercer. Cette forme de vie enrichissante, tous les habitants de notre planète aspiraient à la parfaire en développant le resserrement indéfectible des liens familiaux, amicaux, professionnels et sociétaux.

Autant qu'en respectant les autres formes de vie, l'environnement et les écosystèmes. Tout bien considéré, nous avions su construire mutuellement un bonheur durable caractérisé par la quiétude de l'esprit.

Toutefois, il y a deux siècles, cette merveilleuse longue période de tranquillité, de bien-être, fut troublée par un petit groupe de lobbyistes liés à un cartel occulte. Il s'agissait d'esprits malveillants, hautement intelligents à fomenter le mal, organisés en réseaux secrets. En quelques décennies, ils ont réussi à pervertir une grande partie de la société. L'environnement fut gravement atteint à cause de la surexploitation de toutes les ressources naturelles de notre Terre. Tous les peuples ont dû subir la taxation de la source électrique d'énergie libre et non polluante de l'univers, gratuite jusque-là. Pour imposer à la place l'utilisation absurde de carburants d'origine fossile. Finalement, ils ont réussi à mettre en œuvre toutes les modalités de leur plan funeste, s'appliquant à entraîner à leur suite un grand nombre de nos concitoyens sous l'effet de leur incessante propagande. Voici à quoi ressemblait notre société à cette époque.[4]

En usant de leur réseau d'influence et de corruption, en incitant à la recherche avide de l'argent Roi, ils ont monté les gens les uns contre les autres. Leurs sociétés secrètes ont fomenté les plans de plusieurs Révolutions, guerres locales et mondiales. En l'espace d'une seule génération, la dégradation des écosystèmes, la ruine sociale, la misère, le désarroi, avait miné toute notre société. Bien heureusement, avant qu'ils ne minent toutes nos valeurs sociétales et ne mettent à sac notre planète, nous avons pu les contrer à temps.

Pour cela il a fallu élaborer de nouvelles lois protectrices, et organiser un referendum planétaire afin de mettre en place un nouvel Ordre gouvernemental inter continental sur la base d'un contrat universel inédit. Notre but consistait à stopper net le processus d'autodestruction et de redresser promptement notre monde. Voici un premier point marquant de similitude situationnelle entre nos deux planètes et nos deux peuples. Nous sommes ainsi mieux à même de vous comprendre, de bien mesurer votre souci pour l'avenir, votre préoccupation à prévenir votre descendance des conséquences néfastes d'un système déshumanisé, désorganisé, de plus en plus précaire. Un monde devenu incertain, risqué, proche du chaos, mais toujours aux prises d'un milieu politico-financier intraitable.

Vous attendez de vos gouvernants qu'ils puissent au moins régler les problèmes les plus urgents, à défaut de pouvoir assurer les bases nécessaires pour garantir durablement à tout un chacun une vie agréable et heureuse. Dans le contexte actuel marquant d'une société en pleine déliquescence, le simple bon sens suffit à discerner que les États-nation n'ont plus de réelle

---

[4] **Fotopedia National Parks**
https://www.youtube.com/watch?v=GZQHPKVFlIg

capacité à satisfaire cette demande légitime. Depuis la crise majeure apparue en votre année 2008, ils sont dépassés par la succession d'évènements critiques. De ce fait, ils ne peuvent plus éviter aux populations d'échapper aux terribles conséquences économiques et sociales engendrées par cette crise sans précédent. Pas plus qu'ils ne peuvent remédier à la rapide dégradation de l'environnement.

Pourquoi les États-nation sont-ils dans cette situation d'abaissement, d'affaiblissement ? – À quoi, à qui, les masses humaines et les gouvernements souverains sont-ils vraiment confrontés ? – D'où et comment provient ce courant de fond qui fait survenir simultanément à l'échelle mondiale autant d'incidents, de péripéties, de difficultés, imprévisibles et irréversibles ? Comment peut évoluer l'actuelle mutation monstrueuse qui précipite déjà la grande multitude des peuples dans le plus grand trouble ? *C'est exactement ici, au stade de ces questions fondamentales, que s'amorce notre investigation.*

Pour autant, nous ne sommes pas ce que l'on nomme bêtement "complotistes."[5] Quand bien même, cela n'aurait aucune importance car il suffit de voir objectivement dans quel état se trouve le monde pour se dire qu'il y a un énorme problème devenu insurmontable pour les peuples et les États. **La seule question à considérer est de savoir pourquoi et comment le monde en est arrivé là.**

Nous avons décidé d'exposer avec précisions les impensables interconnexions secrètes et maléfiques qui caractérisent le monde actuel. Nous décrirons l'entremêlement sournois d'inimaginables stratégies pernicieuses, très alambiquées,

---

[5] Terme inventé en 1967 par la CIA pour contrer ceux qui contestent le récit « officiel ». **Etienne CHOUARD Les gros malins de la théorie du Complot.** http://www.dailymotion.com/video/xi5ziq_etienne-chouard-les-gros-malins-de-la-theorie-du-complot_news

élaborées loin des regards dans les lieux hermétiques où s'affairent les Maîtres de votre monde.

Nous préciserons tous les moyens qui ont été planifiés et mis en œuvre depuis huit décennies pour assurer l'itinéraire conduisant tous les chefs de gouvernement et tous les peuples à l'instauration d'une nouvelle gouvernance de votre monde. Une épopée aujourd'hui proche de son aboutissement sur votre planète en grande partie saccagée, désormais bien éloignée du modèle de Terre originelle de vos aïeux. Sachez que l'édification d'un nouvel Ordre économique et social du monde fait régulièrement l'objet de négociations pour aboutir rapidement à un consensus. C'est le thème évoqué au cours des sommets politiques internationaux, notamment lors du G8 (réunion du groupe des huit pays les plus puissants économiquement). C'est un concept qui peut sembler enviable pour les chefs d'État enlisés dans les méandres de la crise majeure.[6]

Pour le milieu politique et financier traditionnel, cette réforme de fond semble représenter une formidable opportunité d'essor et de stabilité économique, sociale, environnementale. Pour le grand public, c'est un thème qui échappe entièrement à son entendement. Afin d'approfondir ce sujet essentiel, il est nécessaire d'y apporter toute la lumière.

Dès le deuxième chapitre de notre livre, nous répondrons précisément aux questions suivantes : quelle est la véritable gouvernance mondiale ? Quel est le rapport insoupçonné entre les sociétés secrètes – l'élite des nations – la haute finance – et les guerres ? – Comment s'exécute chacune des étapes menant à un nouvel Ordre du monde (N.O.M) ? – Quels sont les auteurs de ce projet ? – De quelle façon préparent-ils mentalement les peuples, les gouvernements nationaux, les

---

[6] **Sarkozy veut imposer le NOUVEL ORDRE MONDIAL (NWO)**
https://www.youtube.com/watch?v=aeXhEp7dhvw&feature=player_embedded

religions, à son instauration ? Comment utilisent-ils subtilement l'image, l'influence, la puissance, les moyens, de la double puissance anglo-américaine pour mystifier et conditionner le monde entier afin de parvenir facilement à leurs fins?

Dès le cinquième chapitre, nous apporterons la réponse à d'autres interrogations complémentaires : quelle stratégie multi étagée ont-ils appliquée pour aboutir à l'instauration d'un nouvel Ordre du monde ? – Quels moyens ont-ils utilisés pour assurer chacune des étapes de cet itinéraire ? – De quelle façon un petit groupe d'esprits supérieurs a-t-il anticipé la désuétude des États-nation ? Comment ce cartel pré voit-il d'exploiter tactiquement les effets de la peur du mythe extra-terrestre ? – Quelles sont les multiples conséquences actuelles et à venir de la crise majeure pour les peuples et les États ?

Aux premières minutes de l'aurore, la ligne d'horizon devient progressivement plus claire après la disparition de la brume matinale et de la pollution. De même, à partir du recoupement de tous les faits et éléments explicités dans les trois premières parties du présent ouvrage, vous saisirez clairement vers quelle destination sont conduits les nations et leur peuple.

L'actuelle situation de dégradation économique et sociale n'est pas fortuite. C'est essentiellement le résultat d'un plan qui a été finement esquissé par un petit cartel d'esprits brillants, opérant au sein de cercles de réflexion (think tank).[7] En 2012, l'assèchement de l'économie mondiale et la dégradation budgétaire correspondante que subissent les gouvernements nationaux sont devenus une évidente réalité pour le plus grand nombre de gens. Toutefois, le processus qui est à l'origine de

---

[7] http://fr.wikipedia.org/wiki/Think_tank

cette situation et le bouleversement qui en découlera échappent entièrement à l'intellection de la grande multitude des habitants de la planète ressemblant à notre Terre. D'où notre intention d'informer en profondeur chacun de nos lecteurs sur tous les sujets utiles à la compréhension de ce que sera prochainement l'aboutissement de l'actuelle crise majeure. Une étude qui a nécessité sept années d'investigation.

Nous essaierons aussi d'éveiller vos esprits par des questions que nous aimerions voir vous poser : Qui placera sa confiance en de prochaines fausses promesses de solutions globales et de concorde universelle ? Quel avenir cette élite d'initiés réserve-t-elle à l'humanité ? En quoi consiste la Charte de la nouvelle gouvernance mondiale ? Quel est le degré de détermination et d'intransigeance de cette supra autorité ? À quoi peuvent s'attendre les habitants de la planète ressemblant à notre Terre ?

Avant la lecture de notre livre, il est utile de s'interroger :

Au plan mondial : depuis 2008, au cours de chacune des réunions privées du G8 et du G20, les soutiens des esprits supérieurs, placés à la tête d'institutions supranationales, FMI, Banque mondiale, OMC, ONU… ne cessent d'insuffler aux chefs d'État une solution inespérée pour sauver l'économie mondiale proche du chaos. Est-ce une information suffisamment importante pour savoir exactement à quoi elle correspond ? Quel serait le devenir des nations si tous les chefs de gouvernement, empêtrés dans les conséquences inextricables de la crise des crises, se laissaient séduire et modeler par un tel programme ? S'ils soumettaient du même coup tous les peuples qu'ils administrent aux exigences insoupçonnées de la véritable gouvernance mondiale ?

À titre personnel : quoiqu'il advienne, serais-je absorbé par mes tâches quotidiennes, mes objectifs personnels, au point de ne pas vouloir m'intéresser à ce sujet central ? Consciemment ou inconsciemment vais-je repousser la possibilité qui m'est faite de savoir tout ce qu'englobent les objectifs du véritable pouvoir mondial ? La paresse intellectuelle, l'indifférence, l'indolence, la routine, seraient-elles l'obstacle à ce refus d'accéder à la compréhension de ce sujet capital ? Ou au contraire, en ne défendant que vos propres opinions, vous vous êtes persuadé de leur justesse au point d'en savoir suffisamment pour pouvoir tout appréhender sur la situation mondiale ? Si vous pensez le faire isolément de notre investigation, posez-vous cette question : *Êtes-vous sûr de savoir ? Et que savez-vous au juste ?*

Après la lecture de notre investigation : outre le fait d'avoir pu satisfaire sa curiosité, il restera à chacun de savoir comment il se positionnera d'ici peu de temps dans le tracé du devenir de cette civilisation. Surtout pouvoir se préparer mentalement dès maintenant pour refuser le projet que les instances de la nouvelle gouvernance du monde vont faire miroiter à tous les peuples. De notre côté, en ayant porté ce regard sur vous et sur votre Terre, nous sommes quittes de notre devoir d'information.

Les citoyens du contrat universel

CHAPITRE 1

LE CONTRAT UNIVERSEL
POUR LA NOUVELLE TERRE

Nous, citoyens de la nouvelle Terre, vivons à une distance très éloignée de vous. Notre planète, située au fin fond du système solaire, n'a pas été découverte jusque-là. Nous avons mis au point un système de brouillage électromagnétique afin qu'aucun type d'appareillage ne puisse nous détecter ni nous situer, ce qui nous assure de toute intrusion étrangère néfaste.

Notre monde physique est très semblable au vôtre,[8] nous bénéficions d'une atmosphère, d'un monde végétal et animal, d'un soleil, d'une deuxième planète satellitaire. Ce dernier comme la lune fait office de contrepoids gravitationnel, permettant d'assurer à notre Terre un axe d'obliquité de 23°, sans lequel toute vie normalisée serait impossible.

Nous sommes aussi des humanoïdes. Mais pas au sens mécanique, ni électronique, car après avoir fait l'effort de développer l'usage complet de nos deux hémisphères cérébraux, notamment le droit, doué d'hyper-raison, nous avons acquis une très grande sensibilité, doublée de réelle objectivité et d'impartialité, au sens de l'intérêt général. Nous sommes dotés d'un sens aiguisé de l'observation, de l'analyse, de la communication. Même sans paroles, par une mise en

---

[8] **Une planète jumelle de la Terre à seulement 13 années-lumière de chez nous**
http://www.atlantico.fr/atlantico-light/planete-jumelle-terre-seulement-13-annees-lumiere-chez-633123.html

phase des ondes cérébrales, rien d'essentiel ne nous échappe. Chacun de nous est aussi doué de créativité, de vision prospective et réaliste de l'avenir. Cela, consécutivement à un bon état de santé général, notamment cérébral, permettant un allongement considérable de la durée de vie. Une existence assortie d'une expérience sociétale et spirituelle pleinement réussie sur le long terme. Ce qui malheureusement n'a jamais pu être le cas sur votre planète.

Sur la base de ce succès avéré, nous sommes heureux de vous décrire succinctement les applications de notre programme de restauration planétaire, préparé par nos instances publiques. Il vise à appliquer chacune des directives salutaires élaborées par notre gouvernement mondial. Elles s'inscrivent dans le cadre du contrat universel pour notre planète, dénommée Terra nova. L'objectif initial consista à mettre fin définitivement aux calamités sociales, économiques et environnementales, que nous avons également connues et subies pendant un siècle. Nous avons fait les frais de la perversion d'une grande partie de nos dirigeants les plus puissants. Certains d'entre eux, encore vivants, les plus mauvais, les plus dangereux pour la société, finiront leur vie en exil. Au cours de notre longue histoire, pendant plusieurs décennies, nous avons affronté presque autant de difficultés que les vôtres. Puis est venu le temps de tout refondre, d'établir un nouvel Ordre sociétal, non sans avoir reçu au préalable l'adhésion de tous les peuples de notre planète. Pour concrétiser notre projet et faire ressortir les avantages immédiats et différés de cette nouvelle gouvernance, nous avons décidé de faire un test expérimental à l'échelle d'un continent, avant d'étendre ce nouveau modèle de gestion à toute notre planète.

Afin d'éviter toute controverse partisane, le continent septentrional a été tiré au sort pour être le premier à bénéficier de l'application rapide du contrat universel. D'ici à cinq ans tout au plus il s'appliquera à toute la surface de la nouvelle Terre.

Ainsi faisant, les habitants des autres continents ne se sentiront pas lésés.

En innovateurs, nous allons tous nous appliquer pour redonner à notre environnement tous ses attributs d'origine. Plus vite, nous le réaliserons, plus vite les autres peuples des autres continents en bénéficieront à leur tour, notre leitmotiv « *si tôt approuvé, immédiatement appliqué* ». Ces nouvelles conditions de vie naturelle nous ont permis d'obtenir plus vite que prévu une totale harmonie avec tous les éléments de la terre, des rivières, des lacs, mers et océans. Tous les cycles de l'air, de la pluie, sont rétablis. Toutes les saisons sont normalisées. Ce retour à l'équilibre en quelques années a bénéficié à la foison d'espèces vivantes, à tous les hommes quelle que soit leur race, leur culture, leur continent d'origine. Cette réalisation environnementale nous ne l'aurions même pas imaginé de notre vivant. Mais voilà, c'est fait, inutile de se pincer le bras, nous ne rêvions pas, cette étonnante réalité va se pérenniser. L'on peut maintenant renouer avec le milieu naturel pour mieux apprécier toutes les espèces vivantes, desquelles nous étions fort éloignés à cause du mode de vie antérieure contre nature.

INVENTAIRE DES ESPÈCES ANIMALES ET VÉGÉTALES ET AMÉNAGEMENT DU PARC NATUREL

Nous avons commencé par découvrir et mieux connaître le grand nombre de plantes, les unes pour la beauté des yeux, les autres pour la diversité de forme, de couleur, et le bénéfice de leurs multiples bienfaits médicinaux. Chaque jour, en levant les yeux, l'on peut prendre plaisir à ressentir les effets bienfaisants d'un ciel épuré dont l'air frais et revigorant est imprégné de la force ionisée et des senteurs de la nature. Dès le deuxième été, nous nous sommes réhabitués aux notes des innombrables fragrances de fleurs qui s'épanouissaient partout, comme à la senteur vivifiante des hautes herbes fraîchement coupées. L'automne se distingue particulièrement par ses parfums boisés, épicés, de sous-bois, qui envahissent l'atmosphère. Par la palette frissonnante des couleurs automnales allant du rouge vif, au roux, au jaune rouillé, puis aux reflets argentés de certaines feuilles. C'est un enchantement pour l'âme. Quelques mois à peine après ce renouveau l'on peut apprécier le silence particulièrement régénérant pour l'esprit, les nuisances sonores urbaines et aériennes ne sont plus qu'un vague souvenir.

Ce contexte de régénération avantageusement et gracieusement procuré par la nature purifiée de toute pollution, se complète de relations humaines harmonieuses, sans plus qu'aucune tentative d'agression verbale ou physique ne puisse nous perturber. Ceci est un ravissement et nous assure d'un formidable tonus et d'une tranquillité sans pareille. Cette symbiose est le fruit de notre détermination à bien faire. Il ne s'agit là que de notre première expérience d'aménagement de la nouvelle Terre. Elle a commencé par le continent septentrional, c'est une chance pour nous et une encourageante perspective pour les habitants des autres continents qui d'ici peu en verrons les mêmes applications.

À ce stade d'équilibre environnemental et sociétal, il est possible de mieux approcher toutes les espèces animales évoluant librement. Si certaines sont encore assez farouches, craignant la présence humaine, cela ne va pas durer puisqu'il est humainement et réglementairement impossible de leur faire le moindre mal. Les jeunes animaux deviennent familiers, ils jouent ensemble de longs moments en faisant des cabrioles. On dirait qu'ils veulent attirer notre attention, mais si nous les approchons de trop près ils courent encore pour se cacher dans les bosquets…

Assurément, nous avons pu aménager un magnifique parc naturel tout aussi majestueux que le Yellowstone, lequel est une référence regroupant toutes ces merveilles sur votre planète. Étonnement, en si peu de temps, la nature s'est régénérée et a repris ses droits. Les températures saisonnières et le cycle des pluies se sont régularisés, les tempêtes ont cessé. Notre parc est devenu une splendide beauté de nature. Il s'étend à perte de vue, son paysage est si varié, forêts entrecoupées de clairières, de vergers, de champs aux herbes panachées, de landes, de prés fleuris, de baies et d'arbres fruitiers. Ils offrent de savoureux fruits naturels, odorants, très goûteux, rafraîchissants et tonifiants, appréciés de tous, épurés de toutes substances chimiques.

L'on aime parcourir le parc, s'y promener et s'introduire jusqu'au fond des forêts les plus denses, si fraîches l'été qu'il faut bien se couvrir pour pouvoir les traverser sans y grelotter, surtout s'il s'agit d'y camper. En marchant, de hautes feuilles de bruyère caressent soyeusement le haut du corps des adultes, dans la foulée elles chatouillent les joues et le cou des enfants. Avec un œil exercé, il est possible d'observer d'innombrables espèces de végétaux, d'insectes, d'oiseaux, de mammifères endémiques, sans risquer le moindre mal, tout en ressentant un léger frisson qu'imposent la force et l'étrangeté du lieu…

Après seulement trois années d'aménagement et d'apaisement accordées à la nature, notre parc naturel s'étendait à toute la surface du continent septentrional. **C'était la première étape** réussie de notre entreprise citoyenne. Il n'était pas question de revenir en arrière. C'est pourquoi des dispositions, incluant une réglementation rigoureuse, ont été édictées dès le début du projet. Les garanties de préservation environnementale sont devenues les termes d'une loi universelle. Toutes les productions industrielles lourdes, polluantes et dangereuses ont été démantelées en priorité.

MISE EN ŒUVRE DE SOURCES D'ÉNERGIE NON POLLUANTES, RESPECTUEUSES DE L'ENVIRONNEMENT

Au tout début de cette nouvelle ère de progrès admirables, nous avons adapté une partie des moteurs de nos véhicules par un dispositif utilisant l'hydrogène de l'eau courante. Nous avons testé un deuxième procédé consistant à décomposer l'eau à base d'ultrasons, créant un gaz inflammable qui enrichit l'air d'admission dans les cylindres du moteur. Deux bons moyens d'augmenter la puissance motrice tout en réduisant les émissions de gaz polluants. Récemment sur votre planète un inventeur a mis au point ce dernier procédé, nous tairons son nom, car il a été l'objet de tentative d'assassinat. Mais d'autres technologies plus évolutives sont sur le point d'être utilisées dans l'intérêt de tous.

En 2095, compter 85 années d'avance par rapport à votre mesure du temps, nous avons mis en fonction la technologie du sur-unitaire. Elle s'applique à l'éclairage public, au parc de véhicules, à toutes sortes d'usages domestiques.

Première option, une source d'électricité permet de produire beaucoup plus d'énergie que l'on n'en consomme. Deuxième option, quelques milliwatts avec une petite batterie pour démarrer le processus et l'on obtient de façon continue un rendement jusqu'à plusieurs centaines de kilowatts/heure. Troisième option, selon le principe découvert par un chercheur comparable à Nikola TESLA au 19e siècle de votre ère, un dispositif entièrement autonome, sans besoin de batterie au lancement[9] - Voir le site de Jean Louis NAUDIN[10] suivre les liens du site.

---

[9] **Probably a scam: Muammer Yildiz magnet motor presentation at Eindhoven TUe in 2009**
https://www.youtube.com/watch?NR=1&v=-DkDXvPpa6Q&feature=fvwp

Chaque maison, chaque bâtiment public, est équipé de ce dernier dispositif, largement de quoi satisfaire tous les besoins en énergie de notre société civile, sans impacter sur les ressources végétales ou fossiles de l'environnement. Sans besoin de construire stupidement de grosses unités de production électrique.

Sur votre planète, c'est la pire des façons de monopoliser l'énergie, de la faire payer le prix fort et de la restreindre en direction des plus démunis, des plus miséreux. Nos progrès en matière énergétique ont été spectaculaires. L'on peut les comparer partiellement à ceux avant-gardistes de Nikola TESLA, ce génial découvreur utilisant intelligemment l'énergie *dite libre*. Une découverte du dix-neuvième siècle qui n'a jamais été appliquée dans votre monde. Ainsi, en quelques années à peine, sans nous restreindre en quoi que ce soit, nous avons pu démanteler toutes les centrales nucléaires, les raffineries d'essence, les usines chimiques… et en traiter écologiquement tous les déchets. Disposant d'une énergie illimitée et d'une normalisation du climat, nous avons entrepris d'irriguer les zones désertiques et d'y planter divers végétaux. **Ce fut la deuxième étape** essentielle de notre œuvre collective.

PLAN D'OCCUPATION DU PARC NATUREL, DE L'HABITAT, EN HARMONIE AVEC L'ENVIRONNEMENT

Dans le parc naturel désormais entièrement revêtu de végétation, le programme de plan d'occupation des sols, adapté à l'environnement, a permis d'y intégrer rapidement des maisons. Elles ont été construites exclusivement en matériaux naturels, particulièrement isolants et confortables en été comme en hiver. Les premières années, tous les habitants s'accordaient

---

[10] **Énergie - des solutions pour produire sans détruire l'environnement**
http://quanthomme.free.fr/index.html

à utiliser un minimum de bois de chauffe en complément d'un accumulateur à énergie solaire. L'ingénierie écologique non soumise aux contraintes de la rentabilité avait permis dans un premier temps de s'équiper d'un système de capteurs solaires à haut rendement. Lorsque nécessaire, l'approvisionnement complémentaire en énergie était assuré par des turbines couplées à des moulins à eau. Tout cela a bien évolué, car depuis près d'un siècle nous profitons des applications d'un remarquable progrès permettant d'étendre l'utilisation de l'énergie libre de l'univers à tous les besoins et à tous les équipements électriques traditionnellement utilisés pour l'éclairage, la climatisation, le chauffage individuel et public, les divers ateliers de fabrication, les forages… sans aucune pollution ambiante.

Pour répartir utilement les populations au sein de notre parc septentrional, tout citadin se portant candidat pouvait choisir d'intégrer le parc naturel ou de rester en ville. Quel que soit le choix de chacun, tous ont eu un travail valorisant leur permettant d'y vivre en toute stabilité, aussi longtemps qu'ils le voulaient. Les candidatures ont afflué, toutes ont été prises en considération, car les infrastructures intégrées à l'environnement étaient suffisantes pour les accueillir.

Chaque volontaire a retrouvé en mieux tous les services de la ville. Rien ne manquait, écoles, bibliothèque, piscines, salles de spectacle, garderies pour les enfants et personnes âgées au sein desquelles des services étaient assurés à tour de rôle. Les déplacements sont facilités par des pistes parallèles, respectant les règles environnementales du parc. Nos véhicules électriques ne générant aucun bruit, aucune forme de pollution, roulent à proximité de nombreux cavaliers et attelages tractés par magnifiques chevaux, sans les effrayer. Au regard cette belle harmonie, le maréchal Ferrand a promis de former des apprentis…

L'eau de pluie récupérée des toits est utilisée après filtrage pour les besoins domestiques, le jardin... L'autre approvisionnement en eau potable provient de sources et nappes phréatiques vierges. Le précieux liquide est transporté sans la moindre fuite par une double canalisation faite d'un bois imputrescible, choisi parmi diverses essences d'acacia, d'iroko, de teck, de pin d'Oregon, habilement assemblé. Les eaux usées, ne contenant aucun polluant chimique, ni aucune matière dangereuse, sont simplement recyclées naturellement avec un lit de végétaux épurateurs et un épandage de bactéries spécialisées.

Une fois les infrastructures et les viabilités installées, l'entraide n'a jamais failli, la construction de nouvelles maisons ne cessa d'augmenter. Tous les volontaires percevaient un salaire, les offres de volontariat, notamment de retraités et d'étudiants, étaient aussi nombreuses que les candidatures à intégrer ce nouveau cadre de vie. Des villages provisoires ont permis d'accueillir ceux dont le lieu de résidence était trop éloigné des chantiers de construction. Le soir, tous les participants se réunissaient dans le pub central. Les soirées se passaient sans aucun chahut, sans aucune beuverie. Rares étaient ceux qui s'attardaient au-delà de vingt-deux heures. Ils appréciaient un sommeil réparateur et aspiraient à être en pleine forme le lendemain pour donner le meilleur d'eux-mêmes.

Ce transfert de population vers le parc naturel a permis de réhabiliter nombre de secteurs urbains. Il s'agissait cette fois de désencombrer les villes, en démolissant tous les vieux quartiers inconfortables ou devenus insalubres, non réhabilitables. En disposant de plus grandes surfaces aménageables, les nouvelles zones urbaines ne comprenaient plus aucun immeuble, uniquement des maisons individuelles bordées de verdure. Tous les habitants pouvaient ainsi profiter d'un grand jardin pour y cultiver des fruits, des légumes, pour s'y détendre sereinement. Les véhicules individuels et les transports urbains ont été rapidement électrifiés à l'énergie libre. La densité automobile est très faible, car beaucoup de citadins ont pris goût pour la marche, la bicyclette, le cheval, la calèche, tous circulent dans le respect mutuel, les accidents sont rarissimes. L'ensemble des sources de pollution ou de nuisance sonore même minime a été éliminé. Les déplacements aériens n'ont plus lieu d'être, car cette nouvelle réorganisation de vie ne l'impose plus. Personne n'a à craindre la moindre agression verbale, physique, ni le moindre larcin. Tous les citoyens, tour à tour conducteurs, piétons, voisins, collègues de travail, sont tous très respectueux de toutes les règles de bonne conduite citoyenne.

FIN DE LA PAUVRETÉ, GARANTIE D'ACTIVITÉ PROFESSIONNELLE POUR TOUS

La troisième étape du contrat universel a consisté à exclure définitivement toute forme de pauvreté. Chacun a désormais l'assurance de bénéficier d'une nourriture saine et abondante, d'un logement décent et même confortable, avec une surface de terre s'il le souhaite.

Tous les citoyens bénéficient d'un travail utile, enrichissant, non harassant, et d'une formation professionnelle adaptée. Tous nos concitoyens ont pu ainsi prendre goût aux plaisirs existentiels et par là même s'ouvrir plus encore à la science, à la culture, aux arts, aux sports...

Nous avons assuré le juste équilibre des échanges entre d'une part la production de biens de consommation, excluant toute industrialisation lourde, contraignante, et d'autre part l'obtention d'un niveau de pouvoir d'achat satisfaisant pour tout citoyen, quel que soit son rôle social. Cette réussite économique et sociale dans le respect de l'extension du parc naturel a pu servir de modèle à tous les habitants des autres continents.

GESTION DES TERRES ARABLES, EN CULTURE BIOLOGIQUE, PURIFICATION DES SOLS, DE L'EAU

La quatrième étape consista à développer une agriculture naturelle permettant de satisfaire tous les besoins nutritionnels de la population, tout en lui assurant une santé optimale. Sur le continent septentrional, l'assainissement des villes, la préservation de toute forme de mauvaise influence et de corruption, ont été les conditions préalables pour éliminer toutes les sources de pollution des sols, de l'eau, de l'air, de la nourriture. Plus surprenant encore, ces nuisances ont régressé sur les autres continents, avant même que les populations n'aient pu bénéficier du contrat universel.

APPLICATION DE THÉRAPIES NATURELLES, OPTIMISATION DE LA SANTÉ PUBLIQUE

La cinquième étape s'est rapportée à la formation du personnel médical pour l'utilisation quasi exclusive d'une pharmacopée naturelle. Sur votre planète, la Chine l'utilise depuis des siècles, leurs hôpitaux publics soignent intelligemment les patients exclusivement à partir de traitements personnalisés à base de substances végétales, animales, minérales. Chez nous, l'on développe harmonieusement la recherche sur de nouvelles molécules tirées de la canopée. Tous les chercheurs des usines du secteur pharmaceutique se sont volontiers reconvertis dans les applications de phyto produits.

Les thérapeutiques destructrices pour traiter les cancers (chimiothérapie – radiothérapie…) et les campagnes de vaccination ont été proscrites depuis plus de deux siècles. L'ensemble des autres facteurs considérés nuisibles à la santé publique a été définitivement écarté. Nous vivons dans de parfaites conditions de vie au plan physique et mental. Ni le stress, ni la pauvreté, ni le mal-logement, ni la promiscuité, ni l'insécurité, ni la peur en l'avenir ne sont pour nous un quelconque fardeau, un obstacle à surmonter. Autant de conditions positivées qui ont permis à toute la population, entre autres innombrables bienfaits physiques et psychologiques, de restaurer le système immunitaire à l'état natif.

Outre la qualité de notre environnement, nos scientifiques considèrent l'activité électrique du cerveau (fréquences – correspondance entre feuillets embryonnaires du système nerveux et organes) et le rôle membranaire des cellules (signalisation – système de génération d'énergie et d'intellect) comme les éléments clés de santé publique. Le meilleur moyen découvert à ce jour d'assurer l'intégrité de l'immunité, de régénérer l'organisme et de développer les capacités mentales, intellectuelles, particulièrement utiles à l'équilibre psychique, à l'épanouissement de chacun.

Qu'ainsi, jeunes et vieux ont évité les conséquences des maladies dites de civilisation, surmonter toutes les formes de fatigue et d'épuisement consécutives à une vie antérieure dénaturée et épuisante, tout en régénérant les ressources insoupçonnées de l'esprit.

SUPPRESSION DU COMPLEXE MILITARO INDUSTRIEL

La sixième application fut la suppression de tous les corps d'armée préalablement inféodés aux dirigeants corrompus, le démantèlement complet de toutes les armes. Les compétences humaines et matérielles des armées ont été utilisées pour participer à l'essor des diverses applications du contrat universel.

Utilisation d'une monnaie unique, échanges commerciaux harmonieux

La septième disposition fut l'accord unanime des citoyens des cinq continents à utiliser une seule monnaie. Le seul moyen adéquat d'établir des normes d'équivalence, de gérer équitablement valeur et volume de tous les échanges commerciaux réalisés harmonieusement entre chaque continent. Malgré cette disposition légalisée, c'est le troc local de produits et de services très diversifiés qui emporte l'adhésion du plus grand nombre. Nous avons parfaitement conscience que productivisme, spéculation, avidité sont très nuisibles à l'équilibre sociétal.

Application d'un code universel de lois protectrices des peuples et de l'environnement

En huitième démarche, nous avons établi une Convention fort simple de trois lois fondamentales intégrées à un code universel, en voici les bases :

1) Toute forme de dégradation volontaire de l'environnement est sévèrement punie par des travaux compensatoires relativement aux dégâts occasionnés, sans aucun sursis possible. Tout type d'agression physique, discriminatoire, verbale, morale, est puni proportionnellement au mal subi, par un dédommagement au tiers lésé. L'on requiert aussi des travaux d'intérêt général et/ou une formation personnalisée à la nouvelle éducation du citoyen. Les cas de récidive, selon la gravité de l'acte, feront l'objet d'une période d'isolement, incluant une activité compensatoire pour la collectivité.

2) Toutes sortes de décisions consensuelles issues de toute délibération politique, commerciale, sociale, médicale, environnementale, devront faire l'objet d'une information ouverte. Elles seront formalisées par une publication écrite, un compte rendu, mis à la disposition des autorités continentales et de tout citoyen ayant ratifié le contrat universel. Toutes les modalités de mise en application de ces deux lois fondamentales ne sont pas détaillées ici, cependant tous nos citoyens en sont dépositaires. Ce code universel est le fondement légal qui assure le niveau de protection nécessaire au développement harmonieux de notre société civile. Personne ne peut prétexter l'ignorer, d'aucuns ne peuvent s'y soustraire.

En pratique, chacun d'entre nous accepte volontiers ce code de lois équitable pour tous et facilement applicable à tous. Par exemple, une des modalités de la loi permet de rassurer les possédants de patrimoine. Il est prévu qu'aucune obligation de partage, ou de mise en commun des biens, ne leur soit imposée. Chaque possédant peut conserver l'intégralité de ses avoirs bancaires, or, bijoux, œuvres d'art… Toutefois, au plan foncier, il ne se sera pas permis d'immobiliser plus de trois hectares de terre par famille. Cela n'a jamais frustré les possédants, car chaque propriétaire de grand patrimoine immobilier se réjouissait à l'avance à l'idée de bénéficier pour lui ou ses proches des avantages environnementaux qu'offrent l'infrastructure et l'environnement majestueux du parc septentrional. Tous ont considéré comme un grand privilège la régénération et l'embellissement des zones naturelles jouxtant leur propriété.

Malgré la distance d'unités astronomiques qui sépare nos deux mondes, nous sommes néanmoins des voisins attentifs au danger des autres civilisations. C'est pourquoi il nous faut suspendre ici l'agréable description de nos réalisations, car sur votre planète un petit groupe d'individus prépare aussi une nouvelle gouvernance mondiale, faussement présentée comme la panacée à la multitude des problèmes ! Cela nous a incités à vous proposer notre analyse complète et impartiale de la situation.

C'est le meilleur moyen pour vous de découvrir l'inimaginable stratagème planifié par l'actuelle véritable gouvernance qui dirige en secret votre monde. De préciser en quoi consiste exactement l'instauration imminente d'un nouvel Ordre financier, politique, environnemental. Pour que chacun d'entre vous puisse précisément savoir de quoi il retourne et à quoi il peut s'attendre s'il décide de placer sa confiance en les promesses de solutions globales et de concorde à venir. Pour y voir plus clair, dès l'origine de ce projet funeste, nous avions entrepris de choisir quelques observateurs crédibles et sincères parmi vos contemporains pour nous tenir informés de l'évolution de ce plan périlleux.

Naturellement, nous aurions tant préféré voir de nobles dirigeants mettre en œuvre à votre profit un tout autre programme mondial digne de foi. Dans cette hypothèse, nous les aurions crédités de notre confiance et aurions proposé tout conseil pratique issu de notre expérience pleinement réussie sur le long terme. Dans cet autre cas de figure, la teneur de notre ouvrage aurait été bien évidemment toute autre. Mais il a fallu se rendre à l'évidence et mesurer très précisément toutes les conséquences funestes, insoupçonnées, que ce plan hégémonique peut causer à votre civilisation, cela nous inquiète beaucoup !

CHAPITRE 2

UN NOUVEL ORDRE DE VOTRE MONDE ÉTAIT ATTENDU APRÈS LA PREMIÈRE GUERRE MONDIALE

L'humanité lassée des conflits attendait bien légitimement l'émergence d'une nouvelle gouvernance du monde. À la fin de la Grande Guerre, tous ceux qui furent soumis aux contraintes physiques et morales d'un si dur conflit étaient à la recherche permanente de solutions globales et durables et dans l'attente fervente d'un nouveau système politique et sociétal. En 1939, lorsque de nouvelles rumeurs de guerre retentirent, personne ne voulut croire qu'un nouveau drame si atroce pouvait se reproduire.

À l'issue du second conflit mondial, les peuples déçus par ce deuxième échec, plongés dans une certaine confusion, n'eurent pas l'assurance de voir de leur vivant la mise en place d'une nouvelle organisation du monde conforme à leurs attentes. La perspective que décrivait le célèbre écrivain H.G WELLS dans son livre « *Le Nouvel Ordre du monde* » était fort juste, il projeta qu'un grand délai, accompagné de déceptions de toutes sortes serait nécessaire pour voir poindre ce nouvel Ordre. Puisqu'à ce jour il n'a pas été instauré, la question essentielle reste de savoir précisément en quoi cela consiste et tout ce que cela implique pour l'humanité ?

LE TERME DE NOUVEL ORDRE DU MONDE ÉTAIT ÉVOQUÉ DÈS LES ANNÉES 1940

« *Le terme Internationalisme a été popularisé ces dernières années pour couvrir une force financière, politique, et économique, dans le but d'établir un gouvernement mondial. Aujourd'hui, l'Internationalisme est annoncé des pupitres et des plates-formes comme la Ligue des Nations ou l'Union fédérée pour que les USA rendent (cèdent) une partie définie de leur souveraineté nationale. Le plan du gouvernement mondial est préconisé sous des noms attirants tels que nouvel Ordre international, nouvel Ordre du monde, Union du monde de maintenant, Commonwealth du monde des Nations, Communauté du monde... Toutes ces expressions ont le même objectif ; cependant, la ligne d'approche peut être religieuse ou politique selon le goût ou la formation de l'individu* ».

Extrait d'un mémoire adressé à la Chambre des évêques et à la Chambre des cléricaux et adjoints de l'Église Épiscopale Protestante, en Convention générale, en octobre 1940.

MAIS UNE GOUVERNANCE OCCULTE AVAIT DÉJÀ PRIS LE CONTRÔLE DU MONDE

Ω – **citation clé** – « *Le gouvernement des nations occidentales, monarchique ou républicain, est passé dans les mains invisibles d'une ploutocratie[11] au pouvoir et à la portée internationale. C'était, je tente de suggérer, cette puissance semi-occulte qui [....] a poussé la masse des Américains dans le chaudron de la guerre mondiale* ».

Général de division J. f. C. FULLER, historien militaire Britannique 1941.

Avant même que l'immense majorité de l'humanité ne se porte à idéaliser des perspectives d'avenir, le milieu financier dominé par les ROCKEFELLER finissait de tisser ses multiples réseaux d'influence et de corruption au point de pouvoir infléchir la politique gouvernementale américaine. À travers

---

[11] Système dans lequel le pouvoir politique est dévolu aux détenteurs de la richesse.

elle, fomenter la Deuxième Guerre mondiale et orienter à sa guise les principaux événements économico politiques du monde. La haute finance influera aussi très profondément sur les diverses opinions publiques, politiques, universitaires ou religieuses, de l'époque. Voulez-vous une première preuve attestant de la réalité de cette première citation clé ?

Le rapport insoupçonné entre les sociétés secrètes, l'élite des nations, la haute finance et les guerres, sur la base de maillages générationnels, gage de leur réussite sur le long terme.

Skull And Bones (SKB) la société secrète de l'université de Yale et de Harvard fut fondée en 1833. Soit cinq décennies avant la réhabilitation de l'ordre des Illuminati de Bavière, qui fut dissous en 1776, mais restauré en 1880. Le fondement même de Skull And Bones est profondément et doublement imprimé des relations de ses fondateurs avec la doctrine Illuminati et l'idéologie nazie alors naissantes en Allemagne. Dans son livre Secret American Establishment, l'historien et investigateur de grand talent Anthony SUTTON, détaille l'absence de discours idéologique, mais souligne à l'interne les actes de vénération envers des chefs humains, courants chez les nazis. Il dénonce le potentiel de SKB à tisser des réseaux d'influence verticaux et horizontaux. Son constat est recoupé par la **description des maillages générationnels** au fil du temps ont lié l'élite des États-Unis pro mondialiste. **Le gage de leur réussite globale sur le long terme.**

Depuis le début du 19e siècle, le positionnement central des membres de SKB au sein des organisations structurant la véritable gouvernance mondiale est avéré (voir l'organigramme en 2ème partie, zone 1A). Cette société secrète est si puissante et si influente à l'international qu'elle infléchit les prises de décision de l'élite des nations souveraines. Elle a permis ainsi de soutenir le centre décisionnaire de la véritable gouvernance mondiale dans son programme de prédominance politique et économique du monde.

Les familles américaines les plus prestigieuses sont représentées parmi SKB, d'où cet état d'esprit élitaire permanent de la pensée unique. Aucune barrière morale ou religieuse ne peut s'opposer à la pratique traditionnelle universitaire d'initiation luciférienne qui la caractérise. Le fameux puritanisme anglo-saxon et la foi chrétienne se sont fragmentés, au fil du temps ces valeurs se sont dénaturées, évidées, de leur force morale première. La pensée politique, l'esprit matérialiste et la position sociale potentielle surhaussent définitivement sur les valeurs originelles du christianisme. Mais il importe peu à ces familles que leurs fils étudiants de grandes universités soient confrontés à la nature païenne du mysticisme macabre de cette ordination sectaire. En réalité, l'on a étouffé jusqu'aux fragments d'une conscience chrétienne désormais politisée. L'on a considéré avec désinvolture que ce passage estudiantin obligé de l'ordination à SKB n'est qu'une innocente tradition de bizutage.

Au fond, pour ce milieu, il n'y a aucune raison de voir cette initiation d'un mauvais œil ou de s'y opposer fermement, puisque cela rapportera à terme une position d'élite au sein de la nation. FAUST eut bien plus de soucis qu'eux pour savoir s'il pouvait prendre le risque d'établir un pacte avec Méphistophélès.

Mais de leur point de vue étiolé, il leur semble inconcevable de résister à un enjeu de carrière, si fort et si prestigieux, lorsque l'on sait les connexions aussi privilégiées de SKB avec le milieu diplomatique, avec les membres du CFR, les patrons de médias, plus encore avec les membres de la CIA...

À la base, les initiés de SKB et les illuminés de Bavière sont étroitement imbriqués puisque les mêmes rituels ésotériques y ont été reproduits du 18e siècle jusqu'à ce jour. Le professeur John ROBISON, invité à devenir membre d'Illuminati, s'y refusa et publia en 1798 un livre « *Preuve d'une conspiration* » (Proofs of a Conspiracy). Il en fit parvenir une copie à tous les rois d'Europe, mais ils n'y prêtèrent pas réellement attention. Par contre, aujourd'hui, l'analyse de son livre permet de faire un rapprochement étroit entre les pratiques et méthodes de ces deux sociétés secrètes. L'auteur établit nettement la ressemblance entre certains rituels décrits lors de la cérémonie d'initiation du Regent degree (niveau du prince) de l'illuminisme bavarois.

Pour ce rituel, un squelette dont les pieds touchaient une couronne et une épée était placé près de l'initié. Alors on lui demandait « *Cela est-ce le squelette d'un roi, d'un noble ou d'un mendiant* ». Comme il ne pouvait pas le discerner et donner de réponse précise, le président du cérémonial lui déclarait alors que « *Seul le caractère de l'homme est important* ». Or, dans le sanctuaire du Skull And Bones, on peut lire, en allemand, « *Wer war der Thor, wer Weiser, Bettler oder Kaiser ? Ob Arm, ob Reich, im Tode gleich*, ce qui signifie : Qui était l'imbécile, qui était le sage ? Le mendiant ou le roi ; pauvres ou riches, tous sont égaux dans la mort. »

En examinant de près le rôle historique d'une série de personnages ayant représenté l'Amérique au plus haut niveau de l'État, l'on peut établir le lien entre la doctrine Illuminati, l'idéologie nazie et l'ésotérisme de SKB. Sur trois générations, le clan BUSH occupe une place de choix parmi les principaux membres contemporains de Skull And Bones : Prescott BUSH (1895 — 1972) père de George Herbert WALKER BUSH né en 1924, 41e président des États-Unis et grand père de George WALKER BUSH, né en 1946, 43e président des États-Unis.

Le rapprochement est à faire entre des faits historiques oubliés et une actualité plus récente. La famille BUSH ayant participé au financement et à l'armement d'Adolf HITLER, avant son accession au pouvoir. Par des montages financiers, ils ont collaboré activement à la construction de la machine de guerre nazie, l'argent étant avant tout le nerf de la guerre. Durant les premières années du deuxième conflit mondial, les BUSH ont empoché les bénéfices du travail forcé des mines d'extraction de charbon d'Auschwitz en Pologne, contribuant à développer la théorie nazie de la race pure.[12]

Tout s'emboîte dès la fin de la première mondiale quand August THYSSEN, le plus grand producteur militaire d'Allemagne, craignait de voir s'effondrer son empire sidérurgique. C'est alors qu'il fonde à Rotterdam aux Pays-Bas, pays qu'il voyait comme neutre, la Banque du Commerce et de la Navigation. Il y transfère le butin de guerre de l'August THYSSEN Bank de Berlin pour ne pas payer les dédommagements exigés par le traité de Versailles. Le vieil August offre 100 millions de dollars à son fils Fritz, ainsi que son empire industriel dans la région de la Ruhr.

En 1923, Fritz THYSSEN est conquis par Adolf HITLER, l'homme qui peut sauver l'industrie allemande des révoltes de la classe ouvrière.[13] Le baron de l'acier rencontre HITLER et le général Erich LUDENDORF et décide de verser 100 000 marks-or au jeune parti nazi le NSDAP. Cependant, le NSDAP d'Hitler a besoin de beaucoup plus de fonds pour vaincre le mouvement communiste. Le butin de guerre caché à Rotterdam n'y suffit pas. Fritz THYSSEN souhaite donc créer une branche bancaire américaine. En 1922, il rencontre à Berlin Averell HARRIMAN, patron de la société d'investissement W.A. HARRIMAN & Co.

Un rapport officiel d'enquête US datant de 1942 relate que « *HARRIMAN et THYSSEN ont convenu de créer une banque pour*

---

[12] **Le financement d'Hitler par Wall street 5_6 (Vostfr) Anthony C Sutton**
https://www.youtube.com/watch?v=ZYVVrVaf7xA#t=41
[13] Tony ROGERS, Heir to the Holocaust. Prescott BUSH, 1.5 million dollars, And Auschwitz: How the Bush Family Wealth is Linked to the Jewish Holocaust. In Clamor Magazine (6 may 2002).

F.THYSSEN à New York ». Des amis d'affaires de HARRIMAN se chargeraient de la direction, de son côté F.THYSSEN avait mandaté son délégué H.J. KOUWENHOVEN qui spécialement à cet effet avait fait le voyage d'Allemagne vers les États-Unis.[14] Prescott BUSH, grand-père de George W. BUSH, occupe un poste clé à la Compagnie financière Brown Brothers & HARRIMAN dirigée par son beau-père George Bert WALKER. La firme travaille avec le géant de l'acier allemand Fritz THYSSEN, pour porter HITLER au pouvoir. L'argent des crimes nazis parvient aux USA et George. H.W. BUSH 41e président américain s'en servira plus tard pour se constituer un empire dans le secteur pétrolier, notamment au Koweït.

Les industriels de l'armement allemand s'adressent désormais à la famille BUSH. Pour favoriser ce rapprochement, après avoir fondé à Berlin et Rotterdam les banques de son réseau financier, F. THYSSEN s'installe aux États-Unis. Début 1924, KOUWENHOVEN, directeur de la Banque du Commerce et de la Navigation, se rend à nouveau à New York pour y créer, avec l'aide d'Averell HARRIMAN et de George BERT WALKER, l'Union Banking Corporation (UBC) dans le quartier de Broadway, à la même adresse qu'HARRIMAN & Co. En réalité, l'UBC est la propriété de la Rotterdamse Bank, laquelle banque est la possession de Fritz THYSSEN.[15]

Le 10 janvier 1925, la banque August THYSSEN - HÜTTE de Berlin obtient un prêt de 12 millions de dollars. 18 mois plus tard, elle reçoit un deuxième prêt de 5 millions de dollars d'une autre banque américaine la Dillon-Read & Co. Monsieur

---

[14] Memorandum to the Executive Committe of the Office of Alien Custodian (5 october 1942). Cité in Georg WEBSTER, G. TARPLEY & Anton CHAITKIN: George BUSH The Unauthorized Biography. Chapter 2, p 3. http://www.tarpley.net/bushb.htm

[15] John LOFTUS, The Dutch Connection, How a famous American family made its fortune from thé Nazi's. http://www.baltech.org/lederman/bush-nazi-fortune-2-09-02.html

DILLON est un vieil ami de Sam BUSH (père de Prescott) l'arrière-grand-père de George 43e président américain. Sa banque est utilisée par Standard Oil, Ford – General Electric – Du Pont de Nemours – et ITT – pour financer HITLER. Grâce aux dollars américains, toute l'industrie sidérurgique allemande se développe sous la direction de Fritz THYSSEN et de Friedrich FLICK, fondateur de la richissime dynastie politique allemande, à la tête d'un conglomérat industriel dans les Vereinigte Stahlwerke, les Aciéries réunies.[16]

Les tâches étaient bien réparties, les comptes personnels et confidentiels de THYSSEN à des fins politiques et connexes sont dirigés par l'organisation de WALKER-BUSH – alors que les conglomérats industriels de la sidérurgie allemande effectuaient leurs opérations bancaires via la banque Dillon Read.[17] Le 1er mai 1926, George WALKER confie la vice-présidence de HARRIMAN & Co à son beau-fils Prescott BUSH. En 1931, HARRIMAN & Co fusionne avec une société d'investissement britannique, devenant la Brown Brothers & HARRIMAN. Elle obtient une part importante dans l'industrie minière polonaise, productrice de minerais de fer et d'acier, la Consolidated Silesian Steel Corporation. Les deux tiers de cette compagnie étaient aux mains de Friedrich FLICK (accusé de crimes de guerre au procès de Nuremberg),[18] membre du cercle d'amis d'Heinrich HIMMLER. FLICK utilise une partie de ses bénéfices pour financer l'organisation terroriste Schutzstafffel SS.

Quant à Prescott BUSH, il se voit confier la supervision des Vereinigte Stahlwerke, les aciéries réunies de THYSSEN et FLICK, lesquels financent conjointement HITLER jusqu'à son

---

accession au pouvoir. En 1932, THYSSEN organise une rencontre avec le Führer au Park Hôtel de Düsseldorf. Il parvient à convaincre les pontes de l'industrie de la Ruhr de le soutenir. Les magnats de l'acier constitueront le cœur de l'industrie de guerre allemande – les Vereinigte Stahlwerke – les aciéries réunies produiront 51% du fer, 41% des tôles d'acier, 35% des explosifs, 22% du fil d'acier, utiles à toute l'Allemagne nazie.[19]

L'arrière-grand-père Sam BUSH (1863 – 1948) et son fils Prescott BUSH (1895 – 1972) du point de vue de la rentabilité financière avaient intelligemment placé leurs capitaux. Via la banque Brown Brothers & HARRIMAN, ils investissent dans l'Allemagne nazie ; via la banque UBC de THYSSEN ils récoltent aux USA les bénéfices de l'armement, ceux-ci se chiffrent en 1934 à des centaines de millions. À New York, Prescott BUSH est devenu entre-temps le managing director d'UBC.

« *La famille WALKER-BUSH savait pertinemment que Brown Brothers était le canal qui acheminait l'argent vers l'Allemagne nazie et que l'Union Bank était le réseau secret qui faisait transiter l'agent nazi aux États-Unis, via les Pays-Bas* » écrit John LOTTUS, ancien procureur du département US contre les crimes de guerre nazis.[20] Néanmoins, cette famille n'avait aucun scrupule à s'enrichir de cette manière.

---

[19] Georg WEBSTER, G. TARPLEY & Anton CHAITKIN: George BUSH The Unauthorized Biography. (6)
[20] John LOFTUS, o.c.

ESCLAVAGE DANS LES MINES POLONAISES AU PROFIT DE PRESCOTT BUSH

Par ailleurs, pour assurer l'approvisionnement en minerais de la Vereinigte Stahlwerke — les aciéries réunies, le cartel nazi fonde la Consolidated Silesian Steel Corporation près de la ville d'Oswiecim en Pologne, dans l'une des régions les plus riches en minerais de fer. En 1934, la société de FLICK et BUSH[21] est accusée par le gouvernement polonais de fraude, de comptabilité fictive et d'évasion fiscale. L'année suivante, l'arrière-grand-père Sam BUSH, conclut un compromis avec le gouvernement polonais. La Consolidated Steel continue à piller les minerais de fer de Pologne nécessaires à la fabrication de chars, d'avions et d'explosifs, qui serviront à l'Allemagne nazie pour envahir la Pologne cinq ans plus tard.

C'est à Oswiecim en Pologne qu'HITLER fera construire en 1939 le premier camp de concentration dans une petite ville qui entrera dans l'histoire sous le nom allemand d'Auschwitz. Dès la fin de 1941, le camp sera également utilisé pour le travail forcé, sous l'autorité des SS de HIMMLER.[22] Les prisonniers

---

[21] Arno J. Mayer, De hakenkruistocht tegen rood en jood. Berchem, EPO, 1999. pp 210-215.

[22] La famille FLICK est une richissime dynastie politique et industrielle allemande, héritière d'un empire industriel englobant la houille, l'acier et la compagnie Daimler-Chrysler. Friedrich FLICK fut le fondateur de la dynastie après avoir établi un considérable conglomérat pendant la République de Weimar. Il devint un des membres et fondateurs du parti nazi, profita de la liquidation des propriétés juives, et fut un producteur d'armements d'Adolf HITLER. Ses usines devinrent célèbres, car elles utilisaient des prisonniers internés dans les camps de concentration pour main d'œuvre. Il fut accusé de Crimes de guerre au Procès de Nuremberg et il fit 3 des 7 années de prison auxquelles il avait été condamné. Il réussit à rebâtir son empire, devenant ainsi l'une des plus grosses fortunes du monde jusqu'à sa mort en 1972. Au cours d'un procès en 1983, l'affaire FLICK, on révéla que des politiciens allemands avaient été corrompus pour permettre au fils Friedrich Karl FLICK de réduire les impôts de ses sociétés. Il devint plus tard citoyen australien pour réduire encore ses dettes. En 1986 la famille FLICK est obligée de vendre la majeure partie de son patrimoine industriel à la Deutsche Bank pour 2,5 milliards de dollars. La famille FLICK s'est ensuite étendue aux États-Unis, à Philadelphie. Le Dr Lawrence

valides travaillaient comme des esclaves dans les mines et dans les usines d'IG Farben et de la Consolidated Steel. En 1940, pendant la guerre, THYSSEN et FLICK[23] revendent la Consolidated Steel à UBC. La société est rebaptisée Silesian American Corporation, totalement contrôlée par HARRIMAN et le manager Prescott BUSH. De leur côté, Sam BUSH et HARRIMAN empocheront l'argent du travail fourni dans les mines par les milliers d'esclaves et de morts en sursis en provenance d'Auschwitz.[24]

Après l'attaque de Pearl Harbor en 1941, le gouvernement américain interdit le commerce avec l'ennemi (Trading with the Enemy Act). Le 22 octobre 1942, les actions de l'Union Banking Corporation sont saisies, y compris celles de HARRIMAN et de Prescott BUSH. Le gouvernement fédéral ne tarde pas à constater que la banque de BUSH gère les bénéfices de la famille THYSSEN, des ressortissants d'une nation ennemie.[25] HARRIMAN et BUSH sont dénoncés comme collaborateurs. Un mois plus tard, l'administration US reprend aussi la Silesian American Corporation, l'ex Consolidated Silesian Steel. Toutefois, la société peut continuer à travailler et Prescott BUSH conserve sa fonction jusqu'en 1943 grâce au soutien de l'avocat Allen DULLES, l'homme qui créera plus tard la CIA.[26] En 1951, à la mort de Fritz THYSSEN, les actionnaires de Brown Brothers & HARRIMAN récupèrent leur argent sale.

FLICK, qui développa la première cure contre la tuberculose, est un descendant direct de Friedrich FLICK
[23] Tony ROGERS, o.c.
[24] Tony ROGERS, o.c.
[25] Tony ROGERS, o.c.
[26] Tony ROGERS, o.c.

LA VÉRITABLE CAUSE DE LA PREMIÈRE GUERRE DU GOLFE, EN 1990

Prescott BUSH reçoit 1,5 million de dollars (équivalent à 25 millions en 2010) pour sa part dans UBC, qu'il donne à son fils, George Herbert Walker BUSH, futur 41e président américain, pour se lancer dans le secteur du pétrole.[27] Avec ces fonds, George. H.W. BUSH senior fonde la Bush-Overby Development Company, spécialisée dans le commerce du pétrole et dans les brevets pétroliers. Deux ans plus tard, il crée la Zapata Off-shore Oil Company, la firme qui exploitera les premiers puits de pétrole au large du Koweït et par la suite la Pennzoil Company qui obtiendra des intérêts au Qatar et en Égypte.[28] C'est donc avec l'argent des crimes nazis que la famille BUSH s'est lancée dans le secteur pétrolier, se liant très étroitement à la famille royale du Koweït.

Pour protéger ce pactole des menaces du soi-disant dictateur irakien Saddam HUSSEIN, ce clan déclenchera en 1990 la première guerre du Golfe contre l'Irak,[29] entraînant à la suite des USA une coalition soutenue par L'ONU de 33 États. Cela pour un coût financier de 800 milliards de dollars, pour un coût écologique de 20 millions de tonnes de pétrole déversées dans le sol. Occasionnant une marée noire de 800.000 tonnes de pétrole brut dans le golfe Persique, polluant abondamment les côtes.

L'incendie de 732 puits de pétroles koweïtiens par les forces irakiennes, visant à obscurcir le ciel, produisit une fumée noire

---

[27] Tony ROGERS, o.c.
[28] Eric V THOMPSON, Major Oil Companies in the Gulf Region. University of Virginia, Petroleum Archives Project, Arabian Peninsula and Gulf Studies Program. Prepared with support from The Kuwait Foundation for the Advancement of Sciences. http://www.virginia.edu/igpr/apagoilhistory.html
[29] Chris Floyd, Blood Simple. In Metropolis, the Moscow Times (13 September 2002). http://www.tmtmetropolis.ru/stories/2002/09/13/120.htm

s'élevant à 600 mètres du sol, laissant des traces de fumée jusque sur l'Himalaya. La visibilité fut réduite de 25 à 4 km dans la région et il y eut une chute de la température jusqu'à -10 °C, modifiant les conditions météorologiques à 500 km à la ronde.

En épilogue, les 33 chefs de gouvernement partis vaillamment en guerre du Golfe s'identifient à de grands taureaux fiers de leur autorité et de leur volonté à décréter ce qu'il convient de faire pour assurer la paix du monde. Pourtant, les représentants de la véritable gouvernance mondiale les ont facilement utilisés à leur guise en les manœuvrant par l'anneau qu'ils ont placé sur leurs naseaux. Depuis cette époque, ils n'ont cessé de les manipuler plus subtilement encore en créant les conditions qui finalement les pousseront à accepter très bientôt l'instauration d'un nouvel agencement financier et politique du monde. Mais une nouvelle fois, sans qu'aucun d'eux ne puisse parvenir à discerner le sens et toutes les conséquences de cette perfide manœuvre, en cours d'achèvement.

SOUTIEN DES ESPRITS SUPÉRIEURS À L'IDÉOLOGIE NAZIE, AU FINANCEMENT D'HITLER À LA SECTE SKULL AND BONES

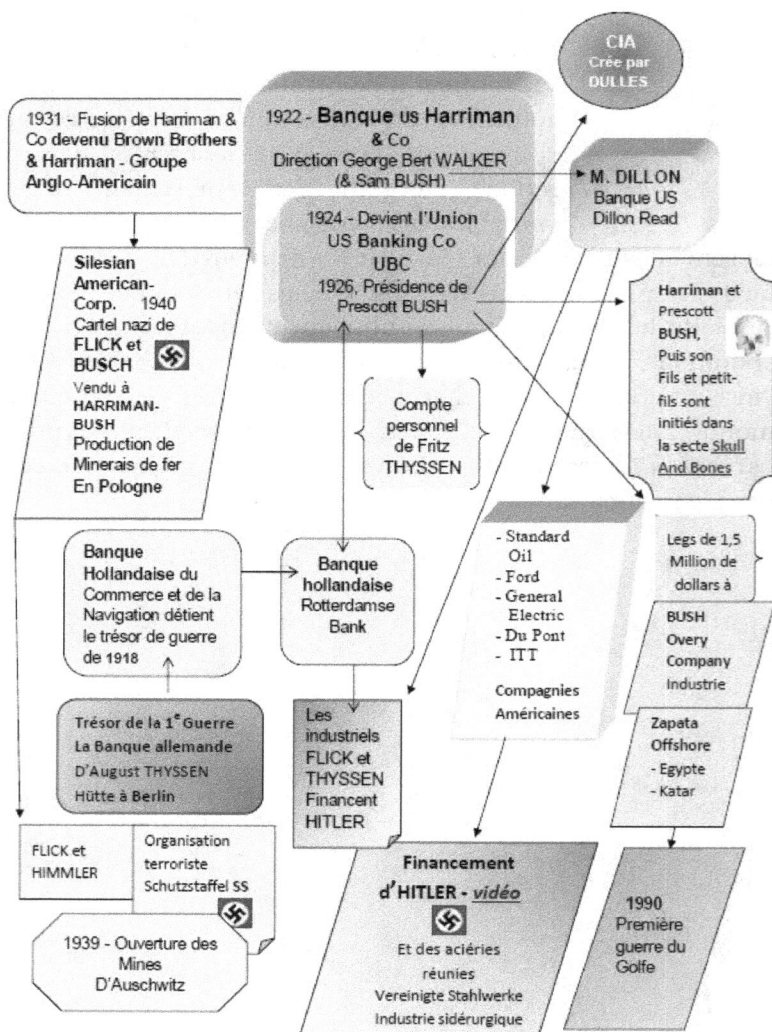

CIA
Crée par
DULLES

1931 - Fusion de Harriman &
Co devenu Brown Brothers
& Harriman - Groupe
Anglo-Americain

1922 - **Banque US Harriman**
& Co
Direction George Bert WALKER
(& Sam BUSH)

M. DILLON
Banque US
Dillon Read

1924 - Devient l'Union
US Banking Co
UBC
1926, Présidence de
Prescott BUSH

Silesian
American-
Corp.   1940
Cartel nazi de
FLICK et
BUSCH
Vendu à
HARRIMAN-
BUSH
Production de
Minerais de fer
En Pologne

Harriman et
Prescott
BUSH,
Puis son
Fils et petit-
fils sont
initiés dans
la secte Skull
And Bones

Compte
personnel
de Fritz
THYSSEN

Banque
Hollandaise du
Commerce et de la
Navigation détient
le trésor de guerre
de 1918

Banque
hollandaise
Rotterdamse
Bank

- Standard
  Oil
- Ford
- General
  Electric
- Du Pont
- ITT

Compagnies
Américaines

Legs de 1,5
Million de
dollars à

BUSH
Overy
Company
Industrie

Zapata
Offshore
- Egypte
- Katar

Trésor de la 1° Guerre
La Banque allemande
D'August THYSSEN
Hütte à Berlin

Les
industriels
FLICK et
THYSSEN
Financent
HITLER

FLICK et
HIMMLER

Organisation
terroriste
Schutzstaffel SS

1939 - Ouverture des
Mines
D'Auschwitz

**Financement
d'HITLER - vidéo**

Et des aciéries
réunies
Vereinigte Stahlwerke
Industrie sidérurgique

1990
Première
guerre du
Golfe

CHAPITRE 3

LES SOCIÉTÉS SECRÈTES, LES UNIVERSITÉS, L'ESPIONNAGE ET LE TRAFIC DE DROGUE, NE FORMENT QU'UN

VOULEZ-VOUS EN SAVOIR PLUS SUR SKB LA SOCIÉTÉ SECRÈTE DES BUSH ET AUTRES DOMINATEURS ?

Elihu YALE né près de Boston, éduqué à Londres, a servi dans la British East India Company. En 1687 il devient gouverneur du fort Saint-Georges au Madras (Inde). En 1699, après avoir fait fortune il retourne en Angleterre. En philanthrope, il fit des dons en numéraires et en publications à l'université du Connecticut. C'est pourquoi Cotton MATHER, auteur et ministre du culte puritain, suggéra de la nommer du nom du Messène E. YALE. Depuis, deux copies de sa statue ont été ajoutées, l'une en face du quartier général de la CIA en Virginie, l'autre face à l'académie Phillips à Andover dans le Massachusetts. À l'endroit même où George Herbert Walker BUSH dès l'âge de douze ans fut intégré à une société secrète.

Nathan HALE (1755 — 1776) avec trois autres étudiants de l'université de Yale étaient membres du Culper Ring. Une des premières organisations secrètes de renseignements en Amérique du Nord, l'ancêtre de la CIA et de la NSA (No Such Agency) et d'autres structures dont personne n'entend jamais parler. La Culper Ring fut fondée en 1778 par Benjamin TALLMADGE qui était aux ordres du Général George

WASHINGTON pour infiltrer la ville de New York, sous contrôle des Britanniques. Il devait faire le point sur la position des troupes et leurs mouvements. Une mission d'une grande utilité au cours de la guerre civile américaine Nord - Sud. Nathan HALE était son seul contact opérationnel. Mais après la bataille de Long Island, il fut débusqué, capturé et pendu le 22 septembre 1776. Cet épisode eut pour effet d'établir de très fortes relations entre l'université de Yale et le Cluper Ring.

Par ailleurs, en 1823, le cousin du fondateur de SKB, Samuel RUSSEL, fonda sa compagnie the Russel & Company pour organiser, depuis la Chine vers l'Amérique, un grand réseau de contrebande et de trafic d'opium. Il fit fortune et avec lui d'autres Américains et Européens. Parmi ses coéquipiers et partenaires, citons Warren DELANO Jr. le grand-père du président F.D ROOSEVELT, John Cleve GREEN financeur de l'école de Princeton, Abel LOW financeur de l'université de Columbia, Joseph COOLIDGE, et les familles PERKINS, STURGIS, FORBES. Le fils de Joseph COOLIDGE créa the United Fruit Company. En 1922, son petit-fils Archibald C. COOLIGE deviendra un cofondateur du Council on Foreign Relations. Le CFR, dont la structure, le fonctionnement et le but seront développés dans la deuxième partie du livre.

William Huntington RUSSEL, cousin de Samuel, étudia en Allemagne de 1831 à 1832, pays riche d'idées. En 1833, de retour à Yale, après avoir réuni les informations de base dans la « *Tombe* » lieu de réunion du cercle, il forma le cercle SKB pour senior. Alphonso TAFT et 14 autres se joignirent à lui comme membres fondateurs de l'ordre de Scull And Bones, modifié plus tard en Skull And Bones. Secte centrée au cœur de Yale et de l'université d'Harvard, promouvant seulement 15 nouveaux étudiants par cycle annuel universitaire, soit un total constant de 800 membres depuis que l'ordre existe. Depuis cette époque, ils sont tous destinés à remplir de hautes fonctions en politique, CIA, justice…

Plus tard devenu général et législateur dans le Connecticut, W.H. RUSSEL développa une grande amitié avec les leaders d'un cercle allemand dénommé Bones. Ils avaient une méthode particulière d'enseignement, incluant la pédagogie d'une psychologie très singulière du comportement humain, qu'il appliqua sans tarder une fois de retour à l'université de Yale. Alphonso TAFT poursuivit sa carrière en devenant Attorney général des États-Unis et secrétaire d'État à la Guerre, puis ambassadeur en Autriche, en Russie, postes partagés ultérieurement par d'autres SKB-men. Son fils William Howard TAFT deviendra président des États-Unis (le 27e de 1909 à 1913) et juge à la Cour Suprême.

ORIGINE, HISTORIQUE DE SKULL AND BONES, DÉNOMMÉ CHAPTER 322, DEPUIS LA NUIT DES TEMPS

En 1833, William Huntington RUSSEL et un groupe d'étudiants forment le club SKB. Lors de cette cérémonie ils font acte d'obédience à EULOGIA la déesse de l'éloquence (bénédiction en grec), se vouent à elle en lui jurant obéissance. En 322 Av. n'è, cette divinité était positionnée sur le panthéon à la place du défunt DÉMOSTHÈNE (homme d'État grec). Un crâne et deux os étaient entrecroisés en arrière-plan, en mémoire de sa mort. Dès le 19e siècle, les Illuminati, ou esprits brillants, considèrent SKB comme un moyen clé à leur service. Le probable 322e chapitre du **long tracé de leur histoire qui remonte à la nuit des temps**. Une collaboration parfaitement fiable par la garantie que peut offrir le secret de l'initiation.

Ron ROSEMBAUM, éditorialiste au New York Observer a fait des investigations pendant plus de 30 ans sur Skull & Bones. Il a tout d'abord été un camarade de classe de George BUSH junior, qu'il a jugé de pantouflard et d'immature. Ron n'aurait jamais pensé que BUSH puisse arriver jusqu'à SKB. Mais […] G. BUSH, dont les ascendants ont également été initiés, a toujours été attiré par son côté mystérieux. Il disait « *La dernière année de mes études à Yale, je suis devenu membre de Skull And Bones, une société secrète, si secrète en vérité que je ne peux en dire davantage. Je m'y suis fait 14 nouveaux amis* ». Référence : G W BUSH, avec l'aide de Dieu, Paris, éditions Odile Jacob, 2000.

C'est la plus puissante des sociétés secrètes, impulsée par des forces occultes.[30]

Impulsée par des forces occultes, elle opère en collaboration avec le milieu de la haute finance. En préalable aux deux guerres mondiales, elle a fomenté et préparé activement les Révolutions. Le but était de propager à travers le monde un esprit de contestation et de scission, versant du vitriol pour défigurer les libertés individuelles. Ce que nous avons démontré et schématisé plus haut, sur la base indéniable officielle de preuves écrites. C'est l'imbrication entre ces éléments épars qui la composent, lesquels semblent ne pas avoir de rapport les uns avec les autres, qui facilite d'autant son action de subornation et de corruption. Depuis l'après-Deuxième Guerre mondiale, SKB est la poutre maîtresse des fondements d'un nouvel Ordre du monde et de l'intelligentsia qui en trace l'itinéraire.

Nous devons beaucoup sur la connaissance de ce parcours tortueux à notre délégué Antony SUTTON.[31] Un historien américain, diplômé d'économie et de génie civil des universités de Londres, Göttingen et de Californie, professeur d'économie à l'université de Los Angeles, chercheur à l'université Stanford, à la Fondation HOOVER, décédé le 16 juin 2002. Nous lui rendons un profond hommage.

---

[30] **Les Skull and Bones analysés par Antony Sutton**
https://www.youtube.com/watch?v=H2CxCMAWiow&feature=player_embedded
[31] **Antony C. Sutton**
http://translate.google.fr/translate?hl=fr&langpair=en|fr&u=http://en.wikipedia.o
rg/wiki/Antony_C._Sutton

Il avait tout à la fois une vue d'ensemble des objectifs universalistes et une connaissance détaillée de la structure organisationnelle des sociétés secrètes œuvrant à soutenir la cause grandiose du millenium hégémonique qu'ils cherchent à imposer au monde entier.

LES MEMBRES DE LA SOCIÉTÉ SECRÈTE PARTICIPANT À DOMINER LA PLANÈTE TERRE PERPÉTUENT LA TRADITION OCCULTE

SKB – Chapter 322 et Illuminati du 18e siècle

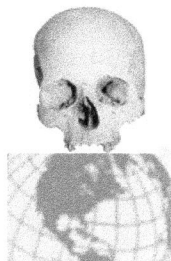

Il est évident qu'il ne s'agit pas d'un club de camarades d'université liés par un lien éternel, formalisé par des vœux solennels d'amitié indéfectible, qu'il ne serait pas question de remettre en cause.

Chaque année, dans les centres des hautes structures d'enseignement laïc des États-Unis, **de nouveaux étudiants** de la prestigieuse université de Yale et de Harvard **perpétuent la tradition occulte** en se réunissant et officiant dans « *la tombe* ». Un bâtiment en granit, sans fenêtres, de forme carrée, construit et utilisé depuis le 18e siècle à ce jour. En ligne directe avec les rituels de l'Ordre des Illuminati, ou esprits supérieurs de Bavière. Situé dans l'enceinte, au cœur même de l'université, ce bâtiment fait office de quartier général, spécifiquement réservé aux membres du SKB. Ils constituent l'élite diffuse de la société anglo-saxonne.

Y ont été ordonnés : BUSH Prescott Sheldon en 1917 – BUSH George Herbert Walker en 1948, 42e président des États-Unis – BUSH George Walker en 1968, 43e président des États-Unis – KERRY John Forbes en 1966, candidat aux élections présidentielles contre George BUSH en 2004 – HEINZ II. Henry JOHN en 1931, industriel du ketchup – MACDONALD II. Richard. J. en 1972, industriel du fast-food – COLGATE. Henry. AUCHINCLOSS, en 1913, industriel du dentifrice – la liste est très longue…

L'on a spéculé sur le cérémoniel du rite (bizutage violent, hurlements… le corps allongé dans une tombe en présence d'ossements…). Selon l'enquête conduite sur place par Ron ROSENBAUM, dans l'arrière-cour du bâtiment, il a vu une femme tenant un couteau et faisant semblant de couper la gorge à un nouveau membre. L'on sait de leur pratique, qu'au sous-sol, dans les noirs tombeaux, des ossements humains sont placés en ordre consacré. Ils comprennent les restes du fameux chef apache GERONIMO qui ont été déterrés par Prescott BUSH, le grand-père de George. Les quinze membres présents dans la Tombe, symbole même de l'occulte, prêtent serment de fidélité et de secret à l'ordre. Placés en face de l'initiateur, puis réciproquement chacun avec son condisciple, **ils jurent de rester fidèles jusqu'à la fin de leurs jours**.

Au rez-de-chaussée dans une semi-pénombre, à l'arrière-plan apparaît un ancien décor du 18e siècle. Il associe une vieille horloge de bois foncé, symbole du temps comme indéfectible support à leur projet. À l'avant, l'on a disposé un crâne et deux os humains en position croisée (fémurs ou tibias) sur une table funéraire nappée de tissu noir, brodée de fil blanc, à l'effigie de l'ordre. Chaque année, **les initiés, futurs dirigeants de la haute administration des USA et futurs membres de la véritable gouvernance mondiale**, posent là fièrement pour une photographie de groupe. Elle commémorera indéfiniment leur dévouement à la cause holistique.

Les membres de SKB sont considérés en élite par les autres étudiants d'universités. Cela les incite à en faire partie ou à opter pour d'autres sociétés d'honneur similaires au Chapter 322 : Le *Cap And Skull*, à l'université Rutgers dans le New

Jersey – La *Bishop James Madison Society*, au Collège of William And Mary – ou *l'Iron Arrow Honor Society*, à l'université de Miami en Floride. Toutes ces mouvances occultes, universalistes et très discrètes, sont néanmoins plus que jamais puissamment intégrées à la société des habitants de la planète Terre.

Placés en face des ossements humains, ces puissants mystiques avancent l'idée d'une prise de conscience de la courte durée de la vie. Nul doute, il s'agit bien d'initiation occulte, paganique. N'importe quel individu, quel que soit son rang social, doté d'une conformation normale de l'esprit, à n'importe quel endroit du monde, de jour ou de nuit, n'aurait pas idée de procéder ainsi. Sans avoir besoin d'aucune ébauche de rituel secret et mortuaire, l'on peut faire raisonner son auditeur. Par exemple à partir de deux simples brins d'herbe verte cueillis à une demi-heure d'intervalle. Il fera remarquer que le premier brin ne restera vert qu'un court instant, que le prochain brin ne manquera pas de se faner aussi vite que le premier. Une façon très simple d'arriver à la même conclusion, en démontrant la précarité et la fragilité de la vie végétale, animale et humaine.

Une autre réalité macabre est l'exacte ressemblance entre le symbole SKB, crâne et os entrecroisés, et celui de la Waffen SS, de la Gestapo. De nos jours, il est encore porté par d'irréductibles fanatiques de sections de la mort. Il est orné de La svastika 卐 symbole occulte du Nouvel Âge et emblème franc-maçon. Tous les Cercles mondialistes (Bilderberg – CFR – Trilatérale – Pilgrim Society – Bohemian's club – OTAN... que nous aborderons ultérieurement) sont des cercles intimement liés à l'Ordre de Yale et de Harvard. C'est l'un des plus importants noyaux dirigeants de la subversion à l'échelle de la Planète Terre. Pour mieux situer sa position de pivot, voir plus bas l'organigramme schématique des structures du nouvel Ordre du monde.

Sur la base de l'investigation très approfondie et étayée de preuves[32] écrites d'Antony SUTTON, l'on peut démontrer que les esprits supérieurs ont utilisé la haute finance pour soutenir les Révolutions,[33] les deux guerres mondiales. Son enquête eut recours à des documents originaux et des témoignages irréfutables pour faire la lumière sur des secrets sévèrement gardés jusque-là. Un lot de preuves que les grands financiers n'avaient pas imaginé voir un jour ré émerger. Il consigna tous ces faits avec la plus grande précision dans ses sept livres : « *A catalog of U.S. firms with Soviet contracts, 1982 – How the Order Creates War and Revolution 1985 – Technological Treason – America's Secret Establishment – An Introduction to the Order of Skull & Bones 1986 – The Two Faces of George H. W. BUSH – The Federal Reserve Conspiracy 1995.*

À la lecture de tels ouvrages, l'on saisit clairement la composition machiavélique et le rôle détestable de cette société du nouvel Ordre mondial, se structurant graduellement et s'enracinant sans faille montée en puissance sans faille du 18e siècle jusqu'à nos jours.

Dont les ingérences, les manipulations dans tous les domaines sont insupportables : Ententes avec les socialo-communistes – Fausse paix – Fiscalité opprimante – Domination bancaire – Libéralisation de la spéculation financière – Agriculture désorganisée et dénaturée – Crise économique planifiée – Utilisation intensive de la propagande médiatique – Corruption – Dans certains cas, recours à diverses drogues et techniques sophistiquées... Autant de moyens vipérins dans le but express d'exercer un contrôle de plus en plus couvrant sur les

---

[32] **The Best Enemies Money Can Buy - Prof. Antony C. Sutton**
https://www.youtube.com/watch?v=ScPqoqJBz6w
[33] **Carr William Guy - Des Pions Sur l Echiquier**
https://fr.scribd.com/doc/50712203/6/les-hommes-qui-provoquerent-la-revolution-francaise-en-1789

populations pour arriver sans difficulté à l'entière domination du monde.

Les membres du cartel n'ont eu aucun mal à user de leur influence pour qu'Antony SUTTON soit discrédité par les médias. Aucun de ses nombreux ouvrages n'a pu être traduit autrement qu'en langue anglaise. Il était seulement connu par le cercle restreint des spécialistes du mondialisme, notamment de sa face cachée, de son emprise.

À la suite de ses travaux probants sur l'ordre de Yale — SKB, il fut l'objet de restriction d'accès aux archives des grandes bibliothèques universitaires. L'on fit en sorte qu'il ne puisse approfondir plus avant ses surprenantes recherches. **Les masses humaines devaient rester dans l'ignorance de ses investigations**, pour leur plus grand bien ! Ce fut la retraite forcée qu'il occupa en publiant des lettres d'information que la presse sous influence avait pour consigne de ne pas diffuser. Il poursuivit sa tâche par la parution de Future Technology Intelligence Report, un document consacré aux techniques hautement sophistiquées tenues secrètes. SUTTON était un investigateur de grand talent et de grande conviction. Le seul qui a pu recouper les contrats ayant permis aux totalitarismes nazis et soviétiques non seulement d'être financés par les banquiers du monde libre, mais de pouvoir survivre après leur échec respectif. Il démontra précisément et distinctement :

➤ Le formidable potentiel de SKB, poutre maîtresse des fondements du N.O.M, à tisser des réseaux d'influence verticaux et horizontaux dans toutes les strates de la société mondiale. Notamment dans le milieu financier, commercial et politique.

➤ Le rapport général existant entre la haute finance internationale, les cercles mondialistes (Illuminati ou esprits supérieurs – cercles de réflexion ou think tank) et leur instigation à trouver et organiser les commanditaires des diverses Révolutions, introduisant ainsi les deux guerres mondiales.

➤ Pour la première fois, prouver avec des documents inattaquables les liens étroits entre quelques banquiers de New York et de nombreux révolutionnaires.

➤ Qu'en 1910, les descendants cooptés de ces esprits supérieurs se réunirent à Jekyl Island et décidèrent la création de la Réserve fédérale US, l'actuelle FED.

➤ Qu'en 1913, ils réussirent le tour de force de faire adopter par le Congrès des États-Unis leur volonté de créer une banque centrale aux mains de banquiers privés, une décision prise dans le plus grand secret en 1910. Les puissances d'argent remportèrent ce jour-là une victoire dont aujourd'hui les peuples ne mesurent pas encore toute l'importance – Mamônas – le culte de l'argent Roi – exerce depuis cette date un pouvoir extraordinaire et sans précédent sur toutes les nations du globe.

➤ Que ce furent les financiers américains qui procurèrent à HITLER l'argent et le matériel d'armement destinés à provoquer la Deuxième Guerre mondiale.

➤ Dans son troisième volet, SUTTON prouva non seulement que la 2e Guerre Mondiale avait été planifiée, mais il démontra aussi qu'elle fut extrêmement profitable à un groupe restreint de businessmen de la Haute Finance.

➤ Que toute l'innovation technologique soviétique et les fonds nécessaires à son développement sont issus de l'Ouest. Alors que paradoxalement cela était décrié de façon feinte par ce régime. Voir plus bas, le CFR utilise adroitement l'art de mystification de la double puissance anglo-américaine.

➤ Par la publication d'un ouvrage très documenté en deux tomes, SUTTON mit à nu la structure et les plans de la Commission trilatérale (Trilaterals over Washington, 1979), un cercle mondialiste créée en 1973 par le banquier et homme d'affaires d'envergure internationale David ROCKEFELLER. Une société semi-secrète bien détaillée par Yann MONCOMBLE dans son livre intitulé « la Trilatérale et les secrets du mondialisme ».

➤ Que les promoteurs du cartel occulte monde ont été chanceusement protégés. Le clan ROCKEFELLER, plus que tout autre juif, bénéficia bien encontreusement d'une volonté gouvernementale protectrice, faite sur mesure. Lui offrant une totale garantie de protection contre toutes formes de totalitarisme. Alors qu'étonnamment ce clan, représentatif du milieu manipulateur de la haute finance, fut le principal promoteur de la Deuxième Guerre. Par la même, il participa à la mort des six millions de juifs décimés dans les camps d'extermination nazis.

➢ Au cours de la Deuxième Guerre mondiale, la gouvernance des États-nation fut nettement dominée par le double pouvoir de l'argent. Elle fut placée sous la coupe d'une puissance de nature occulte qui une nouvelle fois traça la voie dévastatrice d'un deuxième conflit mondial plus destructeur que le précédent (voir plus haut – le rapport insoupçonné entre les sociétés secrètes, la haute finance et les guerres). La société humaine de l'époque plongée dans le désarroi a vivement cherché à pouvoir bénéficier d'une garantie de paix permanente. D'où l'émergence de l'ONU, rejeton, instrument, et canal d'expression politique trompeuse de la véritable gouvernance mondiale.

➢ Que l'on dispose ainsi d'un éclairage unique sur le rôle joué par les J.P. MORGAN – T.W. LAMONT – Henry. FORD – les intérêts ROCKEFELLER – la General Electric – Standard Oil – National City Bank – CHASE & Manhattan Banks – KUHN LOEB & Co – Et quantité d'autres affairistes. Que l'on a la claire compréhension de tous les préparatifs industriels et économiques qui furent indispensables à la Seconde Guerre mondiale.

➢ Que ce cartel, dénué de tout scrupule, désireux de se saisir avidement de cette exceptionnelle opportunité d'affaires a été finalement lui-même façonné par **la franc-maçonnerie anglaise**[34] (F.MA). La F.M.A **s'avère être l'un des principaux piliers soutenant l'organisation des esprits supérieurs**. À l'époque, cette confrérie fut personnifiée par PIKE grand Maître

---

[34] Voir plus bas – Les autres organisations du système financier mondial – les banques multinationales zone 4, leur implication au 21e siècle dans le déficit public tronqué de l'Italie et de la Grèce, 10 années avant que ne soit déclenchée, en temps voulu, la crise majeure de 2008.

universel luciférien du rite écossais et par MAZZINI grand maître du Grand Orient d'Italie.

UN PRÉSIDENT COURAGEUX VA LEUR TENIR TÊTE EN OSANT UNE RÉFORME FINANCIÈRE DE FOND

Le 5 mars 1933, lors de la grande Dépression, le président Franklin ROOSEVELT, récemment élu avait entériné une loi d'urgence financière et ordonné la fermeture des banques pour 4 jours. La loi adoptée par le Congrès avait conféré au gouvernement des pouvoirs d'exception pour restaurer le bon fonctionnement des établissements financiers. Les citoyens étaient tenus à n'utiliser que la monnaie papier pour les achats et échanges commerciaux. Le 10 mars, ROOSEVELT par arrêté présidentiel interdisait toute opération d'échange d'or contre de la monnaie papier, et tout envoi, exportation, de métal jaune à l'étranger.

Le président d'emblée tente d'attaquer l'oligarchie dominante. Son discours inaugural du 4 mars 1933, prononcé dans le contexte d'une fuite organisée contre le dollar en souligne l'intention. Comme le billet vert était encore convertible en or, les spéculateurs avec la complicité visible des grandes banques américaines et anglaises vendaient sans retenue, et le pays perdait ses réserves de métal précieux. ROOSEVELT avec une remarquable liberté de ton fustigea les « *money changers* » les marchands du temple. L'affrontement était donc clair, c'était le combat du président. Lui-même était franc-maçon du 33e degré sur 33, mais il était fidèle et loyal à ses engagements et à ses valeurs maçonnes. Sur ces nobles bases, il osa contrer Wall Street et l'oligarchie financière, au nom de deux conceptions opposées de l'Amérique. En réaction à ce discours, le directeur de la Banque d'Angleterre, Montagu NORMAN, soutien du

financement nazi et représentant du cartel, se serait écrié :
« *L'insolent bâtard !* ».

LES MARCHANDS DU TEMPLE NE CHANGERONT JAMAIS

Dans le club de banquiers américains contrôlant le fonctionnement de la Réserve fédérale (FED), sans le dire tout haut, une majorité partageait le jugement implacable de NORMAN. Parmi eux, les WARBURG, les MEYER, les LAZARD, les HARRIMAN, Otto-KAHN, Abraham KUHN, Salomon LOEB (ayant favorisé la guerre russo-japonaise) et surtout les associés ultraconservateurs de J.P. MORGAN, en particulier Thomas LAMONT. Ils décidèrent en collaboration avec le CFR (Council of Foreign Relations – l'État dans l'État américain), d'organiser une entreprise de déstabilisation de la présidence. Ces hommes, regroupés autour de la banque MORGAN, entendaient évidemment contrôler les États-Unis au sortir de la crise, plus encore qu'ils n'avaient su le faire en 1928.

Le clan MORGAN, par exemple, avait placé ses associés dans 167 des plus grandes entreprises du pays, allant du milieu bancaire aux chemins de fer, en passant par les compagnies d'électricité. Ils exerçaient une influence directe ou indirecte sur tous les grands journaux du pays. La première salve consista à organiser une opération contre le dollar. De prime abord, cette décision semblait être une opération contraire à leurs intérêts.

LES MEMBRES DE LA HAUTE FINANCE NE CRAIGNENT PAS DE PERDRE LEUR PART DE MONNAIE FIDUCIAIRE

Puisque ces gens sont à la tête de pans entiers de l'économie, possédant nombre de biens tangibles, **ils ne craignent pas de**

perdre une part de leur réserve financière libellée en monnaie fiduciaire. Ceci permet de **comprendre qu'ils opéreront probablement de même dans la période à venir,** en provoquant une forte dévaluation du billet vert, si toutes les nations ne se plient pas à leur plan qui consiste à établir en premier lieu un nouveau système financier mondial, incluant une monnaie mondiale unique probablement adossable à l'or et une banque centrale unique en occident.

Le 6 mars 1933, en invoquant les pouvoirs que lui donnait un texte datant des années de guerre, le *Trading with the Enemy Act*, ROOSEVELT répliqua en fermant effectivement les banques pendant quatre jours. Il proclama aussi un embargo sur le retrait ou le transfert de métaux précieux, d'or et d'argent. La tension fut alors à son comble. Cependant, le président courageux, malgré l'insistance d'une poignée de ses conseillers, ne sut pas aller au bout de la décision. Il n'a pas pris le contrôle de tout le système bancaire et du crédit. Il aurait dû abolir ce club de banquiers à la tête de la Réserve fédérale (FED) pour lui substituer une Banque centrale nationale. Comme J.F. KENNEDY tenta plus tard de le faire plus autoritairement encore, très probablement au prix de sa vie. Aucun d'eux n'a pu remettre en cause le lobbying de banquiers privés, un cartel toujours aux commandes de la FED.

L'histoire de la finance mondiale aurait été toute autre si l'administration ROOSEVELT avait pu empêcher le milieu bancaire d'instrumentaliser la monnaie à sa convenance. Dans ce cas de figure, la gestion de la Réserve fédérale aurait été supervisée par le Trésor public, comme le prévoit la Constitution américaine. Voici comment ce président loyal, vaillant, très attaché aux valeurs démocratiques du plus grand pays au monde, voulait repousser fermement l'influence subversive du cartel d'esprits supérieurs. Mais au final, il n'a pas pu s'y opposer pleinement.

Depuis la disparition de ces deux hommes d'État résolus et intègres, personne n'a plus osé résister même partiellement contre le milieu de la haute finance. Elle qui dès 1910, au cours de réunions secrètes, décida de la création de la Réserve fédérale (FED). Un monopole privé et néanmoins légalisé de réserve monétaire, contrôlé jusqu'à ce jour par un petit nombre d'esprits brillants, à leur entier profit. À l'époque, ils prétextaient déjà pouvoir consolider la société et protéger l'intérêt général. Alors qu'en fait ils n'agissaient qu'avidement en cartel dévoué à la stratégie de la véritable gouvernance mondiale, déjà au détriment de l'économie réelle, de l'essor socio-économique.

Au mieux, l'intervention réussie de ROOSEVELT fut d'utiliser l'argent des banquiers au service de sa propre politique. Il engagea avec eux un bras de fer pour les contrôler, mais sans passer utilement aux extrêmes, le choc n'en fut pas moins frontal. Le président décréta que la monnaie serait toujours émise par la Réserve fédérale. Que momentanément elle ne serait plus convertible en or, afin d'empêcher la dilapidation du métal jaune. Il mit en place de rigoureuses mesures de contrôle du fonctionnement des banques. Elles ne pourraient reprendre leurs activités qu'avec une autorisation du Trésor. Les établissements jouissant d'une bonne situation pouvaient rouvrir sans difficulté, mais ceux jugés insolvables par les contrôleurs fédéraux furent soumis à la tutelle publique ou dans l'obligation de fermer leurs portes.

Malgré tout, ce pôle de banquiers réussit à influencer le président pour lancer le New Deal (nouvelle donne), favorisant l'essor d'un apparent socialisme officiel. Pour eux, c'était un nouveau moyen subversif de contrôler l'économie et la population du pays. ROOSEVELT devint ainsi le promoteur de cette politique hybride en se plaçant indirectement sous l'influence de Bernard BARUCH. L'un des principaux agents des esprits supérieurs, représentant particulier du clan ROTHSCHILD.

LE RÔLE DU **CFR** DANS LA DÉPRESSION DE **1929**, LA TONTE CALCULÉE

Un président exploité. Il est intéressant de reprendre entièrement l'extrait du livre « *Mon exploité de beau père* » de Curtis DALL, beau fils du président Franklin D. ROOSEVELT :

> « *J'ai estimé depuis longtemps que Franklin D. ROOSEVELT (FDR) avait développé beaucoup de pensées et d'idées qui lui permettaient de profiter de ce pays, les USA. Mais, il ne l'a pas fait. La plupart de ses pensées et de ses arguments politiques (quand il était au pouvoir] étaient soigneusement élaborés pour lui et développés par le* **CFR, un groupe de la finance mondiale.** *Brillamment, avec grand goût, comme une magnifique pièce d'artillerie, il a explosé, disant que les arguments étaient préparés au milieu d'une cible peu soupçonnable, le peuple américain, et les a ainsi liquidés, et il est retourné à son appui politique internationaliste [...]* **L'ONU est un dispositif d'opérations bancaires internationales** *à grande échelle, évidemment installé* **pour le profit financier d'un petit groupe** *de révolutionnaires puissants du monde onusien, affamés de bénéfices et de pouvoir [...]*
>
> *La dépression était* **la tonte calculée du public** *par les puissances mondiales de l'argent, déclenchée* **par le soudain manque planifié d'alimentation en prêts** *(liquidités) au jour le jour sur le marché monétaire de New York [....].* **Les chefs du Gouvernement du Monde U.N.** *(United Nation, ou monde onusien) et leurs banquiers intimes* **ont maintenant acquis le plein contrôle des mécanismes de l'argent** *et du crédit US. Par l'intermédiaire de la création de la Banque des Réserves fédérales (FED) possédée par le secteur privé* ».

Le plein contrôle des mécanismes de l'argent passait par l'intermédiaire de la FED créée en 1913. Un processus planifié, clairement démontré par l'investigation d'Anthony SUTTON. Il souligna les conséquences immuables de la volonté des descendants des esprits supérieurs (Illuminati) réunis à Jekyll Island en 1910, bien décidés à fonder une Réserve Fédérale sur la base de capitaux privés.

ROOSEVELT, placé au plus haut niveau de l'État, avait à titre personnel toute latitude de mobiliser les moyens de s'enrichir personnellement. Ou d'enrichir des proches, des intermédiaires, au détriment du peuple ayant voté pour lui en toute confiance. Du point de vue moral, si la probité l'emporte, l'élu ne cédera pas à cette facilité qui s'offre rapidement à lui. C'était le cas de FDR. Par contre, quelles que soient la force de caractère et l'indépendance d'esprit de la plus intègre des personnalités d'État, elle ne pourra pas résister très longtemps aux réseaux d'influence du CFR, de la commission trilatérale, du Groupe de Bilderberg... Ce sont eux qui n'importe où dans le monde finiront par imposer au pouvoir en place l'orientation politique ou financière voulue.

Si Franklin D. ROOSEVELT, élu le 4 mars 1933, trois fois réélu en 1936, 1940, 1944, a su prendre toutes les décisions essentielles imposées par l'entrée en guerre de l'Amérique. S'il a eu la trempe de s'opposer au monde de la finance, néanmoins il a failli perdre pied. Les mailles du CFR se resserraient si fortement qu'il n'eût d'autres choix que de retrouver l'appui moral et le soutien interventionniste à sa politique d'hommes d'État internationaux, CHURCHILL par exemple. Eux aussi furent confrontés à l'ennemi commun, les puissances de l'axe : Allemagne nazie, Italie fasciste, Japon fanatique. Des nations dont chacun des dictateurs était soutenu par cette même coterie de la finance internationale.

En retour pour soutenir ces chefs d'État amis et leurs peuples, le président américain élabora le plan de leur libération. Il entraînera le sacrifice de la nation américaine et de ses boys.

Dès lors, les USA connurent la glorieuse renommée de sauveur du monde. La portée idéologique de libérateurs du joug nazi et fasciste allait servir ultérieurement le CFR et la Commission trilatérale à l'international dans leur rôle politique de mystification. Voir plus bas le CFR a su utiliser adroitement l'art de mystification de la double puissance anglo-américaine.

Si à titre personnel le président ROOSEVELT a pu réagir à l'influence directe du CFR, par contre il n'a pas pu comme il eut voulu le faire s'opposer à sa prise de pouvoir à l'intérieur de l'appareil d'État. Un contre-pouvoir que le CFR a su organiser rapidement par la montée en puissance et la dérégulation du milieu financier, introduisant ainsi cette crise économique de 1929 aux conséquences gravissimes. La cause fut une totale déconnexion des besoins financiers, des liquidités nécessaires au fonctionnement normalisé de l'économie réelle. La mise sous influence de l'autorité politique suprême poussa le monde de la finance, débarrassé de garde-fous, à devenir assoiffé de profits ultra rapides. Ce cartel de banquiers avait perdu tout sens moral, il ne se satisfaisait plus du modèle économique et du contexte social de l'époque, pourtant très porteur et sécurisant. Ce milieu devint spontanément ivre de spéculation jusqu'à provoquer la grande dépression qui dura une dizaine d'années de 1929 à 1939.[35]

Avec un intérêt second, l'on peut citer les causes techniques officielles de cette crise dramatique caractérisée par : a) la

---

[35] Bien que les États-Unis aient connu plusieurs dépressions avant le krach boursier du 27 octobre 1929, dans un premier temps les économistes crurent à une correction du marché. Mais pas à une situation pire que la récession de l'après-Première Guerre mondiale. Or, la situation échappa à l'entendement des économistes, car la dépression ne cessa de se dégrader au fil des années jusqu'en 1939. Malgré les promesses de F.D ROOSEVELT sur le New Deal, en 1933 le chômage et le taux de suicide augmentèrent considérablement. Lorsque F.D.R devint président, un quart de la population était sans emploi. Il y avait deux millions de sans-abri, les manifestations de la faim se multipliaient. Les produits agricoles perdaient 60 % de leur valeur et prenaient en tenaille les agriculteurs. Le produit national brut (PIB) avait diminué de cinquante pour cent.

frénésie boursière et l'irresponsabilité des banquiers ouvrants des prêts sans retenue aux spéculateurs, b) une mauvaise régulation des liquidités conduisant à financer d'abord la spéculation malsaine au détriment de l'économie réelle. **Aujourd'hui, l'on dissimule encore à tous les véritables causes cachées de cette crise.** Elles ressemblent à des couleuvres en 3D aussi vraies que nature que l'on a toujours voulu faire avaler à l'opinion publique de l'époque ; comme à ceux du 21e siècle qui s'intéressent à l'évolution de la civilisation contemporaine.

Or, si les explications officielles se fixaient sur le mécanisme bancaire qui enclencha cette crise, selon Curtis DALL cela masquait les auteurs de cette dépression et les conséquences calculées qui en ont découlé. Pour lui, **elle fut délibérément planifiée selon une méthode consistant à assécher les liquidités sur le marché monétaire.** Le double objectif était de tondre la population, de la dépouiller et dans le même temps **d'acquérir le plein contrôle des mécanismes financiers** américains, par extension en grande partie ceux **du monde**.

CHAPITRE 4

LA TACTIQUE D'ASSÈCHEMENT DE L'ÉCONOMIE RÉELLE DES ANNÉES 1930, UNE ÉVIDENTE SIMILITUDE AVEC UNE DES CARACTÉRISTIQUES DE LA CRISE MAJEURE DE 2008

Le procédé consista à concentrer la finance du secteur privé en créant un siphonage des liquidités disponibles. À l'époque, cet assèchement fut entrepris sous la tutelle des chefs gouvernementaux internationaux onusiens afin de provoquer un brusque basculement des masses financières vers les réserves fédérales. Une poignée d'individus richissimes allait ainsi **pouvoir tenir en bride** l'économie américaine et par là même l'économie **mondiale**.

La concentration financière fut si rapidement opérée qu'elle se transforma en une manœuvre perfide pour l'économie réelle, la privant instantanément de liquidités. L'économie fut frappée de plein fouet, car à l'époque les conséquences à court et moyen terme de cet assèchement ont été si soudaines, si imprévisibles, qu'elles furent techniquement insolubles. Ni les nations, ni les marchés, n'ont su, ni n'ont pu, entreprendre un sauvetage des banques. Cela contrairement au déclenchement de la crise majeure de 2008, dont le premier effet comme en 1929 fut le tarissement de liquidités pour l'économie réelle. La différence entre ces deux crises tient à la manœuvre qui a obligé les États-nation en 2008 à renflouer les banques par le seul moyen d'émission massive de dette publique. Au final, avec un effet différé de 3 à 5 années – 2008–2013 – l'économie générale durablement déstabilisée ne pourrait plus retrouver ses marques. Les États-nation pris au piège d'une économie en berne n'auraient de cesse de se débattre pour faire face à l'élévation constante de leur endettement public.

CHAPITRE 5

QUEL EST L'ITINÉRAIRE MENANT AU NOUVEL ORDRE DU MONDE (N.O.M.) ?

TOUT D'ABORD DONNER LIBRE COURS À LA PROPAGANDE[36]

Depuis le dix-neuvième siècle, la société des humains est soumise à une intense propagande multiforme. Tous les domaines de la vie sont concernés : Politique – Argent & crédit – Consommation sous d'innombrables formes – Sport – Logement – Santé – Éducation – Justice – Économie – Environnement – Nouvel Ordre financier et politique du monde…

Les opérations de propagande sont issues de firmes de la communication dont les commanditaires sont les gens les plus puissants de la planète. Ces consortiums incluent certains gouvernements et la majorité des groupes pharmaceutiques. Ils ont toujours eu à disposition des budgets colossaux, par milliards de dollars, pour influencer le monde des cinquante

---

[36] **La manipulation de l'opinion publique**
http://www.agoravox.fr/culture-loisirs/extraits-d-ouvrages/article/la-manipulation-de-l-opinion-74681

dernières années, plus que n'ont su le faire tous les présidents des États-Unis réunis.

Leur propagande incessante et diversifiée a réussi à générer la peur du monde musulman, de certains pays, de certains gouvernements, de certains produits, d'une maladie qui n'existe pas, ou d'une autre sans aucune dangerosité... Ils offrent des ponts d'or à tous nouveaux génies du marketing du secteur privé ayant les capacités de porter leurs projets au paroxysme du mensonge.

L'actuelle impression de liberté d'expression n'est que pure illusion. Le contrôle des médias et de leur contenu était une nécessité pour le cartel. Au 19e et 20e siècle, il leur fallait prendre le contrôle des journaux, principale source de communication de l'époque. Ils pouvaient ainsi faire passer les thèmes utiles à la propagande des diverses formes du pouvoir industriel, commercial, financier et politique. **Tout en cachant ou bridant certaines informations, dont le public n'avait rien à connaître.** Ce fut **le nouveau moyen contemporain d'assurer efficacement le pouvoir** et parallèlement la structuration d'une nouvelle administration du monde.

Ω – **citation clé** – « *En mars, 1915, les intérêts (au sens avoirs et avantages financiers) de J.P. Morgan, l'acier, la construction navale, et les intérêts de pouvoir (au sens de domination), et leurs organismes subsidiaires, ont été l'objet d'une réunion de 12 gros bonnets du monde de la presse. À cette occasion, on les a utilisés pour déterminer les journaux les plus influents aux USA et le nombre suffisant d'entre eux pour contrôler l'ensemble de la politique de presse quotidienne [....]*

Ils ont trouvé qu'il était seulement nécessaire de prendre le contrôle de 25 des plus grands journaux. Un accord a été conclu – la politique de presse a été achetée – étant rémunéré mensuellement un rédacteur a été nommé pour chaque journal afin de superviser correctement et publier l'information concernant les questions de l'État, de préparation du militarisme, des politiques financières, et d'autres choses de nature nationale et internationale considérées essentielles aux intérêts des preneurs de contrôle ». Oscar CALLAWAY, membre du Congrès US, 1917.

L'histoire de mise sous influence se répète. Depuis les années 1920, **les médias** (presse, radio, TV, internet) occupent une place centrale dans la société du monde. L'opinion publique en est tributaire, notamment à travers la parole de ceux et de celles qui animent la scène médiatique : journalistes, experts en tous genres, animateurs, humoristes… Les mots, les images et les personnages qui en émanent colonisent la vie quotidienne. Surtout, ils alimentent la pensée, **orientent les idées, les manières de faire, des masses humaines.**

Pour en assurer la pleine diffusion, cela nécessitait tout d'abord la prise de contrôle des moyens de propager ces multiples mensonges. Si à l'époque il fallait tenir en bride les propos de la presse, aujourd'hui **les médias semblent offrir au public une liberté de ton et d'opinion**. L'on cite, l'on reprend et l'on fustige même sévèrement les contradictions et malversations d'hommes politiques à la tête de l'État ou de grandes institutions. Pourtant, malgré ces expressions empreintes de rectitude morale visant à déférer toutes sortes d'abus et d'injustices, **rien ne permet plus aux médias d'expliquer sur le fond des vérités utiles à la compréhension de la marche du monde.**

Comment le pourraient-ils puisqu'à la base tout est organisé pour qu'ils n'aient aucune connaissance du plan global mis en œuvre par la véritable gouvernance mondiale, ni aucun moyen d'ouvrir les projecteurs sur l'emprise du mondialisme. Comment serait-ce réalisable sachant que **les directions de ce milieu**, CNN par exemple, par lobbies interposés, **sont soumises aux ordres indirects de réseaux d'influence.**

L'un des premiers objectifs du pouvoir mondial occulte est de réaliser **un conditionnement psychique optimal des**

populations, afin de s'assurer du bon déroulement de l'itinéraire tracé jusqu'à l'instauration d'un nouvel agencement politique mondial. Cela consiste à diffuser en continu des informations apparemment exhaustives, mais évidées puisqu'elles s'abstiennent de scruter les causes réelles à l'origine de tous les troubles et dysfonctions de la société humaine. Puisqu'elles passent sous silence de nombreuses vraies solutions potentielles applicables au profit d'une société humaine plus équitable, d'une vie meilleure. Ces sempiternelles diffusions en boucle de dépêches déconstruites ne laissent aucun doute à ce sujet. En témoignent les citations clés ci-après relatant la mise sous tutelle du milieu médiatique.

Les médias contribuent à tisser les liens sociaux, comme à les distendre et même à les rompre. De leur côté, les acteurs sociaux et politiques s'empressent d'apparaître dans l'espace médiatique. Surtout à l'écran et d'y faire entendre leurs voix, un passage obligé pour faire valider leur programme. Passage fictif, car la mise en forme du faux semblant d'idées l'emporte sur le fond. Une parodie qu'une partie du public a finalement su discerner. La mise en scène du clip, le souci du sensationnel tendent à travestir les idées diffusées tout en **éclipsant les informations essentielles**. La politique devient spectacle en même temps que les gouvernements s'ingénient à utiliser le pouvoir des médias à leur avantage, en contrôlant même la nature superficielle de l'information.

Les animateurs, informateurs, journalistes, éditorialistes, instituts de sondage se veulent être le reflet d'une certaine liberté d'expression. Certains articles, certaines scènes télévisées, sembleraient le faire croire. Notamment les révélations de scandales, de corruption, de trafic d'influence, d'injustice sociale. En 2011, l'affaire DSK, l'ex-directeur du FMI, est diffusée de façon intensive jusque dans les parties les plus reculées du globe, sur une période de six mois.

Ce scandale sexuel a fait plus de bruit médiatique que l'élection du président OBAMA. Pendant tout ce temps d'antenne, auquel l'on soumet les masses humaines, de la même façon qu'avec les mauvaises séries télévisées, **cela permet d'étouffer des sujets essentiels.** Par exemple, la contamination radioactive[37] continue des réacteurs de Fukushima en cours de désintégration. Tandis que sur le fond, de grandes carences journalistiques s'expliquent par l'insuffisance d'investigation objective. Ainsi que par la subjectivité d'opinion personnelle et/ou par une forme directe ou indirecte de dissuasion visant à modifier, aussi adroitement et finement que possible, le sens des articles, des émissions, des interviews.

Pour le personnel journalistique, aller à contre-courant c'est prendre le risque d'être espionné à distance (RFID ou autres dispositifs, téléphone portable par exemple) et/ou de mettre en jeu son devenir professionnel. D'une part, les producteurs et salariés des médias ne veulent pas s'engager à expliciter plus avant nombre de sujets clés de nature économico-politico-militaire. Des sujets essentiels mettant en cause la vie et l'avenir de la planète.

D'autre part, au vingt et unième siècle, plus nettement qu'en 1917, à titre personnel ou collectif, d'une façon plus subtile encore, ce petit monde des médias est tenu dans l'ignorance des rouages secrets et des objectifs de la véritable gouvernance mondiale. Dans le même temps, soumis à cet indéfectible contrôle, ils continuent à servir de support central à la propagande d'influence multiforme. C'est en éclairant seulement les bas-côtés de la voie qu'ils participent activement à conduire la grande multitude vers un nouvel Ordre du monde.

---

[37] **Nouvelles de Fukushima**
http://www.kokopelli-blog.org/?p=916

PRINCIPALES CITATIONS
RELATIVES AUX MÉDIAS

« L'opinion publique est la clé. Avec l'opinion publique, rien ne peut faillir. Sans elle, rien ne peut réussir. Celui qui manipule les opinions est plus important que celui qui applique les lois ». Abraham LINCOLN (1809-1865), 16e président américain.

Ω – **Citation clé** – *« Comme la civilisation devient plus complexe, et que la nécessité d'un gouvernement invisible a été démontrée de façon croissante, les moyens techniques par lesquels l'opinion publique peut être enrégimentée ont été inventés et développés. Avec la presse écrite et les journaux, le téléphone, le télégraphe, la radio et les avions, les idées peuvent être rapidement répandues, voire instantanément à travers l'Amérique tout entière ».* Edward BERNAYS (1891-1995), auteur et ancien dirigeant de CBS Télévision, dans son livre « Propaganda », publié en 1928.

Ω – **Citation clé** – *« Des centaines de milliards de dollars sont dépensés chaque année pour contrôler l'opinion publique. Nous sommes reconnaissants au Washington Post, New York Times, Times Magazine et d'autres grandes publications, dont les directeurs ont assisté à nos réunions et ont respecté leurs promesses de discrétion pendant presque 40 ans. Il nous aurait été impossible de développer nos plans pour le monde si nous avions été assujettis à l'exposition publique durant toutes ces années. Mais, le monde est maintenant plus sophistiqué et préparé à entrer dans un gouvernement mondial. La souveraineté supranationale d'une élite intellectuelle et des banquiers du monde est sûrement préférable à l'auto-détermination nationale pratiquée dans les siècles passés ».* David ROCKEFELLER, fondateur de la Commission trilatérale, membre central de Bilderberg, du CFR, dans une allocution lors d'une réunion de la Commission trilatérale, en juin 1991.

« *Nous disons aux gens ce qu'ils ont besoin de savoir, pas ce qu'ils veulent savoir* ». Frank SESNO, vice-président du réseau CNN News.

« *Notre travail est de donner aux gens non pas ce qu'ils veulent, mais ce que nous décidons qu'ils doivent avoir* ». Richard SALANT, ex-président de CBS News.

« *La presse libre n'existe pas. Vous, chers amis, le savez bien, moi je le sais aussi. Aucun de vous n'oserait donner son avis personnel ouvertement. Nous sommes des outils et les laquais des puissances financières derrière nous. Nous sommes les pantins qui servent et qui dansent quand ils tirent sur les fils. Notre savoir-faire, nos capacités et notre vie même leur appartiennent. Nous ne sommes rien d'autre que des intellectuels prostitués* ». John SWAITON, éditeur du New York Times, parlant à ses collaborateurs lors de son discours d'adieu. Livre jaune n° 7 – le collectif d'auteurs, Éd. Felix – David ICKE, The Robots Ribellion, the story of the spiritual Renaissance, BATH 1994 – 205.

ILS S'ASSURENT DU COMPORTEMENT DE CHACUN EN PLAÇANT LE PLUS GRAND NOMBRE SOUS CONTRÔLE

Selon Tom CALOSTI, Président de Visage Technologies AB, fondée en 2002 à Linköping en Suède :

« *Au cours des dix dernières années, chaque fois que vous êtes entré dans un restaurant McDonald's, une boutique Dunkin'Donuts, ou si vous vous êtes arrêté à une station-service, votre visage a été photographié. Et non seulement photographié, mais il a été stocké dans une banque d'images (ou banque de données)... Les salariés des grandes entreprises américaines sont étroitement surveillés :*

Aux États-Unis, 78% des grandes entreprises ont installé des systèmes de surveillance interne pour contrôler, stocker et analyser les messages électroniques de leurs salariés. Pour preuve, 46% de ces entreprises ont sanctionné des employés qui avaient eu recours au courrier électronique ou avaient utilisé internet dans un but personnel. La sanction de cet abus peut se comprendre, mais pas le fait de stocker diverses informations sur les personnes privées ». Même les Iphones, Ipad, Android phone, Smartphone... contiennent un vers dans la pomme[38] permettant de géo localiser et de suivre en temps réel tous les déplacements des utilisateurs assurés de leur côté d'un sentiment de totale liberté.

L'on avance comme argument que la vidéo-surveillance ne saurait porter atteinte à l'honneur des salariés puisqu'ils sont censés n'effectuer que des gestes professionnels... Le contrôle aléatoire de la présence de drogue dans le sang est le fait de 71% des entreprises américaines, tandis que 33% pratiquent des tests psychologiques cherchant à connaître les pensées intimes et les attitudes de leur entourage. Extrait de *"ce petit château de l'âme cerné de toutes parts"*, n° 56 de Manière de voir - Sociétés sous contrôle - (mars-avril 2001), supplément du Monde diplomatique, par Denis DUCLOS.

En 1996, une étude de deux chercheurs de l'université de l'Illinois, David. F. LINOWES et Ray. C. SPENCER, montra qu'un quart des cinq cents compagnies suivies par la revue Fortune livraient des informations confidentielles sur leurs employés aux agences gouvernementales. Que les deux tiers des données renseignaient les créanciers, alors que les trois quarts interdisaient aux employés l'accès à leur propre dossier professionnel et pour un quart à leur dossier médical.[39]

---

[38] **Le scandale du logiciel-espion dans votre cellulaire**
http://blogues.radio-canada.ca/triplex/2011/12/01/le-scandale-du-logiciel-espion-dans-votre-cellulaire/
[39] Article d'Ignacio RAMONET « Tous fliqués ! » - Introduction du n° 56 de Manière de voir - Sociétés sous contrôle - (mars-avril 2001), reprenant des propos tenus dans le journal Cambio 16, Madrid, 5 février 2001

La loi américaine sur le respect de la vie privée au sein de l'administration publique (Privacy Act 1974) n'a jamais pu être étendue au secteur privé.[40] En 2011, malgré l'effacement de renseignements personnels opéré par certains utilisateurs, le réseau FACEBOOK□ les conserve illégalement pour se constituer une base gigantesque de données[41] et de photographies du domaine privé.[42]

S'ajoute la traque génétique. « *Mais qu'importe au chasseur de gènes puisqu'il est porté par la foi selon laquelle ceux-ci (les gènes) seraient porteurs d'une intention première, vouant les êtres à la prédestination* », plus exactement à l'eugénisme.[43] C'est à une idée de ce genre que l'on doit le fichage génétique par l'État de Californie [...] de tous les nouveau-nés. Ce sont aussi les trois millions de fiches génétiques dont dispose le Pentagone, notamment sur ses propres employés.

Méthode bien préoccupante dans un pays dont la Constitution (4e amendement) garantit pourtant les citoyens contre les fouilles et les détentions abusives.

---

[40] Selon David LYON, Elia ZUREIK, de Computers Surveillance and Privacy, University of Minnesota Press, Minneapolis, 1996
[41] **Madsen : Les réseaux sociaux ont des liens avec la CIA**
http://www.alterinfo.net/Madsen-Les-reseaux-sociaux-ont-des-liens-avec-la-CIA-video_a57705.html
[42] **Mark Zuckerberg Illuminatis**
https://www.youtube.com/watch?feature=player_embedded&v=zuitIeQy1a4
[43] **Eugénisme**
http://www.toupie.org/Dictionnaire/Eugenisme.htm

QUE DEVIENT-ON CONFRONTÉ À LA **RFID**, RADIO FRÉQUENCE D'IDENTIFICATION ?

La radio-identification, au sigle RFID – Radio Frequency Identification – est une méthode pour mémoriser et récupérer des données à distance en utilisant des marqueurs appelés radio-étiquettes (RFID tag ou RFID, transpondeur). Les radio-étiquettes sont des étiquettes auto-adhésives, quasi invisibles, qui peuvent être collées ou incorporées dans des objets, vêtements, ou produits et même implantées dans les organismes vivants (animaux, corps humain) sous forme de puce. Les radio-étiquettes et les micro-puces implantables dans le corps sont totalement autonomes.

Elles comprennent une antenne couplée à une puce électronique ou micro-processeur jusqu'à 512 bits de mémoire qui leur permet de réagir aux ondes radio et de transmettre des informations à distance, sans pile ni courant. Contrairement aux cartes à puces (cartes bancaires, téléphoniques…) on peut lire les informations et les mettre à jour sans besoin d'insertion dans un lecteur. Tout est rendu possible à distance par l'antenne en HF incorporée. Ces radio-puces électroniques peuvent être utilisées pour la traçabilité[44] de personnes, ce qui inquiète d'ores et déjà les organismes de défense[45] des libertés individuelles, CASPIAN par exemple.

Une technologie bien rodée. Depuis la Seconde Guerre mondiale, le système RFID est utilisé par les militaires

---

[44] **Bob Boyce's un-requested VeriChip and associated tumor removed**
http://pesn.com/2010/12/07/9501740_Bob_Boyce_verichip_removed/
[45] **CASPIAN Advises Consumers To Immediately Remove Cards From Wallets**
http://www.rense.com/general74/cap.htm

américains pour la reconnaissance à distance des avions Friend or Foe – Ami ou Ennemi.

1969 : Le premier brevet lié à la technologie RFID est déposé aux États-Unis par Mario CARDULLO qui l'utilise pour l'identification des locomotives.

Années 1970 : Cette technologie est encore utilisée de manière restreinte et contrôlée, par exemple pour la sécurité des sites nucléaires.

Années 1980 : En Europe, l'identification du bétail est la première application de la RFID dans le secteur privé. Puis de nombreuses utilisations commerciales sont faites, notamment dans les chaînes de fabrication des constructeurs automobiles.

Années 1990 : Miniaturisation du système RFID – IBM intègre la technologie dans une seule puce électronique.

2002 : La société Alien Technologie a élaboré une micro-puce[46] de la taille d'un grain de sable (100 microns), une technologie mise au point au Centre Auto-ID, un laboratoire installé au sein du MIT (Massachusetts Institute of Technology). Recherche financée par d'importants industriels, parmi lesquels Gillette, Procter & Gamble ou Philip Morris.

2013 : La loi HR3200 imposera aux citoyens nord-américains le puçage RFID pour bénéficier de la couverture santé. Il sera également imposé aux 50 millions[47] qui reçoivent une aide alimentaire.

---

[46] http://www.alientechnology.com/
[47] **La crise sociale aux États-Unis**
http://www.wsws.org/fr/articles/2012/nov2012/soci-n28.shtml

Le sens des citations précédentes est on ne peut plus clair. Il permet de démontrer que le contrôle des médias, l'utilisation de la propagande mondialiste multiforme, ne forment qu'un. Pour que rien ne leur échappe, des procédés d'espionnage et de fichage High Tech conditionnent et répertorient les foules et tout opposant potentiel. Une méthode très efficace pour l'industrie et le commerce. Surtout un moyen de soutenir le fonctionnement du plan aux multi facettes de la véritable gouvernance mondiale. Il est notoire que l'immense pouvoir financier des lobbies a été utilisé afin d'avoir la main mise sur les grands groupes de la presse et de l'audio-visuel. Une façon de les museler, tout en faisant suffisamment de profit afin de rentabiliser les investissements nécessaires à ce musellement.

COMMENT PARFAIRE LE CONDITIONNEMENT PSYCHIQUE DE LA GRANDE MULTITUDE

Comme à l'époque de la Rome antique, assurer la structuration d'une nouvelle administration du monde nécessite de modeler mentalement les populations. Pour y parvenir, il fallait ouvrir le libre accès aux jeux, aux distractions en tout genre. La mise en œuvre d'une stratégie de diversion consistant à détourner l'attention des foules des problèmes fondamentaux et des mutations enclenchées par les élites politiques et économiques. Winston CHURCHILL l'avait bien mesuré, disant « *Mieux vaut prendre le changement par la main avant qu'il ne nous prenne par la gorge* ».

Ce modelage est un moyen supplémentaire de brider les foules afin qu'elles délaissent les connaissances essentielles dans les domaines de la science, de l'environnement, de la psychologie, de la médecine, de la cybernétique… Le but est de les maintenir dans l'ignorance et la bêtise. Ainsi isolé de toute réalité objective, le grand public reste dans l'incapacité de comprendre les technologies et les méthodes utilisées exprès pour assurer son contrôle et son esclavage.

Au cours des cinquante dernières années, les progrès rapides du domaine scientifique ont creusé un fossé croissant entre le peu de connaissances acquises par les gens et celles détenues et utilisées par toutes les élites dirigeantes, dont les esprits supérieurs. Du fait des innombrables travaux en matière de biologie, de neurologie, de psychologie appliquée… le *SYSTÈME* détient une connaissance avancée de l'être humain. Dans la majorité des cas, il connaît l'individu lambda mieux qu'il ne se connaît lui-même. Ainsi, le *SYSTÈME* détient en réalité un plus grand contrôle et un plus grand pouvoir sur les foules que les individualités elles-mêmes ne croient fictivement en détenir.

Avez-vous remarqué comment l'on encourage le public à se complaire dans la médiocrité, qu'il est soft de trouver ça cool ! Le fait d'être bêta, vulgaire et inculte, plaît effectivement à une majorité ! L'on s'applique à faire appel à l'émotionnel plutôt qu'à la capacité de réflexion. Une technique classique pour geler l'analyse rationnelle et conséquemment le sens critique des individus. De plus, l'utilisation du registre émotionnel permet d'ouvrir la porte d'accès à l'inconscient. Il est facile ainsi d'y implanter des idées, des désirs, des craintes, des pulsions, ou des comportements pour la plupart irrationnels et néfastes. Par exemple la crainte d'une attaque extra-terrestre. Voir le sous-titre – les esprits supérieurs prévoient d'exploiter les effets du mythe extra-terrestre.

Ne s'adresse-t-on pas au public comme à des enfants en bas âge ? La plupart des publicités sont conçues pour utiliser un discours, des arguments, des personnages et un ton singulièrement infantilisants. L'on est proche de l'acte débilitant, comme si le spectateur était un bambin, voire un handicapé mental. D'ailleurs, cela va crescendo, plus on cherchera à tromper le spectateur plus on adoptera un ton et un scénario déresponsabilisant. Car en agissant ainsi sur la base de la suggestibilité, le cobaye aura très probablement une réponse ou une réaction tout aussi dénuée de sens critique que celle d'un immature. Partant de ce postulat, il n'y a qu'une petite marche à descendre pour faire croire à l'individu qu'il est le seul responsable de son malheur à cause de l'insuffisance de son intelligence, de ses capacités. De sorte qu'au lieu de se révolter contre le *SYSTÈME* économique et politique, l'individu se dévalue et se culpabilise. Cela le conduit à un état dépressif dont l'une des conséquences est l'inhibition de la revendication, de l'action, de la transformation, de sorte qu'il n'y ait pas de rébellion ni de Révolution contre l'autorité en place.

RESTE À APPLIQUER LA STRATÉGIE DE LA DÉGRADATION PROGRESSIVE

Pour faire accepter une mesure inacceptable, il suffit de l'appliquer progressivement, de façon graduelle sur une décennie par exemple. C'est de cette façon que des conditions socio-économiques radicalement nouvelles, dites de néo-libéralisme, ont été finalement imposées durant les années 1980 à 1990. Elles se sont caractérisées par un chômage massif, la précarité, la flexibilité imposée, les délocalisations... les salaires à minima, ne couvrant plus les besoins fondamentaux.

Autant de changements qui auraient provoqué une Révolution s'ils avaient été appliqués sur le court terme. S'ajoute la méthode du prétexte de crise et d'endettement des États nation. Il s'agit cette fois de faire accepter comme un mal nécessaire le recul des droits sociaux, le démantèlement des services publics, les restrictions de toutes sortes, la misère paradoxale dans un contexte d'opulence... Voir en 3e partie le sous-titre – Des États européens soumis aux ordonnances immuables du Traité de Maastricht.

« L'histoire s'écrit plus vite qu'on ne peut la lire »

Outre l'ouverture maximale du curseur de la mauvaise foi, de la diversion, de la manipulation, de l'infantilisation, de la dégradation, le moyen le plus efficace de désinformer durablement la grande multitude est de la saturer d'informations de toutes sortes. Puis il suffit de les rendre quantitativement et qualitativement inassimilables. Ceci est la définition même de l'endoctrinement, de la propagande.

Un Nord-américain parcourant le New York-Times du lundi matin peut lire en une seule journée plus d'informations de diverses natures qu'un Anglais du 18e siècle durant toute sa vie.

Le grand public est confronté une profusion d'informations sous forme écrite, orale, audiovisuelle… Elles sont propagées à toutes les heures, à tous les endroits, domicile, lieu de travail, transport, loisir… par de multiples canaux : Presse – journaux télévisés – publicité – scènes de film – jeux vidéo – dessins animés…. Beaucoup de sujets diffusés sont de nature à émouvoir la sensibilité naturelle, voire la conscience innée d'un individu normalement sensible à sa propre situation, à celle des autres, à son devenir, comme à celui des autres. En additionnant le nombre, la nature, l'intensité, l'incomplétude, l'inhumanité, des sujets diffusés, qu'ils soient réels ou fictifs, l'esprit saturé n'arrive plus, comme il le devrait, à faire la part des choses. L'individu ne sait plus vraiment comment distinguer ce qui vrai, déterminant, faux, émouvant, amusant, hilarant, triste,

captivant, édifiant, inintéressant, noble, ignoble, injuste, amoral…

Très vite, le point de nébulosité apparaît dans l'esprit entre le degré de sensibilité, d'intérêt, de compréhension, de motivation, de projection, nécessaires pour pouvoir traiter mentalement, affectivement et rationnellement l'information. Étant donné que ce processus se répète sans cesse, jour après jour, si l'on voulait vraiment décortiquer l'essentiel de l'information reçue au quotidien, au lieu de la laisser filer, il faudrait lui accorder le temps nécessaire de l'analyse pour en avoir une juste appréciation. Pour être aussi complet que possible, il faudrait faire cette démarche non seulement pour soi-même, mais aussi par souci des intérêts d'autrui, de la société humaine, de la planète, de Dieu, afin de ne pas s'isoler complètement et de ne s'affirmer qu'en ami de soi-même.

Puis, il serait nécessaire de poursuivre la démarche en faisant un clair distinguo entre les informations reçues et comprises, entre celles que l'on a juste perçues et mal assimilées. Ensuite, choisir les sujets utiles et faire le tri entre les éléments fictifs, ou non fondés, et les faits réels ou présentés comme tels. Il est donc aisé de comprendre la facilité avec laquelle l'on peut saturer l'esprit de la grande multitude. En définitive, l'individu constamment submergé de nouvelles majoritairement négatives ne retient rien de bon. Il ferme progressivement son esprit à toute autre source d'informations utiles.

Rapidement, au cours d'une seule et même journée, la perception des faits, avérés et/ou supposés l'être, se trouble. Au fil du temps, la saturation, l'amalgame et le refoulement viennent se substituer à la volonté de perception, de tri analytique, d'évaluation objective, des faits. Par extension de l'utilité de s'exercer à faire des projections sur l'évolution et le devenir de l'humanité. À ce stade, l'individu consciemment ou inconsciemment ne produit plus l'effort mental et affectif pour produire ce type d'analyse. Il a tendance à refouler mentalement les nouvelles qui cette fois l'assaillent, l'irritent, le harassent, comme le ferait l'invasion de cancrelats au cours d'une crise non éthylique de delirium très mince. Le réflexe inconscient et naturel de chacun est de sauvegarder son psychisme, pour ne pas être ébranlé. Ceci, afin de pouvoir continuer à subir tout ce qu'impose le rythme effréné avec lequel l'on doit affronter les conditions anormales d'une forme de vie bien artificielle. Tout en supportant les diverses difficultés de l'existence et les imprévus.

Dans l'actuel contexte de dureté de vie et d'hyper saturation médiatique, bien vite le mental de l'être humain se placera hors course et s'auto-protégera. Il se repliera sur lui-même, craignant même par anticipation les nouvelles du lendemain qu'il cherchera à éviter, à ignorer. Sans que l'individu ne s'en rende compte, la partie consciente de l'esprit confirmera à l'inconscient la prise de résolution d'autoprotection, de sauvegarde, inavouée. C'est à ce stade de saturation qu'il ne prendra d'autre décision que celle de se préserver. Le réflexe d'auto protection, tout autant que le refus d'investiguer le pourquoi et le comment des circonstances actuelles poussera l'individu à se dire à lui-même :

« J'en ai assez, tout est trop compliqué ! Je vis pour le temps présent et c'est bien assez fatigant comme ça ! Je n'ai pas envie de réfléchir à d'autres choses. Je ne veux pas m'encombrer la tête. Le devenir de la société humaine, et tout le reste, c'est pour plus tard, on verra bien, ça me suffit comme ça ! »

Tout ceci s'inscrit dans l'anormalité du mode de vie actuel soumis à une extrême rapidité, à l'amputation des rythmes biologiques et psychologiques pondérés. Ne serait-ce que pour un grand nombre de gens, l'altération des actes coutumiers de la vie (manger, dormir, se déplacer, s'éduquer, se distraire, se cultiver, s'enquérir du sort des autres…). Sans compter la monotonie des tâches, la perte de sentiments naturels utiles à l'épanouissement. Le fardeau s'alourdit avec la fatigue répétitive ou inexpliquée, l'angoisse, l'absence d'anticipation, de perspectives positives et constructives, pour soi, pour sa famille, ses proches, la société humaine, l'environnement.

LA MASSE D'INFORMATIONS, UN BIEN OU UN MAL ?

Progressivement, les divers médias se sont standardisés, banalisés. La masse d'informations est considérée par les uns comme un aléa inhérent à la modernité, à la liberté d'expression. Une contrainte de plus imposée par un mode de vie modernisé à outrance. D'autres par contre s'en sont bien accommodés, ils y trouvent leur plaisir comme un gourmand le ferait en plongeant sans cesse sa main dans un paquet de bonbons multicolores, aux saveurs artificielles.

Pour les jeunes générations, c'est fun d'utiliser son téléphone portable à tout bout de champ, sans pour autant avoir la moindre aptitude à bien communiquer avec les autres au quotidien. Effleurer son écran tactile, ou zapper de chaînes TV en stations de radio, s'assimile aussi à un jeu sans lequel la vie serait bien monotone, sans relief !

Mais au final, d'une manière ou d'une autre, au fil des jours, tous ont à subir les effets du contenu de multiples sources audio-visuelles. Saturation et confusion de l'esprit sont de puissants moyens utilisés pour tenir durablement les foules et les peuples à l'écart de toute légitime compréhension sur le déroulement des événements planétaires. Pour l'individu, ce vacuum de connaissance est machinalement comblé par les préoccupations de la vie qui reprendront bien vite le dessus. Un exact point de correspondance avec les propos avisés de Winston CHURCHILL cités en avant-propos « *Tous les êtres humains trébuchent un jour sur la vérité, la plupart se relèvent rapidement, secouent leurs vêtements et retournent à leurs préoccupations, comme si de rien n'était* ». Tout ceci s'opère sans que le public ne se rendre compte des conséquences sur le psychisme, en définitive sur l'annihilation de la volonté.

Pour les esprits supérieurs, l'enjeu universaliste est si crucial qu'il ne peut souffrir de la moindre faille. **L'actuel conditionnement du mental générant l'engourdissement des foules est si bien rôdé** qu'il donne toute satisfaction aux représentants de la véritable gouvernance mondiale.

Sous peu, les Maîtres occultes du monde, experts dans l'art de mystifier l'esprit des masses humaines, se préparent par médias interposés à offrir aux nations désorientées par l'actuelle crise des crises de grandes goulées d'un élixir alchimique, sous forme de la panacée. Un filtre qu'ils ont patiemment élaboré. Une offre unique qui fera l'objet d'une surprenante annonce médiatique. Les mystificateurs proposeront à tous les peuples la solution définitive à tous les problèmes de l'humanité, qu'ils soient de nature économique, sociale, environnementale ?

Ils ont préparé ce prochain épisode dès les années 1980. C'est en libéralisant la spéculation financière, en réussissant à encapsuler tous les échanges mondiaux dans la nasse de la mondialisation, en asséchant l'économie réelle, en soumettant l'endettement des nations aux desiderata des marchés financiers, qu'ils ont fomenté durablement le trouble. Bientôt, ils feront en sorte de faire croire à un retournement de situation, à une véritable solution de crise. L'on approche donc de l'épilogue au cours duquel les États-nation seront abusés en ratifiant le traité de la dernière chance, pour un tout nouveau système financier, politique, social et environnemental, du monde.

D'ici là, aimeriez-vous savoir quels sont les puissants personnages à l'origine de la conception de ces plans multiformes et des dures conséquences qui en ont résulté jusque-là pour toutes les composantes de la société humaine ? Comment ont-ils réussi à s'entourer d'une cour entièrement dévouée à leur cause ? Quelles sont les diverses structures qui constituent et étayent la véritable gouvernance de votre monde ? Comment sont-elles opérantes et interconnectées ? Des questions de fond précisément renseignées au fil des prochains chapitres.

QUELS SONT LES AUTEURS DE LA PLANIFICATION POUR UN NOUVEL ORDRE MONDIAL ?

Il s'agit d'une élite de l'élite, un petit groupe d'individus extrêmement puissants et influents, que nous dénommons esprits supérieurs, ou esprits brillants. Ils sont la tête pensante de la véritable gouvernance mondiale. Ils se sont regroupés en cœur de cercle dans une organisation secrète « *the Bilderberg Group* », forte d'un réseau d'influence international multi étagé et multi interpénétré. Rien ne semble pouvoir l'arrêter.

Le groupe fut fondé en 1954 au sein de l'hôtel du même nom, à Oosterzele aux Pays-Bas, par le banquier David ROCKEFELLER et le prince BERNHARD des Pays-Bas, reconnu comme ancien militant nazi et soutien à la SS. Le premier président fut Lord CARRINGTON, ancien secrétaire général de l'OTAN de 1984 à 1988.

L'actuel président est Étienne DAVIGNON, vice-président de la Commission européenne de 1981 à 1985, président de la Société Générale de Belgique jusqu'en 1985, vice-président de Suez-Tractebel, et ministre d'État belge en 2004.

Le groupe réunit les plus puissantes personnalités des principaux pays occidentaux. Politiciens, dirigeants de multi nationales, de banques internationales, de médias, du milieu scientifique et universitaire. Une partie d'entre eux officie également au CFR, à la Commission trilatérale, et/ou auprès d'autres structures de l'univers des esprits brillants. C'est à la fois le centre décisionnaire et la base émettrice qui insufflent les axes de sa planification aux réseaux d'influence et de corruption qu'elle a tissés et implantés partout dans le monde. Son but premier est l'édification et l'instauration hégémonique d'un nouvel Ordre du monde. Un gouvernement universel disposant d'une structure politique, financière, sociale, environnementale, mondialisée ; d'une armée sous-direction de l'ONU, de ministères spécialisés agissant, sans frontières, à l'échelle planétaire.

Le groupe se présente comme un Club privé, rassemblant de hautes personnalités désireuses de se rencontrer régulièrement pour débattre de divers sujets de société. Bien qu'au cours de l'année ces personnages se côtoient et communiquent fréquemment entre eux, depuis 1955, ils ont décidé de formaliser une rencontre spéciale une fois l'an. Ils estiment que ce sommet annuel est indispensable pour assurer l'émulation et la cohésion des membres extérieurs des cercles extérieurs III et II. L'organisation a besoin d'eux pour mener à bien toutes les étapes de sa planification conduisant à une nouvelle gouvernance du monde.

Lorsque le groupe s'est réuni en Europe, les frais de niveau royal crédités aux palaces ou châteaux qu'ils ont occupés ont été entièrement pris en charge par la Commission européenne, donc par le contribuable. Il ne s'agit donc pas d'un club privé. C'est le cartel le plus discret au monde, excluant conférence de presse, site internet… Étonnamment, toute discrétion est rompue lorsqu'une grande partie des membres du Bilderberg s'exprime ouvertement et sans aucune forme de retenue au cours des réunions du World Economic Forum (WEF) de

Davos en Suisse. Une vitrine médiatique, dont les débats largement médiatisés sont publics. Voir en 2e partie : le Forum économique mondial – the World Economic Forum - WEF.

Les réunions de Bilderberg ont lieu chaque année au printemps, chaque fois dans une ville d'un pays différent, toujours dans des endroits luxueux, type château avec un immense parc boisé, ou en pleine nature. La sécurité d'un niveau maximal équivalente à l'arrivée de grands chefs d'État est assurée conjointement par toutes les forces de protection du pays d'accueil, police, armée, services spéciaux. Les débats se font à huis clos, les rares journalistes présents sont triés sur le volet. Ils ne sont acceptés qu'en fonction de leurs aptitudes à rester discrets, voire à manifester une forme de sensibilité à la cause grandiose de la confrérie. Les rares journalistes de presse et de l'audio-visuel partiellement au courant de l'autorité réelle de ce groupe ultra puissant n'en parlent que sous l'angle politique. Les autres invités sont diverses personnalités soumises aux mêmes règles.

En juin 2011, le groupe s'est réuni en Suisse, à l'hôtel Sourvette de St Moritz. L'on a pu estimer le nombre total des participants à 140.[48] Probablement pour tenter de démystifier une activité considérée obscure, leurs noms étaient mis à disposition de la presse ce qui est tout à fait inhabituel par comparaison aux réunions précédentes où l'anonymat était la règle absolue. À cette occasion, un homme politique membre de la ligue du Nord et de la Commission des libertés civiles du Parlement européen, accompagné d'autres membres de l'UE, a tenté de s'infiltrer dans une salle de réunion.

Avant même de pouvoir pénétrer dans l'hôtel, il a été immédiatement arrêté par la sécurité, brutalement a-t-il dit. Cet

---

[48] **Mais qui assiste à Bilderberg, ce mystérieux rendez-vous de l'oligarchie dirigeante**
http://www.atlantico.fr/decryptage/conference-bilderberg-puissants-monarques-ministres-circus-politicus-christophe-deloire-christophe-dubois-283767.html

homme est reparti le nez ensanglanté disant « *il est clair que le Bilderberg group est une société secrète* ». La traçabilité de leurs réunions annuelles se précise dès 1976. Année d'un échec apparent, car la réunion fut annulée après l'immense scandale des pots de vin de l'affaire Lockheed, impliquant le prince BERNHARD des Pays-Bas, cofondateur du Bilderberg group, mis en obligation de démissionner de ses charges nationales.

Dès l'année suivante, les réunions s'enchaînèrent d'abord à Torquay en Grande Bretagne, du 21 au 23 avril 1977, sous la présidence de Lord HOME ancien Premier ministre britannique. À cette époque la presse sensibilisée par l'affaire Lockheed avait dévoilé trois semaines auparavant les noms des participants, parmi lesquels évidemment David ROCKEFELLER et Henry KISSINGER accompagnés de Helmut SCHMIDT, du célèbre armateur grec NIARCHOS, d'AGNELLI le patron de Fiat, du premier ministre britannique, du président de la Chase Manhattan Bank, et de Giscard d'Estaing. Ce dernier impressionné par l'article « Lockheed « du Canard enchaîné se désista. La réunion Bilderberg de Torquay précéda de quelques jours le sommet de la perspective de l'économie mondiale du 7 et 8 mai 1977 et celui de l'OTAN du 10 et 11 mai 1977, tenus également à Londres. En date du 15 au 18 mai 2003, la réunion se déroula en France au somptueux Trianon Palace.

Un lieu raffiné de Versailles à l'ambiance royale sur lequel le groupe se rend plus discret encore qu'auparavant. Toutes les précautions furent prises, le boulevard de la Reine y accédant était bloqué sur 300 mètres, ainsi qu'une partie du parc du château de l'hôtel. Il était impossible de franchir un périmètre de 200 mètres. Aucun badaud n'a pu faire la moindre photographie, même au-delà du périmètre. Aucun media n'a entendu parler de cette réunion à Versailles. Un seul photographe a réussi à faire des photos, l'on y reconnaît David ROCKEFELLER milliardaire et président de la Commission trilatérale, des gouverneurs de banques centrales, le roi d'Espagne, les plus proches conseillers de BUSH, membres du CFR, des chefs d'État en exercice. Les avant-dernières réunions annuelles se sont déroulées, dans le plus grand secret, sous haute protection, du 5 au 8 juin 2008 dans la ville américaine de Chantilly. Du 14 au 16 mai 2009 à Vouliagmeni à 20 kilomètres au sud d'Athènes, avec le même dispositif très dissuasif de très haute sécurité policière, assuré par le pays d'accueil.

ILS PRENNENT TOUTES LES DÉCISIONS DE FOND SUR LA MARCHE DU MONDE

Mis à part pour la réunion de 2011, l'incognito de chacun des participants à ces réunions est toujours assuré par l'absence de communiqué de presse. Dans tous les cas de figure, la grande multitude des gens ignore tout de ce type de communion secrète. Les assemblées n'ont aucun caractère formaliste, dogmatiste, sacraliste, caractéristique des rassemblements mystiques. Tout au contraire, l'on a su leur donner l'apparence de réunions politiques, financières, ou environnementales, classiques et apparemment productives. Tous les participants se sentent à l'aise dans un climat serein, paisible, rassurant, favorisé par le grand confort et le luxe royal des lieux. Néanmoins, c'est au sein de ces congrès néo druidiques, essentiellement axés sur la synergie des initiés pour un sacrement cultuel, que sont prises les principales décisions se rapportant à la marche du monde.

Etonnement, ces décrets votés par le cœur de cercle peuvent se rapporter à l'enclenchement d'une guerre conventionnelle nationale, ou régionale – Aux alternances politiques dans les pays démocratiques – Aux coups d'État dans d'autres pays – À l'apparente bonne gestion démocratique de la planète, incluant les politiques sociales, environnementales, et celles de santé publique. Aux manœuvres conduisant aux fluctuations monétaires ou boursières importantes – Aux périodes de relative croissance économique, mais ne débouchant sur aucun développement ni progrès socio-économiques. Ou à l'inverse, plus généralement aux périodes de récession. Le cœur de cercle est l'embasement duquel proviennent les événements importants et décisifs pour la marche du monde. Pour la période finale, tout a été orchestré pour déboucher sur l'actuelle crise majeure en cours d'aggravation.

ILS SONT ORGANISÉS EN TROIS CERCLES CONCENTRIQUES

Le Bilderberg Group est le centre décisionnaire auquel sont soumis tous les dirigeants des autres structures de l'organisation. Le CFR et la Trilatérale zone 1c sont placés directement sous sa haute autorité. Le groupe comprend au total environ 180 membres titulaires. À l'exemple des anciens druides, il est organisé en trois cercles concentriques. Le cercle extérieur III le plus large est composé d'environ 80% des participants aux réunions annuelles, le nombre varie d'une année à l'autre. Ils se positionnent en soutien politique du groupe. Ce sont des membres initiés et non-initiés au secret, ou des invités ponctuels, dont certains journalistes. Aucun d'eux ne connaît le moindre élément capital relatif à la stratégie et aux buts fondamentaux de l'organisation.

Le cercle intermédiaire ou cercle intérieur II, Steering Commmittee (Comité de direction) comprend environ trente-cinq membres choisis par cooptation. Ils sont exclusivement américains et européens, ils ont connaissance d'une grande part des objectifs stratégiques du groupe. Le cercle central I est le Bilderberg Advisory Committee (Comité consultatif), ou cœur de cercle, comprenant seulement une dizaine de membres cooptés. Ce sont les seuls à connaître intégralement l'ensemble des buts réels à long terme de la confrérie.

À l'instar de l'organisation concentrique des Illuminati du 18e siècle, dont ils sont les fils spirituels. Certains participants des niveaux I et II du Bilderberg occupent aussi des fonctions clés au CFR, à la Commission trilatérale... Les liens unissant l'ensemble des membres de ces trois principales organisations, notamment ceux ayant de grandes responsabilités, sont très étroits.

Par exemple, David ROCKEFELLER et Henry KISSINGER animent actuellement les trois organisations. George BUSH intervenait au CFR et à la Trilatérale – Zbigniew BRZEZINSKI, l'actuel principal conseiller spécial d'OBAMA est très actif au CFR, à la Trilatérale, au Bilderberg – Robert MC AMARA au CFR, trilatéral, Bilderberg – Giovanni AGNELLI à la Trilatérale et Bilderberg – Le Baron Edmond de ROTHSCHILD à la Trilatérale et Bilderberg – Thierry de MONTBRIAL, président de l'Institut français des Relations internationales (IFRI) à la Trilatérale et Bilderberg – Jean-Claude CASANOVA un économiste, ex-dirigeant de la fondation St Simon, à la Trilatérale et Bilderberg... L'on peut estimer à une dizaine d'hommes les membres du cercle central I, parmi lesquels à notre connaissance: le président Étienne DAVIGNON – David ROCKEFELLER – Henry KISSINGER – Bill CLINTON...

LA STRUCTURE DE LA VÉRITABLE GOUVERNANCE MONDIALE

Le Groupe de Bilderberg s'avère être la haute direction occulte de la véritable gouvernance mondiale contemporaine. Il est le véritable gouvernement du monde, car les décisions essentielles concernant la marche des affaires financières, politiques, géopolitiques... tels d'irrésistibles et puissants courants de fond, y sont prises sans aucun débat et hors de toutes structures démocratiques.

LES ESPRITS BRILLANTS AVAIENT BESOIN D'UNE COUR DÉVOUÉE À LA CAUSE GRANDIOSE

Il est évident que les membres placés au Comité consultatif, tête pensante du groupe de Bilderberg, en nombre si restreint, ne pouvaient pas à eux seuls agir à l'échelle internationale simultanément à tous les niveaux de leur immense organisation. Pour assurer le bon déroulement de chacun des volets de leur plan, il leur était indispensable de créer un corps. S'entourer d'une cour dévouée à la cause d'un renouveau économique, politique, social, environnemental, fiable et durable. Pour tenir cette cour sous sa coupe, il fallait lui présenter les objectifs du groupe comme une voie progressiste en harmonie avec tous les courants de pensée politiques existants. Dans un troisième temps, il était judicieux d'organiser la participation de ces vassaux, l'élite des nations, sans leur donner la moindre impression d'endoctrinement à l'idéologie holiste.[49]

Pour ce faire leur cacher certaines visées millénaristes, afin d'utiliser efficacement leurs grandes compétences dans tous les domaines utiles à l'objectif central du groupe.

Le Comité consultatif est passé maître dans l'art d'imprimer psychiquement à sa cour toute sa force de persuasion afin qu'elle adhère sans la moindre opposition, de façon absolue, à sa politique universaliste. Pour pérenniser cet attachement indéfectible à la cause, le charme opère en faisant croire subtilement à chacun des membres des cercles III et II de la grande utilité de l'implication de chacun d'eux à cette structuration collective, promise au plus bel avenir.

---

[49] **Holisme**
http://www.wikiberal.org/wiki/Holisme
La croyance en une globalité d'essence supérieure, qui dépasse l'expérience humaine, par définition limitée.

Le Comité obtient ainsi un soutien indéfectible de sa cour à cette noble raison d'État (voici un exemple[50] approchant de ce type de serment d'allégeance). Tous s'évertuent à participer de tout leur esprit à la réussite de la construction du seul gouvernement du monde capable d'offrir de réelles perspectives d'avenir durable au monde. Le seul modèle de gestion en matière d'économie, de finance, d'environnement, permettant de protéger, mieux que tout autre, l'ensemble des composantes de Gaïa la terre mère.

C'est à un tel programme, si valorisant, si transcendant, qu'ils sont fiers d'adhérer. Cette procédure d'édification de type onusien, apparemment communautaire et salvatrice, a suffisamment d'attrait pour assurer aux diverses personnalités internationales du troisième cercle, toutes les garanties recherchées par cette élite. Tous accordent la plus grande importance en la capacité de l'organisation à pouvoir mobiliser tous les leaders du SYSTÈME. De les rassembler au sein de l'unique Tour dont les fondations sont suffisamment fortes pour traverser les siècles.

Le cœur de cercle est composé d'hommes de grande notoriété, très puissants, très riches, très influents, charismatiques pour la plupart. Leur contact, selon les circonstances, procure l'apaisement tout autant que la dynamique d'esprit. Certains d'entre eux sont philanthropes, généreux en actes caritatifs, à la tête de fondations à vocation humanitaire. Lorsqu'ils s'expriment publiquement et en privé, lors de conférences, de congrès, de rendez-vous particuliers, l'auditoire ressent le puissant pouvoir de leur intention altruiste.

---

[50] **La lettre d'allégeance de Christine Lagarde à Nicolas Sarkozy**
http://www.lemonde.fr/societe/article/2013/06/17/la-lettre-d-allegeance-de-christine-lagarde-a-nicolas-sarkozy_3431248_3224.html

Ils savent valoriser les bonnes idées. Ils utilisent un phrasé synthétique, choisissant toujours les mots justes et valorisants. Ils idéalisent si bien l'écologie, la socio économie, la restructuration des institutions internationales, la perspective d'un bel environnement durable. Ils se posent aussi en promoteur de la réorganisation opérationnelle des États-nation qu'ils considèrent comme perfectibles et utilement réformables dans l'intérêt de la paix sociale, de l'harmonie des peuples, de l'avenir de la Terre. Autant de thèmes enthousiasmants qui suscitent auprès des auditeurs le plus grand respect, incitant chacun d'eux à l'action entrepreneuriale viable.

LES ESPRITS SUPÉRIEURS DU CŒUR DE CERCLE MANIPULENT INGÉNIEUSEMENT LEUR COUR

Les membres du cœur de cercle, en grands Rois et druides universalistes, portent spirituellement en eux-mêmes la quintessence de l'énergie rayonnante nécessaire à la structuration sans aucune faille d'un nouvel agencement mondial. Lorsqu'ils s'adressent aux membres des cercles externes, ils définissent cette force irrésistible comme étant le fruit exclusif de la réflexion commune des membres du deuxième et troisième cercle. Tous ont l'assurance de soutenir la confrérie la plus prestigieuse au monde. Celle qui a pu réunir l'élite diversifiée la plus achevée, la plus novatrice, la plus féconde, la plus favorable au progrès, au service premier de tous les éléments animés et inanimés de Gaïa, la planète Terre.

Une organisation fameuse, composée des meilleurs architectes politiques, financiers, socio-économiques, mondiaux, dont chaque membre s'enorgueillit d'y être rattaché. Chacun d'eux se considère en bâtisseur, en maître d'œuvre solidaire, empressé d'édifier, dans l'esprit de la franc-maçonnerie, un tout autre modèle sociétal pérenne. Mais rendu possible qu'après la refonte de l'actuel système politique, financier, économique et environnemental. Ils sont plus que jamais déterminés à établir, préférentiellement en faveur d'une classe d'élite, un nouvel agencement. Un nouveau modèle de société sans équivalence dans l'histoire de l'humanité. Chaque participant s'y investit surtout parce qu'il y trouve la possibilité de développer ses capacités intellectuelles et tactiques au service exclusif de la cause suprême et au service de ses pères fondateurs. D'autant mieux que chacun est libre d'y apporter sa touche personnelle, sa pierre de taille. Elle sera toujours considérée par les membres du cœur de cercle comme une participation de choix pour valoriser la force et l'harmonie d'ensemble de tout l'édifice.

Hautement valorisés et honorés, tous les sujets de la cour sont particulièrement fiers en pensant aux applications futures, à toutes les bases pérennes que cet immense projet garantira tout d'abord à leur propre descendance. Assurément, les prochaines générations princières parleront d'un lègue d'une valeur inestimable, celui du Grand Œuvre (Magnum Opus). La plus grande, la plus noble page ouverte sur un renouveau universel historique, unique, dans toutes les annales des civilisations et des sociétés du passé.

> **Point clé**. De son côté, le cœur de cercle, l'Advisory Committee, excelle dans son astuce à dissimuler très subtilement une partie des objectifs réels du plan universaliste à tous les membres du troisième cercle, pour partie à ceux du deuxième cercle extérieur.

Les élites des cercles extérieurs ont une très haute opinion d'eux-mêmes. Sans le faire paraître à leurs pères, ils ont la certitude de posséder un haut niveau d'omniscience, mais pas au point de se départir de leur attachement à cause de la confrérie, la seule voie qui vaille un attachement exclusif. Ils sont si mobilisés par le privilège d'être membres de la cour royale, qu'ils ne leur viendraient même pas à l'idée qu'une partie déterminante des ordonnances de la planification en cours et à venir ne leur soit pas accessible.

Pourtant, la majorité d'entre eux n'a pas été initiée à connaître tous les volets de la planification que leurs pères du cœur de cercle ont élaboré en comité restreint.[51]

Actuellement, le fruit de la réflexion collective de la confrérie porte sur la mise en œuvre d'une solution définitive à l'après-crise écologique, économique, financière et sociale, sans précédent. Pour toute la Cour, il n'y a pas d'autre alternative que de refondre selon leurs normes ce vieux système mondial voué à l'échec, pour en créer un autre. Il remplira tous les critères requis pour ne plus faillir dans tous les domaines qu'ils ont réservés à Gaïa, la Terre mère. Il pourra ainsi traverser harmonieusement et durablement les siècles à venir. Les participants des cercles extérieurs, en soutiens inconditionnels, sont suffisamment absorbés par ce noble dessein pour ne pas même entrapercevoir tout ce qu'il englobe. Ils n'ont aucune idée de tous les moyens envisagés pour pérenniser l'autorité intransigeante de ce futur royaume aux ambitions de domination universelle.

Cela démontre bien la capacité extraordinaire, surhumaine, du cœur de cercle à mystifier sa cour. **Un pouvoir exclusif leur permettant de dissimuler la nature exacte de tous les objectifs** universalistes à mettre en œuvre d'ici à son inauguration et au-delà. **Bien intégrer ce point clé est essentiel pour avoir une claire compréhension du sujet d'ensemble.** Pour bien saisir également comment se comportent les membres centraux de Bilderberg et certains membres des cercles extérieurs lors de leurs interventions publiques, au cours d'interview, ou de discours retransmis par les médias. Pour le grand public, il est impossible de les

---

[51] Voir en 3e partie – le récapitulatif de la stratégie multi étagée du Bilderberg group.

différencier de tous les autres leaders de même acabit non appareillés à cette organisation occulte.

En attendant d'en savoir plus sur les apparentes bénédictions qu'apporteraient les dix commandements[52] pour le nouvel Ordre mondial (en 4e partie), il est utile d'examiner le rôle et les dérives des principales organisations et institutions internationales. L'on pourra constater sans mal qu'elles ont progressivement dévié par rapport à leur mission originelle. Particulièrement les institutions financières internationales (IFI) devenues les acteurs clés de l'architecture économique imposée par la véritable gouvernance mondiale.

Soixante-quatre ans après la création du FMI et de la Banque Mondiale (B.M) à Bretton Woods, il n'était plus possible de couvrir plus avant leurs grandes insuffisances. Plus d'échappatoire possible pour masquer leur rôle, leurs objectifs et leurs relations avec d'autres grandes institutions, notamment l'ONU. D'où la réaction des peuples et des observateurs du Nord et du Sud appelant à une remise en question de leur fonctionnement, et de la finalité de leur but.

---

[52] **Monument Illuminati Georgia Guidestones les 10 commandements du Nouvel Ordre Mondial**
https://www.youtube.com/watch?v=w_h2dLLLIww

CHAPITRE 6

LES PRINCIPAUX INSTRUMENTS FINANCIERS DE LA DOMINATION MONDIALISTE

LE FMI – ZONE 4 DE L'ORGANIGRAMME

Au 19e siècle, Henri de ROCHEFORT disait « *Il y a deux sortes de bergers parmi les pasteurs des peuples : Ceux qui s'intéressent au gigot et ceux qui s'intéressent à la laine, mais aucun d'eux ne s'intéressent aux moutons* ».

Le Fonds monétaire international fondé en 1944, lors d'une conférence des Nations Unies à Bretton Woods aux États-Unis, était représenté à l'époque par 45 gouvernements. Il avait pour tâche d'établir un cadre de coopération économique conçu pour prévenir le retour aux politiques désastreuses ayant contribué à la grande dépression des années 1930.

En 2006, pour la troisième fois, après Londres en juin, Gleneagles en juillet, le FMI annonce l'annulation de la dette de 20 pays les plus pauvres, sur un total de 41 pays admissibles à l'allégement des prêts. La démarche était habile, pouvant faire croire à une dette en passe d'être réglée. L'opération consista à manipuler les médias pour gagner l'opinion publique perplexe à cause du rôle sournois du FMI dans les crises financières récentes, notamment asiatiques de 1997 ; tout en essayant de désamorcer la contestation croissante sur l'étouffement de la dette des pays en développement.

18 pays sur 20 concernés par cette annulation de la dette sont dits très pauvres et très endettés (PPTE). Ils ont à peine réussi à traverser le désert en réduisant drastiquement leurs budgets sociaux. Contraints aussi de privatiser et de libéraliser radicalement leur économie pour le plus grand profit des sociétés et des investisseurs multinationaux. Les populations sont sorties du désert dans un état plus desséché, plus appauvries, qu'à leur entrée. Elles ont payé très cher leur droit d'entrée, d'éligibilité aux modalités fixées par le FMI. Entre temps, cette institution, comme un vieux singe, mime des stratégies de réduction, juste en saupoudrant de maigres crédits sur de rares projets sociaux, tout en occultant les graves conséquences qui en résulteront.

Plus du tiers du budget national de nombreux pays pauvres sert uniquement à rembourser la dette. Ces États sont dans l'impossibilité de s'équiper en structures sociales, médicales, éducatives, en recrutement, formation du personnel correspondant aux besoins sociaux. Ces 18 pays sont pris en tenaille, car le G8 annonce l'annulation de leur dette, pendant que le FMI interprète différemment cette décision.

Le FMI s'érige juge et partie en établissant ses propres conditions préalables sous forme d'un examen des politiques économiques des pays pauvres, selon les critères de ses propres experts néo-libéraux. Les deux autres pays non PPTE, le Cambodge et le Tadjikistan ont dû se plier à ses exigences.

Tous changements décrétés ou débattus au sein des IFI sont bloqués par une minorité à forte influence. Les pays pauvres sont pris dans les griffes de la politique tripartite du FMI, de la

Banque Mondiale et de l'OMC. Ces deux prêteurs utilisent leurs statuts de créancier officiel, exclusif, pour l'octroi de prêt au Sud, uniquement dans le cadre d'une politique de réformes ultras libérales (PAS). Un moyen d'ouvrir à 180 degrés les économies des pays endettés à la dure loi du marché mondialisé, régit par la haute main des multinationales. À la tête desquelles se trouvent préférentiellement les initiés et les disciples du soutien inconditionnel aux directives de la véritable gouvernance mondiale. L'OMC s'accordant le rôle de juge des peines en sanctionnant tout pays qui n'accepte pas les règles intransigeantes de l'ultra libéralisme.

Ces pays sont vidés de leur substance. Leur rapport obligé aux dures lois du mondialisme les fragilise au plan intérieur. Cette condition d'abaissement limite l'efficience des services publics, sociaux, agricoles, augmente le déficit structurel de la balance commerciale. Ces pays sont dans l'obligation d'importer plus qu'il n'est possible d'exporter, donc d'emprunter davantage aux IFI. Ainsi ils entrent dans la spirale descendante de l'endettement chronique. Cette dépendance à l'occident et l'affaiblissement par la dette ont des effets sociétaux pervers. La similitude d'une addiction à la cocaïne, car contre toute attente, le contrecoup porte aussi sur la limitation de la relation et des échanges avec des pays frères du Sud. Au final, la souffrance des pays pauvres n'a cessé de croître, creusant les inégalités et freinant tout développement.

En 1981, avec l'éclatement de la crise de la dette, les quatre piliers du nouvel assemblage du monde (dont l'OMC et l'ONU) ont imposé aux pays pauvres une discipline de fer en leur imposant les plans d'ajustement structurel (PAS). Ils ont prétexté qu'il leur fallait appliquer une gestion draconienne à court terme. Sachant pertinemment que cela allait se faire au détriment des besoins fondamentaux des populations. Prétextant qu'il s'agissait d'obtenir un bénéfice à long terme. En 1999, les PAS représentaient 53% des prêts accordés par la Banque Mondiale. Un moyen efficace de canaliser ces pays pour les impliquer plus avant dans la mondialisation de type ultra capitaliste. À la fin des années 1970, les IFI avaient déjà entrepris d'organiser de nouvelles modalités de prêts en modifiant arbitrairement les prêts initiaux pour les transformer systématiquement en PAS, afin d'ouvrir la porte à une économie ultra libérale caractérisée par :

➢ La réduction des restrictions imposées aux investissements étrangers. Une ouverture forcée permettant aux multinationales de s'introduire majoritairement dans le capital de nombreuses entreprises de pays pauvres, imposant ainsi leur politique ultra libérale.

➢ La libéralisation du commerce, sans réelle contrepartie pour les pays pauvres. L'effet de mode du commerce dit équitable permettant aux petits producteurs des pays pauvres de vivre plus décemment n'est qu'un coup de bluff. Il ne représentait en 2008 que 3% du total des échanges commerciaux mondiaux. Du point de vue des échanges économiques globaux, c'est une équité au rabais !

➢ La dévaluation de la devise nationale des pays pauvres à parité du dollar et de l'euro.

➢ La mainmise sur les richesses naturelles des pays pauvres. Sur l'exportation (de leur pétrole, bois, métaux précieux, minéraux, café, cacao…) aux dépens de leurs cultures vivrières régionales ou nationales. Soumettant de nombreux pays à la dépendance alimentaire partielle ou totale d'avec les pays occidentaux.

LE FMI, RABATTEUR DE BIENS PRÉCIEUX APPARTENANT AUX NATIONS PAUVRES ET RICHES

En 2013, vu que la majorité du stock d'or des États-Unis n'existe plus, le GATA demande l'ouverture d'une enquête[53] à ce sujet au gouvernement fédéral. Puisque ce stock est pour partie virtuel, le cartel de la haute finance a réussi à négocier avec l'Allemagne l'échelonnement sur 7 ans du rapatriement de 45% (1400 tonnes) de son stock entreposé aux USA lors de la guerre froide. Le prétexte évoqué, le risque de faire bondir les cours du métal jaune si le rapatriement était fait en une seule fois au premier trimestre 2013.

Bien évidemment les piètres négociateurs représentant la RFA se sont fait berner, à moins qu'ils n'aient pas eu d'autre choix, ou qu'ils aient joué ce jeu en échange d'enrichissement personnel. Puisque l'engagement est pris de livrer la fraction annuelle de ce tonnage d'or revenant de droit à l'Allemagne, et que par ailleurs le cartel avait décidé antérieurement de remonter le stock à minima des États-Unis, **le FMI est devenu** tout à la fois l'exécutant tout désigné pour cette tâche et **le détenteur du stock d'or du cartel.**

Fait historique, à cause des premières conséquences brutales de la crise majeure, en 2008 le FMI est intervenu pour la première fois en Europe, alors qu'auparavant il traitait uniquement les dossiers des pays émergents et du tiers-monde. En échange de

---

[53] **Réserves d'or des Etats Unis : demande d'une enquête par le GATA**
http://www.24hgold.com/english/contributor.aspx?article=730106496G10020&contributor=Chris+Powell.

milliards de dollars produits à partir du vacuum par la FED, des devises absolument nécessaires aux pays d'Europe en difficulté dont la Grèce, le FMI a exigé en retour l'or national détenu par chacun d'eux.

Ainsi cette institution supranationale a pu considérablement augmenter son stock d'or qui a toujours été grandement sous-évalué. Mais aussi amonceler d'autres métaux précieux (platine, palladium, rhodium…) et pierres précieuses (diamants, rubis, émeraudes…) accumulés du fait du pillage des richesses de pays du tiers-monde qui pour la plupart ont fait les frais de ces extorsions.

L'actuel développement du rendement des mines d'or[54] grecques n'est que la continuité du racket organisé par le FMI. C'est pour la même raison que malgré l'immense endettement des banques ibériques, le gouvernement espagnol n'a pas voulu jusqu'ici faire appel au FMI.

Il s'est orienté préférentiellement en direction de pays hispaniques d'Amérique du Sud avec lesquels il compte développer les échanges commerciaux et industriels.

CETTE INTRODUCTION À L'ULTRA LIBÉRALISME FUT DÉCRIÉE DÈS LE DÉBUT

Elle faisait ressortir principalement :

> Un manque de transparence de la politique de prêts. Un manque de participation aux décisions modalitaires des intervenants les plus pauvres. Les effets pernicieux qu'ont à

---

[54] **Bataille de l'or dans le nord de la Grèce**
http://www.latribune.fr/actualites/economie/union-europeenne/20120817trib000714770/bataille-de-l-or-dans-le-nord-de-la-grece.html

subir les classes sociales les plus pauvres. Un préjudice porté aux producteurs locaux.

➢ Un modèle unique imposé à tous.

➢ Une voie d'échec annoncé, pour ne pas pouvoir réaliser normalement la croissance.

➢ La dégradation de l'environnement (utilisation de méthodes productivistes polluantes, pesticides, OGM…).[55]

Les critiques affluent, la Banque mondiale fait mine de s'engager dans une réforme de ses programmes. Mais trop tard, le mal est fait, le vers a été introduit au cœur du fruit vert avant même qu'il ne puisse mûrir. En ultra capitalisant l'économie sur d'autres continents politiquement et culturellement opposés à cette incursion perverse, les pays captifs ont tenté d'y résister. Ils ont cherché à se défaire de cette ligature économique asservissante et étouffante. Mais en vain, car ces contraintes hégémoniques ont été aggravées par le déclenchement de la crise financière de 2008. Elle est venue amputer toute possibilité réaliste d'améliorer la situation rétroactivement.

IL AURAIT FALLU AGIR BIEN AVANT

D'autant plus que la fort probable prochaine dépréciation, ou dévaluation brutale des principales monnaies euro & dollar entraînera le report de la spéculation à outrance[56] sur les matières premières de base (riz – blé – sucre – légumineuses – huiles – pétrole…) lesquelles ont déjà fait l'objet d'une hausse disproportionnée[57] au début de l'actuelle crise majeure

---

[55] **Notre poison quotidien**
http://philip.dru-administrateur.nwo.over-blog.com/article-notre-poison-quotidien-109854574.html
[56] **Aux commandes de l'enfer spéculatif : les femmes aussi**
http://plunkett.hautetfort.com/archive/2012/03/07/aux-commandes-de-l-enfer-speculatif-les-femmes-aussi.html
[57] **Conséquence, Spéculation**

notamment par la Banque J.P MORGAN, sous l'impulsion de sa conseillère Blythe MASTERS, affaiblissant aussi considérablement le pouvoir d'achat des populations occidentales.

TROP TARD ET TROP PEU

En 2006, après des années de tractations, le Fonds monétaire a accouché d'une souris. Sous la forme d'une mini-réforme d'augmentation des quotas de prêts de 2,5% au seul profit de grands pays émergents. Les Européens surreprésentés ayant plaidé pour une grande réforme font eux-mêmes partie des obstacles aux changements ! Le rôle falsificateur des IFI apparaît au grand jour. Il n'est donc plus possible de cacher les méthodes de falsification utilisées pour annihiler les objectifs de l'accord de 1944. Il s'agissait d'ordres de mission progressistes, visant le long terme, ils étaient prévus pour être applicables au bénéfice des États et des peuples.

L'OPINION DES ÉTATS NATION

Dans la décennie 1990, l'action globale du FMI est considérée par beaucoup de gouvernements comme l'expression brutale des intérêts financiers du monde occidental. Comme un ensemble de méthodes appliquées unilatéralement, de manière mécanique (one size fits all) bien incapable de prévenir ou d'adoucir les conséquences sociales de l'actuelle dégradation économique. En définitive, l'Asie en particulier, et bien d'autres pays considèrent qu'ils ont été

---

http://economie.lefigaro.fr/_matieres-premieres/consequence-speculation.html

durement traités et ne veulent plus avoir à se tourner vers le Fonds. Avant le déclenchement de la crise majeure, dans l'abondance financière ambiante, personne n'empruntait plus au FMI, son personnel s'ennuyait beaucoup, on le considérait déjà comme une structure du passé. Mais en 2008, la crise des crises comme l'élixir de l'alchimiste a ressuscité le FMI, qui depuis a su œuvré habilement pour le cartel.

LA FRAGILISATION ÉCONOMIQUE DES NATIONS LES PLUS RICHES ET LA RÉSURGENCE DU FMI

Aujourd'hui, les demandes d'intervention se multiplient, ce sont maintenant les pays développés en passe de sous-développement qui le solliciteront de plus en plus. La Grèce, l'Irlande, le Portugal, l'Espagne, l'Italie… Ce faisant, les États-nation multi endettés et soumis aux contraintes du milieu financier se sont placés d'eux-mêmes dans le piège de l'abandon annoncé de leur souveraineté. C'est avant d'en arriver à cette extrémité qu'ils adhéreront promptement à la mise en place d'un tout nouveau système financier et monétaire mondial. Celui-ci a déjà fait l'objet de tractation au cours des récentes réunions rapprochées du G8 et du G20. Bientôt, il semblera offrir toutes les garanties d'une solution globale tant financière qu'économique et sociale.

CE CLUB DES TROIS (FMI – B.M – OMC) INFLUE SUR LES ENGAGEMENTS ÉLECTORAUX D'OBAMA

Ce président a exprimé ces engagements sociaux avec force conviction prétendument pour apporter « *le changement* ». Mais ce ne sont que les promesses d'un vague souvenir, puisqu'il a dû rapidement composer avec le CFR, lui-même aux ordres de la véritable gouvernance mondiale. Voir en 2e partie : Le CFR son rôle officiel et officieux. OBAMA a dû se rendre à l'évidence, il est dans l'incapacité d'entreprendre à lui seul la réforme du système financier, car les circonstances ne s'y prêtent pas, et le temps de le faire n'est pas encore venu. Toutefois, l'annonce d'un prochain accord international pour la mise en place d'un nouveau modèle financier est programmée. Mais il ne sera qu'un ersatz particulièrement trompeur du plan de KEYNES initialement basé sur le BANCOR.

Il est fort probable que l'actuel président américain, même s'il n'était pas réélu, y jouera un rôle, car pour l'opinion publique il passe pour un réformateur sincère, ayant réussi in extremis à mettre en place la réforme du système de santé,[58] même si elle est contestée.[59] Alors qu'en 1992, CLINTON y échoua de peu, car ce n'était pas pour lui le temps de le faire. Un apparent succès social utile à OBAMA pour mettre plus encore en valeur sa personnalité charismatique de médiateur druidique. Voir définition du druidisme dans le livre du même auteur « *Initiation et sociétés secrètes* »- 1- Le Bohemian's club.

---

[58] **La réforme du système de santé américain expliquée aux nuls**
http://rue89.nouvelobs.com/explicateur/2009/08/23/la-reforme-du-systeme-de-sante-americain-expliquee-aux-nuls
[59] **La réforme du système de santé américain menacée ?**
http://www.lepoint.fr/monde/audience-cruciale-pour-la-loi-d-obama-sur-la-sante-devant-la-cour-supreme-26-03-2012-1445073_24.php

La Banque Mondiale (B.M.) – Zone 4

La Banque mondiale et le FMI disposent de puissants réseaux d'influence à travers le monde

À l'origine, ce groupe avait pour objectif initial d'aider à la réalisation de projets utilitaristes dans les pays en voie de développement et dans les pays émergents, il se compose de cinq institutions :

- IBRD (International Bank for Reconstruction and Development) et IDA (International Development Association) organisent des prêts remboursables aux gouvernements de pays à revenus moyens et de pays pauvres. Elles leur fournissent également une assistance technique. Les prêts sont accompagnés d'un taux d'intérêt proche du marché pour les pays à revenus moyens, et d'un taux très faible (couvrant uniquement les frais administratifs) pour les pays pauvres.

- IFC (International Finance Corporation) finance des projets d'investissement privé dans les pays visés par l'IBRD, fournit une assistance technique et des conseils aux entreprises et gouvernements.

- MIGA (Multilateral Investment Guarantee Agency) vise à encourager l'investissement dans les pays en voie de développement en fournissant aux investisseurs privés des garanties contre le risque politique. MIGA fournit également une assistance technique pour aider les pays à disséminer les opportunités d'investissement.

- ICSID (International Center for Settlement of Investment Disputes) gère les contentieux entre investisseurs privés et pays emprunteurs.

Après la période qui a suivi les accords de Bretton Woods visant à consolider l'Europe et le Japon meurtris par la guerre, d'une façon générale, la Banque mondiale a privilégié l'utilisation de prêts pour :

1- La réalisation de grandes infrastructures – autoroutes – centrales électriques – aéroports – grands barrages, ayant déplacé 60 à 80 millions de personnes, dont les droits de réinstallation et/ou d'indemnisation pour la majorité d'entre eux n'ont pas été respectés.

Pour les investissements nécessaires aux industries extractives (1) de matières premières – mines à ciel ouvert – construction de nombreux pipe-lines, dont les derniers en date sont ceux du Tchad, Cameroun et Bakou, Tbilissi, Ceylan. Mais au profit maximum des trusts. La BM a organisé la construction de centrale thermique dévoreuse de bois prélevés sur les forêts tropicales...

(1) Selon le rapport de la commission sur les industries extractives rendu public en décembre 2003, une grande partie des projets financés par la Banque mondiale ont eu des effets négatifs pour les populations et les pays concernés.

2- La B.M a poussé de nombreux pays pauvres à se soumettre aux politiques agricoles favorisant l'exportation au détriment de l'autosuffisance alimentaire, indispensable aux pays pauvres.

3-   La Banque mondiale est venue en aide de nombreuses fois à des régimes dictatoriaux, responsables avérés de crimes contre l'humanité :

> Les dictatures du Cône Sud de l'Amérique latine, des années 1960 aux années 1980.

> Les dictatures d'Afrique, celle de MOBUTU de 1965 jusqu'à sa chute en 1997.

> Le régime de l'apartheid en Afrique du Sud.

> Les régimes de l'ancien bloc soviétique.

> La dictature de CEAUCESCU en Roumanie.

> Les dictatures d'Asie du Sud-est et d'Extrême-Orient – celle de MARCOS de 1972 à 1986 aux Philippines – Celle de SUHARTO de 1965 à 1998 en Indonésie – Soutien aux régimes dictatoriaux de Corée du Sud de 1961 à 1981 – De Thaïlande de 1966 à 1988 – À la dictature chinoise, aujourd'hui encore.

4- La Banque mondiale, comme le FMI, a soutenu des régimes dictatoriaux alliés des États-Unis :

> Le dictateur SOMOZA au Nicaragua.

> Le régime militaire dominant le Guatemala en 1954, après le renversement du président Jacobo ARBENZ.

> La mise au pouvoir du Shah d'Iran après le renversement du premier ministre progressiste MOSSADEGH, avec le concours de la mafia et de la CIA… (Voir en fin de 2e partie : les mafias – l'intervention de Kermit ROOSEVELT).

5- La Banque mondiale et le FMI sanctionnent violemment les dissidents :

> En 1964, le chef d'État indonésien SOEKARNO décide de désengager son pays de la Banque mondiale et du FMI. Il nationalise le pétrole et consolide le mouvement des non-

alignés. Cette prise de position et ses initiatives lui vaudront en 1965 un coup d'État. Il fut incarné par le général indonésien Mohammed SUHARTO à la tête de l'armée censée rétablir l'ordre. Mettant à mort environ un demi-million d'Indonésiens et supplantant SOEKARNO légalement au pouvoir depuis 1945.

6- La Banque mondiale, épaulée par d'autres intervenants, particulièrement la CIA, a contribué à déstabiliser des gouvernements démocratiques et progressistes en les privant de l'aide financière utile à leur légitime essor :

➢ Le gouvernement de SOEKARNO en Indonésie jusqu'à son renversement en 1965.

➢ Le gouvernement de Jocelino KUBITCHEK, au Brésil de 1956 – 1960, puis celui de Joao GOULART, 1961 – 1964, finalement renversé par un coup d'État militaire. Le gouvernement de Salvador ALLENDE, 1970 – 1973 au Chili…

7- Depuis 1947, la Banque mondiale a octroyé des prêts à des puissances coloniales, Belgique, Grande-Bretagne, France… pour l'exploitation jusqu'aux années 1960 de ressources naturelles du tiers monde. Pour les pays colonisés par ces grandes puissances, il s'agissait d'une queue de scorpion empoisonnant leur économie. Car une fois leur indépendance acquise, ils ont dû intégrer et assumer les dettes contractées par leur colonisateur.

Par exemple le Congo indépendant, ex Congo belge, a dû payer pour la Belgique – le Kenya, l'Ouganda, le Nigéria ont dû payer pour le Royaume-Uni – le Gabon, la Mauritanie, l'Algérie ont dû payer pour la France – la Somalie a dû payer pour l'Italie.

Des pays pauvres ont donc été placés dans l'obligation inouïe de rembourser les lourdes dettes contractées initialement par ces pays dominateurs.

8-   Dans les années 1962 – 1968, la Banque mondiale a su enrayer l'effet victorieux de la Révolution cubaine en se donnant une apparente dimension sociale et humaniste.

Elle a orienté ses prêts à la création d'écoles, au développement d'infrastructures de santé publique, de réseaux d'eau potable et d'assainissement des eaux usées dangereuses pour la santé des populations. Semblant à nouveau devenir la bienfaitrice des pauvres, elle favorisa la Révolution verte en Inde, aux Philippines, au Mexique, censément pour éradiquer la faim du tiers monde. Dès lors, l'agriculture de ces pays fut soumise à l'utilisation massive de produits chimiques : engrais, pesticides, herbicides. Et de graines, de semences, génétiquement modifiées (OGM).

Les paysans s'appauvrirent, entrant dans un cercle vicieux, devenant dépendants des groupes agrochimiques transnationaux et semenciers nord-américains (Monsanto, Cargill, Syngenta) grandement enrichis de cette dépendance. Tandis que les sols s'épuisèrent rapidement devenant stériles. Ce qui a entraîné la diminution des rendements agricoles et l'augmentation de la faim. D'où l'apparition de nombreuses maladies dues à la chimie pour les populations et leur descendance. Jusqu'aux nombreux suicides[60] chez les paysans Indiens, en moyenne un toutes les huit heures. Des

---

[60] **Inde : Suicides massifs de milliers de paysans - Les OGM en question...**
http://www.lesmotsontunsens.com/inde-suicide-collectif-1-500-paysans-ogm-coton-bt-monsanto-4131

conséquences dommageables et dramatiques qui ont été précisément évaluées par ces promoteurs de mort.

Ils les ont mesurées bien avant que la signature de ces projets et le déblocage des fonds correspondants ne soient effectifs. Les risques sanitaires et environnementaux ont été délibérément étouffés, sans la moindre préoccupation d'humanité et de fraternité, sans le moindre remords.

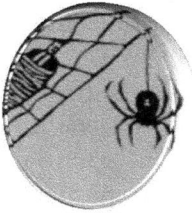

La Banque mondiale, sous la présidence de Robert McNAMARA, 1968 - 1982, a participé activement et directement à introduire nombre de pays dans le piège de la mondialisation, en utilisant abondamment (X 12) les prêts d'ajustement structurel. Elle les a octroyés depuis les années 1980, conjointement aux banques privées et aux gouvernements occidentaux. Ces fonds ont été destinés non pas à des projets économiques particuliers, mais à la réalisation de politiques globales ouvertes aux marchés et obligatoirement soumises aux tractations commerciales de puissants lobbyistes internationaux. De la sorte, la Banque a poussé ces pays débiteurs à réduire le protectionnisme – le contrôle des changes – l'intervention régulatrice de l'État – de fait, ce fut l'ouverture totale de leurs économies aux investissements et aux importations en provenance des principaux pays riches, actionnaires de la Banque.

Cette institution liée à l'ONU (1) est avec le FMI et l'OMC un moyen utilisé par la véritable gouvernance mondiale pour appliquer une politique de dénationalisation et de mise sous tutelle. Comment y parvient-elle ? En piégeant dans le surendettement des pays ayant besoin de son assistance, tout en offrant le bénéfice des intérêts de la dette et celui des transactions commerciales à une partie des membres des cercles extérieurs du gouvernement occulte.

Les bénéficiaires sont le petit nombre d'élite de l'industrie, du commerce et de la finance, appartenant au Bohemian's club et/ou au Bilderberg Group, à la Pilgrinm's Society, au Siècle, à l'IFRI (2)… C'est ainsi qu'ils ont imposé progressivement leur dictat économique à la majorité des habitants de la planète Terre.

(1)   La Convention des Nations unies de 1947 accorde l'entière immunité aux agences spécialisées de l'ONU dont la Banque mondiale, le FMI, l'OMS… font partie.

(2)   Voir en 2e partie leur positionnement – Schéma des Principales Organisations structurant l'Édification et l'itinéraire.

Les conséquences économiques et sociales de ces manœuvres étaient devenues insupportables pour ces pays manipulés, ce qui engendra une succession de troubles multiples. Ce fut d'abord la crise économique du Mexique en 1994 - 1995, dite de la Téquila. Elle frappa durement son économie avec des répercussions dans le monde entier, surtout en Amérique du Sud. Néanmoins, rien ne freine l'appétit de la Banque mondiale. Elle réoriente ses nouvelles priorités par le moyen de la privatisation de l'eau, des terres.

Par exemple, elle se refuse d'appliquer les recommandations de la commission indépendante des industries extractives de 2003, démontrant clairement son orientation et son but mondialiste. La façon de piéger de la B.M ressemble à celle du néphile. Une araignée tropicale dont l'abdomen stocke le fil le plus résistant au monde. L'armée américaine voulait l'utiliser pour faire des gilets pare-balles ultralégers. Elle fabrique sa toile, la plus grande au monde, avec 1,80 mètre de diamètre à 180°, en un temps record de soixante-quinze minutes. Elle assure ainsi la capture d'un maximum d'insectes en un minimum de temps. Quand la toile est abîmée, elle en fait une boulette et la mange. Rien ne doit se perdre. Tout est prévu pour que la Banque mondiale en grand prédateur puisse assurer en flux tendu le piégeage de ses proies. Témoignage interne en vidéo[61] et site de ce témoin.[62]

---

[61] **EXCLUSIF, interview de Karen Hudes, ex-employée de la Banque mondiale**
https://www.youtube.com/watch?v=5a3KFVLB8AM
[62] http://kahudes.net/

LES AUTRES ORGANISATIONS DU SYSTÈME FINANCIER MONDIAL

L'OMC – ZONE 4.

L'ORGANISATION MONDIALE DU COMMERCE

Depuis le 1er janvier 1995, l'Organisation mondiale du commerce fixe les règles du commerce international, en réduisant considérablement la marge de décision des États-nation dans le domaine de l'économie ou de l'environnement. Après la Seconde Guerre mondiale, les nations industrialisées ont été conscientes de la nécessité de fixer les règles du commerce mondial.

À cette époque, l'ordre économique en cours de globalisation, bien engagé dans la voie vers un nouvelle structure du monde, exigeait la libéralisation des échanges. Ce fut l'accord sur les tarifs douaniers et le commerce – GATT (General Agreement on Tarifs and Trade) le prédécesseur de l'OMC. Au cours des 47 premières années d'activité, le GATT s'est attelé à libéraliser une grande partie du commerce mondial en réduisant les droits de douane. Dans les années 1990, cette institution montre ses limites, car la plupart des gouvernements nationaux ont mis au point des parades aux droits de douane. Ils voulaient protéger des secteurs sensibles trop concurrencés et limiter les dégâts de la hausse du chômage, de la fermeture d'usines… Pour les nations, les investissements internationaux et le commerce des services deviennent trop envahissants. La réglementation pour gérer les différends entre États s'avère inefficace. C'est alors de 1986 à 1994 que les correspondants mondiaux du GATT décidèrent de lancer une réflexion commune. C'est l'Uruguay Round, pour disaient-ils aborder tous les problèmes de politique commerciale laissés en suspens. Au final, ce fut pour ériger une nouvelle institution, l'Organisation mondiale du commerce (OMC) née en 1995.

Malgré l'établissement de règles apparemment plus équitables[63] un article récent de l'université de Berkeley provoque des remous. Il indique que l'OMC n'a absolument aucune influence équitable sur le commerce international. Cette organisation ne veille qu'à préserver un certain équilibre entre les nations en ménageant leur attachement à leur propre souveraineté. Une situation aujourd'hui difficilement tenable du fait de l'interdépendance quasi absolue des économies. Elles sont désormais doublement soumises aux contraintes du mondialisme et à la réglementation pro mondialiste de l'OMC.

Laquelle ne fait que brûler au troisième degré l'épiderme fragilisé des nations exposées aux rayons brûlants de la globalisation, tout en leur bâillonnant la bouche essayant d'atténuer le cri de leur douleur aiguë ! Indéniablement, l'OMC est instrumentalisée pour accélérer les effets de la mondialisation, en tentant d'éviter ses plus graves conséquences, sous forme de débordements sociaux les plus fâcheux et les plus explosifs par effet diffusif.

L'OCDE – ZONE 4.

L'Organisation de coopération et de développement économique fut créée en 1961. Elle succéda à l'Organisation européenne de coopération économique (OECE) instituée dans le cadre du plan Marshall. L'OCDE regroupe 30 pays

---

[63] Traitement de la nation la plus favorisée, clause NPF – Réciprocité entre pays relativement aux conditions préférentielles faites aux produits élaborés sur le territoire national – Interdiction des restrictions quantitatives…

développés partageant la stricte loi de l'économie de marché. Osant même sans vergogne prétendre à la démocratie pluraliste et au respect des droits inaliénables de l'homme. C'est un forum unique procédant à des échanges de vues, tout en favorisant la dureté des politiques en cours. L'OCDE, initiatrice de l'AMI, conçoit les règles du commerce mondial. Tandis que l'OMC se charge de les faire appliquer. Elle influence considérablement la politique économique des pays occidentaux, tout en prétendant faussement, depuis une dizaine d'années, mettre son expertise au profit de pays aux économies émergentes (Asie – Amérique latine). L'AMI fut un accord économique international négocié dans le plus grand secret. En 1995, il fut placé sous l'égide de l'OCDE.

C'était un projet vicieux dont les conséquences auraient pu être une menace sans précédent pour la démocratie. L'AMI, malgré sa portée historique, est un sigle passé discrètement sous silence par les médias, dont les directoires étaient tenus en bride par certaines multinationales majoritaires au sein des groupes de presse.

L'objectif premier de l'AMI était d'utiliser un ensemble de nouveaux droits en faveur exclusive des multinationales. Cela sans aucune contrepartie, au total détriment des États et/ou de la santé de leur population. Cet accord ou traité mettait en place une nouvelle juridiction internationale permettant à une multinationale d'assigner en justice un État. Il fallait seulement démontrer que la réglementation de celui-ci était faussée. Qu'elle présentait une différence de traitement et/ou de concurrence déloyale entre l'investisseur national et l'investisseur étranger au pays ! Dans ce cas réel ou supposé, une administration d'État pouvait être assignée devant une juridiction. De prime abord, cet objectif semblait acceptable.

Toutefois en l'examinant de plus près, sa portée était considérable puisqu'elle touchait à nombre de domaines d'intervention d'un État souverain. C'est ainsi que les lois nationales de protection de l'environnement pouvaient être rendues caduques si elles étaient estimées plus sévères que celles du pays dont l'investisseur était originaire.

Or, certains pays élaborent des lois d'intérêt public en fonction de spécificités environnementales. Lesquelles tendent à défendre la biodiversité, le ralentissement du réchauffement climatique et/ou des dispositions publiques relatives à la santé de leur population... Plus sournois encore, l'AMI pouvait opposer les subventions versées par un État au secteur culturel, à l'éducation publique. Une façon de considérer qu'elles étaient autant de conditions de concurrence déloyale. Cela par comparaison à d'autres pays au sein desquels ces secteurs ne sont pas subventionnés de la même manière. Comment était-il possible à un pays pauvre de se défendre ? Par exemple la Turquie ayant un budget culturel conséquent, dont l'économie dépend principalement des devises apportées par le tourisme – ou le Mexique dont le tourisme représente la troisième source de devises (13 milliards $).

Fort du traité AMI, les investisseurs avides pouvaient exiger l'annulation de lois nationales et de plus obtenir des États assignés une indemnité financière correspondante au préjudice supposé avoir été subi. En 2002, son stratagème créant la zizanie et capable de cisailler une souveraineté nationale était devenu par trop évident. Ce traité n'a donc pas adopté dans sa globalité, sans pour autant être annulé. Il a été aisément remplacé par d'autres projets multilatéraux, le NTM1 et l'AGCS2. Ils concernent 50% de l'économie mondiale et 40% des échanges internationaux actuels. Un nouvel accord qui a été piloté immanquablement par le commissaire européen Leon BRITTAN membre éminent du Bilderberg group. Ces nouveaux traités changent seulement de tutelle passant de l'OCDE à l'OMC. Toutefois, ils conservent leurs objectifs initiaux visant à nouveau à réduire le pouvoir économique des États nation. Des modèles planifiés qui ont étayé le processus corrosif de la mondialisation et le démantèlement des réglementations sociales, environnementales, en vigueur.

1 - En fin 1998, le projet du Nouveau Marché Transatlantique (TAFTA)[64] Europe – États-Unis, à l'horizon 2015 est une initiative de Sir Leon BRITTAN. Il est tout à la fois négociateur pour la véritable gouvernance mondiale et commissaire européen pour les relations économiques extérieures. Il justifiait son initiative par l'enlisement de l'actuel nouvel agenda transatlantique, né en 1995. Cet instrument avait permis la création d'une enceinte de discussion bilatérale entre la commission européenne et l'administration américaine, dénommé groupe transatlantique. Son élan s'essoufflait et les crises euro-américaines se multipliaient. Le différend portait sur les législations extraterritoriales nord-américaines – Démantèlement de la filière européenne de la banane. Une guerre perdue par l'Union européenne au mépris de la convention de Lomé,[65] réduits à un chiffon de papier – Boycott européen du bœuf aux hormones et des organismes génétiquement modifiés…

Le TAFTA devait répondre à cette dégradation. Ce projet de traité entre l'Union européenne et les États-Unis adopté en 1999 comportait trois axes :

➢ Un engagement politique de démantèlement des tarifs industriels, sur la base de la clause de la nation la plus favorisée, à l'horizon 2010.

➢ Un accord de libre-échange dans le secteur des services.

---

[64] https://www.laquadrature.net/fr/TAFTA
[65] http://fr.wikipedia.org/wiki/Convention_de_Lom%C3%A9

➢ Un accord de libéralisation sur les nouveaux sujets des négociations internationales (marchés publics, propriété intellectuelle, investissement).

Le projet prévoyait de se doter – d'une structure institutionnelle ambitieuse pour l'application de ces obligations – d'un mécanisme de règlement ressemblant à celui de l'AMI – d'une visée de contrôle sur l'économie mondialisée par une déréglementation des normes juridiques. L'objectif consistant à affaiblir les normes de protectionnisme.

2 - L'AGCS (accord général sur le commerce des services) est l'un des 60 textes qui constituent les Accords de Marrakech signés en 1994. Avalisés au terme de l'Uruguay Round. Le dernier des cycles de négociations commerciales organisés dans le cadre de l'Accord général sur les tarifs et le commerce (GATT).

Tous les acteurs doivent obéir à la règle du traitement de la nation la plus favorisée. Chaque pays doit accorder, sans condition, aux acteurs étrangers un traitement identique à celui qu'il accorde aux acteurs nationaux (article 2). À terme, plus aucun État riche ou pauvre n'aura le droit de mettre en œuvre des politiques industrielles, économiques ou commerciales spécifiques tenant compte des particularités, des besoins et des priorités nationales.

Tous les États devront renoncer à leurs législations propres et soumettre leurs ressortissants aux règles du commerce mondial qui privilégient les acteurs les plus puissants. Sinon ils s'exposent à être l'objet de plaintes permettant l'annulation de diverses législations environnementales, sociales. Lesquelles seraient alors considérées comme des entraves à la liberté totale du commerce. Il ressort de tous ces **traités la volonté d'interpénétrer et de rendre interdépendante l'économie de chacun des pays membres**. Afin de les fragiliser et par là même de saper leur souveraineté nationale.

LES BANQUES MULTINATIONALES B.M.N. – ZONE 4.

Selon l'analyse de Yung-Do A DUCOBU, docteur en sciences politiques :

« *La globalisation financière est loin d'être une fatalité (un hasard). Replacée dans une perspective historique, elle est le* **résultat de stratégies délibérées d'acteurs à vue mondialiste.** *En considérant les évolutions intentionnellement orchestrées, les rapports États & B.M.N ne pouvaient que changer – les nouvelles régulations économiques dans les secteurs du domaine financier et bancaire le reflètent bien. Tout particulièrement au sein de l'Union européenne – aux États-Unis – et dans les pays d'Europe centrale et orientale. Par ce biais et de manière plus générale aussi* **il s'agit d'expliquer qui sont les acteurs ayant mené à cette recomposition de la régulation.** *Et comment se fait la distribution du pouvoir dans la Société Internationale d'aujourd'hui ?* »

Dans les années 1990, parmi les B.M.N ou Banques d'affaires, la Goldman Sachs[66] est intervenue pour la Grèce. La JP Morgan Chase[67] pour l'Italie, et pour autres pays... Toutes deux ont réalisé les premiers montages d'opérations très complexes pour masquer les comptes déficitaires de certains États, dont la Grèce et l'Italie. L'objectif était à cette époque-là de cacher aux

---

[66] Peter SUTHERLAND est depuis 1995 présidents de Goldman Sachs– il est aussi l'ancien directeur général du GATT et de l'OMC – membre du Bilderberg group – et de la Commission trilatérale, laquelle a supprimé de son site (http://trilateral.org/) une grande partie des articles le concernant.

[67] Le banquier JP Morgan Chase (le suffixe Chase se rapporte à la famille ROCKEFELLER) est le représentant de la famille de banquiers ROTHCHILD et de la Banque d'Angleterre. Il faisait partie des associés d'affaires de ROCKFELLER. Ensemble, ils ont contribué à créer la Federal Reserve Board des États-Unis, l'actuelle FED - Réserve fédérale américaine.
Voir aussi en 2e partie : Le rapport insoupçonné entre les sociétés secrètes, l'élite des nations, la haute finance et les guerres – En 1910, la participation de JP Morgan Chase & ROCKFELLER, associés... à la création de la FED – dans les années 1930 sa participation aux préparatifs industriels et économiques de l'Allemagne nazie, ce qu'Anthony SUTTON démontra et prouva.

médias, à l'opinion publique l'immense déficit public de ces deux pays. Le temps n'était pas encore venu de l'annoncer. Sinon cela n'aurait pas eu l'impact escompté sur la partie de la planification en cours.

Notamment ce qui allait aboutir en 2008 au déclenchement de la plus grande crise économique de l'histoire. Elle visait à produire un choc frontal, simultané, systémique, sur l'ensemble des États nation. À l'origine, il n'était pas prévu de les affaiblir séparément, d'année en année, les uns après les autres.

Dès les années 1980, les B.M.N placées sous les directives de la véritable gouvernance mondiale ont participé activement à l'accomplissement de la planification à double effet a) d'endettement extrême des États nation, à partir de là soumis au bon vouloir de la haute finance, b) d'assèchement progressif de l'économie réelle, exacerbé en 2008 par le déclenchement de la crise des crises.

LES BANQUES CENTRALES ET LA BIS[68] –BANQUE CENTRALE DES BANQUES CENTRALES - ZONE 4.

Chacune d'elles est une institution chargée par l'État ou un ensemble d'États (zone euro par exemple) de décider d'appliquer la politique monétaire voulue. Ces principaux trois rôles sont :

1) D'assurer l'émission de la monnaie fiduciaire (garantie par l'État ou l'Union d'États) et d'en fixer les taux d'intérêt.

2) De superviser le fonctionnement des marchés financiers, en veillant au strict respect des réglementations du risque dit de

---

[68] **La B.I.S. sera la banque du Nouvel Ordre Mondial**
https://www.youtube.com/watch?v=fDhnHvx-UuQ

ratio de solvabilité. Ou rapport existant entre les fonds propres des institutions financières et les emprunts distribués par ces mêmes institutions, banques de dépôts en particulier.

3) D'assurer en cas de crise systémique ou de paralysie économique le rôle de banquier garant de l'ensemble du système financier. En 2011, le système financier occidental ne fonctionnait plus que sur le générateur auxiliaire que sont les banques centrales, puisque la source principale d'énergie provenant de l'économie réelle s'est quasiment tarie en 2008.

L'organisation des banques centrales peut varier d'un pays à un autre, car elles peuvent partager leurs pouvoirs avec d'autres institutions. Généralement, elles sont indépendantes du pouvoir exécutif, c'est le cas de la Banque centrale européenne (BCE). Son nouveau gouverneur est Mario DRAGHI, ancien directeur Europe de Goldman Sachs, membre de la Commission trilatérale et du Bilderberg. La banque qui a conseillé la Grèce pour un montage de produits dérivés afin de masquer une deuxième fois ses déficits budgétaires successifs.[69]

Un contrat de montage renégocié en 2004 sous la présidence de DRAGHI, avec un gain de 300 millions \$. De son côté, La

FED, Réserve fédérale des États-Unis semblerait ne pas être sous la tutelle de l'État, car coexistent avec elle une agence fédérale (The Federal Board of Governors) et un réseau de banques à capitaux privés, dits des douze banques fédérales. Toutefois, la supervision du gouvernement fédéral n'est que

---

[69] Voir ci-dessus au sous-titre les B.M.N – le montage effectué dans les années 1990 pour masquer une première fois les comptes déficitaires de la Grèce et de l'Italie.

symbolique, ce sont bien les détenteurs de capitaux privés qui imposent habilement leurs volontés.

LES BANQUES CENTRALES ONT ÉTÉ MANIPULÉES PAR LE CŒUR DE CERCLE BILDERBERG

Pour comprendre l'actuelle manipulation des Banques centrales mondiales, il faut se reporter à la fondation en 1913 du Système fédéral de réserve des États-Unis, l'actuelle FED. Ce qui impliquait l'abandon de la monnaie d'État. Voir en 2e partie – Les marchands du temple ne changeront jamais.

À l'époque, la constitution américaine ne prévoyait que l'or et l'argent métal comme monnaies légales. Mais le cartel, fondé par les patrons de banques privées, dirigé par les deux plus grands groupes financiers ROTHSCHILD et ROCKEFELLER avait créé une banque centrale privée. Elle avait droit d'émettre sa propre monnaie. Elle devenait le moyen légal de paiement et de garantie. Une prérogative qui initialement n'appartenait qu'au gouvernement fédéral des États-Unis. Après la Première Guerre mondiale, cette banque privée a pu négocier et racheter la quasi-totalité des réserves d'or mondiales. Il en résulta que la plupart des autres monnaies n'ont plus eu capacité à maintenir la parité de leur valeur initialement établie en étalon-or. N'ayant plus de réelle valeur, ni de valeur fiduciaire,[70] finalement elles sombrèrent dans la déflation. D'où un élément causal de la première crise économique mondiale de 1929.

À la fin de la Deuxième Guerre mondiale, cette carence de métal jaune, organisée dès 1913, allait être comblée par l'instauration d'un nouvel étalon dollar-or. Ce fut le Gold

---

[70] La valeur fiduciaire ne vaut que par le crédit moral que l'on accorde à une monnaie, via la banque et l'État qui en garantit sa valeur propre.

standard[71] décidé en 1944 à Bretton Woods. Pendant la Deuxième Guerre mondiale, les États-Unis ont exigé des belligérants que l'approvisionnement en armes et en matériels qu'ils sollicitaient de l'oncle Sam soit payé en or. Dès la fin de cette guerre, l'or de l'Allemagne a dû être remis comme butin. Plus de 30,000 tonnes d'or venant du monde entier se sont ainsi accumulées aux États-Unis. Plus que n'en détenait l'ensemble des autres pays. Ce métal jaune ayant servi un temps de couverture au dollar.

Depuis cette époque, en substitution de l'or, toutes les banques centrales du monde ne détiennent qu'une grande proportion de dollars à titre de réserves monétaires. Si les États-Unis ont pu émettre davantage de monnaie qu'ils ne détenaient de quantité/valeur d'or, c'est bien parce que les autres pays ont toujours eu recours aux dollars pour pouvoir commercer avec le reste du monde. L'achat de matières premières à l'international n'étant réalisable qu'avec la devise US.

De ce fait, elle est devenue une réserve monétaire obligatoire pour l'ensemble des banques centrales du monde. Ainsi, le roi dollar a pu définitivement monter en puissance sur la base d'un socle creux, d'un cercle économique entièrement faussé. Malgré l'attachement traditionnel et ancestral à l'or, le règne du dollar avait bel et bien commencé sur le monde.

---

[71] 35 $ pour une once d'or – une once = 28, 35 grammes d'or.

LA FED – ZONE 4.

LA BANQUE CENTRALE DES ÉTATS-UNIS – FEDERAL RESERVE, CRÉE EN 1913.

Voir l'origine de sa création – La société secrète participant à dominer la planète.

Comme le disait l'industriel Henri FORD, « *si le grand public connaissait l'historique de la création monétaire, ils s'insurgeraient et manifesteraient dans les rues comme en 1789* ».

Jusqu'en 1913, la banque centrale américaine était une structure classique au service des citoyens. À l'époque, l'impôt sur le revenu n'existait pas. Mais cette année-là, il y eut un événement capital que le grand public au fil des générations n'a toujours pas pu mesurer. Des banquiers privés ont pris le contrôle des finances publiques. Ils ont réussi à obtenir du gouvernement US le droit de prêter tout l'argent dont l'État avait besoin pour ses investissements avec un intérêt de 6%. Le peuple américain conscient du danger que représentait un monopole bancaire ne voulait pas d'une banque centrale. Tout comme il s'opposait à l'idée de créer une place financière, un Wall Street. On nomma si aisément et si faussement ce montage « Réserve Fédérale ». Ce fut l'objet d'un vote à l'arraché, le jour de Noël, avec le laisser-faire du président WILSON.

La FED était avant tout une banque privée florissante, aujourd'hui insolvable

Jusqu'en 2011, la FED était l'entreprise privée la plus riche de l'histoire. Elle avait réalisé 80.9 milliards $ de bénéfice, dont 76.2 mds sur les seules valeurs immobilières suite à la crise de 2008. Sur la base des avantages de gestion que lui donne son statut de banque semi-publique, elle ne paie que des sommes infimes pour son passif (ensemble des dettes). Car pour ce poste, les taux d'intérêt varient de 0 à 0,25% tandis que plusieurs de ses valeurs d'actif (capitaux) de longue durée en sa possession atteignent 4 à 5%. Ses revenus de 76.2 mds $ proviennent des intérêts produits par environ 2000 mds $ de titres rachetés lors de l'effort général entrepris en 2008 - 2009, pour relancer l'économie américaine.

Par exemple, en 2010, la FED a pu réaliser 7.1 mds $ de revenus nets qu'avec le fonds commun de créances. Dont celui mis en place pour racheter des capitaux correspondants à de mauvais investissements entreprit par la banque Bear-Stearns. Et 3,4 mds $ sur des prêts concédés pour renflouer l'assureur AIG – American-International-Group. Source : The Financial Times, 10 janvier 2011.

Une production officielle de fausse monnaie et la création de l'impôt sur le revenu

Contrairement à ce que l'on pourrait croire, l'institut d'émission monétaire des États-Unis (FED) est en fait une machine à fabriquer de l'argent. Elle est aux mains d'un cartel bancaire privé, qui gagne d'autant plus que les taux sont élevés. Mine de rien, il imprime des dollars à bon marché et les revend plus cher, tout en participant à la dévaluation progressive de toutes les autres monnaies fiduciaires rattachées au dollar.

Toutefois, les lignes de crédit ne sont qu'un jeu d'écritures d'argent virtuel, de monnaie digitale, que l'on génère à la demande. Par contre, le subterfuge consiste à ce que les remboursements d'emprunts soient constitués d'argent vrai, issu de l'économie réelle, du travail et de la richesse ainsi produite par les pays. En cette même année 1913, pourquoi les stratèges associés aux esprits brillants ont-ils mis en place l'impôt sur le revenu ? Parce que le processus machiavélique consistait d'abord à encourager l'État américain à s'endetter lui-même, puis à créer l'impôt sur le revenu pour que les citoyens remboursent la dette.

Une formule gagnante qui depuis cette époque fonctionne infiniment bien partout dans le monde occidental. Actuellement aux USA toute la masse monétaire[72] du pays équivaut à la valeur de la dette : *la monnaie c'est la dette de l'État* !

Idem pour l'Europe, pas un seul centime d'euro provenant des impôts sur le revenu n'alimente le fonctionnement des services publics. Pour la plupart des pays, 100% de la collecte des impôts sur le revenu sont absorbés par les services de la dette. Au seul bénéfice des grandes banques privées émettrices des prêts par marché financier interposé. Au final, les États ne remboursent rien, sinon les seuls intérêts de la dette, dont la courbe grandit en flèche d'année en année. D'où l'attente du besoin de croissance pour limiter l'endettement public qui est égal à la somme des déficits budgétaires annuels successifs.

Une condition d'enfermement dans laquelle les gouvernements successifs à la tête des États européens se sont délibérément

---

[72] **Masse Monétaire**
http://economie.trader-finance.fr/masse+monetaire/

plongés en acceptant déloyalement dès 1992 l'article 104 du traité de Maastricht. Il contraint les États à l'abandon de la création de leur propre monnaie nationale. Le déclenchement de la crise majeure de 2008 est venu accélérer ce processus comptable devenu à ce jour ingérable[73]. Avec les conséquences que l'on sait : chômage insupportable, pauvreté croissante sur fond de mise en faillite organisée des États.

Ceci représente une véritable trahison, car s'il n'y avait pas de remboursement d'une dette qui de fait n'existe pas, les budgets des nations seraient pratiquement à l'équilibre. Inutile espérer un retour à de bonnes et saines méthodes de gestion publique, car tous les gouvernements ont été piégés dans ce processus organisé. D'où leur prochaine adhésion obligée à l'édification d'un nouveau système financier mondial.[74]

LA FED JOUE UNE DERNIÈRE FOIS LE RÔLE DU BON SAMARITAIN – POINT CLÉ

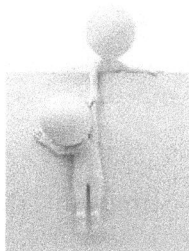

En 2011, pour sauver l'Amérique d'une grave récession, la FED a dû abaisser son principal taux directeur pour le ramener à 0,5%, voire à 0,25%, quasiment 0%. Du jamais vu depuis 58 ans. L'objectif est d'ouvrir les prêts au secteur privé et de jouer la stratégie de la dernière chance en achetant des bons du Trésor de 10 à 30 ans pour influer à la baisse les taux longs. Le but affiché est de sécuriser temporairement les effets sensément attendus de la relance économique entreprise en

---

[73] Voir ci-dessous – Le faux semblant d'une solution financière et économique mondiale se profile – En 3e partie, le sous-titre – La triple combinaison qui entrave les États-nation point n° 2 – Et Enchaînés par la dette publique conformément au plan de sape.

[74] Voir en 3e partie – La création d'une monnaie unique et d'un nouvel Ordre financier mondial – la monnaie mondiale unique l'alternative.

2008, le but réel est d'alimenter les marchés financiers en argent issu de la planche à billets produits par milliers de milliards $ par la Réserve fédérale américaine, relayée par la Banque centrale du Japon et par la Banque centrale européenne qui lui sont soumises.

Surtout la stratégie consiste à soutenir coûte que coûte le Trésor américain et le milieu financier pour que le héros états-unien, après l'écroulement économique du vieux continent, puisse porter les couleurs d'un nouveau schéma du monde tant économique que politique.

Ce retour à une thérapie de choc utilisée de 1941 à 1951 pour financer les années de guerre, fut finalement abandonnée, car trop inflationniste. Elle illustre de la gravité de la situation. De plus, la FED devrait financer des crédits hypothécaires et des crédits à la consommation pour 800 mds $. Une façon de se substituer aux banques commerciales pour sensément relancer le crédit des ménages. Comme elle le fait depuis l'automne 2010 avec les entreprises pour 400 mds $. En moins d'un an, ces mesures exceptionnelles, non conventionnelles, qui s'ajoutent aux injections massives de liquidités, ont fait tripler son bilan. Cette opération de la dernière chance est pilotée par son président Ben BERNANKE, soutien discret du Bilderberg group.

La FED bénéficie d'une loi obscure lui permettant de bloquer la plupart des audits commandés par le Congrès - « disparition de 9000 mds $ sur le bilan de la FED ».[75] De ce fait, aussi bien les montants que les bénéficiaires de ces fonds[76]

---

[75] **9000 MILLIARDS $ ont disparu de la FED Federal Reserve Bank**
https://www.youtube.com/watch?v=3o8E6ZjE6OQ
[76] **Révélations sur la comptabilité obscure de la Fed**
http://www.jolpress.com/marches-ron-paul-senateur-reserve-federale-banque-centrale-europeenne-bce-senat-milliards-aides-financieres-banques-entreprises-societe-generale-citigroup-bnp-paribas-crise-economique-article-813334.html

demeurent totalement secrets. Au travers du soutien apporté à l'économie américaine, par l'usage illimité de la planche à billets (QE)[77] et du blocage des audits du Congrès, la FED a **pour but essentiel de maintenir le géant américain sur pied** pour qu'il accomplisse, en principal représentant politique de la véritable gouvernance mondiale, un rôle de leadership du monde. Cela en complémentarité des attributions de l'ONU qui n'a pas su atteindre les objectifs fixés. Tout est organisé pour que ce pool USA[78] -ONU puisse porter jusqu'à son terme le dessein central visant à instaurer une nouvelle constitution mondiale. La réserve fédérale, sous couvert de participer au plan de relance de l'économie américaine et du reste du monde,

est aussi l'instrument privilégié de la véritable gouvernance mondiale pour assécher indirectement l'économie réelle. Voir en 3e partie – Cinquième moyen – parvenir à assécher l'économie réelle.

LA FONDATION BERTELSMANN – ZONE 4. UN LEURRE POUR L'UNION EUROPÉENNE

C'est un groupe de médias allemand dont l'origine remonte à 1835. En 2004, il se lie étroitement à l'OTAN, une organisation sous influence du CFR, lui-même placé sous la coupe du Bilderberg group. Son ambition est semblable à celle de l'ERT[79], la construction d'un grand marché transatlantique, un bloc économique sorte de G2 euro-américain d'ici 2015. Après

---

[77] **La FED et la Quantitative Easing**
http://www.monfinancier.com/bourse/gestion-pea-c6/analyses-palmares-r113/la-fed-et-la-quantitative-easing-11166.html
[78] Voir ci-dessous en 2e partie au sous-titre – Les États-Unis doivent relayer les Nations Unies et prendre en main la conduite et l'avenir des peuples – la citation clé de Nelson ROCKEFELLER.
Voir en 3e partie – poussés à accepter le traité de la dernière chance, 3e paragraphe.
[79] ERT – Voir plus bas – les autres instruments politiques de la véritable gouvernance mondiale.

les multiples accords commerciaux NTA – NTMA – TAD – TED – TAFTA, un nouveau programme[80] de libre-échange transatlantique s'annonce en 2013, au détriment de secteurs commerciaux clés de l'Union européenne.[81] Voir aussi cet article.[82] Du fait de la récession, il s'agit une tentative de renforcement du bloc occidental face au bloc asiatique (Chine pays voisins – ASEAN et pays latino-américains et Caraïbe - CELAC)[83] en plein essor économique et décidés à créer la plus grande place financière au monde devant Wall Street.

Toutefois, ce partenariat de circonstance ne reléguera pas à l'arrière-plan les accords ALENA[84] de libre-échange nord-américain USA – Canada – Mexique – qualifiés de pierre angulaire du nouvel Ordre mondial par Henry KISSINGER.

L'Europe est commercialement le partenaire le plus important du monde nord-américain des affaires. Ce partenariat représente plus d'un million d'emplois pour le seul État de Californie.

Inversement, les investissements européens au Texas dépassent l'ensemble des investissements américains au Japon. Au total, plus de 12,5 millions de salariés dépendent des liens économiques transatlantiques. Ceci semblerait être le moyen d'assurer la stabilité économique mondiale au travers de la

---

[80] **Vers une zone de libre-échange entre les Etats-Unis et l'UE**
http://www.liberation.fr/monde/2013/02/13/vers-une-zone-de-libre-echange-entre-les-etats-unis-et-l-ue_881483

[81] **Marine Le Pen : marché transatlantique non merci !**
https://www.youtube.com/watch?feature=player_embedded&v=8_3tLXmL7gI#!

[82] **Le traité du nouveau grand marché Transatlantique, le diktat absolu**
http://crisemajeure.jimdo.com/diktat-du-nouveau-march%C3%A9-transatlantique/

[83] **Les relations entre la Chine et l'Amérique latine entrent dans une nouvelle phase (responsable)**
http://french.peopledaily.com.cn/Chine/8129175.html

[84] **L'Accord de libre-échange nord-américain (ALÉNA)**
http://www.international.gc.ca/trade-agreements-accords-commerciaux/agr-acc/nafta-alena/index.aspx?lang=fra

sécurité économique de 800 millions d'individus. D'autant plus que la Réserve fédérale US (FED) et la Banque centrale européenne (BCE) ont la latitude nécessaire pour créer ce lien sur la base des deux principales monnaies du monde.

Pourquoi un leurre pour l'UE ? Parce que ce rapprochement USA – UE déjà actif s'articule sur l'impérieuse nécessité de l'équilibre économique et monétaire. Le parlement européen ayant adopté une résolution en ce sens le 26 mars 2009. Pour ce faire, il a appelé à renforcer la coordination entre les institutions monétaires européennes et américaines. Les instances du nouvel ordonnancement mondial - N.O.M - laissent croire que ce leitmotiv est l'essentiel de l'essentiel.

Alors que parallèlement elles enserrent les États-nation pros ou anti fédéralisme européen, dans une crise monumentale de la dette budgétaire. Le moyen de les soumettre plus que jamais aux contraintes et aléas du milieu financier. Les obligeant à une dépendance financière étouffante et constante, s'il le faut en provoquant l'écroulement du marché monétaire. Si le dollar ou l'euro était fortement dévalué, cela provoquerait immédiatement une ultime dépression paritaire Euro/Dollar.

Cela impacterait jusqu'à l'ingérable 1) les échanges commerciaux mondiaux en Euro, 2) le budget intérieur des États-nation européens en récession chronique, considérablement affaibli par les répercussions économiques de la crise majeure. Un deuxième boulet, celui de la lourde dette des pays d'Europe centrale[85] pourrait s'ajouter. C'est à ce stade d'immenses difficultés, qu'une seule solution s'offrira aux chefs de gouvernement, probablement via – la Banque des règlements internationaux (BRI)[86] – le FMI. Au cours des

---

[85] Voir en 3e partie les sous-titres – En 2009-2011, la situation est gravissime en Europe – Des États européens soumis aux ordonnances immuables du Traité de Maastricht – Les pays d'Europe centrale.
[86] **La Banque des règlements internationaux (BRI)**

derniers sommets internationaux, ce dernier, fort de l'aide qu'il a accordée à plusieurs pays de l'UE, ne cesse de les sensibiliser à revoir leurs positions et leurs objectifs de solution à la crise. Il insiste pour qu'ils acceptent unanimement et rapidement l'idée de la nécessaire refonte totale du système financier mondial, incluant l'abandon des monnaies existantes, dont l'euro, pour adopter à la place en occident une monnaie mondiale unique possiblement adossable à l'or. En 2012, les pays de l'UE ont refoulé à nouveau le projet formulé par le **FMI, en 2014**, ce dernier **appelle à un Big Reset**, une totale réinitialisation, ou refonte totale **du système économique mondial**, du fait de l'hyper endettement insoluble de tous les États.

LE FAUX SEMBLANT D'UNE SOLUTION FINANCIÈRE ET ÉCONOMIQUE MONDIALE SE PROFILE

De concert avec l'ERT, la sortie du labyrinthe consisterait en la création immédiate d'une monnaie unique adossable à l'or et d'un consortium de banques centrales occidentales. La gestion en serait confiée à un seul organisme régulateur. Une sorte de Chambre de compensation des paiements internationaux, dont le vrai copyright a été déposé par Maynard KEYNES en 1941.

Une disposition, dite de nouvelle économie keynésienne, apparemment salvatrice et unificatrice. Elle sera présentée comme un solide et durable fondement pour le monde économique, très attaché à la stabilité financière. Au cours des réunions du G8 et du G20 l'on idéalise cette possibilité en vantant ses mérites, ses résultats immédiats sur le court terme.

---

http://www.professeurforex.com/formation-forex/analyse-fondamentale/institutions-influentes/la-banque-des-reglements-internationaux-bri/

Puisque les Etats européens n'y adhèrent pas volontiers en période d'accentuation de crise, l'intensité de la récession économique les conduira d'ici peu à céder le stock d'or qu'ils possèdent. C'est le cas de la Grèce qui en 2012 suite à trois années consécutives d'aide financière n'a d'autre choix que d'échanger son stock d'or physique contre des devises, des dollars sans valeur intrinsèque. Il en sera de même pour tous les pays qui feront appel à des moyens importants et répétitifs de secours financiers provenant du FMI, de l'UE, d'une future Union Bancaire Européenne - UBE…

Dans le même temps, la Chine, à l'insu des autres pays, constitue dans ses coffres un immense stock d'or physique pour y adosser sa monnaie, le yuan, afin se désengager du dollar,[87] et finalement former une banque centrale dominante. Une structure financière indépendante en Asie qui entrerait en concurrence avec une probable future UBE, base centralisée de la finance en Europe, et/ou un consortium naissant de banques centrales agissantes en occident. Plus de détail ici.[88]

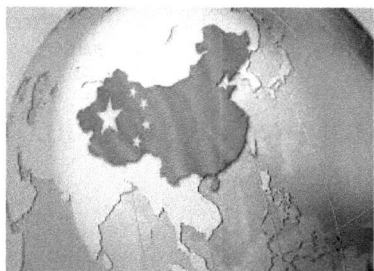

Si les États européens souscrivaient rapidement à cette nouvelle économie keynésienne avant que la crise économique ne monte en puissance, les représentants de la véritable gouvernance mondiale leur feraient miroiter tous les avantages qui en découleraient : un effet régulateur pour les marchés boursiers – un taux d'emprunt toujours accessible sur les places financières, pour la majorité des États nation, hyper endettés et pour les

---

[87] **Le yuan noue des partenariats pour affaiblir le dollar**
http://quotidienne-agora.fr/2013/05/24/yuan-partenariats-affaiblir-dollar/
[88] **Le plan secret de la Chine**
http://crisemajeure.jimdo.com/le-plan-secret-de-la-chine/

entreprises privées – un regain d'optimisme pour les placements monétaires en actions – un coup de frein à la spéculation sur les matières premières, les produits de première nécessité etc.

Cette orientation est présentée pour censément libérer promptement tous les acteurs économiques privés et institutionnels des conséquences particulièrement déstabilisantes de l'actuelle crise majeure. Leur offrir toutes les conditions d'essor économique afin de pouvoir stopper la montée de l'inflation, de la récession, et enfin amorcer une baisse rapide du chômage dans les pays développés. Mais tout ceci ne serait qu'un effet d'annonce.

LE FORUM ÉCONOMIQUE MONDIAL – THE WORLD ECONOMIC FORUM – WEF –

La scène médiatique derrière laquelle se dissimule le Bilderberg Group.

C'est une organisation qui rassemble les hommes les plus puissants et les plus riches de cette planète. Ils sont parmi les 2% d'individus qui détiennent à eux seuls plus de 80% de la richesse globale. Ils interviennent dans le domaine de la finance, de la politique internationale, de la géopolitique, de la technologie, des médias.

Exactement comme dans le film Rollerball mettant en scène un monde futur soumis aux cartels économiques qui ont tout pouvoir, une élite planétaire qui à son aise prend ses décisions lors de vidéoconférences. Dans l'ensemble, les membres du WEF sont les mêmes esprits supérieurs appartenant au Bilderberg group, à la Commission trilatérale et/ou au Bohemian's club. Lesquels n'ont eu de cesse d'influer sur les institutions financières et politiques internationales, les modelant et les instrumentalisant comme de solides étaies afin de porter leur projet universaliste.

CHAPITRE 7

LES PRINCIPAUX INSTRUMENTS POLITIQUES DE LA DOMINATION MONDIALISTE

LE CFR (COUNCIL ON FOREIGN RELATIONS – CONSEIL DES RELATIONS ÉTRANGÈRES) SON RÔLE OFFICIEL ET OFFICIEUX - ZONE 2.

Le CFR et la Commission trilatérale sont les principaux instruments politiques de la domination mondialiste.

Officiellement

Le CFR fut fondé en 1921 à l'initiative d'Hedward MENDELL-HOUSE, Conseiller du président Wondrow WILSON. C'était un esprit supérieur, lui-même inspiré par une forme de socialisme dit FABIEN orienté vers le mondialisme par une synthèse entre capitalisme et socialisme. Un projet de société envisageable par une révolution dite silencieuse (par opposition à violente).

Le CFR se présente en institution de droits privés regroupant des personnalités et des experts élaborant des idées et propositions socio-économiques de nature politique, diplomatique, financière, scientifique, linguistique et de connaissance générale. C'est donc un cercle de réflexion (think tank) ou institut indépendant de recherche.

Son but consiste en l'analyse de la situation politique mondiale afin de conseiller au mieux le gouvernement des États-Unis, particulièrement sur la politique étrangère. Il est composé d'environ 2700 membres issus du milieu politique, économique, des affaires industrielles et commerciales.

Depuis le vingtième siècle, sa structure rassemble les leaders politiques et économiques mondiaux au plus haut niveau. Parmi eux, les principaux animateurs et instigateurs du CFR sont David ROCKEFELLER, président de la Chase Manhattan Bank – Henry KISSINGER – George BUSH père et fis - 41e et 43e président des États-Unis – Bill CLINTON, 42e président. Tous sont des membres du Bilderberg – de la Trilatérale – du Bohemian's club – De Skull and Bones... Le CFR est en prise directe avec la Commission trilatérale. Depuis sa fondation, c'est un État dans l'État américain.

Officieusement

C'est un groupe d'esprits supérieurs qui a pour objectif de dominer et de placer le monde sous attraction mondialiste et universaliste. Il opère en orientant et désinformant, par la propagande des médias et celle des gouvernements en place, en manipulant l'opinion de la multitude de la population américaine et internationale. Côté trésorerie, le CFR est généreusement financé par les fondations FORD – CARNEGIE – ROCKEFELLER, par des multinationales IB.M – ITT – EXXON et bien d'autres encore.

Capacité d'influence

Le CFR influe considérablement sur le gouvernement américain quel que soit le parti au pouvoir. Il exerce une influence prédominante sur le Congrès et sur les deux principaux partis, représentés par les démocrates et les républicains.

Depuis les années 1950, chaque Secrétaire d'État à la Défense – au Trésor – Chaque poste clé de ces deux principaux ministères et au sein des principales ambassades – chaque poste clé à la direction de la CIA – a été pourvu et occupé par un de ses membres. Depuis 1933, chaque élection présidentielle américaine lui a été soumise. Tous ses affiliés internationaux sont sous son contrôle direct ou indirect, via des structures similaires ou sous-jacentes, clubs, cercles de réflexion semi-occultes. Nombre d'organisations internationales déterminantes dans la marche du monde sont présidées par un de leurs membres, dont la Banque Mondiale. Dès les années 1930, son efficacité s'est avérée redoutable dans la crise de déstabilisation du gouvernement américain.

En 1977, avec le concours de *Monthly Review Press*, nous avions recueilli les propos des Professeurs Laurence H. SHOUP et William MINTER, écrivant dans leur étude du CFR - Brain-Trust Impériale. Ils faisaient le lien entre CFR et l'édification de l'ONU :

Ω – **citation clé** – « *La planification de l'ONU peut être retrouvée au comité de direction secret établi par le Secrétaire d'État, M. Cordell HULL en janvier 1943. Tous les membres de ce comité secret, excepté HULL, un politicien du Tennessee, étaient membres du CFR. Ils ont vu HULL régulièrement pour projeter, choisir, et guider les travaux du comité consultatif du département d'État. C'était, en effet, l'agence coordonnatrice de la planification d'après-guerre de tout le département d'État* ».

L'ONU en tant qu'organisation n'est pas le nouvel Ordre mondial attendu. Elle n'est pas non plus le seul moyen efficace de le former. Par contre elle demeure un instrument ayant compétence à rassembler efficacement les États-nation pour leur présenter faussement l'unique solution à venir de paix, de concorde universelle, précédée d'une proposition de besoin de totale réorganisation du système financier mondial. Dans ce cadre particulier, elle pourrait être prochainement utilisée par le Bilderberg group.

L'ONU, aux capacités limitées, affublée d'un historique peu convaincant, ressemble à un sculpteur dans l'incapacité de façonner une œuvre avec des matériaux communément utilisés pour cela. Cet artiste est maintenant usé et déconnecté du modèle à reproduire qui est devenu abstrait à ses yeux, qui n'est plus reproductible.

Toute l'histoire de l'humanité en témoigne, il ne peut y avoir de pacification durable sans application d'une justice humaniste. À commencer par assurer à tous les peuples les besoins fondamentaux de la vie, se nourrir, s'habiller, se loger, s'éduquer normalement, s'épanouir dans la vie. Rien de plus que l'application des principes directeurs consignés dans la déclaration universelle des droits inaliénables de l'homme de 1948, eux-mêmes fondés sur les principes directeurs de loi mosaïque. Si les bases de ce cadre législatif de vie avaient été réellement appliquées, au fil du temps, plus aucun sujet dramatique n'aurait été abordé.

En 1969, loin des décors officiels du milieu gouvernemental, après avoir été son concepteur, le CFR va devenir l'organisateur parallèle, sous-jacent, de l'ONU. Il va agir en secret pour l'influencer, la diriger et même se substituer à elle. L'actuelle véritable gouvernance mondiale disposant de ce double instrument CFR – ONU, après avoir su infiltrer et manipuler le gouvernement US, était en mesure de se mobiliser pour appliquer son plan d'affaiblissement des souverainetés nationales parmi tous les pays du monde.

Pour y parvenir, à partir des années 1960, le CFR s'est appliqué à élaborer le schéma du fédéralisme économique qui allait encorder tous les États-nation du vieux continent dans les contraintes du libéralisme commercial et les placer irrémédiablement sous l'emprise du milieu financier. Des moyens imparables qui à terme parviendraient à ligoter définitivement l'Europe naissante des nations dans le piège sournois de la globalisation.

Le premier décembre 1969, le président français Georges POMPIDOU[89] se mobilise avec la plus grande détermination pour donner un soi-disant élan dynamique à la construction communautaire, ou fédéralisme européen. L'histoire confirmera qu'il s'agissait bien du montage d'un noyau fédéraliste franco-allemand à partir duquel se grefferont inévitablement d'autres adhésions de pays, sous forme d'élargissements successifs de l'Union européenne :

> ➤ Janvier 1973, intégration du Royaume-Uni, du Danemark, de l'Irlande

> ➤ Janvier 1981, intégration de la Grèce.

> ➤ 1986, intégration de l'Espagne, du Portugal

> ➤ 1995, intégration de la Suède, de l'Autriche et de la Finlande, en application du traité de Corfou, portant sur le quatrième élargissement de l'Union – parallèlement à l'entrée en vigueur de l'Organisation mondiale du commerce (OMC) régissant 77 États membres.

> ➤ 2004, intégration de huit pays d'Europe de l'est, Estonie, Hongrie, Lettonie, Lituanie, Pologne, République tchèque, Slovaquie, Slovénie, ainsi que les îles méditerranéennes de Malte et de Chypre, soit au total une union fédérale de 27 pays.

Même si le terme d'Union fédérale déplaît à nombre d'hommes politiques, depuis 1947 l'Union pour l'Europe fédérale (UEF) association membre de l'Union des fédéralistes mondiaux

---

[89] Ancien directeur général de la banque ROTHSCHILD, soutien de la franc-maçonnerie anglaise, la plus puissante au monde.

s'active pour voir la construction d'une Europe dotée d'institutions supranationales et de pouvoirs souverains indépendants des partis politiques.

Pour le CFR, il était clairement prévisible que l'intégration progressive de nouveaux pays à l'UE, notamment le dernier assortiment de 2004, deviendrait à terme un imbroglio financier, monétaire et administratif ingérable pour les pays fondateurs de l'Union européenne. En soi, un premier moyen très efficace d'entamer l'érosion des souverainetés nationales. Assurément, la première partie du plan de la ligature fédéraliste 1969 – 2004 était bien accomplie. Vu sous l'angle du montage originel de la construction européenne, la faillite récente de la Grèce, de l'Irlande, en 2013 l'état avéré de faillite du Portugal,

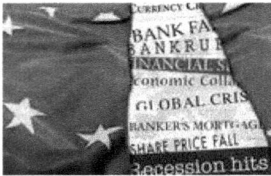

que l'on a cherché à cacher, de l'Espagne, de l'Italie... sont les premiers exemples significatifs des conséquences de la ligature d'un fédéralisme élaboré à dessein par le CFR.

D'autres répercussions plus fortes sont à venir, car les banques et compagnies d'assurances françaises et allemandes, noyau de l'Europe, détiennent plus de 1000 milliards $ d'obligations souveraines de ces pays et courent le risque soudain de faillite. Ces éboulements sont les prémices d'un écroulement collectif. Ils contraignent les autres États européens eux-mêmes très endettés à constituer difficilement un fonds d'entraide (FESF), doté de 440 milliards, auquel s'ajoutent 250 mds du FMI et 60 mds de la commission européenne. Au total 750 mds, un montant qui s'avère bien insuffisant en cas d'éboulement en chaîne. Toutefois, il ne s'agit que d'un capital théorique puisque ce sont les pays les plus robustes et les mieux côtés par les agences de notation qui s'obligeraient à emprunter sur les marchés financiers sous forme d'obligations d'État, pour ensuite pouvoir prêter l'argent qu'ils n'ont pas aux pays en plus grande difficulté qu'eux-mêmes.

En 2011, Willem BUITER chef économiste de Citigroup proposait de quasiment tripler ce capital théorique en dotant la zone euro d'un fonds global minimal de 2000 milliards afin de sécuriser la dette espagnole et celle d'autres pays – Italie – Belgique – France – en cas d'attaque spéculative ou de fuite des investisseurs. Une provision d'autant plus utile qu'initialement le FESF ne devait soutenir que les petits pays, Irlande, Grèce, Portugal. Voir en 3e partie à partir du sous-titre – En 2009 - 2011 la situation est gravissime en Europe.

Le CFR est le principal instrument pour éroder subtilement l'autorité et la souveraineté de tous les États nation, à commencer par les États-Unis

Le 1er janvier 1942, sous l'impulsion du président Franklin ROOSEVELT, le fondement des Nations Unies fut établi dans le but premier d'empêcher l'émergence de nouveaux conflits mondiaux. L'édifice onusien s'acheva en 1945 par la conférence de San Francisco. Sa charte fut signée par cinquante États fondateurs le vingt-six juin 1945 – l'ONU naquit officiellement le vingt-quatre octobre 1945 – l'organisation de contrôle était née, pas la nouvelle constitution du monde.

Ω – **citation clé** – « *Nous aurons le gouvernement du monde que vous l'aimiez ou non, par la conquête ou le consentement* ». Rapport du Conseil des Relations étrangères (CFR - US) par James WARBURG, membre du Comité des Relations étrangères du Sénat, le 17 février 1950.

– « *La clique la plus puissante dans ces groupes (CFR) a un objectif commun : ils veulent provoquer la reddition de la souveraineté et de l'indépendance nationale US. Ils veulent en finir avec les frontières nationales et la fidélité raciale et ethnique censément pour augmenter des affaires (au sens du développement économique) et pour assurer la paix du monde. Obtenir ce qu'ils tentent mènerait inévitablement à la dictature et à la perte de la liberté du peuple. Le CFR a été fondé dans le but de favoriser le désengagement et la subversion de la souveraineté*

US et de l'indépendance nationale dans un tout-puissant gouvernement du Monde ». Harpers Magazine, juillet 1958.

– « *Les directeurs du CFR composent une sorte de Présidium pour que cette partie de l'Institution guide notre destin comme une nation* ». Christian Science Monitor, 1er septembre 1961.

– « *Le Conseil des Relations étrangères – CFR – est l'institution qui non seulement a l'influence et le pouvoir dans les principales positions de prise de décision au niveau le plus élevé du gouvernement (Américain) pour faire pression à partir d'en haut.*
Mais de plus, elle annonce aussi qu'elle emploie des individus et des groupes pour mettre la pression d'en bas. Pour justifier les décisions habituellement prises au plus haut niveau afin de convertir la République constitutionnelle souveraine US en État membre servile d'une dictature du Monde ». John RARICK, ancien membre du Congrès et juge de district, 1971.

– « *Le but du Council on Foreign Relations est la dilution de la souveraineté américaine et de l'indépendance nationale dans un tout puissant gouvernement mondial unique* ». Chester WARD, amiral à la retraite, et ancien membre du CFR, dans un mémo en 1975.

Depuis les années 1950, l'objectif stratégique du CFR placé sous la direction des esprits supérieurs est d'éroder indirectement la souveraineté de chaque État-nation. En commençant par les États-Unis, parallèlement à la ligature progressive du plan fédéraliste européen, dont l'Allemagne est le principal acteur. D'autant plus qu'il est soumis aux desiderata du directoire de la Réserve fédérale américaine - FED, lequel détenait la plus grande part du stock d'or[90] physique transféré et mis à l'abri aux USA à l'époque de la guerre froide.

Pour miner la souveraineté des nations, l'on utilise surtout la pression d'en bas caractérisée par les manifestations, les revendications, des peuples qui s'opposent au pouvoir en place. Les tensions vont de pair avec les conditions sociales d'existence de la population qui empirent au même rythme que l'assèchement de l'économie réelle. Tout cela a obligé les dirigeants nationaux à modifier leur plan de route, à prendre d'autres orientations politiques plus contraignantes pour leur politique et leur budget, plutôt que de choisir l'affrontement direct avec les peuples.

La quatrième déclaration de 1975 est partiellement prédictive, elle énonce sans ambages l'objectif global à atteindre au plan mondial : *la dilution des souverainetés nationales*. Dans les années 1970, la stratégie visait en tout premier lieu le gouvernement américain. Elle consistait à affaiblir l'État de l'intérieur en utilisant des tiers : individus – groupes politiques – syndicats… pour mettre la pression d'en bas afin d'aboutir à sa déstabilisation. Actuellement, après la planification réussie de dessiccation de l'économie réelle, les conditions économiques mondiales, se dégradant de mois en mois, sont amplement suffisantes pour être le principal vecteur de cette tactique de sape à l'interne.

En 2011, les États-nation par trop occupés à juguler l'hémorragie de la dette publique, au risque de perdre leur autonomie budgétaire, donc leur souveraineté, réagissent dans la hâte. Ils cherchent impérativement à limiter la dérive de leurs dépenses publiques. Puisque par le passé, les gouvernements

---

[90] **A la recherche des réserves d'or de l'Allemagne...**
www.latribune.fr/actualites/economie/union-europeenne/20121022trib000726436/a-la-recherche-des-reserves-d-or-de-l-allemagne.html

n'ont pas su garantir aux plus modestes les besoins fondamentaux de l'existence, aujourd'hui pour s'auto protéger de la faillite budgétaire, ils n'ont d'autre choix que de multiplier les coupes sombres dans les politiques et budgets sociaux. Ce qu'ils nomment plan d'austérité : augmentation de taxes, d'impôts – diminution des salaires – des retraites – des aides aux plus fragiles – aux familles modestes – aux chômeurs – aux étudiants – aux handicapés….

Dans la période à venir, les gouvernements nationaux s'exposeront à affronter dangereusement la pression d'en bas, mais cette fois elle proviendra des catégories sociales les plus pauvres exaspérées d'être perpétuellement prises en otages et sacrifiées sur l'autel de la crise. Poussé dans leur dernier retranchement, le petit peuple réagira par de vives répliques insurrectionnelles.

Confrontés à cette double tourmente sociale et budgétaire les chefs de gouvernement céderont facilement aux propositions de secours offertes par les instances de la véritable gouvernance mondiale. Voir en 3e partie – des signes de rébellion là où on ne les attendait pas et – Poussés à accepter le traité de la dernière chance.

LE CFR APPLIQUE LA STRATÉGIE DE SAPE, SANS FAILLE, JUSQU'À REDDITION

Le bouclage de la stratégie d'encerclement et d'affaiblissement des États-nation ira à son terme, sans souffrir d'aucune faille. Pour y parvenir, l'élite des nations du domaine financier, commercial, politique, a fait l'objet d'un maillage personnalisé pour qu'elle adhère et soutienne l'édification d'un futur nouvel agencement financier et politique du monde. Dans le même temps, leurs pays respectifs ont eu à subir les conséquences économiques et budgétaires de la crise majeure enclenchée dès les années 1980. Du point de vue des esprits supérieurs, cette dépression n'est que le tremplin nécessaire à la mise en place d'une nouvelle gouvernance du monde.

LES 3 MÉTHODES DE MAILLAGE, DE SUBVERSION, DE SAPE

Historiquement, la somme de ces trois méthodes, de maillage, de subversion et de sape, se retrouve pareillement dans les plans, les manœuvres, le succès, des pères fondateurs de la gouvernance mondiale occulte, les Illuminati du 18e siècle. Au 20e siècle, cette analogie ressort nettement des agissements subversifs du CFR. Une structure qui dès 1922 a toujours fait en sorte de se substituer au gouvernement américain, tout en faisant semblant de s'efforcer de le conseiller au mieux de tous ses intérêts nationaux et internationaux. Fort de son succès sur le continent nord-américain, le CFR va s'organiser pour appliquer la même méthode et l'étendre à l'international. Pour ce faire, il utilise l'entremêlement de réseaux secrets d'influence et de corruption. Son objectif est de conditionner politiquement et économiquement une majorité de gouvernements souverains, afin de pouvoir tenir le monde entier sous sa coupe.

Fédéralisme économique intraitable en Europe – introduction de l'ultra-capitalisme en Chine et en Russie – mise sous tutelle des dures lois mondialistes pour les pays pauvres en instrumentalisant les (IFI) Institutions financières internationales : FMI, Banque Mondiale, OMC. Libéralisation extrême de l'économie – de la finance, en introduisant la spéculation financière à outrance. Autant de moyens de perversion, de sédition, de déstabilisation, d'asservissement, avec lesquels pendant près d'un siècle ils ont réussi à forger les puissantes mâchoires du mondialisme. Autant de préjudices directs et indirects au détriment des peuples et des États-nation.

Le point culminant de cet enserrement arrivera d'ici peu. Lorsque la succession et l'accumulation de toutes les conséquences économiques et sociales engendrées par la crise majeure de 2008 atteindront un niveau culminant de gravité insupportable. Les conditions seront alors réunies pour intégrer aisément un tout nouveau modèle de gestion du monde. Voici l'artifice, le subterfuge qui finalement permettra aux esprits supérieurs d'obtenir des nations la reddition définitive de leur souveraineté sous sa forme actuelle.

CAPACITÉ D'AGISSEMENTS À L'INTERNATIONAL DU CFR, SOUS COUVERT DE SA VITRINE DIPLOMATIQUE :

➢ Aider et commercer avec les pays sous-développés, y compris les groupes révolutionnaires.

➢ Rechercher dans les domaines de l'exploitation des ressources énergétiques comment faire la distribution de toutes ces richesses et matières premières.

➢ Tenter de rationaliser le commerce international en réglant les conflits d'intérêts, de sorte que chaque partie semble garder sa dignité, sans se sentir lésée.

➢ Sangler les trois plus importants pays du continent américain en privatisant et déréglementant leur économie par la mise en place de l'ensemble panaméricain ALENA[91] (USA – Canada – Mexique). L'objectif consiste en la déconcentration de leur souveraineté nationale. Un plan réussi, qualifié de pierre angulaire du nouvel Ordre mondial par Henry KISSINGER, membre éminent du CFR et du Bilderberg group.

➢ Consolider la puissance politique et commerciale d'une Union européenne fédéralisée (principe de subsidiarité – décentralisation – régionalisation…) afin d'affaiblir le pouvoir

---

[91] **L'Accord de libre-échange nord-américain (ALÉNA)**
http://www.international.gc.ca/trade-agreements-accords-commerciaux/agr-acc/nafta-alena/index.aspx?lang=fra

supranational des États-nation qui la composent. Tout en fixant l'UE dans l'enclave de la mondialisation.

➤ Élargir le rôle et la zone géographique de l'OTAN pour affaiblir la prédominance nationale des États-nation afin de les canaliser vers une autre gouvernance du monde. Conformément à l'étude interne du CFR n° 7 de 1959, soulignant la nécessité de bâtir un nouvel ordre international. Une perspective s'appuyant aussi sur l'ouverture de l'URSS à la démocratie, personnifiée par KHROUCHTVEV.

L'OBJECTIF D'UNE NOUVELLE GOUVERNANCE MONDIALE EST CLAIREMENT ANNONCÉ PAR LE CFR

En 1960, E. ROPPER, l'un des auteurs de l'étude n° 7, dans un discours, indique clairement que le but du CFR est l'instauration d'un gouvernement mondial. L'OTAN participant pour partie à assurer cet objectif. Après la publication de ce discours, l'application de ce plan fut momentanément entravée par des divergences politiques est-ouest. Cependant, vingt ans plus tard, dans les années 1980, le CFR avait pu infiltrer l'appareil d'État soviétique. Il réussit ainsi à lever cette entrave. De surcroît, il a reçu l'adhésion enthousiaste des dirigeants russes au projet d'établir un nouveau système mondial. Voir en 3e partie – le consensus universel avec la Russie pour la quête du Saint Graal.

Après l'élection de CLINTON (également membre du Bilderberg group, du Bohemian's club), Richard N. GARDNER devint officieusement l'un des conseillers permanents de ce président. La revue Foreign Affairs de septembre 1993 mentionne l'étude de dignitaires du CFR, également membres de la Rand Corporation,[92] projetant la nécessité impérieuse d'élargissement de l'OTAN au-delà de sa

---

[92] Une institution californienne fondée en 1945, un think tank, cercle de réflexion, dont les travaux portent sur la politique interne des USA et à l'international.

zone habituelle d'Europe de l'Ouest. Effectivement, six années plus tard, en 1999, le quatrième élargissement s'opère. Le nombre de pays membres passe de 16 à 19. En 2004, cinquième élargissement avec 7 nouveaux partenaires pour la paix : la Bulgarie – l'Estonie – la Lettonie – la Lituanie – la Roumanie – la Slovaquie – la Slovénie. Au sommet de l'OTAN le 3 et 4 avril 2009, lors de son soixantième anniversaire, l'Albanie et la Croatie adhèrent officiellement à l'organisation.

D'autre part, en 1974, au plan international, la revue du CFR, Foreign Affairs, publie l'étude de Richard. N GARDNER (également membre de la Trilateral Commission et du Bilderberg group). Celle-ci prévoit à l'époque, dans l'attente du gouvernement mondial, le rôle tampon de l'ONU pour piloter les diverses organisations de la véritable gouvernance mondiale. Elles sont composées principalement des réseaux secrets utilisés pour le maillage au sein de toutes les strates politico-financières. Elles usent de tous moyens adéquats pour éroder, pierre par pierre, les fondements de la souveraineté nationale de chaque État-nation. Laquelle représente l'obstacle principal à l'instauration d'une nouvelle organisation politique de type mondialiste, d'idéologie universaliste.

Ω – **citation clé** – « *Conduire, diriger le monde, c'est l'affaire du CFR, secondairement celle de la Trilatérale ou du groupe Bilderberg* ». Selon l'interview de Winston LORD ex dirigeant de l'administration CLINTON.

La citation de W. LORD se conçoit dans le sens de la conduite opérationnelle des affaires du monde, sous l'influence de puissants réseaux secrets multi étagés. La partie décisionnelle de la conduite à tenir reste invariablement inchangée, toujours à la convenance exclusive du Bilderberg group – Advisory Committee - Niveau I. Le CFR hiérarchiquement placé en exécutant, ou Maître d'œuvre, n'opère que selon les directives du cœur de cercle de Bilderberg, le seul véritable architecte et organisateur en chef de l'actuelle gouvernance mondiale occulte. Le Council of Foreign Relations bien que doué d'une grande force de propositions, n'agit qu'à son service, en lui accordant son entier dévouement. Voir l'organigramme en 3e partie.

LES FONDATIONS DÉMOCRATIQUES SONT DÉSORMAIS ÉBRANLÉES

Ω – citation clé – « *Aujourd'hui, le chemin de la dictature globale peut être imposé aux USA par des moyens strictement légaux, invisibles et inaudibles par le Congrès, le président, ou le peuple. Extérieurement, nous avons un gouvernement constitutionnel. Nous avons actionné [...] dans notre gouvernement et système politique, un autre corps représentant une autre forme de gouvernement une élite bureaucratique* ». Propos du sénateur américain William JENNER, 1954.

Le 17 janvier 1961, au cours de son discours d'adieu prononcé à la télévision américaine, le président Dwight D. EISENHOWER exprima son inquiétude sur l'influence malsaine d'un contre-pouvoir :

« *Dans les conseils du gouvernement, nous devons donc nous garder de toute influence sans garantie, voulue ou pas, du complexe militaro-industriel. Le risque potentiel d'une augmentation désastreuse d'un pouvoir mal placé existe et persistera. Nous ne devrons jamais laisser le poids de cette combinaison mettre en danger nos libertés et processus démocratiques* ».

En quittant la gouvernance, le président EISENHOWER conscient de l'action de sociétés secrètes perverses fut inquiet qu'une influence corruptrice puisse agir sur le pouvoir légalement en place et finalement parvenir à le pervertir. Il envisageait sur le long terme le risque d'entrave aux libertés et processus démocratiques, de nobles caractéristiques qui donnaient à l'Amérique une image si attirante de leader d'un monde libre. Mais ces bonnes paroles n'ont en rien émoussé la capacité de mystification que le CFR a su utiliser en fourvoyant toutes les nations. Voir plus bas – comment le CFR a pu utiliser adroitement l'art de mystification de la double puissance anglo-américaine.

Quelques années auparavant, William JENNER, sénateur américain, s'inquiétait de la tournure que prenaient les actes politiques. Il les assimilait à une forme de dictat légal, invisible, inaudible dont il ne mesurait pas réellement la provenance. Constatant dans la durée, la perfidie et la lourdeur mentale permanente de cette influence sournoise, il conclut plausiblement de l'attribuer à une élite agissante dans l'ombre. Il la désigna de « *bureaucratique*» dans le vocabulaire des années cinquante.

À cette époque, il est fort probable que JENNER n'était pas suffisamment renseigné pour savoir qu'il s'agissait de l'action parallèle d'esprits supérieurs organisés en mouvements secrets. Même si cela avait été le cas, il n'aurait pas pu citer nommément les membres du CFR puisque cette institution était reconnue depuis 1921 par tous les élus politiques. Puisqu'elle avait un rôle officiel de conseil en politique intérieure américaine.

> Ω – **citation clé** – « *Les vraies règles à Washington sont la puissance invisible, et l'exercice dans les coulisses* ». Propos datant de 1952, par Félix FRANKFURTER Juge américain siégeant à la Cour Suprême de Justice (1939 – 1962) – Conseiller de ROOSEVELT pour de nombreuses mesures du New Deal.

L'analyse convergente de Félix FRANKFURTER, juge à la Cour Suprême bien que très brève fut plus déterminante encore pour saisir le sens à donner aux règles qui régissent le pouvoir en place. Il les désigna relativement à une puissance invisible opérante dans les coulisses du gouvernement. Le terme « *vraies règles*» indique ici un courant imprimant une orientation donnée, tendant vers un but précis. S'agissant d'une force invisible manipulatrice traçant, sans souffrir du moindre obstacle, une ligne directrice imposée avant toute autre.

Puissance invisible et manipulation. L'image venant à l'esprit est celle d'un grand organisateur de spectacle moderne n'utilisant que des androïdes revêtus de peau synthétique, couleur de chair. Des personnages, dont le mécanisme sophistiqué est si habilement programmé, que l'on croit voir des êtres humains. Il s'agit de les positionner à bonne distance du public pour croire que ce sont de vrais acteurs, dotés de vie et d'autonomie.

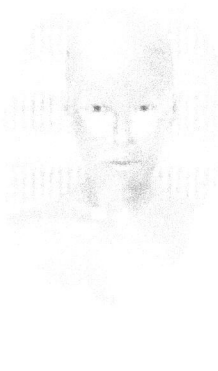

Cette scène de spectacle convient à nouveau pour illustrer les propos, ci-dessous, de Nicholas MURRAY BUTLER membre de la Pilgrims society,[93] membre de la Carnegie,[94] membre du

---

[93] **La Pilgrim's society** (http://fr.wikipedia.org/wiki/Pilgrims_Society) est une société secrète anglo-américaine dont le but est de promouvoir la paix éternelle, ou nouvel Âge (New Âge) et l'entraide entre les États-Unis et le Royaume-Uni. Parmi les personnes issues de la Pilgrim's society, il y a un personnage clé, Paul VOLCKER. L'économiste qui a participé à élaborer en 1971 le désalignement du dollar sur l'or (Gold standard), pour finalement briser les accords de Bretton Woods. Voir en 3e partie – les accords historiques de Bretton Woods sont finalement brisés.
Paul VOLCKER est l'ancien directeur de la Réserve fédérale américaine (FED) de 1979 à 1987 – Président de la banque d'investissement J. Rothschild - Wolfensohn & Co – Proche de la famille ROCKEFELLER – membre du CFR – de la Commission trilatérale – du groupe de Bilderberg – Actuel Directeur pour la reconstruction économique (Economic Recovery Advisory Board) – Actuel conseiller d'OBAMA.
L'autre personnage clé est Timothy GEITHNER – Secrétaire au Trésor de l'administration OBAMA – directeur de la politique du développement du FMI, jusqu'en 2003 – membre influent de la FED et ex Président de la FED de New York – membre du CFR – de la Commission trilatérale – du Bilderberg – du groupe des trente (G30) – Employé chez KISSINGER & Associates. Voir – Les accords historiques de Bretton Woods sont finalement brisés.
[94] **La Fondation Carnegie** (http://www.voltairenet.org/article14683.html) pour la paix internationale fut créée en 1910 à l'initiative du maître de forges Andrew

CFR. Il n'hésite pas à dire qu'une ultra minorité de gens dans le monde fait se produire les événements à grande échelle. Pour y parvenir pleinement, cette minorité les élabore, les planifie et veille à ce qu'ils s'exécutent étape par étape, sans permettre la moindre faille.

Ω – **citation clé** – « *Le monde se divise en trois catégories de gens : un très petit nombre qui fait se produire les événements, un groupe un peu plus important qui veille à leur exécution et les regarde s'accomplir, et enfin une vaste majorité (la grande multitude des peuples) qui ne sait jamais ce qui s'est produit en réalité* ». Nicholas MURRAY BUTLER (1862-1947), président de la Pilgrim's society – membre de la Carnegie – et du CFR.

Ces événements sont toutes sortes de faits sociétaux de nature économique, commerciale, politique, humanitaire, religieuse, technologique, médicale… vécus ou subis par l'immense majorité des gens. Sous toutes les latitudes, les populations sont mentalement conditionnées et encadrées par la propagande médiatique et politique. Elle se caractérise par la désinformation, de sorte que personne ne sache, ni ne puisse les interpréter, en connaître la provenance. La planification est d'autant plus facile à réaliser que seule une minorité d'individus est disposée par intérêt personnel à se faire une opinion approfondie de la marche des événements mondiaux. Du côté occulte, tout est organisé pour que les masses humaines ne puissent pas parvenir à une connaissance exacte de la marche du monde. Ainsi pour plus grand nombre il est impossible de déchiffrer les plans et les visées cachées à l'origine de ces bouleversements mondiaux. Une succession de troubles, de

---

Carnegie, elle porte son nom. Elle est dirigée par une longue succession d'anciens responsables des services secrets, devenue en un siècle l'un des think tanks, ou clubs de réflexion, les plus riches du monde. Cette fondation est liée à une cinquantaine de multinationales. Officiellement, la Carnegie poursuit des recherches sur la politique internationale et promeut les politiques économiques libérales en Russie et en Amérique latine.

mutations, dont la nature, la cadence, la tournure, par trop vagues et impénétrables, restent pour les peuples un objet de totale incompréhension.

La citation de N. MURRAY BUTLER est aussi le Fac-similé qui explique le mode de fonctionnement des esprits supérieurs. Dans le monde, ce sont des personnages intégrés classiquement au plus haut niveau à une structure privée ou publique. Parmi lesquelles, les diverses sociétés industrielles ou commerciales, le milieu scientifique, universitaire, la haute administration, le FMI, les banques centrales, le Club de Rome, etc. Par contre, au sein de leurs diverses organisations secrètes, ils restent systématiquement organisés en trois cercles concentriques.

L'ORGANISATION ET L'ACTION DES SOCIÉTÉS SECRÈTES

Le cercle extérieur est le plus important en nombre de sympathisants. Ils soutiennent la cause de la confrérie par leur participation philosophique et intellectuelle. Toutefois, ils sont tenus élégamment dans l'ignorance de tout ce qu'englobe la stratégie du groupe.

Le cercle intermédiaire est composé d'un nombre plus restreint de puissantes personnalités, il comprend les membres initiés du cartel ayant démontré leur aptitude à savoir garder le secret absolu. Mais pour autant, ils n'ont pas une connaissance exhaustive de tous les projets de la confrérie.

Enfin, le cœur de cercle composé d'une trentaine de membres détient à lui seul l'entière intellection et connaissance de la planification pour l'instauration d'une nouvelle administration du monde. Ce but ultime est à la base de toutes les actions magistrales qu'il leur a fallu conduire et produire, sans faille, en courant de fond, à travers le monde au cours des dernières décennies.

Parmi lesquelles, le prix et les cours des matières premières – La dévaluation ou surévaluation d'une monnaie, à terme l'effondrement de la valeur de toutes les monnaies fiduciaires – La répartition des fonds d'aide au développement économique – Le renversement d'un gouvernement gênant – L'influence élective... – L'enclenchement dès les années 1980 de la crise majeure de 2008. Voir – Le récapitulatif de la stratégie multi étagée du Bilderberg group.

Reste la grande multitude de gens qui non seulement ignore l'existence ce type d'organisation, mais n'imagine même pas ses plans, ses réalisations passées, celles en cours d'exécution. À mille lieues d'entrevoir son projet millénariste, ou les moyens extraordinaires dont elle dispose. Cette totale ignorance du sujet et du plan universaliste permet à la véritable gouvernance mondiale, via toutes les structures et tous les réseaux d'influence et de corruption qu'elle dirige, d'agir infatigablement dans le secret. Le meilleur moyen pour elle d'éviter toute confrontation directe avec toutes sortes d'opposants potentiels.

MALHEUR À QUI S'OPPOSE AUX MANŒUVRES SUBVERSIVES DU CFR

Le 22 novembre 1963, dix jours avant son meurtre, à l'université de Columbia, John F. KENNEDY exprima son inquiétude : « *Le bureau présidentiel a été utilisé pour mettre sur pied un complot d'anéantissement de la liberté du peuple américain, et avant de quitter ce bureau, je dois informer les citoyens de cet état critique* ».

En bref, tout opposant d'envergure à la politique de planification du nouvel agencement du monde, fut-il président du pays le plus puissant au monde, doit-être neutralisé, sinon éliminé. De nombreux ouvrages ont été consacrés à la vie de John Fitzgerald KENNEDY, à son œuvre et aux diverses hypothèses des commanditaires de son assassinat. En se basant sur les propos de sa déclaration, ainsi que ceux, ci-dessous, du Général Douglas MACARTHUR un haut stratège militaire très expérimenté, le complot avait pour origine des (qu'on ne peut compter) éléments perfides ou forces insidieuses qui opèrent de l'intérieur.

Premier niveau d'hypothèse – celui qui pouvait avoir accès assez librement au bureau présidentiel fut le vice-président Lyndon B. JOHNSON, pourquoi faciliter cet assassinat ? Parce que KENNEDY vivant, la carrière politique de JOHNSON était finie.

JFK ayant décidé d'exclure sa candidature de vice-président pour les prochaines élections de 1964, à cause d'enquêtes criminelles en cours. Elles l'impliquaient pour trafic d'influence, pour détournement de fonds, blanchiment d'argent et pour corruption, comme une mauvaise odeur d'influence mafieuse ! Des enquêtes qui ont été suspendues dès que JOHNSON est devenu président. C'était un homme de réseaux puisque initié à la loge n° 561 de Johnson city (du même nom) au Texas. Il est peu probable que l'on puisse un jour connaître le descriptif précis et exact de cet assassinat. Cependant, il est utile de retenir que JFK et MACARTHUR avaient discerné dès les années 1960 la montée en puissance de réseaux secrets, semi-occultes, dont la main mise sur le pouvoir politique et judiciaire n'aurait de cesse jusqu'à ce que soit instauré un nouvel ordre du monde.

Deuxième niveau d'hypothèse, la plus probable – JFK avait proposé une loi pour permettre au gouvernement fédéral de contrôler le système financier privé, placé depuis 1913 au pouvoir de la FED (voir plus haut – Les Banques centrales). Il s'agissait d'une prérogative légitime de la part d'un chef d'État démocratiquement élu. Toutefois pour que cette réforme puisse aboutir, cet homme courageux aurait dû ordonner qu'au préalable une enquête soit ouverte pour connaître les réseaux s'opposant à ce projet de loi. Une fois renseigné sur l'identité des organisations secrètes et des hommes puissants proches de la maison blanche, il pouvait les identifier clairement et les évincer. Ceux-là mêmes qui initialement avaient comploté non pas contre lui-même, mais contre les intérêts directs du peuple américain.

Très soucieux de ce risque, sans s'inquiéter pour sa personne, JFK se mobilisa fortement pour protéger la nation. Trop tard, l'initiative du président a été immédiatement considérée par les esprits supérieurs comme un mouvement très dangereux d'obstruction à leur plan général. En prenant le contrôle de la finance mondiale, la véritable gouvernance pouvait faire réussir chaque volet de sa planification.

Elle consistait singulièrement à diviser les peuples en créant des blocs politiques opposés, à évider les valeurs judéo-chrétiennes, à déstructurer l'économie en mondialisant l'économie... Pour finalement parvenir à plonger le monde entier dans un état de crise sans précédent. C'est pourquoi les deux hypothèses peuvent n'en avoir formé qu'une.

CFR ET TRILATÉRALE ONT RÉUSSI À CONTRÔLER ET DIVISER LA SOCIÉTÉ HUMAINE

– « *Je suis inquiet pour la sécurité de notre belle nation ; pas tant à cause d'une quelconque menace de l'extérieur, mais davantage à cause des forces insidieuses qui y opèrent de l'intérieur* ». Général Douglas MACARTHUR (1880-1964).

– « *Pour mettre en place un gouvernement mondial, il est nécessaire de retirer des esprits leur individualisme, leur loyauté aux traditions familiales, leur patriotisme national, et leurs dogmes religieux* ». George BROCK CHISHOLM (1896-1971), ex-directeur de l'Organisation mondiale de la santé, filiale de l'ONU.

Ω – **citation clé** – « *Il est prévu que la Commission trilatérale soit le véhicule pour la consolidation multinationale du commerce et des intérêts bancaires en saisissant le contrôle du gouvernement politique US. La Commission trilatérale représente l'effort habile et coordonné permettant de saisir le contrôle et de consolider les quatre centres de la puissance politique, monétaire, intellectuelle et ecclésiastique. La Commission trilatérale prévoit de créer un pouvoir économique supérieur mondial sur (prenant l'ascendant) les gouvernements politiques des États-nation impliqués. En tant que directeurs et créateurs du système, ils gouverneront le futur* ». Sénateur américain Barry GOLDWATER dans son livre « Sans excuses » de 1964.

– « *L'idée était que ceux qui dirigent la conspiration globale (les esprits supérieurs) puissent utiliser les différences de ces deux prétendues idéologies (marxisme - fascisme et socialisme par opposition à démocratie et capitalisme) pour leur permettre de diviser des parties de plus en plus grandes de la race humaine en camps opposés. De sorte qu'ils puissent être armés et puis soumis à un lavage de cerveau en se combattant et se détruisant l'un et l'autre ».* Myron COUREVAL FAGAN, 1967.

Entre 1967 et 1968, FAGAN avait enregistré « *Illuminati et le Council of Foreign Relations* ». Trois LP records (disques audio 33 tours) qui ont documenté une petite partie du public américain sur les activités d'une société secrète connue sous le nom de nouveaux Illuminati. Une information complètement diluée, non mémorisée, depuis cette époque.

De manière générale, les esprits brillants rattachés à divers cercles de réflexion (think tank) expriment à nouveau leur volonté commune de conditionner les esprits, les consciences, les opinions. Ensuite d'opposer les peuples entre eux, de manier l'économie du continent asiatique, pour parvenir à enserrer l'ensemble des nations dans le filet de la globalisation. D'assurer ainsi un contrôle financier et économique à l'échelle mondiale – de pouvoir générer des conflits civils consécutivement à l'oppression des peuples et aux graves problèmes de la crise majeure de 2007-2008, pour fixer cela :

Le moyen le plus efficace était d'agir sur le mental des populations par une intense propagande. Il fallait semer la perturbation et l'absence de perspective parmi les masses populaires.[95] Sans cesse, manœuvrer les peuples pour les vider de leurs valeurs traditionnelles de patriotisme, de loyauté à la famille, d'attachement aux principes du christianisme. Semant une forme de profonde discorde parmi eux afin qu'ils s'entre-déchirent socialement, civilement, religieusement, ethniquement, plus encore qu'ils ne s'entre-tuent physiquement.

---

[95] Voir : Comment parfaire le conditionnement psychique de la grande multitude.

Un climat plongeant les masses humaines dans le trouble, sans réel repère social et sociétal. Ceci pour les manipuler et réussir progressivement à affaiblir le reste de valeurs humanistes[96] à l'origine du fondement fraternel des États-nation démocratiques.

N'est-ce pas le climat sociétal qui règne actuellement. Les maîtres dans l'art de la mystification sont effectivement parvenus à générer la confusion, même parmi les esprits les plus exercés. Assurément, leur meilleur moyen de contrôler et de dominer toutes les populations de la Terre. Dans le même temps, subtilement, ils ont déployé tous leurs efforts séditieux et tous moyens nécessaires pour infiltrer le milieu politique, financier, international, et ne cesser d'influer sur lui. Depuis plusieurs décennies, aucune strate de la société humaine n'échappe à leur contrôle, à leur volonté d'hégémonie.

CONTRÔLER ET INFILTRER L'ENSEMBLE DES RÉSEAUX POLITIQUES ET FINANCIERS

Pour y parvenir, ils ont prévu d'agir sur les piliers centraux, les structures fondamentales de la société civile, comment cela ? En infiltrant, en mettant sous influence, le milieu politique, financier, intellectuel, scientifique, religieux. Leur intervention est aujourd'hui couronnée de succès puisque tous les domaines clés sont sous leur influence, fait essentiel que le grand public ignore totalement. Les effets notoires les plus délétères sur les peuples mêlés sont le scepticisme, pessimisme, la méfiance grandissante, l'absence de centre d'intérêt, la crainte de l'avenir.

Les esprits brillants ont obtenu ces résultats en favorisant largement la confusion dans les domaines économique,

---

[96] Les principes directeurs de la Déclaration des droits inaliénables de l'homme de 1948. http://fr.wikipedia.org/wiki/Droits_de_l%27homme

politique, religieux, notamment par le développement artificiel de mouvements sectaires, en substitution à la croyance judéo-chrétienne en nette régression d'audience et d'efficience. Voir à nouveau, ci-dessus, les déclarations de Barry GOLDWATER et de Myron COUREVAL FAGAN de 1964 et 1967.

Il leur fallait établir, tisser, des liens secrets pour exercer un contrôle absolu sur la finance mondiale, par le moyen des Banques centrales. Ce qui fut envisageable dès les années 1960 par la montée en puissance du capitalisme financier. Cette étape, incluant une concentration des richesses par un petit nombre de décideurs, allait faciliter les Maîtres de la véritable gouvernance mondiale dans leur tâche d'infiltration, de corruption des leaders du domaine politique. Ils ont pu ainsi cibler et manipuler plus rapidement l'élite mondiale utile à la cause grandiose.

À cette fin, ils disposaient de tous les moyens d'investigation, d'espionnage, de suivis personnalisés, mis à leur disposition par l'intermédiaire de structures policières indirectement à leur solde[97] afin de les cibler, les observer étroitement, les nouer, les manipuler à leur guise. Pour finalement soit les impliquer par une prise d'intérêt financier, économique, par une élévation politique, par l'enrichissement personnel. Soit directement pour les initier en les intégrant aux divers cercles secrets mondiaux de la confrérie.

Au plan macro-économique, dans les années 1970, le temps était venu de renforcer et de développer les liens d'échanges commerciaux avec le continent asiatique. Notamment la Chine communiste, pour y introduire l'ultra capitalisme. Un résultat

---

[97] Voir en 2e partie, la zone 3 du schéma : NSA – CIA – FBI – Interpol – Et le sous-titre – Les principales organisations opérationnelles de la véritable gouvernance mondiale.

inimaginable par les prévisions d'économistes expérimentés dix ans plus tôt. Néanmoins un piège duquel découleraient inévitablement pour ce continent, après l'euphorie de la croissance à deux chiffres, toutes les contraintes économiques et financières accablantes consécutives aux lois implacables de la mondialisation - plus de détail sur l'évolution économique chinoise ici.[98]

Stratégiquement, les esprits supérieurs ont su créer une synergie de moyens tripartite entre la Commission trilatérale, le CFR et le pouvoir d'inflexion politique, sociétal, sur la base de la capacité de mystification conférée par la double puissance anglo-américaine. Un leader mondial dans une majorité de domaines et auprès d'une majorité de peuples pour lesquels il est devenu à leurs dépens le maître incontesté dans l'art de la contre-vérité. Tout cela en vue de les canaliser et de les regrouper pour les placer dans une situation d'asservissement. Au point de les contraindre à la défection de toute perspective d'optimisme, d'essor tant économique que sociétal, à cause de la dureté du contexte de vie. Jusqu'à ce que les peuples mêlés acceptent le moment venu un nouveau système international, qu'ils percevront comme une solution exceptionnelle, un magnifique bienfait, une chance inespérée, dont il ne saurait être question de se départir.

LE CFR A SU UTILISER ADROITEMENT L'ART DE MYSTIFICATION DE LA DOUBLE PUISSANCE ANGLO-AMÉRICAINE

La double puissance anglo-américaine pendant plus d'un siècle a offert au monde entier un exemple de démocratie enviable, dont les principes philosophiques et politiques étaient

---

[98] **L'évolution économique de la Chine**
http://crisemajeure.jimdo.com/chine-%C3%A9volution-%C3%A9conomique/

solidement ancrés sur 1) Un système juridique de common law, bâti essentiellement sur le droit jurisprudentiel, par opposition au droit civiliste ou droit codifié. Il donne la prééminence aux décisions des tribunaux, apporte donc plus de réactivité, de justesse, aux décisions des juges, attribuant plus de bons droits satisfaits aux citoyens.

2) Une politique internationale construite sur la recherche de paix mondiale en faveur de tous les peuples. À l'instar de la Pax Romana qui a su faire la réputation de l'Empire romain.

3) Une recherche médicale et technologique de pointe, synonyme de conditions de vie meilleures.

4) Une aide humanitaire massive et spontanée, très rassurante pour le grand public.

5) La liberté d'entreprendre de créer, dans tous les domaines, sans contraintes ni frais administratifs inutiles. 6) L'essor de la culture, de la musique, du cinéma, les spectacles et les films célèbres aux mises en scène grandioses, qui continuent à marquer l'esprit de toutes les générations sur tous les continents… L'ouverture à toutes les modes et les courants de pensée, des plus sympathiques aux plus excentriques, grâce auxquels une majorité de gens peut se reconnaître, s'épanouir librement, se sentir à l'aise, dans son élément.
Une collectivité au sein de laquelle chacun est assuré, à défaut d'être accepté, d'être toléré durablement par ce peuple prude, mais indulgent, par toutes les communautés multiformes qui le composent…

Enfin, grande positivité, bel enthousiasme, énergie débordante, ouverture réelle sur les autres, sur le monde, sont autant de signes distinctifs de cet esprit pionnier, si promotionné, si envié… En somme, de

magnifiques vitrines éclairées jour et nuit, particulièrement agréables à tous les candides. L'Amérique, terre de tous les rêves et de toutes les libertés, patrie de la démocratie et du melting pot... L'idéal américain, ignoré, détesté, ou adoré, recèle d'innombrables idées reçues. Quoi qu'il en soit, son style de vie mythique a fait rêver toutes les générations éprises d'indépendance d'esprit et de libre expression. Il est devenu une deuxième forme de culture intégrée à celle de tous les autres pays.

Personne ne peut ignorer ou oublier qu'au cours des deux guerres mondiales, notamment en 1944, l'Oncle Sam n'a pas hésité longtemps avant d'envoyer au sacrifice plus de vaillants jeunes soldats qu'en 1917 pour libérer de la barbarie nazie et fasciste les habitants du vieux continent. Que le vieil Oncle a mis en place le plan Marshall pour sortir de l'extrême pauvreté et du chaos social et matériel des millions de gens désemparés et hagards. Qu'il est devenu ainsi aux yeux de tous un géant politique et culturel. Un modèle d'influence qui a répandu dans le monde un ensemble apparemment harmonieux de critères et d'idéaux entrepreneuriaux, technologiques, politiques, culturels, philosophiques et psychologiques.

Une Amérique mythologique, néo sacrée, dont l'aura a su pénétrer et s'enraciner profondément dans l'inconscient collectif de l'humanité, au point de former un tout indissociable.

CAPACITÉ DE MYSTIFICATION ANGLO-AMÉRICAINE, LE LOUP DÉGUISÉ EN BREBIS

Toutefois, durant ces décennies de vie passée dans ce grand espace où brillent les cinquante étoiles du drapeau de la liberté, une œuvre obscure opère dans les coulisses depuis la fondation des States. À la base de laquelle opère une élite d'initiés aux visées hégémoniques, soutiens inconditionnels de l'édification d'un nouvel assemblage mondial. De hauts personnages aux intérêts financiers convergents dans le but de concentrer tous les pouvoirs à tous les niveaux de la nation américaine.[99]

 À l'insu du grand public, dans les arrières salles luxueuses des cercles de réflexion (think tank) et autres clubs hermétiques, les Maîtres de ces lieux enténébrés n'ont eu de cesse de distiller l'art de la mystification. Ils le font à la manière de parfumeurs mystiques qui dans le plus grand secret sophistiquent leurs formules de parfums les plus subtils, à l'écart de tous, dans un lieu isolé. Ce sont des experts sachant utiliser très habilement l'impact d'idéalisme que produit la mythologie américaine sur l'ensemble des continents et des peuples.

Ils usent de cette aura de portée planétaire comme le feraient de célèbres créateurs de mode sensorielle, d'ingénieux compositeurs de parfums rares. Ceux qui ont l'art de doser de puissants fixateurs naturels comme l'ambre et le musc afin d'assurer la persistance olfactive de leurs grandes œuvres de parfumerie, par là même pouvoir garantir le succès commercial. De ces lieux discrets et dérobés, sur la base de ce savoir-faire raffiné, ces alchimistes de l'ombre n'ont de cesse d'élaborer très habilement leurs diverses formules aptes à pénétrer les esprits. C'est le stratagème qui leur permet de conduire toutes les nations dans l'antre d'un nouvel Ordre du monde.

Les effluves issus de ces formules, les plus raffinées, les plus rares, les plus concentrées, les plus enivrantes sont tout d'abord répandus comme d'irrésistibles flaveurs en direction de l'élite financière, politique, scientifique, des nations. D'autres senteurs

---

[99] **The Paradigm shift - Georges Carlin**
https://www.youtube.com/watch?v=gKGhHEXPSTU

plus denses, plus synthétiques, mais tout aussi concentrées que les premières, sont répandues aux quatre vents en une incessante propagande multiforme. Elles sont dispersées cette fois au-dessus des nombreux peuples pour les conditionner, les addicter, les engourdir,[100] afin de les préparer aux fausses espérances de la future nouvelle administration du monde.

Toute la synthèse de ces réflexions et préparations cabalistiques très imprégnantes issues des cercles de réflexion est d'abord présentée au cœur de cercle du Bilderberg - Advisory Committee.

Celui-ci décide du type de stratégie mondiale à entreprendre dont il confie la direction tactique au Steering committee. C'est ensuite au CFR de construire et de jalonner à l'international la voie qui conduit au semblant d'un renouveau de la société humaine. Pour parvenir à leurs fins, les membres du Council of Foreign Relations utilisent parfaitement bien le leadership politique des États-Unis et son immense pouvoir de mystification, d'influence, d'attirance magnétique. Avec la plus grande détermination, sur la base d'une intense politique onusienne, doublée d'un dictat économique féroce, sur fond d'incontournable mondialisation étouffante, ils tiennent en bride toute la communauté internationale, nations et peuples.

---

[100] **Glutamate, aspartame : ces poisons qui nous nourissent**
https://www.youtube.com/watch?v=_fC1UaVRt6Q

LES ÉTATS-UNIS DOIVENT RELAYER LES NATIONS UNIES ET PRENDRE EN MAIN LA CONDUITE ET L'AVENIR DES PEUPLES

 Pour aboutir à leur but, ils ne cessent de rendre perfectible leur stratégie. S'il le faut, ils n'hésitent pas à remettre en cause tous leurs moyens opérationnels. Dès 1962, Nelson ROCKEFELLER, gouverneur de New York, confirme tout à la fois 1) le constat d'incompétence de l'ONU à poser par elle-même le fondement d'un nouvel Ordre mondial. 2) la nécessité de renforcer à l'international la position de meneur, de leader, des USA afin de relayer utilement les Nations Unies (ONU) en posant stratégiquement, via le CFR, et via la FED, les jalons pour structurer un nouvel ordonnancement du monde. 3) la décision de transformer les attaches traditionnelles de la souveraineté des nations occidentales, notamment en soumettant les pays européens au fédéralisme.[101]

Ω **Citation clé** - « *Les Nations Unies, dit-il à l'assistance à l'université de Harvard, n'ont pas été compétentes, ni ne sont capables de façonner un nouvel Ordre mondial, lequel répondra ainsi irrésistiblement la demande [...]. Le nouvel Ordre mondial qui répondra à des problèmes économiques, militaires, et politiques, dit-il, exige instamment, je crois, que les USA prennent la conduite de tous les peuples libres pour rendre les concepts et les aspirations fondamentales de souveraineté nationale vraiment significative par l'approche fédérale* ». Dans un article de New York Times, intitulé « *Rockefeller Offre la Terre libre unie – Appels à Harvard pour conduire la construction du nouvel Ordre mondial* » – 1962.

---

[101] Voir – Affaiblir aussi la structure souveraine de chaque État-nation – Premier objectif les pays européens – Dès les années 1960, l'élaboration du fédéralisme et du libéralisme économique européen est soumise à l'impulsion des esprits supérieurs.

LES AUTRES ORGANISATIONS POLITIQUES SOUS LA COUPE DU CFR

L'OTAN – ZONE 2 –

LE CONSEIL DE L'ATLANTIQUE NORD – LE POLICIER DU MONDE.

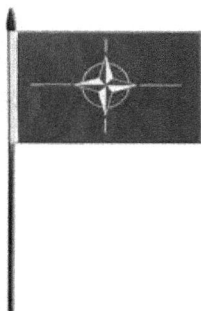

Il a été créé en 1949 au cours de la guerre froide, dans un but strictement opérationnel. Après l'effondrement de l'URSS, il devenait obsolète, et aurait dû être démantelé. Non seulement il a survécu, mais de surcroît il s'est développé en entité mondiale, en vue de justifier de nouvelles menaces globales inventées ou amplifiées. En fait, c'était l'objet d'une stratégie pour augmenter malgré la phase de crise économique des années 1980 la militarisation des États-Unis. Pour agencer un régime policier global, si prisé par les instances de la véritable gouvernance mondiale. Un contrat de marshal fédéral du monde, préalablement confié à l'ONU, mais qui ne l'a pas rempli efficacement. C'est pourquoi une grande part des prérogatives onusiennes a été transférée à l'OTAN.

En contradiction avec le principe énoncé à l'article 1 de la Charte des Nations unies fondée sur une vision multilatérale du monde. Il précise que seules les forces de l'ONU sont habilitées à réprimer tout acte d'agression ou autre rupture de la paix. Pour évincer cette prérogative, l'on prétexte habilement de l'absolue nécessité de protection anti missiles et anti terroristes que seule l'OTAN peut assurer.

Les États-Unis détiennent à eux seuls 80% des budgets et des moyens militaires regroupés au sein de l'OTAN. Ayant l'ascendant en tous points, ils en prennent naturellement la direction, du même coup ils assujettissent toute l'Europe. Le nouveau rôle de l'OTAN a consisté à ce qu'aucune puissance rivale ne puisse émerger non seulement en Europe de l'Ouest, mais aussi en Asie et dans les territoires de l'ancienne Union Soviétique.

Sous la direction du CFR, l'OTAN a joué le jeu d'une ONG en partenariat avec l'ONU, ralliant ainsi à sa cause les pays de l'ancien bloc communiste qu'elle avait pourtant participé à briser. Étonnamment, cette nouvelle légitimité a été reconnue par la Russie. Moscou est même disposée à soutenir le transport aérien et terrestre des approvisionnements pour les forces de l'OTAN opérant en Afghanistan. Ce qui lui rapporte au passage, chaque mois, plusieurs millions de dollars. En somme, l'OTAN s'est considérablement renforcée en se dotant de capacités expéditionnaires pour des opérations militaires à l'extérieur de la zone du Traité. Lequel s'est élargi au continent européen, en intégrant les pays de l'Europe centrale et orientale et désormais sa toile va bien au-delà de la zone euro atlantique. L'intervention en Libye au printemps 2011 le confirme nettement, si besoin était.

Malgré la récession économique qui plonge dans la pauvreté un nombre croissant de populations de part et d'autre de l'Atlantique, c'est l'amplification des moyens militaires qui sont mis en œuvre. Le rôle supposé de protection contre toute escalade de guerre, combiné à des interventions civiles de pacification, a finalement pour but de contrôler les principaux axes et territoires.

Particulièrement les pays détenteurs de diverses richesses naturelles, sources d'énergie, d'eau, de minéraux… en Irak actuellement, en Afghanistan dès 2014. Autant de prétextes bien orchestrés par le CFR pour assurer une expansion incessante des zones d'intervention de l'OTAN. Un exercice en temps réel qui laisse entrevoir son futur mandat de policier du monde. Une fois qu'il sera placé sous la domination intransigeante, apparemment débonnaire, des instances politiques et druidiques du nouvel schéma du monde.

L'ONU – ZONE 3 –

LE PRÉDATEUR AUX PATTES DE VELOURS

Une organisation internationale fondée en 1945, réunissant 192 États, ayant pour objectif de faciliter la coopération en droit international, sécurité, développement économique, droits de l'homme. Elle est subdivisée en plusieurs sections – L'assemblée générale qui réunit tous les États membres – Le Conseil de sécurité qui établit des résolutions pour le maintien de la paix et de la sécurité – Le Conseil économique et social qui gère la promotion de la coopération économique et sociale – Le Secrétariat général assure la gestion de l'organisation – Enfin, la Cour internationale de justice.

L'ONU semblerait être une organisation neutre, attachée à défendre un haut niveau de justice et d'impartialité. Or, la réalité est toute autre au regard des succès fragiles du maintien de la paix obtenue au/en :

➢ Sierra Leone, pays ayant en réserve 2 milliards de tonnes de minerai de fer à haute teneur 65 à 70%, dont le sous-sol contient de l'or, bauxite, diamant, rutile.

➢ Timor oriental, dont le sous-sol regorge de nappes de pétrole inexploitées.

> Libéria, dont le sous-sol détient en réserve 2 milliards de tonnes de fer à haut rendement, abondamment d'or et de diamants.

> Haïti dont le sous-sol est riche en or, argent, diamants, cuivre, uranium, pétrole, gaz naturel.

> Autant de zones géopolitiques ayant aussi un grand intérêt géoéconomique.

Faibles succès comparés à :

> La guerre du Vietnam, 1959 – 1975 : 2 millions de morts, 3 millions de blessés, 12 millions de réfugiés.

> Au génocide du Cambodge, 1975 - 1979 : 1,7 million de morts.

> À la guerre de Bosnie, ex-Yougoslavie, 1992 - 1995 : environ 200 000 morts.

> Au génocide au Rwanda, avril - juillet 1994 : 800 000 morts.

> Au génocide en République démocratique du Congo, 1998 - 2003 : 5,4 millions d'individus morts de la guerre, de maladie, de malnutrition, un nombre qui équivaut à la population du Danemark.

> Au génocide du Tchad, 2004 : des milliers de réfugiés originaires du Darfour sont massacrés.

> Au génocide du Darfour, 2003 - 2009 : environ 300 000 morts, plus de 2,7 millions de personnes ont fui sur les routes et sont otages de cette crise.

> Au massacre de Somalie, depuis 1977 des dizaines de milliers de morts, des centaines d'enfants sont recrutés pour les combats. Des crimes de guerre et violations des droits inaliénables de l'homme y sont commis. Plus de 150 000 personnes ont fui sur les routes. Les Casques bleus quittent le pays en mars 1995. Jusqu'en 2006 il n'y a plus eu de force onusienne d'interposition. En 2009- 2010, la guerre continue.

Les esprits supérieurs, notamment les membres du CFR, eux-mêmes à l'origine de sa création, discréditent l'ONU. Ils appellent à ce qu'elle soit utilement relayée par le leadership de la première puissance mondiale. Ils constatent son incapacité à façonner d'elle-même une nouvelle administration internationale. Par contre, ils savent pouvoir compter sur une partie de l'élite onusienne, fonctionnaires et diplomates de haut niveau et de grand talent, à leur entier service. La structure de l'ONU infiltrée et gagnée à la cause de la confrérie demeure un instrument suborneur de tout premier plan. Son envergure mondiale permet très avantageusement de mettre au service du CFR ses innombrables contacts politiques et circuits diplomatiques. Ceci afin de faciliter, à pas feutré, tel un félin sournois, un maillage personnalisé à orientation universaliste avec toutes sortes d'autres organisations politiques. Un moyen efficace d'assurer au service du cartel occulte une zone d'influence à 180° sur l'ensemble des États nation.

L'OMS – ZONE 3 –

UNE ORGANISATION QUI COORDONNE LE DROIT DE VIE OU DE MORT

Organisation mondiale de la Santé

Elle est dépendante du Conseil économique et social des Nations Unies, le siège social est à Genève. Son objectif théorique est de niveler par le haut la santé de tous les peuples, du point de vue physique, mental et social. Loin de ce bel intitulé, en pratique, l'OMS porte la responsabilité de multiples campagnes de vaccination ayant provoqué un nombre immense de morts et de graves maladies secondaires consécutives à l'utilisation massive et répétitive de divers vaccins. Dans les campagnes anti SIDA africaines, en distribuant massivement des condoms, elle a focalisé les peuples sur les conséquences du mal, tout en dissimulant sa cause réelle. Elle a organisé l'application de soins correspondants à des maladies n'ayant aucun rapport direct avec le SIDA, ce qui a entraîné en Afrique la mort d'un très grand nombre d'êtres humains.

Pour le dernier trimestre 2009, sous prétexte du souci d'épargner la population mondiale d'une pandémie mortelle de grippe, elle a voulu organiser une campagne massive obligatoire de vaccination. En Europe, priorité était donnée aux vieillards et aux handicapés. Selon l'OMS, 4,9 milliards de doses étaient disponibles fin 2009. Tandis qu'en réalité le virus A H1N1 de la grippe dite porcine n'a contaminé qu'une minorité de 25. 288 individus dans 73 pays, dont 139 morts, soit une très faible proportion létale.

Alors qu'aucune pandémie n'est apparue, que beaucoup se moquent maintenant de ce cri d'alarme lancé sur tous les continents, l'on s'applique à passer sous silence la haute mortalité du virus de la grippe traditionnelle (saisonnière). Chaque année, à cause des campagnes annuelles de vaccination systématique affaiblissant le système immunitaire, la maladie tue des dizaines de milliers de personnes sur le seul territoire nord-américain et en handicape autant. Si cette mortalité concerne principalement des personnes souffrantes de déficience respiratoire, aucun rapport officiel de l'OMS ou du NIAID – National Institute of Allergy and infectious diseases – l'institut national de santé américain, n'en fait état.

Pourquoi le virus grippal attendu pour 2009 - 2010 devait-il être tout à coup gravissime au point d'imposer la vaccination à tous les individus des 194 pays affiliés à l'OMS ? Parce qu'il s'agit d'un plan de propagande visant à conditionner le psychisme de la grande multitude pour donner dans les années à venir un grand élan à la vaccination de masse. Dans le cadre du Règlement sanitaire international, en cas d'urgence pandémique, comme celui prévu et annoncé pour l'hiver 2009 et très probablement pour les années suivantes, les directives pourraient avoir un caractère contraignant, obligatoire. En cas de refus, l'individu serait mis en quarantaine, les voyages lui seraient interdits…

Au travers les directives vaccinales de l'OMS, ce sont les objectifs de surpopulation mondiale qui apparaissent. Mais au 21e siècle, il leur est impossible de pouvoir braver la mémoire et la confiance naïve des peuples en recourant une nouvelle fois à la guerre conventionnelle, aux armes de destruction massive, atomiques, ou électromagnétiques (voir la 5e partie du livre). Ce dont au demeurant se vantent les membres du Bohemian's en accueillant de nouveaux adhérents au Club. Que restait-il de disponible, mis à part les innombrables pestilences chimiques de la mort silencieuse utilisées dans l'alimentation, l'eau de boisson et la pharmacopée ?

Sachant que chaque individu partout dans le monde porte en lui, dans son corps, une charge chimique corporelle (chemical body borden) de 200 à 300 molécules chimiques. Ces nano poisons néfastes stagnent en permanence dans l'organisme, quoi que l'on puisse faire pour tenter de les éliminer. Sans se douter de rien, le sang, tissu adipeux, organes, lait maternel, sperme de tous les hommes, qu'ils soient riches ou pauvres, sont pénétrés par ces substances toxiques, incluant les poisons de la composition vaccinale. Ce qui fragilise l'organisme et le prédispose à de nombreuses maladies. Ces molécules sont de puissants perturbateurs endocriniens générant de multiples dégénérescences cellulaires et induisant de multiples cancers (notamment ceux du sein, de la prostate...), dont les effets génétiques sont transgénérationnels. « Notre poison au quotidien « livre de Marie-Monique ROBIN - Coédition ARTE éditions La Découverte.[102]

---

[102] http://www.emcom.ca/

La vaccination est l'un des principaux moyens silencieux d'éradication de masse. Un mode opérant insoupçonnable, puisque paradoxalement c'est une thérapie qui fait la quasi-unanimité parmi les peuples riches ou pauvres. Aux yeux du grand public, l'acte vaccinal reste une modalité sanitaire préventive perçue comme une protection sanitaire de premier plan à tous les âges de la vie. Au fil des décennies, nombre de chercheurs et de praticiens avisés ont essayé d'attirer l'attention de tous sur cette formidable erreur de prophylaxie. Mais une fois de plus, la propagande permanente a joué son rôle fictif et nuisible d'intoxication psychique. L'on a pu incruster cette thèse primitive dans les esprits, avant tout à cause de l'ignorance et de l'entêtement du corps médical.

Aussi par le sempiternel conditionnement médiatique des populations faussement assurées de la valeur de cette méthode dite préventive. L'imposture pasteurienne, une œuvre apparemment salvatrice, censée avoir permis au plus grand nombre de ne pas contracter d'affreuses maladies invalidantes et mortelles.

À toutes les époques et sous toutes les latitudes, une majorité d'individus en pensant à cet acte banal, offert à tous, considérait béatement le geste vaccinal comme s'il s'agissait de la protection d'une médaille d'Épinal. Une telle impression est si fortement ancrée, si difficile à désincruster, qu'elle sous-tend d'autant mieux ce plan d'élimination à l'échelle mondiale. L'OMS se positionne ainsi en précurseur et ordonnateur civilement responsable de cette éradication annoncée. Elle n'a de cesse de vanter les grands mérites salvateurs de la vaccination de masse. Elle utilise tous ses moyens, tout son relationnel, toute son influence, pour organiser ce type de tromperie à grande échelle.

Pour pouvoir dénoncer la pratique vaccinale, il faut avoir entrepris une investigation assez poussée afin d'en mesurer l'impact destructeur à court et long terme. Tenu à l'écart du sujet, le grand public en ignore les terribles dangers. Même si récemment la tendance est à l'hésitation parce qu'une partie du corps médical plus ou moins informée des conséquences dangereuses n'accepte pas automatiquement de se faire elle-même vacciner. Dès lors, un effet de cliquet s'est enclenché, la population des pays occidentaux s'est méfiée à son tour de la vaccination. Sans pour autant avoir, et de tant s'en faut, la pleine connaissance de ce sujet crucial. Cependant, lorsque la population vient à douter des bienfaits de la vaccination, les gouvernements eux aussi ignorants en la matière, surtout soumis aux réseaux d'influence, de corruption, de l'OMS et de Big pharma, entreprennent aussitôt une intense campagne de propagande pour culpabiliser tous les récalcitrants.

Certains professeurs de médecine pro-SYTEME font la morale par médias interposés. Certains ministres se font même seringuer face aux caméras, plus vraisemblablement font semblant de la faire. Finalement, après un temps de matraquage médiatique supplémentaire, les pseudo ministres de la Santé parviennent en quelques semaines à inverser la tendance, dès lors la grande multitude s'empresse alors de se faire piquer. Mais, à n'en point douter, tous sont l'objet de manœuvres, à commencer par les gouvernements bernés par les lobbies médico-chimiques. Ces derniers à leur tour sont aveuglés par le flash de l'hyper-profit financier. Tout cela n'a pas échappé aux esprits supérieurs qui par le passé ont pu mesurer l'hécatombe fulgurante de la grippe espagnole de 1918. Ils savent donc pertinemment bien que la vaccination de masse reste l'une des meilleures solutions de support à une mort silencieuse. Bien d'autres éléments de preuves inimaginables attendent le lecteur dans l'autre partie « Lobbies et associés – vaccination – Sida – Ebola – pharmacopée ».

PRINCIPALES ORGANISATIONS STRUCTURANT L'ÉDIFICATION D'UN NOUVEL ORDRE MONDIAL

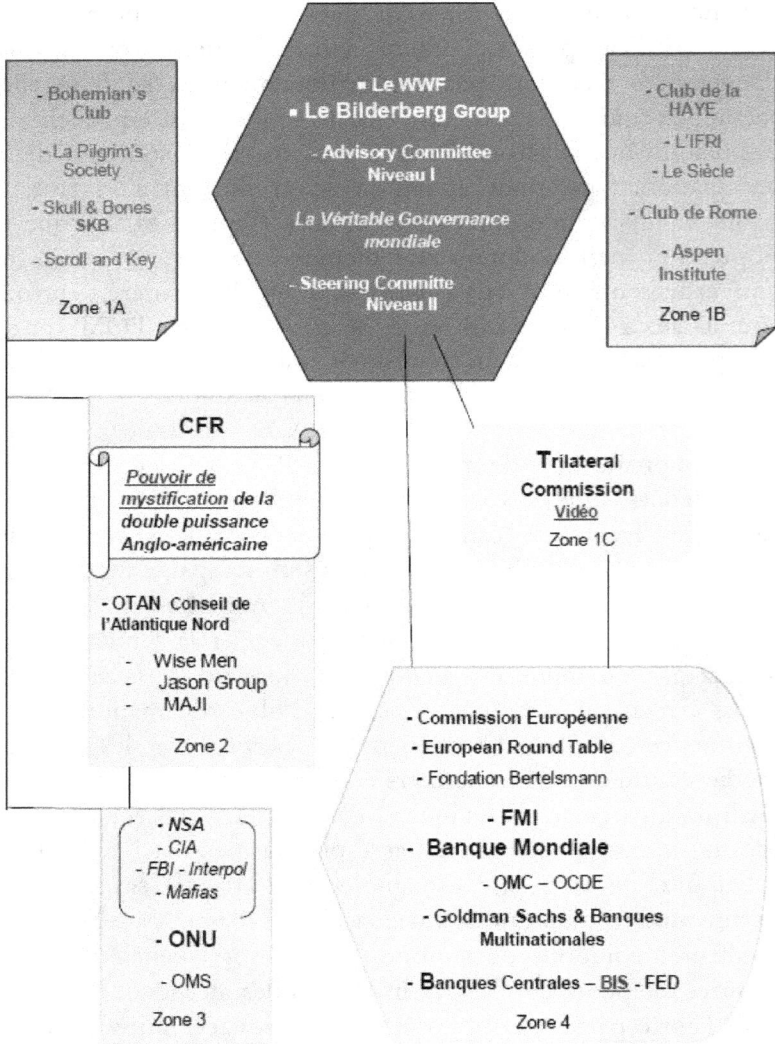

- Bohemian's Club

- La Pilgrim's Society

- Skull & Bones SKB

- Scroll and Key

Zone 1A

▪ Le WWF
▪ **Le Bilderberg Group**

- Advisory Committee
Niveau I

La Véritable Gouvernance mondiale

- Steering Committe
Niveau II

- Club de la HAYE

- L'IFRI
- Le Siècle

- Club de Rome

- Aspen Institute

Zone 1B

CFR

Pouvoir de mystification de la double puissance Anglo-américaine

- OTAN Conseil de l'Atlantique Nord

- Wise Men
- Jason Group
- MAJI

Zone 2

- NSA
- CIA
- FBI - Interpol
- Mafias

- **ONU**

- OMS

Zone 3

Trilateral Commission
Vidéo
Zone 1C

- Commission Européenne
- European Round Table
- Fondation Bertelsmann

- **FMI**
- **Banque Mondiale**

- OMC – OCDE

- Goldman Sachs & Banques Multinationales

- **B**anques Centrales – BIS - FED

Zone 4

LA COMMISSION TRILATÉRALE – ZONE 1 C –

LA MATA HARI INITIÉE PAR LES INSTANCES DU N.O.M

The Trilateral Commission est une organisation semi-secrète, opérationnelle depuis novembre 1973. Elle fut fondée par Henry KISSINGER et Zbigniew BRZEZINSKI[103] pour officiellement édifier une coopération politico-économique triangulaire – Amérique du Nord – Europe – Japon. Son siège social est au 345 East, 46 th Street à New York. Officieusement, c'est une organisation privée regroupant 300 à 400 décisionnaires parmi les plus influents au monde, politiciens, hommes d'affaires, intellectuels, d'Amérique du Nord, d'Europe occidentale, d'Asie Pacifique. En étayant ce type de coopération politique à visée économique entre ces trois zones clés du monde, ou pôles de la Triade incluant les États-nation membres de l'OCDE, la Trilatérale affiche clairement son but mondialiste. C'est un organisme agissant à l'arrière-plan, de concert avec les principales organisations secrètes, la franc-maçonnerie anglaise – le groupe Bilderberg, dont elle est le bras droit, son concepteur en second – le CFR assume la fonction de maître d'œuvre opérationnel de cet ensemble. Comme pour le reste de l'organisation des esprits brillants, ses membres sont choisis dans les mêmes milieux sociétaux élitaires, puis élus par cooptation selon la méthode Illuminati du 18e siècle.

---

[103] Ancien Conseiller de Jimmy CARTER – l'actuel principal conseiller du président OBAMA – membre éminent du CFR et du Bilderberg.

Outre la puissance de tous les moyens financiers et organisationnels mis à sa disposition, l'impact de ses manœuvres est assuré par la grande discrétion de ses multiples interventions d'influence et d'emprise auprès de diverses structures politiques internationales du monde occidental. Elle agit au travers des décideurs en place, à divers niveaux décisionnels et stratégiques. Son but est l'accélération du processus d'instauration d'un unique gouvernement mondial. Ces décisions sont habilement retransmises au grand public par des médias mis sous tutelle. Lesquels ne relatent que sur la forme et dans le dessein prévu de propagande uniquement des faits secondaires. Ils ne commentent que des informations orientées, isolées, de type échanges internationaux, visites officielles, tout en ignorant le mouvement subversif d'ensemble.

Le père de JFK, Joseph KENNEDY en une courte phrase, reprise par le New York Times du 26 juillet1936 avait bien confirmé la concentration du pouvoir aux mains d'un petit nombre de décideurs « *Cinquante hommes font tourner l'Amérique, et c'est un chiffre élevé* ». Effectivement, parmi les membres du cercle central décisionnaire de la Trilatérale, l'on retrouve le cartel restreint d'esprits supérieurs – David ROCKEFELLER – Zbigniew BRZEZINSKI – et Henry KISSINGER – ce sont les mêmes personnages influents du CFR – du Bilderberg Group – et de la franc-maçonnerie anglaise – pierre angulaire de toutes les loges mondiales. Leur modus operandi vise particulièrement à influer sans relâche sur les diverses personnalités placées aux postes clés de la société civile.

Principalement lorsque celles-ci se positionnent sur la trajectoire décisionnelle de la Commission trilatérale, du CFR, ou des autres structures de l'organisation occulte mondiale. Cela consiste à :

> ➤ Utiliser toute la capacité diplomatique pour présenter idéologiquement le plan et les objectifs de la Commission comme le reflet lumineux d'intérêts réciproques.

> ➤ Faire valoir à tout nouveau participant, dans un cadre intimiste, du pouvoir constructif et unificateur de la démarche personnalisée entreprise spécialement à son attention. Sur le fond, savoir convaincre de l'absolue nécessité pour toutes les nations de participer à la construction d'un nouveau modèle financier, économique et politique du monde.

> ➤ En cas d'échec répétitif, d'obstruction aux négociations en cours, alors chaque personne en cause sera l'objet de l'application de méthodes de subversion. Divers moyens de sensibilisation, de corruption, de déstabilisation, sont mis en application très adroitement selon les points forts et les faiblesses observés de la cible : Étude de ses ambitions, de ses habitudes, de ses goûts, de son entourage. L'émergence tout à coup de problèmes inattendus et après un léger décalage de temps l'apparition de solutions inespérées à portée de main, par personnes interposées, possibilité d'enrichissement personnel…

> ➤ Après un premier succès diplomatique, ou après la réussite des méthodes factieuses, c'est la prise de contrôle du nouveau participant afin d'en utiliser au mieux toutes les potentialités dans sa propre sphère d'influence. Si possible, après diverses étapes valorisant les privilèges de l'initiation à la confrérie, il sera initié pour sceller son adhésion aux intérêts supérieurs de la cause grandiose (voir l'autre livre du même auteur « Initiations & sociétés secrètes »). À terme, il intégrera l'une des organisations secrètes et/ou l'un des cercles de réflexion.

> ➤ Dans un deuxième temps, une estimation est faite sur ses aptitudes à n'être simplement qu'un supporter du projet collectif, ou bien à pouvoir participer à son développement, en gardant le secret absolu de l'initiation. Le but est soit de l'utiliser comme figurant actif ou passif, comme le fait un metteur en scène, soit de lui faire pénétrer durablement le premier cercle de l'organisation. Par la suite, il sera testé de nouveau, pour mesurer sa possible évolution concentrique vers le deuxième cercle. Cette fois, il sera au service direct et préférentiel de l'une des structures œuvrant pour la véritable gouvernance mondiale.

Toutes ces démarches sont entreprises chaque fois que possible avec tact, élégance, charme, raffinement, valorisation de la personne, de ses capacités. Autant de délicatesses très appréciées par ces hautes personnalités si estimables, si convoitées, et qui aiment tant être courtisées de la sorte.

Contrairement aux Illuminati du 18e siècle, les générations suivantes d'esprits brillants ont su faire preuve d'une bien plus grande subtilité tactique et comportementale que leurs prédécesseurs. Ils ont veillé à peaufiner leurs méthodes d'exécution pour gagner en finesse, en force de persuasion. Les procédés d'influence, de corruption, de subversion, de prise de contrôle des individus, aboutissent à un résultat quasi gagnant à chaque fois. Peu de puissants faisant partie de l'élite des nations n'y résistent. Dans l'ensemble des cas, le but escompté est toujours atteint, mais la différence s'arrête là, car les méthodes de fond de toutes ces organisations secrètes restent inchangées depuis des siècles, avec pour objectif principal la domination du monde.[104]

---

[104] **Solomon's Temple - Prt25(Bilderberg and the Trilateral Commission)**
https://www.youtube.com/watch?v=YLMLtE5bxSk

LES AUTRES INSTRUMENTS POLITIQUES DE LA VÉRITABLE GOUVERNANCE MONDIALE

LA COMMISSION EUROPÉENNE – ZONE 4 –

UNE STRUCTURE POLITIQUE PILOTÉE PAR LE BILDERBERG GROUP

Son siège est à Bruxelles, c'est l'une des principales institutions de l'Union européenne, composée de 27 commissaires, depuis 2009 son président est le Polonais Jerzy BUZEK. La fonction de la Commission est de mettre en œuvre les politiques communautaires dans le respect des traités. Elle possède un quasi-monopole de supranationalité sur toutes les politiques intégrées à l'Union agricole, douanière, marché intérieur, monétaire... car les États membres lui ont transféré une part importante de leurs compétences. En principe, elle se doit d'être la garante de l'intérêt général, bien qu'elle ne soit pas élue par le peuple.

La Commission peut être censurée par le Parlement européen, vote aux deux tiers, seulement sur sa gestion. Elle partage les pouvoirs de l'exécutif et du législatif uniquement avec le Conseil des ministres. Elle est aussi détentrice du monopole de proposition de mesures puisqu'elles sont indifféremment adoptées au parlement européen par les députés de gauche comme de droite. Si le citoyen de chaque pays de l'UE croit naïvement que son parti défend des idées communes d'intérêt général au sein du parlement européen, il se leurre. S'il pense que les débats ont lieu à la manière de ceux d'un parlement national, objet de sempiternels débats opposant la droite contre la gauche avec un semblant d'arbitrage par les partis du centre, il se fourvoie. Dans l'hémicycle européen, après que droite et gauche aient fini de jouer de faire semblant à se chamailler, que se passe-t-il vraiment ? Une étude exclusive de l'Observatoire de l'Europe[105] révèle que depuis 1979, les grands partis s'arrangent et collisionnent entre eux. Jusque-là, personne ne s'était livré au travail fastidieux de recension des votes de chaque groupe majoritaire du PPE-DE et du groupe socialiste PSE. Il s'avère qu'au cours de toutes ses années tous ont voté dans le même sens sur 97% des votes par appel nominal (rapports, résolutions), un score digne de la Douma de l'ex Union Soviétique ! Le fait est qu'ils soutiennent constamment et invariablement les mêmes traités astreignants d'un système fédéraliste qui les verrouille.

LES ÉTATS-NATION N'ONT PLUS QU'À SE TAIRE !

Par exemple, la France avec un commissaire sur 27 détient 3,7% de part d'influence. Ce pays a connu en 2010 de grands troubles sociaux consécutifs à la réforme des retraites et l'allongement du temps de travail. Était-ce une nouvelle loi du gouvernement en place ? Aucunement, car cette décision était une exigence de la Commission européenne en attente d'application depuis sept années. Le 8 avril 2003, K. REDLING ancien directeur général des affaires économiques de la Commission publie un rapport intitulé « *Recommandations spécifiques à la France relativement aux grandes orientations des politiques économiques exigibles par chacun des États membres* » appelant à l'application de ces exigences de réforme.

---

[105] **Droite et gauche ont un vote identique dans 97% des cas, selon une étude**
http://www.observatoiredeleurope.com/notes/Droite-et-gauche-ont-un-vote-identique-dans-97-des-cas-selon-une-etude_b1354225.html

En 2008, Stravos DIMAS Commissaire à l'environnement s'oppose à l'agrobusiness en proposant l'interdiction de la culture du Bt11 et du 1507 – deux maïs OGM commercialisés par les firmes Syngenta et Pioneer-Dow. Paradoxalement, cette même année, la France sensibilisée à l'opinion publique anti OGM est condamnée par la Cour de justice européenne à payer 10 millions d'euros d'amende pour avoir tardé à commercialiser les OGM. Il aurait pu sembler que cela fut une prise de position en faveur des consommateurs européens opposés aux céréales hybridées. Mais non, il s'agissait d'une manœuvre subversive, car DIMAS est un ancien juriste de la Banque mondiale et du Cabinet Sullivan & Cromwell, Cabinet d'affaires dans lequel la CIA a vu le jour dans les années 1940. Ce commissaire est également un Conseil de Monsanto, le concurrent direct des deux firmes précitées, mises juridiquement en cause par lui, dans un élan grandiloquent empreint de fausse sincérité.

En septembre 2005 le premier ministre Dominique de Villepin demande qu'un décret anti-OPA (offres publiques d'acquisition) des fonds de pension américains soit voté, pour protéger certains secteurs de l'économie française. Quinze jours plus tard, la commissaire européenne à la concurrence, Neelie KROES fait annuler cette décision jugée « *scandaleuse et symbole de protectionnisme outrancier* ». Depuis, cette commissaire, qui a fait plier le chef de l'exécutif français, est devenue vice-présidente de la Commission. En 2006, elle est classée 38e femme la plus puissante du monde par le magazine Forbes. Elle a exercé des responsabilités chez McDonald's – Lucent Technologies, actuelle Alcatel-Lucent - Lockheed Martin (firmes états-uniennes de défense et de sécurité). En mai 2006, le grand quotidien néerlandais le Standard révèle qu'elle manque de transparence et ne parvient pas à justifier l'origine du financement de plusieurs de ses biens immobiliers. Du 3 au 6 juin 2010, elle assiste au rassemblement du Bilderberg group à Stiges en Espagne.

La Commission européenne est l'élément clé du fonctionnement de l'Union européenne. C'est pourquoi chacun des présidents a été choisi initialement par le Bilderberg Group, avant même qu'il ne soit officiellement désigné et mandaté par le parlement européen. Toute cette institution déjà minée de l'intérieur dont le fonctionnement politique est entièrement faussé[106] est de surcroît sous l'effet de l'attraction irrésistible de l'ERT, un lobby entièrement dévoué aux ordres de la véritable gouvernance mondiale. « *Les 12 impasses de l'Europe* » **conférence** de François ASSELINEAU.[107]

THE EUROPEAN ROUND TABLE – ZONE 4 –

LE RASSEMBLEMENT DU LOBBYING MONDIAL –

L'ERT est un puissant lobby, étymologiquement un vestibule, un couloir.

ERT Le lobbying consiste à intervenir afin d'influencer directement ou indirectement sur les processus d'élaboration et d'application de mesures législatives, d'interférer sur toutes interventions ou décisions des pouvoirs publics nationaux, fédéraux. Pour l'ERT il s'agit d'agir spécifiquement sur les décisions de la Commission européenne. L'European Round Table fut fondé en 1983 par le vicomte Étienne DAVIGNON, ex-président de la Banque Société

---

[106] L'UE, institution supranationale, sans réelle politique de fond, opérant en mode hybride et contraignant en imposant sa loi aux Etats-nation. Vue prospective clairvoyante du Général De GAULLE dans les années 1960 : **De Gaulle avait compris avant tout le monde que l'UE était une arnaque**
https://www.youtube.com/watch?v=Qw3U4Tbp7fQ
[107] **« Les 12 impasses de l'Europe » conférence en vidéo de François ASSELINEAU.**
https://www.youtube.com/watch?v=4c6uy-0kpjU

Générale de Belgique et membre éminent du groupe Bilderberg. L'ERT fondé en 1983, rassemble les dirigeants des multinationales européennes.

Son but est d'agir en amont et d'influencer tous projets décisionnels que pourrait prendre l'Union européenne en matière économique, financière, sociale, environnementale, donc dans tous les domaines.

La présidence de ce lobby a été confiée à Helmut MAUCHER du Groupe Nestlé. La vice-présidence revient à André LEYSEN du groupe Agfa-Gevaert, et à David SIMON du groupe British Petroleum (BP).

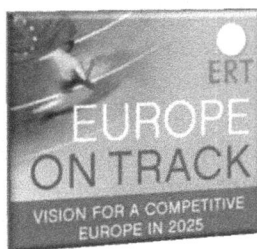

Les sociétés multinationales membres sont parmi les plus puissantes au monde : ABB – Alcover & Repsol – Airbus Industrie – Amorin Group – B.A.T Industries – British Telecom (BT) – Bayer – Carlsberg – Daimler Benz – Ericsson – Fiat – GKN – Hoffmann-La Roche – ICI (International Chemical Industries) – Iberdrola – Jefferson Smurfit – Krupp – Lafarge – Lyonnaise des eaux – Marzotto – Norsk Hydro – Olivetti – Oilkington – OMV – Petrofina – Philips – Profilo Holdin – Renault – Robert Bosch – Royal Dutch Shell – Saint-Gobain – Siemens – Solvay – Sté générale de Belgique – Titan Cement – UPM Kymmene – Unilever – Vivendi Universal…

À ce stade de la compréhension acquise sur les objectifs du véritable gouvernement mondial, il est évident que ni la Commission européenne ni l'ERT ne sont un groupe de sages ou d'administrateurs objectifs, justes, intègres, et vivement désireux du bien-être de l'humanité. L'ERT est un contre-pouvoir spécialement installé et piloté par la véritable gouvernance mondiale pour influer continuellement sur la

Commission européenne. Mais de son côté, il se revendique être un jury honnête, ne formulant que des propositions objectivées d'intérêt général. D'autant mieux qu'il reconnaît que la Commission est la seule à détenir réglementairement toute légitimité statutaire pour prendre l'ensemble des initiatives favorisant l'intérêt commun. Pour les membres de la Commission, l'ERT est perçu étant animé des meilleures intentions, ils établissent avec lui des relations très étroites, très entrelacées. Même si les intentions et le pouvoir de persuasion de l'ERT sont manifestement orientés et imbibés de partialité, de féodalité, les membres de la Commission se satisfont de ce formalisme qui d'ailleurs les caractérise eux aussi.

Cette liaison vide de vraies valeurs politiques et sociales est néanmoins si forte qu'elle a modelé les décisions essentielles prises pour le fondement et la construction de l'Europe. Ni d'un côté, ni de l'autre, l'on ne cherche à s'assurer de la bonne foi politique qui porterait réellement sur le fond de tous les intérêts européens, humains et législatifs. Dès l'origine de la fondation européenne, ce lobby et l'OCDE ont pu incruster leur volonté d'ouverture à la libéralisation, à l'abandon des droits commerciaux et collectifs détenus initialement par les États-nation. Cela sans tenir aucun compte des résultats économiques et sociaux décevants dus à toutes les politiques successives de ce type conduites, sur une si longue période de temps, par ce pool mondialiste. Mais de tous ces partenariats convenus, c'est envers le Bilderberg group que l'ERT est le plus lié, restant entièrement soumis à ses directives.

CHAPITRE 8

LES PRINCIPALES ORGANISATIONS OPÉRATIONNELLES DE LA VÉRITABLE GOUVERNANCE MONDIALE

THE WISE MEN – ZONE 2 – DES DRUIDES MALADROITS

Parmi les structures de la sphère militaro scientifique du véritable gouvernement du monde, se positionne le Wise men, littéralement groupe d'hommes sages, une structure crée en 1945. Il est composé de hauts fonctionnaires du gouvernement américain ayant l'aptitude de faire les meilleures analyses en matière de diplomatie pour la politique étrangère, pour les opérations militaires. Certains d'entre eux ont été membres du CFR et de la Trilatérale, dont George BUSH, Gordon DEAN et Zbigniew BRZEZINSKI l'actuel principal conseiller d'OBAMA… ils conseillent le gouvernement américain sur les affaires générales de politiques étrangères.

Ils ont conseillé TRUMAN pour développer la maîtrise politique afin de faire face à l'expansion du bloc communiste. Bien qu'ayant soutenu le début de la guerre au Viêt Nam, en 1968 ils sont intervenus à temps pour accélérer le retrait des troupes de ce pays afin de limiter à la fois la défaite militaire et le total discrédit du peuple américain. Toutefois, ce club de sages tombe en disgrâce après cette guerre très impopulaire. Malgré cela, sous la présidence de Bill CLINTON ce groupe opérait encore, son rôle n'est pas clair, il est donc assimilable aux autres organisations opérant dans le secret.

THE JASON GROUP – ZONE 2 – L'ÉLITE DE L'INTELLIGENTSIA SCIENTIFIQUE, DE LA TECHNOLOGIE, AU SERVICE DU N.O.M

C'est est une association se prétendant indépendante, composée de scientifiques de très haut niveau dans le domaine de la physique, incluant la physique quantique, chimie, biologie, mathématique, informatique, océanographie... dont onze prix Nobel et/ou membres de l'académie américaine des sciences. À la demande de l'autorité étatique, ils étudient divers thèmes de science et de technologie avancée. Cette organisation a été créée en 1960 pour intégrer une nouvelle génération de scientifiques, les plus anciens étaient issus des services de l'armée de Los Alamos et du Radiation laboratory.

Ce groupe est piloté par the MITRE Corporation.[108] Les commanditaires du Jason group sont le Ministère de la Défense, le Département de l'énergie, les services du renseignement US. Les rapports issus du groupe sont classés top secret. Le nom de Jason n'a pas été choisi au hasard, il est tiré de la mythologie grecque, du héros, descendant d'Éole le dieu du vent, doté de capacités extraordinaires conférées sur le

---

[108] Organisme basé au Massachussets et en Virginie chargé de gérer les fonds de la recherche et développement du Ministère de la Défense et de la Sécurité américaine.

mont Pélion par le centaure Chiron, fils de Chronos. Voici un autre exemple de transmutation alchimique - Voir l'autre livre du même auteur « Initiations & sociétés secrètes ».

Les secteurs secrets d'étude sont : 1) Principalement l'utilisation d'ondes d'extrême basse fréquence, ou ondes scalaires, appliquées à des armes à grande échelle d'une terrible puissance et à des moyens pour agir et modifier le climat, l'esprit humain... L'objet d'une explication complémentaire dans le livre du même auteur « les utilisations inimaginables de la force électromagnétique ».

2) Secondairement, il s'agit de maîtriser dans les océans la communication sous-marine projet Seafarer et projet Sanguine. D'améliorer la technologie laser dite d'optique adaptative (OA), appliquée aux systèmes optiques, afin d'éliminer les effets dus à la distorsion de l'atmosphère sur la lecture optique des ondes en provenance de l'espace1, pour en réduire les aberrations ou déformations oculaires2.

Ceci fait l'objet d'une double correspondance avec le sous-titre – 1 les esprits supérieurs prévoient d'exploiter les effets de la peur du mythe extra-terrestre. 2 Et le projet Bleue BEAM, une mise en scène savamment orchestrée.

3) Développer l'électronique appliquée aux moyens de détection radar sur les lieux de combat. Les autres axes de recherches sont tenus par le secret-défense, nous les décrivons en grande partie.

MAIJ – ZONE 2 –

UN RÉSEAU DE RENSEIGNEMENT CERTIFIANT LE SECRET POUR LE BILDERBERG GROUP

 The Majority Agency for Joint Intelligence est une agence d'unification majoritaire de l'intelligence service, dont le précurseur fut Majestic 12, ou MJ-12 crée en 1947 par l'ordonnance du président TRUMAN. À l'origine c'était un groupe de douze membres composé d'une sélection de responsables du renseignement, de scientifiques de haut niveau, de militaires hautement gradés, de hauts dirigeants du secteur civil, parmi lesquels :

Nelson ROCKEFELLER – Le directeur de la CIA, Allen Welsh DULLES – Le secrétaire à la Défense Charles E. WILSON – le président du Joint Chiefs of Staff amiral, Arthur W. RADFORD. – Le directeur du FBI, J. Edgard HOOVER. – Et six hommes du comité exécutif du Conseil des relations étrangères (CFR) nommé à l'époque (E.E) Eastern Establishment : John McCLOY – Robert LOVETT – Averel HARRIMAN[109] – Charles BOHLEN – Georges KENNAN – Dean ACHESON, dont la plupart étaient membres d'une des principales sociétés secrètes d'Harvard, ou de Yale, dénommées Skull and Bones,[110] ou Scroll and Key[111] fondée en 1842... zone 1A.

---

[109] Voir sa participation à l'armement nazi au sous-titre – Le rapport insoupçonné entre les sociétés secrètes, l'élite des nations, la haute finance et les guerres.
[110] Voir – la société secrète participant à dominer la planète Terre – SKB – zone 1A
[111] http://fr.wikipedia.org/wiki/Scroll_and_Key

Ce groupe fut désigné pour conduire de 1947 à 1960, une enquête exceptionnelle supposée prendre en charge tous les aspects techniques et sociologiques d'éléments animés et inanimés retrouvés sur plusieurs sites d'OVNI (objet volant non identifié) au sud-ouest des États-Unis. Des pièces d'enquête initialement entreposées dans le hangar 18 de la base de l'US Air Force de Wright Patterson. Elles ont été conservées à ce jour en secret, car les procédures normales de désignation et de localisation sur ces éléments ont toujours été contournées.

L'opération Majestic 12 a débouché sur la création de l'agence MAJI la plus secrète de toutes les agences fédérales d'investigation, comparativement à la NSA (National Secrurity Agency) et la CIA (Central Intelligence Agency). La MAJI est la seule agence devenue une entité à part entière, au point de ne plus être dans l'obligation de rendre compte au président des États-Unis, les dirigeants se suffisent de son assentiment. Les dossiers présentés à son attention ne se rapportent qu'à des moyens communs de pouvoir lutter contre toutes les formes d'opposition aux seuls intérêts nationalistes du pays. Bien d'autres dossiers et sujets essentiels échappent ainsi à l'attention du président.

Cette agence assure vis-à-vis de territoires étrangers aux USA l'interface du contrôle de chacun des sujets, sous toutes les formes envisageables : sécurité, renseignement, désinformation, divulgation. MAIJ est un autre outil puissant permettant de développer le pouvoir de mystification anglo-saxon.

Tout dossier et toute personne interférant dans ce processus du contrôle de la sécurité extérieure des États-Unis font l'objet d'une cotation de fiabilité. Le directeur de la CIA, ainsi que les rapports adressés au président sont cotés MJ1. Les autres membres et les dossiers fédéraux sont cotés de MJ2 à MJ11. Le douzième niveau MJ12 étant exclu de cette échelle de valeur de référence.

MAJI est répartie en plusieurs sections secrètes portant chacune le nom d'un projet : Aquarius – sigma – Snowbird – grenat. Phœnix est l'ultime secret élaboré d'abord à Carson city au Nevada, cette section a été ensuite déplacée à Las Vegas. Tous les projets pilotés par MAJI sont exécutables par la CIA et la NSA. Au cours des années 1979 à 1983, avec la participation de la NSA, des expériences secrètes y sont conduites. Mais des imprévus perturbent la gestion de tests réalisés sur des milliers de gens enlevés pour servir de cobayes à diverses expérimentations portant sur :

> Le contrôle psychologique (hypnose, télépathie électronique) de l'individu par l'implantation de micro puce de 3 à 1 mm dans le cerveau, ou sous la peau des personnes enlevées. Elles sont ensuite libérées pour qu'on puisse les suivre au quotidien dans leur évolution comportementale. En 2002, la société Alien Technologie produit une micro puce de la taille d'un grain de sable[112] (100 microns), une avancée mise au point au Centre Auto-ID. Un laboratoire installé au sein du MIT (Massachusetts Institute of Technology) et financé par d'importants industriels, parmi lesquels Gillette, Procter & Gamble ou Philip Morris.

> Des manipulations et croisements génétiques sont opérés sur des femmes enlevées. Elles sont inséminées avec certaines matières maintenues artificiellement vivantes, soi-disant retrouvées dans les épaves d'OVNI. Probablement ce que l'on a voulu faire croire au personnel de ces bases pour qu'il trouve une part de motivation en se livrant à ces manipulations machiavéliques.

> Dans ces lieux, l'on feint de tester et d'éprouver le secret de la matière spatiale interstellaire intelligente, mais bien évidemment à ce niveau les espoirs ont été déçus.

---

[112] Voir – le RFID et la technologie Alien de puces de la taille d'un grain de sable, au sous-titre – et comment parfaire le conditionnement psychique de la grande multitude.

➤ Le projet Zeus permet de générer à l'aide de faisceau laser des éclairs dans le ciel. L'objectif est d'obtenir une simulation d'extra-terrestres en colère[113] qui se manifeste aux alentours de la Terre (Fast Walker). À l'instar du dieu grec utilisant la foudre dans son courroux.

La NSA – zone 3 –

L'INDICATEUR ET LE DÉCODEUR DU RÉSEAU CERTIFIANT LE SECRET

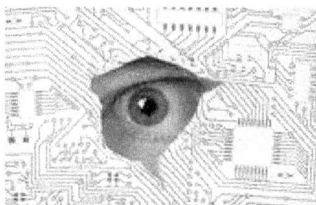

Parmi les structures de la sphère du pouvoir politique et policier, la NSA / CSS National Security Agency – l'Agence de sécurité nationale – et Central Security service. C'est un organisme gouvernemental créé en 1963-1966 chargé d'analyser, de filtrer, toutes formes de communications de nature militaire ou civile. Tous les modes de communication et de transmission sont concernés – radiodiffusion – internet – téléphone filaire et portable – fax – courrier électronique…

Le CSS est une section de la NSA créée pour coordonner l'investigation en cryptographie, et pour contrôler l'intégrité du réseau informatique du gouvernement américain. La NSA est l'organisme successeur de l'AFSA et la continuité des services d'écoute américains de nature électromagnétique SIGINT.[114]

---

[113] Voir en 3e partie le sous-titre – les esprits supérieurs prévoient d'exploiter les effets de la peur du mythe extra-terrestre.

[114] En collaboration avec leurs homologues britanniques dont l'efficacité fut avérée au cours de la seconde guerre mondiale par le décryptage des codes allemands – code japonais : Enigma et 97 ; et codes soviétiques dits du projet Verona.

La NSA a été surnommée par les journalistes No Such Agency (agence n'existant pas) – Crypto City (ville de la crypto) – Never Say Anything (ne jamais rien dire). The puzzle Palace, est le titre du seul livre sur la NSA, de James BAMFORD édité en 1982.

Après la Seconde Guerre mondiale, la NSA a obtenu des services officiels de télécommunications : RCA global – ITT World Communications – et de Western Union – l'accès aux messages transmis par câble (opération Shamrock). L'interception des communications se faisait en amont par le collectage des copies papier, en aval sur bandes magnétiques. Plus tard, elle se fit par la connexion directe aux centres d'émission reliés aux circuits internationaux de communication, avec un ordinateur IBM 7950 Harvest élaboré et utilisé par la NSA de 1962 à 1976. En 1975, la NSA sur un total de six millions de messages/mois en sélectionnait environ cent cinquante mille/mois (1/40e) pour analyse.

En 1975, devant les commissions Church et Pike,[115] la NSA reconnaissait intercepter systématiquement les communications internationales (appels téléphoniques et messages câblés). Selon le journaliste Duncan CAMPBELL, auteur d'un rapport[116] pour le Parlement européen concernant le renseignement de nature électromagnétique, la NSA en 1947 a conclu secrètement un traité entre 5 pays.

Le Royaume-Uni, les États-Unis, le Canada, l'Australie et la Nouvelle-Zélande avaient trafiqué les systèmes de cryptage vendus par Crypto AG. Un moyen permettant aux agences UKUSA par l'intermédiaire de Boris HAGELIN inventeur du

---

[115] **CIA - Commission Church & Pike**
http://www.dailymotion.com/video/x5ch01_cia-commission-church-pike_news
[116] **Crypto AG**
http://fr.wikipedia.org/wiki/Crypto_AG

système à crypter, de lire le flux de messages diplomatiques et militaires codés transmis par plus de cent trente pays.

Depuis les années 1980, par le même moyen, la NSA a utilisé le programme Echelon orienté cette fois sur l'espionnage industriel. Cela fit, entre autres, échouer deux contrats de vente d'avions d'Airbus-Industries, ce que le Parlement européen dénonça sur la base du rapport Duncan CAMPBELL.

Ni le IVe amendement de la Constitution américaine, ni le Foreign Intelligence Surveillance (FISA) interdisant formellement d'espionner un citoyen américain sans mandat de justice n'ont empêché le système automatisé Echelon[117] d'intercepter une communication, fut-elle destinée sans distinction à un citoyen américain ou à un non-américain.

D'un autre côté, la NSA a toute latitude de demander le concours de ses alliés (Interpol – FBI par exemple) pour obtenir les renseignements utiles sur tout citoyen américain, par extension sur tout individu, visé par ses services. Toutefois, il est techniquement impossible de collecter l'ensemble des communications sur le sol américain, car les particuliers sont très bavards. Cela représenterait une réelle impossibilité de traitement global et simultané. La solution passe par un filtrage dit de métadonnées, cela consiste à :

A - Faciliter l'interprétation des données, des contenus et leurs relations par rapport à un thème…

B - Automatiser la manipulation des données (moteur de recherche, annuaires sémantiques, définition des langues et des codages, analogies linguistiques) afin de cibler la fouille des informations à détailler, à approfondir, à recouper.

---

[117] **Le programme Echelon NSA**
http://www.dailymotion.com/video/x6oh16_le-programme-echelon-nsa-1-sur-10_tech

Avec les services de MAIJ et de NSA, la véritable gouvernance mondiale dispose de l'outil ultra perfectionné permettant de développer son pouvoir d'infiltration, de mystification et de mener à bien toutes les opérations conduites par ses réseaux d'influence et de corruption. En 1994, lors des négociations du GATT[118] entre les États-Unis et l'Union européenne, le dispositif Échelon a été utilisé pour connaître la position de chacun des pays membres. Il s'agissait de pouvoir définir la stratégie globale et les orientations prises par la Commission européenne.

En 2005, sur ordre du président George BUSH, la NSA a organisé illégalement l'écoute détaillée (n° des appels, date, durée…) d'un très grand nombre de conversations téléphoniques entrantes et sortantes des États-Unis. Selon l'enquête de Russel TICE, les journalistes étaient particulièrement ciblés. En juin 2009, elle a fait à nouveau l'objet d'une enquête du Congrès américain. L'on ne s'y trompera pas, ceci ressemble à un énorme coup de bluff pour simuler prendre la défense d'une démocratie largement bafouée. En fin de compte, donner au citoyen l'impression illusoire qu'il existe réellement une liberté d'expression à laquelle il serait vraiment sacrilège de toucher !

Selon une enquête du journal the Observer du 2 mars 2003, la NSA aurait placé sur écoute les domiciles, les bureaux et les connexions informatiques des délégations du Conseil de sécurité de l'ONU. Pour confirmation, le quotidien publie le texte d'un courrier électronique interne à la NSA, dont l'authenticité a été confirmée par plusieurs spécialistes, dont James BAMFORD, auteur de référence sur la NSA. Ensuite, lors d'un entretien avec les diplomates de différentes délégations de l'ONU, ceux-ci ont indiqué qu'ils se savaient

---

[118] Harmonisation des politiques douanières du libre-échange censée faire baisser les prix en faveur du consommateur et favoriser l'emploi…

écoutés avec des techniques très sophistiquées. Les autorités onusiennes se sont refusées à tout commentaire, sachant que ce type d'écoute est formellement prohibé à l'encontre d'États alliés, membres de l'OTAN.

En fait, le scandale du Watergate sous NIXON n'est qu'une brouille à côté des moyens d'écoute développés et utilisés délibérément depuis les années 2000.

Moyens mis en œuvre : Le quartier général de la NSA est à Fort George, 9800 Savage Road sur une base militaire du Maryland à 16 kilomètres au nord-est de Washington DC. Les autres employés, 20,000 personnes environ, sont situés à Fort Meade. Ils disposent de leur propre sortie sur l'autoroute Baltimore-Washington Parkway « *NSA Employees only* ». La NSA est le plus grand employeur de mathématiciens, d'informaticiens et d'électroniciens au monde, ils utilisent de super ordinateurs, dont un modèle le plus puissant au monde, de technologie quantique.[119]

Le budget de fonctionnement est colossal, en 1997 il est évalué à 4 milliards $ dépassant celui de la CIA, sur ces points aussi la discrétion reste de mise. Des satellites d'interception de télécommunications s'interposent aux relais de télécom civils et militaires collectant toutes informations de nature politique, économique et militaire. Lesquelles sont relayées vers des stations d'interceptions du dispositif ROEM réparties dans le monde, la station la plus connue est Menwith Hill en Angleterre. La surveillance des océans appartient à l'US Navy. Elle utilise un sous-marin de classe Seawolf pour qu'aucune ligne de communication immergée ne puisse échapper à la vigilance du dispositif.

---

[119] **Demain, l'ordinateur quantique**
https://www.youtube.com/watch?v=Ava_BA4Colo

La NSA s'avère être un outil particulièrement utile aux esprits supérieurs pour contrôler toutes les institutions internationales et tous les gouvernements du monde. Pour repérer quasiment en temps réel tout mouvement pouvant représenter un frein à ses plans. Finalement, pour réaliser ou consolider des réseaux d'influence et de corruption à travers le monde

LA CIA – ZONE 3 –

LES ESPIONS DU RÉSEAU CERTIFIANT LE SECRET

Parmi les autres structures de la sphère du pouvoir politique et policier, il y a la CIA. The Central Intelligence Agency (agence centrale du renseignement). Fondée en 1947, dès le début de la guerre froide, elle était la plus connue des agences de renseignement se qualifiant par l'espionnage international et les opérations clandestines. À son actif les coups d'État politiques qu'elle conduisait hors des États-Unis. Son quartier général est à McLean en Virginie à 40 km de Washington. On estime qu'elle emploie 23,000 personnes, dont 16,000 au quartier général, son budget serait de 3,5 mds $.

Elle est chargée d'analyser et de fournir des informations sur les gouvernements, les entreprises et les particuliers de tous les pays du monde pour le compte du gouvernement américain. Sur le territoire américain, elle dispose de stations à New York, Washington, Seattle, Dallas, Chicago, elles sont chargées, entre autres, de recruter des étrangers. Par exemple en 1983 un Afghan fut recruté, de retour en Afghanistan il a été retourné par les services secrets afghans et soviétiques, d'où l'expulsion vers les USA de son officier traitant Richard VANDIVER.

Cet ensemble de moyens permet de faire un tri parmi les multiples informations internationales de toutes natures utiles aux opérations de surveillance du territoire, de politique nationale et internationale conduites par le gouvernement US. Une garantie pour lui d'être informé de tout ce qu'il lui est indispensable de savoir. Chaque compte rendu détaillé, très élaboré et sécuritaire, est une synthèse de toutes les données recueillies par toutes les agences, organisations, d'espionnage et d'investigation de l'intelligence service anglo-saxonne. Ces données secrètes sont remontées vers le MAIJ et classées selon leur niveau d'importance et de validité (tri sélectif allant de MAIJ 1 à 11).

Puis elles sont adressées au gouvernement américain. Mais il n'en est pas le premier, ni le seul dépositaire, car le CFR les a interceptées avant lui pour les confier à des cercles de réflexion spécialisés. Là, ces informations sont immédiatement évaluées, analysées. Selon leur importance, elles font l'objet de rapports express, aussitôt transmis jusqu'au Bilderberg group. Forts de ces éléments affinés, rien n'échappe à l'attention des membres du cartel, la scène mondiale leur est ouverte comme une page blanche. Ainsi, ces derniers peuvent suivre précisément l'évolution de chacun des volets de leur plan en cours de réalisation et s'il le faut les adapter en décidant de nouvelles modalités utiles à mettre en œuvre.

INTERPOL ET LE FBI – ZONE 3 –

DES GÉNÉRALISTES AU SERVICE DU RÉSEAU SECRET

Dans la zone 3 de la sphère du pouvoir politique et policier, il y a **Interpol**. The international Police créée en 1923, basé à Lyon, France. Une structure ayant une représentation aux Nations Unies à New York. C'est une organisation internationale visant à promouvoir la coopération policière internationale. La deuxième organisation mondiale après l'ONU. Un outil d'investigation civile couplé et complémentaire au FBI à la CIA.

Le FBI – Le Bureau fédéral d'investigation, établi en 1908, est le principal service fédéral de police judiciaire et de renseignement intérieur, dont le siège est à Washington. Ses bureaux sont répartis dans 400 villes américaines et 50 ambassades dans le monde. C'est un organisme majeur d'enquête, sous la tutelle du Département de la justice. Il recouvre le traitement de plus de 200 catégories de crimes fédéraux, ses attributions incluent l'antiterrorisme, le contre-espionnage, le délit informatique, la médecine légale. Il compte environ 11 000 agents et 12 000 employés, dont de nombreux ingénieurs, informaticiens, avocats, médecins légistes, son budget est de l'ordre de 9 mds $. Après les attentats du 11 septembre 2001, l'agence est réformée. La guerre contre le terrorisme devient une priorité, un tiers des agents est affecté à cette tâche. De ce fait, il y a carence de personnel pour enquêter contre la délinquance en col blanc.

Une tâche très difficile après la crise financière de 2008, à cause de la complexité des montages liés à la multiplicité des titrisations pourries de type subprimes. Les causes cachées de la crise majeure annoncée en 1994 par David ROCKEFELLER ont des répercutions de déstructuration financière si inattendue, si complexe à définir, à recouper, que les agents fédéraux chargés de l'investigation financière en sont décontenancés, le mentionnant ouvertement sur leurs rapports.

De la sorte, les membres du cartel peuvent à tout moment vérifier qu'aucune structure d'investigation, fut-elle la plus performante, n'a la capacité à s'immiscer dans ses propres circuits secrets. Qu'il n'existe aucun risque de dévoiler pas même une seule des facettes tactiques de leur plan. Qu'ainsi personne ne puisse jamais faire le recoupement avec l'objectif central d'affaiblissement de la souveraineté des États-nation, y inclut celle des États-Unis.

Autant de précautions indispensables pour que la véritable gouvernance mondiale puisse se prémunir du moindre risque de déclencher une opposition partielle et ponctuelle aux opérations de concentration financière engagées depuis les années 1980.

L'AFFAIRE MADOFF EST SIGNIFICATIVE DU TRAVESTISSEMENT DES OPÉRATIONS FINANCIÈRES

En 2008, l'épisode de l'affaire MADOFF – B.MIS, (l'ancien patron du Nasdaq la bourse des valeurs technologiques) a fait la une des actualités. C'était un système d'escroquerie de type pyramidal, relativement simple à relever. Cependant il a filé entre les doigts de la Securities & Exchange Commission - SEC (contrôleur et régulateur de la bourse US). Pourtant les signes louches étaient évidents, la B.MIS n'était plus enregistrée auprès de la SEC depuis 2006, son commissaire aux comptes était un minuscule Cabinet de l'État de New York.

Pas moins de trois enquêtes ont été diligentées par le régulateur américain contre la B.MIS. Mais, huit ans plus tard, malgré les rendements exceptionnels et constants de cette société, aucun enquêteur n'a su, n'a pu, donner le moindre résultat probant de malversation !

En 2008, quand la crise boursière éclate, un nombre trop important de clients de la B.MIS, des investisseurs tout aussi avides que MADOFF, exigent en même temps de récupérer leur mise. Le faussaire est dans l'impossibilité de rendre les fonds, il en parle à son fils qui prévient les autorités. Le 11 décembre, il est arrêté par le FBI. Ce scandale facilement mis à nu par simple délation n'a été utilisé que pour servir d'exemple afin d'apaiser l'opinion publique. Mais il n'est qu'une des rares pointes émergentes de l'immense dédale hyper complexe du mécanisme financier mondialisé, une immense chaîne de Ponzi,[120] dont l'une des caractéristiques est le travestissement boursier des opérations financières à visée hautement spéculative. Cet épisode médiatisé à outrance a participé à couvrir habilement la poursuite de la manœuvre d'assèchement de l'économie réelle.

Jusqu'au point limite de l'insupportable surendettement des États nation. Une fois le boulet de la dette noué à l'une des pattes du cheval, il suffisait d'attendre que sa course devienne chaotique au point de déstabiliser et de faire chuter son cavalier. Depuis un demi-siècle, les opérations boursières à haut rendement spéculatif se déroulent avec le laisser-faire déconcertant des opérateurs de bourse. Avec l'assentiment des gouvernements nationaux, soumis au bon vouloir du système financier privé, le créancier de leur immense dette publique.

Notamment les pays européens pris au piège de la dette et dans l'obligation d'emprunter sur les marchés financiers privés, selon les termes incontournables du traité de Maastricht.

Tous les acteurs du système économique sont pressurés par un engrenage comportant de nombreuses interpénétrations financières multi étagées. Ces rouages munis d'un clapet antiretour imposent une seule direction à la marche du mécanisme. Une fois placée dans ce système impitoyable, omniprésent, incontournable, aucune personne physique, aucune organisation privée ou publique ne peut s'en extraire. Voir – Deuxième moyen libéraliser l'économie – Moyen connexe – Organiser le règne de l'argent virtuel….

---

[120] **Les économies développées sont-elles devenues des chaînes de Ponzi ?**
http://www.latribune.fr/actualites/economie/international/20130102trib000740246/les-economies-developpees-sont-elles-devenues-des-chaines-de-ponzi.html

LES MAFIAS – ZONE 3 –

UNE NOUVELLE GÉNÉRATION DE MAFIEUX AU SERVICE DU RÉSEAU SECRET

Il est utile de placer cette organisation dans son principal contexte d'imbrication de zones dites, blanche de la drogue, grise de la corruption, du marché noir ; et zone noire liée à la criminalité de l'économie. L'ouverture des frontières, la globalisation économique, financière, rendent l'attraction entre ces trois zones mafieuses de plus en plus fortes. Il convient donc de distinguer la criminalité organisée traditionnellement opérante et la criminalité économique. Pour le grand public, le terme mafia évoque immédiatement le racket, ou l'extorsion de fonds, de petits ou grands commerces, bars, restaurants, casinos…

Un rapport de force imposé apparemment aux plus faibles, ceux qui ont à subir la loi du plus fort. Pourtant, loin de ce cliché quasiment obsolète, depuis le milieu du vingtième siècle, c'est la criminalité économique qui domine de très loin toutes les autres activités et formes opérationnelles de la mafia, au plan mondial. Dans l'actuelle période de crise majeure, les banques limitent les prêts aux petites entreprises. La mafia propose alors ses services de crédit à un taux d'usurier, un bon moyen de blanchir l'argent sale et finalement de devenir majoritaire au sein d'une société privée, ou d'en faire l'acquisition. Elle peut aussi aisément terroriser, paralyser et corrompre, jusqu'à l'appareil politique d'un pays, faisant main basse de manière illicite sur un ou plusieurs pans de l'économie… Voir ci-après l'exemple de l'emprise mafieuse en Russie. Par ailleurs, diverses entreprises détentrices de marques connues, placées en face d'une difficulté dans la marche de leurs affaires peuvent avoir recours à des moyens criminels. Par exemple, Philip Morris et Reynolds harassés de procès et de pénalités financières pour atteinte à la santé publique ont été épinglés par l'Union européenne pour contrebande.

Les principales structures mafieuses sont :

La mafia italienne. Elle fait un chiffre d'affaires annuel de l'ordre de 50 mds $, son patrimoine est estimé à 100 mds $. Sa structure est hétérogène, répartie sur le globe en quatre grands groupes : Cosa Nostra composée de 10 000 hommes en 180 clans – La Camorra napolitaine, 7000 membres répartis en 145 clans – La N'Dranghetta calabraise, 5000 hommes en 80 clans – La Sacra Corona Unita d'Adriatique, 1000 hommes.

La Triade chinoise. À l'origine, fin du XVIIe siècle, elle était une société secrète s'opposant à la dynastie mandchoue des Qing, dont les fondateurs étaient des moines du monastère de Shaolin.

Ce furent les initiateurs du kung-fu, pratiquant des disciplines de combat tenues secrètes, et utilisant un langage codé, des signes de reconnaissance. Ces patriotes soutenaient de nombreuses révoltes contre les usurpateurs mandchous voulant restaurer l'ancienne dynastie Ming. Au XIXe siècle, les sociétés secrètes chinoises étaient à la fois syndicats, sociétés d'entraide, organisations politiques, groupes économiques. En 1949, les communistes les ayant déclarés hors-la-loi, ils fuient la Chine Populaire pour Hong Kong, Macao, ou Taïwan et ne sont plus qu'un pâle reflet de leur glorieux passé. Toute leur activité se centre alors autour du crime organisé.

Les triades sont au cœur du trafic de drogue en provenance du Triangle d'or, Laos - Thaïlande - Birmanie, produisant chaque année la moitié du volume mondial d'opium et de ses dérivés, principalement l'héroïne. Le rattachement de Hong Kong à la Chine en 1997 a soulevé quelques inquiétudes chez les dirigeants mafieux, mais le gouvernement chinois a témoigné une étrange mansuétude à l'égard des triades. Ces groupes très riches réinvestissent une large part de leur argent sale sous forme d'investissements en Chine. Le ministre de la Sécurité publique chinois d'alors, Tao SIJU, déclara en 1995 « les membres des triades ne sont pas tous des gangsters, s'ils sont de bons patriotes, s'ils assurent la prospérité de Hong Kong, nous devons les respecter. Le gouvernement chinois est heureux de s'unir à eux ». Le rattachement de Hong Kong, de Macao, et l'ouverture économique de la Chine, leur aura permis de se réinstaller massivement sur ce continent, principalement la 14K ou gang des bambous unis et le gang des quatre mers.

Les YAKUSAS du Japon à ne pas confondre avec les voyous de la mafia japonaise, ni avec ceux d'autres groupes comme les mafieux Siciliens. Depuis leur fondation au XVIIe siècle à l'époque meiji jusqu'à 1945 les YAKUSAS vont étendre leur pouvoir, car les idées nouvelles introduites par Karl MARX faisaient peur à la population, renforçant ainsi les nationalistes. Leurs activités de marché noir et du sexe s'intensifiaient en grande partie sur la base de liens expansifs tissés avec le gouvernement japonais, leur assurant partiellement une totale légalité. Dans les années 1930, les YAKUSAS bénéficient d'une grande liberté grâce à leur rapprochement idéologique avec la droite ultranationaliste très proche du pouvoir de l'époque. Lors de l'invasion japonaise de la Mandchourie, ces liens leur seront très utiles pour être présents lors de l'occupation. Ils y organiseront le trafic de matériaux précieux et stratégiques ce qui leur permettra d'amasser une fortune colossale.

La mafia russe comprend 5700 organisations, aujourd'hui elle est pratiquement maître de l'économie russe. Contrôlant 70% du secteur bancaire, 85% des entreprises privatisées, la plus grande partie des exportations, des explorations et exploitations de ressources naturelles (pétrole, minerais, bois...). Ce transfert économique est en grande partie la conséquence de fonctionnaires menacés qui ont cédé au chantage des mafieux en falsifiant des documents de propriété en leur faveur. De leur côté, les agents financiers ont permis au travers de la libéralisation des marchés financiers le blanchiment d'argent. En 1991, la Commission des finances du Parti communiste consciente de la fin prochaine du régime a transféré des sommes colossales, via une banque chypriote, sur des comptes numérotés en Suisse. Après la chute de l'Union Soviétique, deux pays d'Asie d'ex-URSS ont tenté de prendre possession des réserves d'or appartenant aux banques centrales russes. Mais ce trésor avait été préalablement détourné par des truands soviétiques avec la complicité de fonctionnaires russes. Une fois le régime russe stabilisé, sans surprise, la Suisse en fut le premier investisseur.

LE ROLE DES BANQUES:
BCCI – BANK OF NEW YORK – CITIBANK – HSBC[121]

Les principaux circuits de recyclage d'argent de la zone blanche (drogue) sont les secteurs bancaires. La BCCI était une banque du Moyen-Orient basée au Luxembourg associée à diverses activités criminelles, en particulier le blanchiment d'argent au profit de cartels colombiens de la cocaïne et du général NORIEGA du Panama. En décembre 1988, la BCCI, 7e banque mondiale, était présente dans 73 pays, possédait 417 bureaux de représentation et 14 000 employés. Parmi ses clients, le chef terroriste Abou NIDAL, son compte à Londres créditait 60 milliards $. En 1991, elle connaîtra une faillite retentissante.

Dans la zone grise et noire (marché noir, corruption), la Bank of New York et la Citibank ont été auditées pour avoir blanchi des fonds en provenance de Russie. Elles opéraient par

---

[121] **HSBC paie une amende record pour mettre fin aux poursuites**
http://www.lesechos.fr/12/12/2012/LesEchos/21332-130-ECH_hsbc-paie-une-amende-record-pour-mettre-fin-aux-poursuites.htm

l'intermédiaire de sociétés off-shore. La Citibank était de plus impliquée dans le blanchiment d'argent sale pour le compte de SALISAS président du Mexique, pour le président du Gabon… La déréglementation financière internationale des années 1980 se développa aussi par le moyen de montages de carrefours financiers truqués estimés à 113 mds $ pour la seule année comptable 1997. En 2008, le scandale dit Affaire MADOFF de 50 mds $ ne représentait que la moitié du détournement de fonds réalisé par cette mafia de la zone grise et noire. Il inclut le trafic de clandestins, de femmes, d'enfants, d'organes, de métaux stratégiques, et de matières nucléaires, dont leur supposé recyclage.

Le crime organisé a toujours une longueur d'avance, il se lance dans le secteur de l'écologie, mais sans être sensibilisé par le documentaire An inconvenient truth (une vérité qui dérange, promotionné par Al GORE, ancien vice-président des États-Unis). Selon une étude de Legambiente[122] de 2002, ces destructeurs proposent le recyclage de déchets toxiques à bas prix à destination de l'Afrique du Sud, de l'Italie, du Canada en Alberta (selon GRC). Des régions entières risquent une catastrophe écologique et humaine puisque les déchets ne sont pas traités. Dans ce type de trafic, la N'Dranghetta calabraise aurait encaissé ainsi environ 15 mds $ canadiens. Tandis que certaines régions de Campanie en Italie seraient complètement ravagées, avec pour conséquences humaines de nombreux cas de maladies chroniques inexpliquées. Les pénalités encourues sont minimes au regard du désastre écologique et humain. Les critères de contrôle d'audit des sociétés chargées de la dépollution sont inexistants et personne ne semble prêt à modifier cet état de fait. La mafia grise peut alors encore prospérer dans ce secteur d'avenir.

---

[122] La plus importante association environnementale apolitique italienne, créée en 1980, reconnue par le Ministère de l'Environnement.

LA MAFIA COLLABORE AVEC CERTAINS GOUVERNEMENTS, LES ÉTATS-UNIS ET LE CARTEL MONDIALISTE

La mafia, ou Syndicat du crime est une vaste structure dont le public ignore tous les circuits qu'elle emprunte. Si cette organisation multi étagée et multi diversifiée n'a pas été éradiquée c'est parce qu'elle rend certains services à divers gouvernements, notamment à celui des États-Unis et au cartel de la véritable gouvernance mondiale. Elle a connu un essor sans précédent au cours de la prohibition de l'alcool entre 1920 et 1933. L'augmentation vertigineuse de ses revenus, notamment le blanchiment d'argent sale estimé à 1600 milliards $ par an lui a permis d'obtenir une structuration de type industriel, accroissant ainsi sa puissance et son influence.

Elle est forte également de réseaux qu'elle a tissés dans l'économie et le milieu de la politique américaine. Elle a utilisé le même type de maillage que celui du cartel, incluant un rituel initiatique et/ou la promesse de vie et de mort à la cause, au clan, la fameuse Cosa Nostra.

Elle intervient à deux niveaux, le premier est typique de l'image que l'on se fait de cette organisation, les divers coups de main régionaux ou nationaux pour renverser des hommes et/ou des situations gênantes. Le deuxième a pris une ampleur insoupçonnée, c'est une intervention de type économique. Comment cela ? En recrutant un autre genre d'hommes de main, des tueurs à gages économiques. Le premier Killer de ce type fut Kermit ROOSEVELT, le petit fils de Teddy, président des États-Unis. Dans les années 1950, doté de millions de dollars il renversa le gouvernement iranien démocratiquement élu de MOSSADEGH, désigné pour ses qualités « *d'homme de l'année* » par le magazine Time, afin de le remplacer par le Chah d'Iran.

Un problème se posait, Kermit ROOSEVELT était un agent de la CIA donc un employé du gouvernement, s'il avait été découvert cela aurait provoqué de gros ennuis diplomatiques très embarrassants. Alors après avoir bien mesuré ce risque, la décision fut prise de faire appel à des organisations comme la CIA et la NSA pour recruter anonymement des tueurs à gages économiques au sein de la mafia. À partir des années 1960, la NSA diversifia ce type d'intervenants en recrutant des étudiants en économie et commerce. Elle les utilisa, via des compagnies financières privées, pour accorder un prêt à un État pauvre, par exemple l'Indonésie ou l'Équateur. Progressivement, ce dernier pays se trouva dans l'incapacité de rembourser, car à terme il allait devoir consacrer 50% de son budget national juste pour rembourser sa dette.[123]

Pris à la gorge, l'Équateur accepte la déforestation des forêts d'Amazonie, car elles regorgent de pétrole. L'opération est triplement gagnante puisque a) selon le contrat initial, 90% de l'argent du prêt doit retourner aux travaux organisés par des compagnies américaines b) Le prêt est majoré d'intérêt bancaire c) Il s'accompagne de profits en nature par l'obtention de matières premières nationales. De surcroît, le pays emprunteur reste sous la coupe de l'empire mafieux qui l'a gagé. Bref, tout au profit des grands financiers, les fidèles soutiens du cartel mondialiste, eux-mêmes soutenus par le mode opérant du FMI, de la Banque Mondiale. Voir – FMI et Banque Mondiale sont les principaux instruments financiers de la domination mondialiste – Les IFI piliers du N.O.M.

Quelle que soit la couleur de l'étiquette, blanche, noire ou grise, la mafia est un tout indissociable. Une des caractéristiques organisationnelles de cette pieuvre Octopus macropus est l'homogénéité et la solidarité de toutes ses branches, ses

---

[123] **John Perkins, confessions d'un corrupteur de nations**
http://www.dailymotion.com/video/xa636d_john-perkins-confessions-dun-corrup_news

nombreux tentacules. Chaque circuit complétant l'action et le service apporté à un autre et réciproquement. S'attaquer à l'un d'eux revient à frapper à mort l'ensemble de la bête. Certains secteurs mafieux rendent régulièrement, régionalement, ou à l'échelle d'un pays, de fiers services à l'actuelle véritable gouvernance mondiale. C'est pourquoi cette organisation dans son ensemble n'a pas été éradiquée, ni même menacée dans la conduite routinière de ses affaires quotidiennes.

Par son savoir-faire corrupteur, cette nouvelle génération de mafia noire est au service du Réseau secret. C'est donc une partie intégrante de la structure de la véritable gouvernance du monde.

Toutefois, dans de rares organisations chinoises, coréennes, japonaises, notamment les YAKUSAS, il existe des hommes d'honneur dotés d'une éthique sociale. Ils s'opposent formellement au meurtre de civils innocents. Ils ont eu connaissance des intentions d'éradication massive silencieuse, sur la base de campagnes intensives de vaccination, planifiées par l'élite de la gouvernance occulte à l'encontre du continent asiatique.

Ils l'ont donc placé devant l'alternative suivante « *Soit vous vous abstenez de tenter quoi que ce soit contre les populations d'Asie, soit nous vous éliminerons tous à partir du sommet, les ROCKEFELLER, les ROTHSHILD... car vous êtes au nombre d'environ dix milles dans le monde, dont nous possédons la liste exhaustive, alors que nos organisations comprennent plus de dix millions d'hommes, tout aussi motivés que nous* ». Cet ultimatum impressionnant semble avoir été pris en compte, car cette partie du plan d'éradication massive a été reportée sur les États-Unis, le Canada, actuellement sur l'Europe. Il s'agit, outre les campagnes de vaccination massives contre la grippe dite aviaire et porcine, d'une immense propagande, jouant sur la peur d'un faux besoin, qui a poussé des millions de femmes, dès l'âge de 14 ans, à se faire vacciner contre le cancer du col de l'utérus (thème développé dans le livre du même auteur « *Hérésies Médicales et Éradication de Masse* »).

CHAPITRE 9

QUELLE STRATÉGIE MULTI ÉTAGÉE ONT-ILS MISE EN ŒUVRE POUR ABOUTIR À L'INSTAURATION D'UNE NOUVELLE STRUCTURE DU MONDE ?

Dès le début du 20e siècle, le plan des esprits supérieurs consistait à ce que la gouvernance invisible prenne le pas sur les vraies valeurs démocratiques. Dans les années 1920, au-delà de l'unanime nécessité d'établir durablement la paix parmi les nations, quelques observateurs perspicaces analysaient les causes réelles à l'origine des maux qui affectaient déjà profondément la société humaine de l'époque. Ils en ont déduit que les mouvements politiques de fond étaient instrumentalisés par un groupe restreint identifiable à de puissants lobbyistes émergents. Ceux-là s'accordaient à miner l'autorité décisionnelle des États nation.

Cette infiltration politique vipérine, méthodique et tenace, commença à opérer au sein du gouvernement de la première puissance mondiale. Relativement à la méthode utilisée, aux effets observés, la suite des faits et événements historiques allait en partie donner raison à ces analystes. Pour acquérir la compréhension globale de ce mouvement pervers naissant, d'autres recoupements étaient nécessaires. Il fallait établir le lien qui relie ces puissants lobbyistes à la structure de la véritable gouvernance mondiale occulte.

L'éditorial du Christian Science Monitor en date du 19 juin 1920 avait vu juste à ce sujet :

Ω - « *Ce qui est important c'est d'insister sur les preuves croissantes de l'existence d'une conspiration secrète, dans le monde entier, pour la destruction du gouvernement organisé (la souveraineté de chaque État-nation, notamment celle des USA) et l'abandon au mal* ».

En 1922, même analyse convaincante de John F. HYLAN, maire de New York :

Ω - « *La vraie menace de notre république est ce gouvernement invisible qui comme une pieuvre géante étale ses longs tentacules sur les villes, les états, et les nations. Comme le poulpe dans la vraie vie, il opère sous le couvert d'un écran créé par lui.... À la tête de ce poulpe sont les intérêts de Standard Oil de Rockefeller et un petit groupe d'établissements bancaires puissants généralement désignés sous le nom de banquiers internationaux. La petite coterie de banquiers internationaux puissants vient à courir virtuellement après le gouvernement des USA dans leurs propres buts égoïstes. Ils commandent pratiquement les deux partis politiques* ».

En ces années-là, à l'issue d'un premier conflit mondial aussi dévastateur, l'objectif premier des gouvernements fut naturellement de retrouver la stabilité d'avant-guerre, période dite de la belle époque, par le moyen inusité d'un renouveau politique. Mais au lieu de cela, ils allaient devoir supporter le poids et l'influence démesurée du monde de la

finance à l'encontre de nombre de leurs décisions souveraines. Un contexte sur fond de conspiration et de mise en place d'entrelacements secrets tentaculaires ayant pour origine un gouvernement invisible, ou sous-jacent. Une autorité parallèle constituée de réseaux d'influence et de corruption introduits au sein de la société civile et politique afin de la corrompre et de la manipuler.

Ces années de prohibition d'alcool, de drogue et de grande corruption touchaient toutes les couches de la société américaine et occidentale. Pour le public influencé par la presse, il aurait pu sembler que les inquiétudes de la décennie ne se rapportassent qu'au cancer sociétal introduit par la mafia. Mais, pour qui savait analyser et discerner le sens profond des événements, à l'exemple de J.H. HYLAN, maire de New York, les préoccupations les plus profondes ne concernaient en réalité que le stratagème incrustant et déstabilisant d'un gouvernement occulte. Un pouvoir dont les agissements secrets auto camouflés se comparent judicieusement aux mouvements tacticiens d'une immense pieuvre lâchant de l'encre pour dissimuler l'orientation de sa fuite.

Au 21e siècle, pour saisir pleinement la trame de ces manœuvres, il est nécessaire d'identifier clairement toutes les parties en cause et de rassembler tous les éléments distinctifs de ce qu'englobe le mondialisme. Ceci afin de bien discerner comment les membres du cartel, ou esprits supérieurs, ont opéré pour structurer un gouvernement occulte maître du monde, appelé à devenir le futur nouvel Ordre mondial. Examinons tout d'abord quand et comment ils ont décidé de miner l'autonomie budgétaire des États-nation.

LES ACCORDS HISTORIQUES DE BRETTON WOODS
SONT UNANIMEMENT ADOPTÉS

À l'issue de la Seconde Guerre mondiale, conflit très dévastateur, à cause de l'impérieux besoin de reconstruction de tous les pays mis en lambeau, les chefs d'État s'empressèrent de définir et d'appliquer une nouvelle politique d'intérêt général. Dans un élan sincère de recherche harmonieuse de développement social rapide, stable, pénétré de valeurs judéo-chrétiennes, ils s'organisèrent avec enthousiasme pour mettre en œuvre un nouveau modèle économique international de grande envergure. Ceci se concrétisa rapidement en 1944 par la signature des accords historiques de Bretton Woods. Une belle perspective d'essor économique s'offrait alors au monde occidental.

À cette époque, il ne serait même pas venu à l'idée des auteurs de l'accord de voir un jour le monde confronté à un système financier privilégiant à outrance la spéculation boursière, en délaissant la mise à disposition de capitaux au service de l'essor de l'économie réelle. Ces leaders n'imaginaient rien d'autre qu'un système exclusivement basé sur la création de richesses redistribuables au plus grand nombre. Un dispositif assurant aux financiers un cycle de profitabilité suffisamment fiable et durable pour permettre un excellent retour sur investissement.

Les profits tirés de l'économie dite keynésienne[124] suffisaient amplement à enrichir la majorité des investisseurs. Tout en permettant aux richesses produites d'être plus équitablement réparties au sein de toutes les couches sociales. Sans avoir besoin d'inventer une quelconque rouerie pour s'enrichir davantage. Un accord, dont les mécanismes économiques furent conçus, débattus, et finalement retenus pour être pérennisés au profit de tous.

Dans le système de développement économique Brettonwoodien, trois moyens de stabilisation avaient été établis dans la majorité des pays développés :

1) La solidarité nationale, incluant la sécurité sociale étendue à tous.

2) Les principes de la politique volontariste keynésienne valorisaient la préoccupation réelle et sincère de maintenir le plein emploi, assurant ainsi la redistribution des revenus globaux, ou richesses produites, au profit des classes les plus modestes – la valorisation de l'accroissement des investissements publics – le maintien du protectionnisme douanier – l'assurance de taux d'intérêt raisonnables pour rendre attractifs les investissements privés.

Au final, une vision macro-économique très équilibrée des flux globaux. La monnaie jouant un rôle primordial en assurant le développement de l'économie réelle créatrice de richesses profitables, pour la collectivité, qu'il s'agissait de répartir le plus équitablement possible au sein de toutes les strates laborieuses.

---

[124] L'économiste KEYNES raisonne pragmatiquement en terme macro-économique fort simple d'offre et de demande globale. Dans son cadre macro-économique, la production, donc l'emploi, dépend des dépenses. Si la demande n'est pas suffisante, les entreprises ne produiront pas assez et n'emploieront pas tous les salariés. D'où la nécessité pour le gouvernement de conduire des politiques de soutien à la demande, c'est-à-dire de soutien à la consommation et/ou à l'investissement. Keynes insiste particulièrement sur l'investissement.

L'intervention de l'État devait être ponctuelle et efficace en ne portant pas atteinte à l'autonomie des entreprises privées. Une politique monétaire directement opposée aux techniques déflationnistes utilisées jusqu'alors.

3) Le renforcement du lien entre le salarié et l'entreprise.

Toutes les conditions étaient donc réunies pour permettre aux habitants des pays occidentaux de bénéficier d'un avenir socio-économique radieux. Mais l'épilogue ne sera pas aussi heureux que cela, comme en témoigne la vision prospective de CAYCE :

« *Vous, peuple américain, qui avez officiellement adopté le christianisme au point de graver sur votre monnaie " IN GOD WE TRUST ", vous ne devriez pas mettre votre confiance dans la puissance humaine, ni dans la politique de l'économie, car dans ces deux domaines il va y avoir du changement* ».

Une vue prophétique de la société, tirée du livre les prophéties d'Edgar CAYCE de 1940, qui se révélera exacte une trentaine d'années après la signature des accords de Bretton Woods.

EN 1971 LES ACCORDS LOYAUX DE BRETTON WOODS
SONT FINALEMENT BRISÉS

L'origine de l'enclenchement de la crise majeure de 2008

Pour comprendre les causes réelles de l'actuelle crise économique majeure, il faut remonter aux accords de Bretton Woods de 1944, conjointement à la création du FMI, de la Banque Mondiale, et du GATT en 1947, devenu OMC en 1995. Ce furent les principaux instruments d'appui macro-

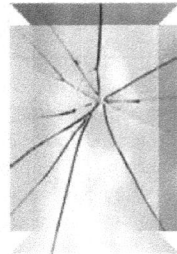

économique qui ultérieurement ont été utilisés de façon pervertie par le cartel mondialiste pour finalement conduire aux bouleversements qui ont cours depuis 2008, sous les traits d'une crise socio-économique sans précédent.

Le Gold Exchange Standard centré sur le dollar américain soumis à un rattachement nominal à la valeur de l'or – 35$ l'once d'or – as good as gold – n'était qu'un dispositif hybridé du plan initial de KEYNES. Cependant, il fut le fondement même de l'organisation d'un nouveau système monétaire mondial. Un modèle relativement cohérent et productif ayant permis au monde des années 1945 à 1975 de connaître un développement économique trentenaire, partiellement harmonieux.

Ce modèle financier certes perfectible a été brutalement et traîtreusement rompu en 1971. Rien ne justifiait une telle décision, tout au contraire il suffisait de revenir au plan initial de John Maynard KEYNES disponible et applicable dans son intégralité dès 1941. Son système était plus complet et plus efficient que le Gold Exchange adopté en 1944 de manière contrainte sous la pression politique des États-Unis. Son modèle veillait au parfait équilibre des échanges internationaux. Tout déficit ou tout excédent de la balance des paiements devait être comptabilisé en une monnaie supranationale le *Bancor*, non rattachable à la valeur de l'or.

Le réglage d'égalisation consistait à ce que toute réévaluation ou dévaluation injustifiée de monnaie nationale puisse faire l'objet de sanction par un organisme supranational *l'union international of clearing*, la Chambre de compensation des paiements internationaux.

Le but était d'encourager les nations à maintenir des relations commerciales harmonieuses avec l'ensemble des autres pays. Dans une optique multilatérale, excluant tout libre-échange non régulé, tout protectionnisme, tous tarifs douaniers. La Chambre devait procéder annuellement à un réajustement de la parité des monnaies nationales par rapport au *Bancor*, afin de présenter un bilan global export/import à l'équilibre.

Tout surplus en *Bancor* ne pouvait pas être échangé contre de l'or afin de neutraliser la nocivité d'intérêts excessifs à l'intérieur de ce système. Afin d'obliger la nation excédentaire, faute de subir une taxation, à réinvestir ses excédents en *Bancor*, via la Chambre de compensation, en direction de pays ayant besoin de financement. À l'inverse, tout déficit prolongé en *Bancor* donnerait lieu à une taxation à taux progressif. Assurément, il s'agissait d'un principe de réciprocité apte à juguler toute forme d'abus et de défiance.

Ainsi plus aucune nation nécessitant un emprunt n'avait plus à être soumise au bon vouloir des marchés, à subir par une tierce partie une évaluation partiale et subjective des monnaies, des États, des entreprises, des biens... C'était l'assurance d'obtenir un crédit internationalisé, mutualisé et rationalisé, distribuable à tout requérant, tout en maintenant la stabilité des prix, des denrées et des produits finis. Dans chaque pays, ou continent, les banques centrales n'avaient plus à qu'à jouer un rôle de compensation des monnaies nationales, les banques privées qu'à diffuser du crédit avec une marge bénéficiaire normalisée. Les marchés, sauf ceux à terme, devenaient obsolètes et même un handicap au bon fonctionnement du système keynésien.

Néanmoins, le système Bretton woodien, pâle copie du plan initial de KEYNES, a permis de favoriser dans une certaine mesure l'investissement, la production, la redistribution de richesses en direction des actionnaires, des salariés (sous forme de participation). La part desquels favorisait à son tour la consommation, donc venait en augmenter la demande quantitative et qualitative. C'était un cercle relativement simple et vertueux, permettant d'augmenter la production et le profit dans un rapport supérieur à celui de l'investissement initial. Ce fut partiellement la caractéristique économique du trentenaire dit glorieux, 1945 - 1975.

LE GLASS-STEAGALL ACT, OU BANKING ACT EST ABROGÉ EN 1999

Promulgué pendant la grande dépression, c'est une loi qui fut adoptée par le Congrès américain en 1933. Elle imposait au milieu financier :

➢ L'incompatibilité entre les métiers de banque de dépôt et ceux de banque d'investissement.

➢ La création d'un système fédéral d'assurance des dépôts bancaires.

➢ L'introduction d'un plafonnement des taux d'intérêt sur les dépôts bancaires.

Ainsi les banques commerciales ne pouvaient pas collaborer avec les firmes de courtage et réaliser des opérations spéculatives. Les crédits immobiliers accordés par les banques aux particuliers n'étaient pas des actifs liquides qu'elles pouvaient revendre à souhait.

Dès 1999, avec l'abrogation de cette loi, après un court délai légal de 30 jours, les banques ont pu entamer librement leur course au profit en procédant à la vente massive d'actifs issus des crédits.

Au cours des années 1970, le Glass-Steagall Act a été moult fois contourné par l'ensemble de la profession bancaire internationale, pour finalement être abrogé le 12 novembre 1999 et remplacé la même année par le Gramm-Leach-Bliley Act Financial Services Modernization Act.[125] Un renversement à l'origine de la fusion et la constitution du Citigroup.[126] Groupe financier, dixième des plus grandes entreprises mondiales, avec 2200 milliards $ d'actifs financiers en 2007, 332.000 employés, 200 millions de clients dans plus de 100 pays.

CONSÉQUENCES IRRÉVERSIBLES DE L'ÉVINCEMENT DU GOLD STANDARD ET DU GLASS-STEAGALL ACT

En 2011, les dispositions prises aux USA et en Europe, visant à séparer les activités bancaires de dépôt d'avec celles à caractère spéculatif n'ont aucun caractère innovant. Si le Glass-Steagall Act et le Gold Standard avaient été maintenus, la crise de solvabilité des banques n'aurait jamais eu lieu. Aucune des conséquences inhumaines d'hyper spéculation dues à la crise dite des subprimes n'aurait gâché la vie de millions de gens. Autant de conditions générales délétères et infernales qui ont permis le déclenchement de la crise majeure de 2008. Il s'agit donc d'actes délibérément planifiés et appliqués en temps voulu dont les effets différés quatre décennies plus tard placeront le système financier mondial dans une impasse infranchissable.

---

[125] **Gramm-Leach-Bliley Act Financial Services Modernization Act de 1999**
http://fr.wikipedia.org/wiki/Gramm-Leach-Bliley_Act_Financial_Services_Modernization_Act_de_1999
[126] **Citigroup**
http://fr.wikipedia.org/wiki/Citigroup

Si le cap incluant ces deux dispositifs macro-économiques à double effet de garantie globale avait été tenu. Si les adaptations et réformes pratiques du plan originel de KEYNES, élaboré en 1941, avaient été appliquées au Gold Exchange Standard ; il est bien évident qu'au 21e siècle aucune crise majeure telle que nous la connaissons actuellement n'aurait jamais eu lieu. En témoigne qu'aujourd'hui, en pleine débâcle économique, l'on parle d'une nouvelle économie keynésienne et de mini Glass Steagall Act.

Puisque l'on n'a rien trouvé de mieux comme modèle économique, il est prévu d'ériger rapidement un nouveau système financier mondial se prévalant trompeusement du plan initial de KEYNES.

C'est le thème central évoqué par le FMI,[127] sans cesse débattu au cours des rendez-vous du G8 et du G20. Ceci démontre que l'assemblage économique tel qu'il est structuré et tel qu'il fonctionne aujourd'hui ne dispose d'aucune sorte de solution, ni d'aucune perspective d'avenir. Ce constat incite les nations à accepter comme seule issue l'idée de retour vers le modèle keynésien original, ce que le FMI présente habilement sous un faux jour, en floutant l'esprit progressiste des travaux de KEYNES.[128] **En 2014, le FMI appelle à un Global Reset**, une totale réinitialisation, ou refonte totale **du système économique mondial**, du fait de l'hyper endettement insensé de tous les Etats.

Ce n'est donc pas qu'une dérive financière internationale des années 1950, ni qu'une totale incompétence de gestion publique des États-nation qui est en cause dans l'actuelle crise majeure. C'est en réalité la trame insidieuse qui a été tissée à l'arrière-plan

---

[127] **Christine Lagarde veut faire proposer le Bancor au G20**
http://www.crashdebug.fr/index.php/actuatlites-france/2457-christine-lagarde-veux-faire-proposer-le-bancor-au-g20
[128] http://www.comptanat.fr/general/keynes.htm

de l'acte politique délibéré et orienté du président américain Richard NIXON.

Lui qui en date du 15 août 1971 a décidé unilatéralement de suspendre d'un traître coup la convertibilité du dollar américain en or. Une façon de remettre arbitrairement en cause les accords loyaux et relativement durables d'après-guerre.

L'inconvertibilité en or du billet vert jusque-là considéré comme aussi bon que l'or – as good as gold – et le refus de revenir au plan originel de KEYNES de 1941 – sont les deux éléments qui caractérisent la double traîtrise à l'origine de tous les problèmes financiers, économiques, sociaux, que le monde entier a dû subir ultérieurement.

À commencer par la perte de confiance des pays producteurs de pétrole dans le dollar, entraînant les deux chocs pétroliers de 1973 et de 1979, quadruplant d'un coup le prix de ce qui deviendra l'or noir. Cet acte intentionnel de sabordage économique, planifié par le cartel mondialiste, aux multiples effets différés, fut l'élément précurseur et déterminant qui conduira quatre décennies plus tard au déclenchement de l'actuelle crise majeure.

À l'époque, l'intervention spectaculaire de la Réserve Fédérale américaine, pour soi-disant reprendre le contrôle de l'inflation, fut couronnée de succès. Une décision de Paul VOLCKER,[129] lui-même étroitement lié au désengagement du Gold standard, ouvrant ainsi l'âge d'or des banques centrales. Finalement, ce ne fut qu'une action bien éphémère au regard du poids colossal des problèmes engendrés par la trahison planifiée du 15 août 1971, notamment le cycle sans fin de l'endettement des nations. À l'évidence, les années 1980 ont marqué la fin d'une courte

---

[129] Membre du CFR – de la Commission trilatérale – du groupe de Bilderberg – de la Pilgrims' society.

période de régulation économique achevée en 2008, cédant la place à la crise des crises.

Depuis les années 1980, les États-nation outre une mauvaise gestion des deniers publics ont été confrontés à une incessante recherche d'équilibrage économique, rarement atteint, qu'ils ont endurée très péniblement. Ce problème crucial n'a cessé d'être leur principale préoccupation. Conformément à l'objectif central de sape de la souveraineté des nations. Plan mis en place dès après 1971, dont l'aboutissement fut annoncé et certifié en 1994 par le plus illustre des esprits brillants :

> Ω – **citation clé** – du 23 septembre 1994 – « *La présente fenêtre d'opportunité, durant laquelle un ordre mondial pacifique et interdépendant (la latitude souveraine des États nation) peut être construit, ne sera pas ouverte pour très longtemps. Nous sommes au seuil d'une transformation globale. Tout ce dont nous avons besoin, c'est une crise majeure et les nations accepteront le nouvel Ordre mondial* ». David ROCKEFELLER, membre éminent du CFR, de la Trilatérale et du cœur de cercle du Bilderberg group.

Richard NIXON lui-même membre du Bohemian's club et du CFR, fut installé au pouvoir par Nelson ROCKEFELLER également membre central du Bilderberg Group. En 1971 il ne fit qu'appliquer les directives collégiales des membres centraux du cartel, rendant le dollar inconvertible en or.

Le moyen d'abroger le Gold Exchange Standard, et surtout de repousser toute réforme corollaire à ce plan, adopté en 1944, sous la contrainte politique états-unienne. John CONNALLY, secrétaire au Trésor du président NIXON, put alors déclarer au monde entier « *Le dollar est notre monnaie et votre problème* ». Dès lors, la devise américaine n'a plus été couverte ni par de l'or, ni par la garantie de l'État US. Elle est devenue une monnaie mutante, privée, et libre, du système fédéral de réserve (FED).

LA CONFIANCE POUR L'ACTUEL SYSTÈME MONÉTAIRE PEUT ÊTRE REMISE EN CAUSE D'UN JOUR À L'AUTRE

Depuis lors, le dollar et toutes les autres monnaies du monde ne correspondent plus à une valeur réelle, mais elles ne sont qu'un simple moyen de paiement imprimé et légalisé basé sur une confiance très relative qui peut être remise en cause d'un jour à l'autre. Cependant, cette légalisation de la monnaie comme moyen d'échange ne donne aucune assurance de totale préservation de sa valeur. Cela quels que soient son niveau de change et le volume de la masse monétaire.

L'énoncé du problème de la dilution de valeur des monnaies se précise bien davantage en incluant le rapport de 1 à 10 entre l'évolution de la masse des biens et la masse monétaire. La première a quadruplé durant les trente dernières années, alors que la masse monétaire composée à plus de 90% par une monnaie scripturale, ou jeu fictif d'écriture bancaire, a été multipliée par quarante. Entraînant inévitablement de l'inflation, contrairement au système keynésien, hausse des prix qui à son tour dévalorisent la monnaie. On a recouru à trois écoles pour essayer de résoudre ce problème :

1- La Banque fédérale d'Allemagne, dès sa fondation, fut dans une grande mesure indépendante des décisions de l'État. Elle fixait elle-même légalement la préservation du mark, selon la théorie de la monnaie neutre, afin de pouvoir résister aux pressions entraînant le recours à un excès de masse monétaire. C'est pourquoi le mark était reconnu comme monnaie la plus stable du monde, de plus en plus utilisée comme moyen de réserve et de placement.

2- Jusqu'en 1992, date de la signature du traité de Maastricht, les autres États-nation européens avaient opté pour une monnaie axée sur le recours à la production de masse monétaire. Ils avaient mis leurs banques centrales respectives dans l'obligation de déterminer le niveau de leurs masses monétaires d'après certains objectifs économiques. Parmi lesquels la croissance ou le plein-emploi, d'où une inflation régulière de cette masse (exemples la France, l'Italie, l'Espagne).

3-   La plupart des dictatures, les pays en voie de développement, et la FED, ont opté pour une monnaie dite quantitativement libre. Son utilisation par décisions politiques successives, ou par la volonté des décisionnaires privés du système de réserve, peut devenir effrénée. C'est la méthode dite de la planche à billets, nullement limitée par la loi. Un type de monnaie dont on peut abuser librement, mais dont l'avenir n'est jamais assuré.

La mixité de ces trois écoles, dont les 2e et 3e sont soumises à l'inflation – à l'augmentation de la masse monétaire – à la dévaluation, a créé des tensions sur les cours des changes – incitant les grands argentiers à investir en monnaies fortes. Dans ce contexte financier décousu, aucune monnaie du monde ne détient une quelconque base de valeur. La monnaie mondiale, majoritairement représentée par le dollar, s'est ainsi détachée de toute valeur réelle, le recours à la rotative, ou planche à billets, reste de mise, conjointement à la décroissance de sa valeur.

En brisant les accords de Bretton Woods, l'essor économique du monde a été fractionné et progressivement laminé pour aboutir inéluctablement à l'actuelle crise majeure apparue brusquement par l'apparent écroulement de la finance. Sous couvert du krach boursier de 2007, la tactique a consisté en une rétention quasi totale des liquidités, parallèlement à une nouvelle concentration de la masse financière mondiale entre les mains des planificateurs du stratagème d'assèchement progressif des liquidités. Un scénario qui ressemble en grande partie à celui de 1929, également orchestré par le cartel. Ils ont pu ainsi assurer la montée en puissance des banques centrales et la concentration de l'argent entre une minorité de banquiers et représentants de la véritable gouvernance mondiale de l'époque. C'est donc en 1971 que les valeurs Bretton-woodiennes, à la base du développement trentenaire de l'économie réelle, ont été complètement dissoutes. Aussi facilement qu'un morceau de sucre raffiné ne tarde pas à disparaître dans un peu d'eau.

Depuis les années 1980, seuls quelques rares pays ont su réaliser de bien meilleurs résultats socio-économiques que d'autres. Pour ce faire, les chefs de gouvernement, leurs équipes et toute la population se sont opposés à toutes formes de corruption et de gaspillage des biens nationaux, soucieux d'une saine gestion des fonds publics. Toutefois, la courte période de temps écoulée du trentenaire glorieux entre 1945 et 1975 n'est plus aujourd'hui qu'un vague souvenir empreint de nostalgie pour un grand nombre de seniors. La situation s'est rapidement dégradée au point de devenir très critique. En 2008, elle est entrée au stade de dramatique délitement.

Conclusion : ce qui fut enclenché en 1971 s'avère être le point de départ de la déstabilisation du système monétaire et économique international. Dont la résultante est le ralentissement et pour partie la destruction progressive de l'appareil de production et le tarissement de l'emploi, les deux bases fondamentales de l'économie réelle. Depuis cette période, l'enchaînement de toutes les autres péripéties apparues sur la scène mondiale, dont l'hyper spéculation financière, ont été tout à la fois les renforçateurs et les marqueurs de l'incessante dégradation économique mondiale.

La crise économique majeure est devenue la thématique incontournable. L'objet de tous les débats politiques et médiatiques, de toutes les expertises techniques au plus haut niveau de compétence, de tous meetings et campagnes électorales. Autant de réactions directes et indirectes ayant une seule origine, la double trahison délibérément planifiée de 1971 et de 1999. Depuis 2008, l'on assiste à une crise de l'expertise car tout au mieux les experts n'apportent qu'un diagnostic limité à cette problématique.

Par exemple, l'on peut se satisfaire d'explications plausibles sur la crise des subprimes dans le domaine de la bulle immobilière, mais quand il s'agit d'établir le lien précis avec toutes les autres pièces du puzzle, crise bancaire, crise boursière, crise de l'endettement, de l'investissement, de la récession... les explications sont très incomplètes. Les experts n'offrent donc qu'une pensée en silo, sans vision panoramique sur l'origine, la cause, le déroulement et l'aboutissement de la crise majeure.

AFFAIBLIR PROGRESSIVEMENT LA SOUVERAINETÉ DE CHAQUE ÉTAT-NATION

Pour parvenir à cet objectif central et tenir en bride les États nation, il fallait au préalable mettre à mal l'économie mondiale. Une œuvre de longue haleine envisagée avec la plus grande détermination dès les années 1930.

« *Nous travaillons actuellement discrètement avec toute notre force à arracher cette force mystérieuse appelée la souveraineté hors de l'étreinte des États-nation du monde* ». Thème développé par le professeur Arnold TOYNBEE, dans un discours en juin

1931 devant l'Institut pour l'étude des affaires internationales à Copenhague.

Ω - **Citation clé** « *Le nouvel Ordre mondial devra être construit depuis le bas plutôt que du sommet vers le bas [...], mais en fin de course, éroder pièce par pièce la souveraineté nationale accomplira beaucoup plus que la vieille méthode d'assaut frontal* ». Richard GARDNER, Membre du CFR, écrivant dans le numéro d'avril 1974 du journal des affaires étrangères du CFR.

PREMIER OBJECTIF LES PAYS EUROPÉENS

Dès les années 1950, chacune des étapes de l'irrésistible ascension vers un monde inféodé au mondialisme a été marquée de l'empreinte du cartel Bilderberg.

Pour affaiblir à terme l'ensemble des nations, les pays européens ont été les premiers à être sanglés dans la nasse de la mondialisation, par le moyen de la structuration économique de l'Europe. Les étapes du fondement de l'Union européenne en témoignent :

➤ 1954 – Après l'échec de la communauté européenne de la défense, le Bilderberg group, tout juste fondé, insuffle l'idéologie libérale. Elle se traduit trois ans plus tard par le traité de Rome primant et validant avant tout une Union économique ; au détriment de prises de décisions politiques au plus proche des besoins et des attentes des peuples

➤ 1973 – Pour faire face à la crise économique consécutive à la hausse massive du prix du pétrole, elle-même générée par le désalignement du dollar sur l'or, le libéralisme se renforce, notamment par la création de la Commission trilatérale ouvrant aux meneurs de jeu une capacité économique plus élargie au plan mondial.

➤ 1983 – Une nouvelle crise économique incite les décideurs mondiaux à créer l'ERT consolidant ainsi la politique libérale[130] commune de THATCHER et de REAGAN. Elle incluait le transfert de la fraction de richesse des plus pauvres en direction des 2% de gens les plus riches. L'objectif consistait à minorer le rôle de l'État, à favoriser la privatisation des services publics et à imposer une politique d'austérité budgétaire.[131] L'European Round Table (ERT) est un lobby fondé par Étienne DAVIGNON membre éminent de la présidence du Bilderberg.

➤ L'ERT rassemble les dirigeants des grandes multinationales européennes et s'associe à toutes les grandes décisions de l'Union européenne en matière économique, financière, sociale, ou environnementale.

➤ 1983 – Le jour même de la création de l'ERT, en présence d'Étienne DAVIGNON, alors vice-président de la Commission européenne et président de l'Institut Royal des Relations internationales,[132] l'acte unique de suppression des barrières, la libre circulation des marchandises en Europe, est inauguré. Pour le profane, cela aurait pu sembler être une percée de liberté, une aubaine au profit de tous les consommateurs, mais en réalité…

➤ 1984 – La Commission adopte un texte sur la limitation des barrières commerciales, l'ERT le juge inadapté. Le PDG de Philips Wisse DEKKER membre éminent de l'ERT propose à son tour un calendrier abolissant toutes les barrières au libre

---

[130] **Déconstruire le mythe Thatcher**
http://blogs.mediapart.fr/blog/philippe-marliere/160413/deconstruire-le-mythe-thatcher
[131] **Glenda Jackson - Les mots qu'il faut pour le dire**
http://www.dailymotion.com/video/xz2y01_glenda-jackson-les-mots-qu-il-faut-pour-le-dire_news?start=3#.UXG3urU55Cg
[132] L'institut Royal des Relations internationales est une fondation d'utilité publique créée en 1947, nommé EGMONT. Depuis 2006, c'est un think tank de l'élite belge en matière de politique internationale. Un centre de recherche, un forum de débats, de conférences, dit indépendant, mais crée sur le modèle du Council on Foreign Relations – CFR de New York – ou du Chatham House à Londres. Il fut fondé par d'importantes personnalités belges, parmi lesquelles Charles De VISSCHER, membre de la Cour internationale de justice, Paul Van ZEELAND, ancien Premier ministre, Fernand DÉHOUSSE, membre de la délégation belge à la Conférence de San Francisco, liée à la fondation des Nations Unies.

échange commercial, tel qu'elles existaient préalablement et utilement dans l'Union européenne.

L'ERT élabore donc son propre rapport (Europe 1990, un agenda pour l'action) et l'adresse aux chefs d'État et de gouvernement, aux fonctionnaires de la Commission. Ces recommandations sont reprises par le commissaire à l'industrie sur son livre blanc, servant de base pour l'Acte unique de 1986.

De son côté, Jacques DELORS, président de la commission européenne, ne tarde pas à reprendre à son compte, à l'identique, les éléments de l'ERT, qu'il consigne dans son livre blanc relatif à la croissance et à la compétitivité. C'est sans aucune surprise que DELORS est louangé par Caroline WALCOT, secrétaire adjointe de l'ERT, lorsqu'elle évoque l'embellie des relations entre la Commission et l'ERT, sous la présidence de ce socialiste naïf, mille fois grugé de n'avoir pas su discerner la manœuvre mondialiste.

➢ 1987 – Les décideurs de cinq multinationales adhérentes à l'ERT (Fiat – Philips – Rhône Poulenc – Solvay – Total), régulièrement conviés aux réunions du Bilderberg, créent l'Association pour l'union monétaire, l'AUME. L'idée centrale, initialement lancée par Giscard d'Estaing, consistait à parvenir rapidement à une Union européenne et monétaire (UEM). Pour conduire finalement les États de l'Union à déléguer la gestion de leur politique monétaire à une institution supranationale.

➢ En 1992 – l'UEM conduit au traité de Maastricht qui a étendu les prérogatives communautaires. Depuis cette date contre tout entendement les banques centrales de chaque pays ont eu interdiction de financer directement les États de l'UE. Désormais, ces derniers doivent trouver prêteurs uniquement

sur les marchés financiers, où excellent les banques privées liées à la haute finance.

➢ En juin 1997, c'est le Pacte de stabilité – En octobre, le traité d'Amsterdam.[133]

➢ En 1998, dans la continuité de l'UEM, c'est la création d'une Banque centrale privée et indépendante des États de l'Union, la BCE.

➢ En 2000, l'Association pour l'union monétaire – AUME – un lobby, soutenu par de nombreuses multinationales, qui est invariablement dirigé par le vicomte DAVIGNON, président du Bilderberg group, parvient enfin à implanter l'Euro.

Une monnaie unique imposée à tous, ayant permis d'enrichir plus encore les membres de l'ERT, tout en appauvrissant progressivement la majeure partie des habitants de l'Union européenne. Un élément de plus intégré au succès du plan du cartel qui conduira à la crise majeure de 2008.

En mars 1997, le secrétaire général de l'AUME s'est plébiscité pour la simplicité et la cordialité des relations qu'entretient ce lobby avec la Commission européenne : « *Ils nous appellent, nous les recontactons, nous les voyons, nous discutons des problèmes annexes. Ils sont très souples. Je ne fais pas partie de ceux qui critiquent l'administration de la Commission. Ils sont très ouverts au dialogue, au moins en ce qui concerne le domaine du monétaire* ». Et, nia nia, nia... !

À cette époque, les membres du cartel mettaient en place les conditions préalables qui allaient introduire ultérieurement les conséquences économiques déficitaires des États-nation, maximisées après l'entrée en crise majeure de 2008.

---

[133] **Le traité d'Amsterdam: mode d'emploi**
http://europa.eu/legislation_summaries/institutional_affairs/treaties/amsterdam_tr eaty/index_fr.htm

LA VÉRITABLE ORIGINE DU FONDEMENT DE L'UNION ÉCONOMIQUE EUROPÉENNE

Dès les années 1960, *l'élaboration du fédéralisme et du libéralisme économique européen fut soumise à l'impulsion des esprits supérieurs*

1960 est la date du premier projet d'union monétaire. Il a pour auteur Robert MARJOLIN, un intervenant dans la politique européenne. MARJOLIN avait rejoint Jean MONNET, l'un des pères fondateurs de l'Europe, qui résidait aux États-Unis pendant la Seconde Guerre mondiale. Robert MARJOLIN est promu à la direction de l'organisation européenne de coopération économique (OECE) instituée le 16 avril 1948. Une structure issue du Plan Marshall et de la Conférence des seize pour le relèvement des États et pour la répartition de l'aide financière d'après-guerre. Il poursuit sa carrière États-unienne aux comités d'administration de multinationales, la Royal-Dutch-Shell détenue par la reine des Pays-Bas et le prince BERNHARD, cofondateur du Bilderberg group ; puis à la Chase Manhattan Bank détenue par David ROCKEFELLER, cofondateur du Bilderberg group, membre de la Trilatérale et du CFR.

➤ En 1962, MARJOLIN, imprégné du Bilderberg spirit sort son programme d'action pour la deuxième partie de l'élaboration de la communauté économique européenne (1962 - 1965), incluant déjà à l'époque le projet d'une union économique et monétaire (UEM). L'objectif du montage économique européen modelé par les esprits supérieurs s'amorçait donc dès les années 1960.

➤ 1968, la trame continue d'être tissée, via « *un mémorandum pour une action communautaire dans le domaine monétaire* » prescrivant :

➤ L'utilisation d'une unité de compte pour toute action économique communautaire nécessitant un dénominateur comptable commun, soit l'ébauche de la monnaie unique, l'euro.

➢ La précaution de ne pas enclencher une initiative de parité monétaire, sans avoir au préalable consulté les autres États membres.

➢ 1969, Raymond BARRE, futur premier ministre de la France (1976 - 1981), membre de la Trilatérale et ami proche de MARJOLIN, prépare son propre mémorandum, en allant bien au-delà des prescriptions du mémo de 1968. Il tient à renforcer la coordination des politiques économiques, notamment pour la production, l'emploi, les salaires et la balance des paiements. Obligation était faite aux États de consulter au préalable les autres avant d'entamer une nouvelle politique économique. Comme deux papillons de nuit, ces deux amis, MARJOLIN et MONNET, furent éblouis par la prestigieuse notoriété du Bilderberg spirit group. Désormais, cela représentait pour eux un palier de progression dans la création prochaine d'une nouvelle politique de règles fédéralistes.

➢ 1985, le projet de l'union économique et monétaire (UEM) est resté statique jusqu'à l'arrivée de Jacques DELORS à la présidence de la Commission. Auparavant, en 1983, il avait incité MITTERRAND, président de la République, à entreprendre son tournant libéral, en conduisant une politique d'austérité budgétaire.

➢ Le plan DELORS, lancé en 1989, préparé uniquement pour les banquiers de la BCE, reprend les préconisations du programme d'action de 1962, relatif à la création d'une Banque centrale européenne indépendante des États.

➢ S'ajoute un processus progressif devant aboutir à une monnaie unique et à une concurrence dite libre et non faussée, une des grandes revendications du milieu bancaire et industriel. Sont incluses la flexibilité des salaires, la mobilité de la main-d'œuvre, et la fin des aides de l'État envers certains secteurs. En fait, il s'agissait d'une deuxième phase de perfide éviction de la politique progressiste de KEYNES. Laquelle, rappelons-le, n'avait été appliquée qu'en partie au cours de la période de progression économique mondiale du trentenaire glorieux (1945 – 1975).

➢ 1991, L'European Round Table (ERT) dans un rapport intitulé « *Remodeler l'Europe* », semble se soucier de l'évolution de l'Union européenne, qu'elle qualifie de nain politique. Ce lobby cherchant à doter l'Europe d'une structuration politique et de principes directeurs efficaces pour, entre autres formes d'évolution, mener une politique étrangère à l'image de l'Union monétaire. L'argument tronqué du nanisme en pénétrant l'esprit conquérant et orgueilleux des hauts dirigeants pro fédéralistes a fonctionné. Il a pu modeler plus encore l'esprit fédérateur grandissant des États-nation envers une UE plus forte. Cependant, les nations d'Europe ne mesuraient en rien l'affaiblissement à venir, une fois l'UE prise dans la nasse de la mondialisation, de la globalisation.

➢ 1991 - 2006, l'ordre du jour de la compétitivité économique et financière, tout comme l'envolée de la dette publique en 2010, est devenu une priorité permanente. C'est à l'époque l'idée fixe de tous les chefs d'État qu'ils concrétiseront par le Sommet de Lisbonne en 2007. Dans ce laps de temps, contrairement aux objectifs de ce sommet,[134] 60% des nouveaux emplois en Europe ne sont que des temps partiels, un grand nombre de services publics sont privatisés. La part des coûts salariaux de 75,3% en 1981, passe à 66,2% en 2006. Cette régression dégage en valeur absolue une part considérable au profit direct du milieu patronal et des actionnaires devenus obsédés de rentabilité et de profits. De la sorte, ils se sont détachés de toute forme de participation et d'esprit social.

➢ Se refusant à toute redistribution même partielle de la part des richesses qui revient légitimement aux populations des salariés. **L'esprit même du plan de KEYNES est cette fois définitivement bafoué.**

➢ 1993, l'ERT suggère à la Commission d'ouvrir un conseil de compétitivité.

➢ 1995, un groupe consultatif de compétitivité est créé, incluant quatre membres de l'ERT sur un effectif total de treize

---

[134] **La stratégie de Lisbonne pour la croissance et l'emploi**
http://www.eu2007.de/fr/Policy_Areas/European_Council/Lissabon.html

acteurs. L'on préconise alors ardemment la libéralisation du secteur des télécommunications, des transports, de l'énergie, une harmonisation des régimes fiscaux des pays de l'Union.

Les quatre membres de ce lobby obtiennent satisfaction, sous forme d'une réduction de 10% d'imposition du capital, d'une augmentation de la taxation sur le travail de 7% (côté des prélèvements salariaux). Pour eux, l'accroissement d'une partie du chômage européen et l'affaiblissement des ressources des États-nation, par réduction de leurs bases fiscales, sont inéluctables.

Par la suite, il y a eu bien d'autres réalisations de lobbying : la poussée maximale vers la privatisation – l'augmentation de l'âge des retraites – idée soutenue par le commissaire européen Fritz BOLKESTEIN et par Romano PRODI, président de la Commission, qui ultérieurement a été l'invité du Bilderberg group.

Ce gouvernement occulte n'ayant eu de cesse de conditionner l'opinion publique, via une partie de la presse (Financial Times, l'Economist, les Échos…) et d'influer sur les principaux intervenants au sein de la Commission, lesquels étaient régulièrement les invités des réunions du Bilderberg.

Dernier exemple, en 2007, la directive REACH originelle était un excellent projet ayant pour noble intention de protéger les populations de nombreuses maladies, notamment de l'état pro inflammatoire et de nombreuses formes de cancers consécutifs à la synergie de molécules chimiques présentes dans les terres, l'alimentation, l'eau... La directive visait le contrôle des 30,000 substances chimiques importées en Europe sans remplir au cahier des charges de la santé publique. C'était sans compter sur la détermination farouche des lobbies[135] européens CEFIC – VCI – BASF – UNICE – déterminés à y faire barrage. Ils ont utilisé des millions d'euros pour s'y opposer, réussissant à faire voter des amendements, prétextant l'incidence négative sur la croissance économique. En 2006, ils ont réussi leur coup, le texte initial a été modifié limitant à seulement 10% du total initial (3000 au lieu de 30,000) les produits réellement soumis au test REACH.

Même scénario pour les décisions sur l'introduction des OGM – la réforme de la propriété intellectuelle – le développement du réseau routier – le traité européen – l'Accord multilatéral sur l'investissement – le scandale de la spéculation immobilière débridée – toutes ces politiques exclusivement réservées au profit financier, à l'enrichissement personnel, au dépouillement du plus grand nombre[136], n'ont été qu'une manœuvre avide, annonciatrice d'échecs sociaux de grande ampleur.

Sans vergogne, tous ces hauts dirigeants n'ont même pas voulu s'interposer à la hausse démesurée des denrées alimentaires laissées à la merci des spéculateurs. Cela au détriment des besoins fondamentaux des populations, sous prétexte que les marchés ont capacité à s'auto réguler, sans besoin d'intervention spécifique des pouvoirs publics...

Les populations ont été durement confrontées à l'étreinte étouffante de la mondialisation. Plus d'assurance pour elles de pouvoir compter sur des moyens de régulation. Plus d'espoir de bénéficier pleinement de la protection des principes directeurs

---

[135] **Comment les lobbys ont façonné la directive REACH**
http://lexpansion.lexpress.fr/actualite-economique/comment-les-lobbys-ont-faconne-la-directive-reach_765143.html
[136] Voir le sous-titre – les États-nation n'ont plus leur mot à dire.

de la déclaration universelle des droits inaliénables de l'homme de 1948. Les murs de ce barrage protecteur se sont fissurés, laissant passer à gros bouillons les eaux déchaînées, boueuses et polluées de la globalisation.

Sources : cité par Raoul Marc Jennar in « Le gouvernement des lobbies : la gouvernance contre la démocratie », éd. Balanya, 2003. – cf. Ann Doherty, Denis Horman, « Les transnationales et leurs groupes de lobbying », GRESEA, Bruxelles, octobre 1999. – « Europe Inc. Liaisons dangereuses entre institutions et milieux d'affaires européens « par l'Observatoire de l'Europe industrielle (préface de Susan George), Agone éditeur, Marseille, 2000. cf. Christine Bierre, « L'union économique et monétaire européenne ces Français qui ont ouvert l'Europe aux financiers anglo-américains « in nouveaux Solidarités, octobre. – ERT, remodelez l'Europe, Bruxelles, septembre 1991, p. 58. European Commission, Économie européenne. Annexe statistique, Automne 2006. – Statistiques européennes. ERT, vaincre la crise, 1993. – cf. Jean marie Pernot, « Patrons et patronat, dimensions européennes », in. Chronique internationale de l'IRES, n° 72, septembre 2001. – cf. Antoine Math, « Défense des intérêts patronaux au niveau européen : le cas des retraites « in chroniques internationales de l'IRES, n° 72, septembre 2001. – cf. Marc Contiero, Greenpeace « Lobby toxique. Ou encore, comment l'industrie chimique essaie de tuer REACH », mai 2006. – cf. Corporate Europe Observatory, « Le quartier européen de Bruxelles », guide lobbyplanet, octobre 2006.

ÉTAT DES LIEUX D'UNE EUROPE EN BERNE DE DÉMOCRATIE

Depuis 30 ans, les États européens ont transféré une part croissante de leur pouvoir à une Union européenne dont les institutions ne sont pas démocratiques. Le parlement est élu au suffrage universel, mais son pouvoir est limité.

Quant au gouvernement européen, représenté par la Commission et son président, il n'est pas élu par les citoyens européens, mais seulement l'objet d'un vote d'investiture de pure forme du Parlement. Le président de la Commission est choisi par les dirigeants des États membres après des tractations opaques. Les ministres ou commissaires européens sont choisis par le président de la Commission, une fois celui-ci nommé.

En 2005, le projet de Constitution européenne est rejeté par le referendum négatif de trois pays. Malgré le refus des peuples, il a finalement été imposé aux 27 pays d'Europe sous la forme d'un montage technocratique d'une grande complexité rédactionnelle, prenant la forme du traité de Lisbonne,[137] en vigueur depuis décembre 2009. S'il donne un peu plus de pouvoir au parlement, reste qu'une fois qu'elle est nommée la Commission n'est toujours pas responsable devant le parlement. Ainsi, tous les domaines d'importance continuent de relever du seul pouvoir de la Commission. Contrairement à l'usage dans toutes les démocraties, le parlement n'a pas le droit de proposer des lois (article I-26). Du fait des pouvoirs qui ont été transférés anormalement à l'Union européenne par les États, l'impuissance avérée du Parlement est caractéristique d'une politique fédérale, semi-autocratique. Rendre les institutions européennes conformes aux critères de la démocratie n'est pas du tout un critère à intégrer au projet de constitution, ni même à envisager.

AVANT TOUT LE COMMERCE ET LA FINANCE

La politique européenne est élaborée par la Commission en étroite collaboration, en réalité sous la supervision, de l'European Round Table, ce puissant lobby. Il est associé à toutes les grandes décisions en matière économique, financière, sociale, ou environnementale, alors qu'il n'a

---

[137] **Le traité de Lisbonne (2009)**
http://www.touteleurope.eu/l-union-europeenne/les-traites/synthese/le-traite-de-lisbonne-2009.html

aucune place légitime pour le faire. Dès l'origine, la construction européenne ne se limitait qu'à un espace marchand dans lequel les intérêts des grandes entreprises avaient priorité sur tout autre objectif.

Aujourd'hui, espérer voir se profiler une véritable citoyenneté européenne, un fonctionnement plus démocratique des institutions, une convergence sociale et fiscale qui équivaudrait à une convergence financière et économique ne serait que pure utopie. Depuis 20 ans, c'est l'unilatéralité du commerce et de la finance au profit exclusif des intérêts de grandes entreprises qui prédomine toute approche d'intérêt général.

Les ouvertures de progrès à d'autres domaines, incluant le souci tant matériel, que social, médical, des citoyens – salariés – consommateurs – sont toujours reportées à une date ultérieure. Certes, l'harmonisation financière et commerciale entre les pays est dûment établie, mais au détriment du budget intérieur des États eux-mêmes, conséquemment de la proportion grandissante des citoyens les plus fragiles. De même qu'aucune harmonisation équivalente de la fiscalité, des salaires, et des charges sociales ne profite au grand public. C'est la voie ouverte au dumping[138] fiscal et social pour favoriser les délocalisations. Un réservoir de main-d'œuvre à bon marché s'offre aux actionnaires avides. Il provient des pays baltes et d'Europe de l'Est récemment intégrés dans l'Union.

---

[138] http://www.toupie.org/Dictionnaire/Dumping.htm

L'OPACITÉ DE LA CONSTITUTION A TOUJOURS ÉTÉ ENTRETENUE

Pour chaque grande démocratie, la constitution est un texte concis d'une vingtaine d'articles, rédigés dans un langage clair et compréhensible par tous. À l'inverse, la constitution européenne élaborée par Valéry Giscard d'Estaing, sympathisant du Bilderberg group, avec ses 400 pages et 458 articles auxquels s'ajoutent de nombreuses annexes est un monument de technocratie et d'hermétisme. Tout a été organisé pour qu'aucun citoyen habitant le continent européen ne puisse comprendre le sens du contrat qu'on lui demande de signer aux urnes. Les auteurs d'articles de la constitution les ont élaborés faisant en sorte qu'ils contiennent une multitude de renvois à d'autres articles ou à des traités européens précédents.

DES DROITS CIVIQUES VERROUILLÉS OU VIDÉS DE LEUR SUBSTANCE

La teneur de la constitution définissant les droits fondamentaux en vigueur dans l'Union tendrait à prouver que l'Europe est fondée sur « *l'égalité des êtres, la liberté, le respect de la raison. Ajoutant que les peuples de l'Europe sont résolus à dépasser leurs anciennes divisions. Et qu'ils sont unis d'une manière sans cesse plus étroite à forger leur destin commun* ». Elle dit garantir la liberté d'expression et de religion.

Elle évoque également le droit à la vie, à un toit, à l'éducation, ou encore à de justes conditions de travail. Cependant au-delà de ces belles paroles, les droits du citoyen sont toujours formulés en termes vagues, sans application pratique. Sur le fond, la constitution ne prévoit rien qui donne la garantie de faire respecter pleinement les libertés individuelles et les droits sociaux.

Par contre, les droits accordés aux entreprises sont rédigés directement en leur faveur. Pour conforter ce dernier credo, elle envisage des sanctions judiciaires notamment contre les États qui entraveraient la libre concurrence. La majorité des droits civiques énoncés par la Charte constitutionnelle des droits fondamentaux (partie II) sont en réalité vidés de leur contenu par des annexes placées discrètement à la fin du traité constitutionnel (partie IV). Certains de ces droits sont absents de cette constitution, comme la liberté de disposer de son propre corps.

Cette liberté n'ayant pas cours, une inquiétante latitude est offerte au lobbying médical et pharmaceutique, aux carences et abus médicaux sous forme de vaccination de masse et de contrôle médicalisé biométrique disposant à leur guise d'implants électroniques. Voir – La RFID.

Dans la pratique, cette Europe autocratique ne soutient ni le revenu minimum, ni le droit au logement, lesquels sont indignement absents de sa constitution.

Pourtant, ces besoins légitimes sont inclus par antériorité du droit dans les articles premiers de la déclaration universelle des droits inaliénables de l'homme de 1948, bien connus de tous les États et de l'ONU. Cependant, aucun dirigeant de la Commission européenne n'éprouve le moindre sentiment de gêne, de honte, à l'encontre de cette immense carence

LA PRIORITÉ ÉCONOMIQUE EST SCELLÉE AD VITAM AETERNAM

Citoyens du monde, vivant en Europe, inutile d'imaginer pouvoir bénéficier un jour d'une normalité démocratique. Car, quels que puissent être les éventuels changements de majorité politique issus des futures élections, des articles de droit constitutionnel fixent prioritairement et définitivement les orientations économiques de nature libérale.

La constitution s'arroge ainsi le droit de sceller à vie des politiques économiques dont le choix, au fil du temps et selon la variabilité des urnes, ne devrait appartenir qu'aux électeurs. Le but de cette constitution est donc d'enfermer définitivement les pays européens dans un carcan de libéralisme, ne permettant aucune autre perspective d'avenir politique et social. Voilà comment les hauts dirigeants politiques placés sous l'influence du cartel Bilderberg soutiennent activement ce type d'arrangement constitutionnel, osant même prétexter s'appliquer à le rendre plus perfectible dans le sens de l'intérêt commun. Il n'existe aucune possibilité de révision à terme, car toute tentative de réforme de cette charte est certaine de ne jamais obtenir la double unanimité nécessaire.

Celle qui devrait être normalement et démocratiquement exprimée par chacun des parlements et des gouvernements des 27 pays membres. Parallèlement à cette entrave politico technocratique, dès à partir les années 1980 la libéralisation sans retenue de la spéculation financière et de l'argent-dette parvient à tenir en bride non seulement le vieux continent, mais toute l'économie mondiale. Finalement, toutes les conditions ont été réunies pour réussir à doper et consolider le processus larvé qui aboutira en 2008 au déclenchement de la crise économique majeure, la crise des crises.

La tendance commune à tout profane est de croire naïvement que le milieu bancaire ne peut prêter de l'argent que sur la base des dépôts de liquidités effectués par les épargnants. À mille lieues de cette pensée, les banques privées ont eu le droit d'offrir du crédit à partir de 99% de l'argent qu'elles ne possédaient pas dans leurs coffres (ex nihilo). Elles ont illégitimement fait crédit bien au-delà du faible taux de réserve obligatoire.

Il ne s'agit que de monnaie temporaire, puisqu'elle n'est concrétisée qu'au travers d'une inscription au compte d'un client emprunteur figurant au passif du bilan bancaire – La contrepartie est inscrite comme actif sur une ligne de créance – Le mouvement symétrique de remboursement du crédit en diminuant simultanément l'actif et le passif du bilan bancaire est donc assimilable à une destruction de monnaie. *De fait, contre toute logique, le remboursement des crédits bancaires des particuliers et des entreprises est assimilable à une destruction de monnaie.*

LE FONDEMENT DE L'UNION ÉCONOMIQUE EUROPÉENNE SOUS L'INFLUENCE DU BILDERBERG

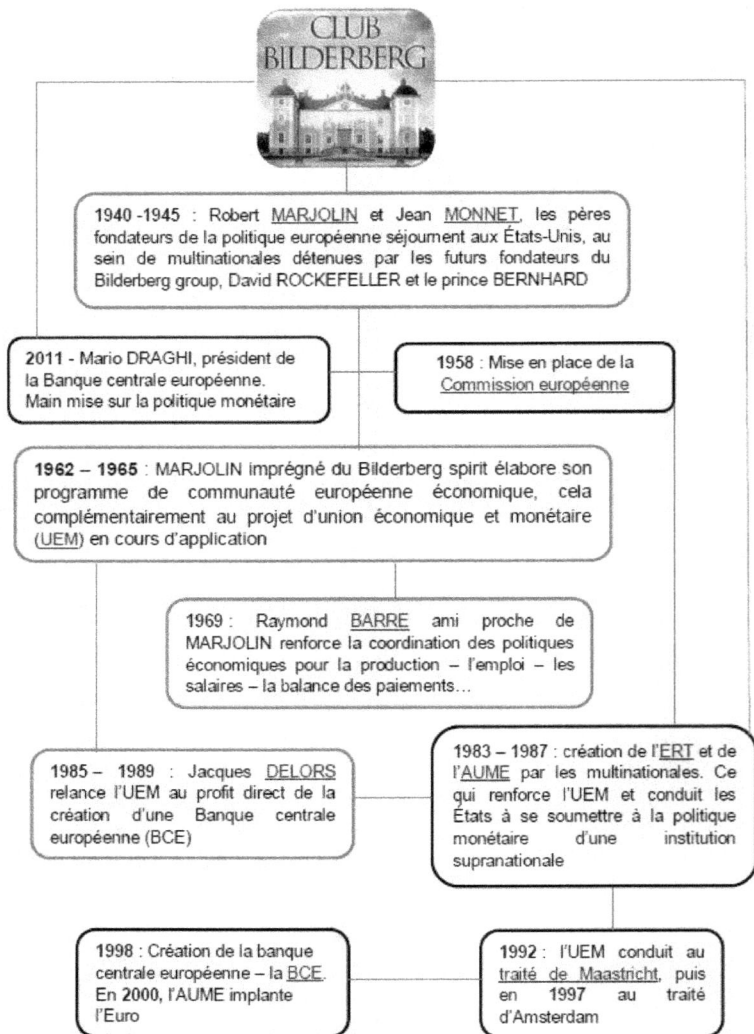

CLUB BILDERBERG

1940 -1945 : Robert MARJOLIN et Jean MONNET, les pères fondateurs de la politique européenne séjournent aux États-Unis, au sein de multinationales détenues par les futurs fondateurs du Bilderberg group, David ROCKEFELLER et le prince BERNHARD

2011 - Mario DRAGHI, président de la Banque centrale européenne. Main mise sur la politique monétaire

1958 : Mise en place de la Commission européenne

1962 – 1965 : MARJOLIN imprégné du Bilderberg spirit élabore son programme de communauté européenne économique, cela complémentairement au projet d'union économique et monétaire (UEM) en cours d'application

1969 : Raymond BARRE ami proche de MARJOLIN renforce la coordination des politiques économiques pour la production – l'emploi – les salaires – la balance des paiements...

1985 – 1989 : Jacques DELORS relance l'UEM au profit direct de la création d'une Banque centrale européenne (BCE)

1983 – 1987 : création de l'ERT et de l'AUME par les multinationales. Ce qui renforce l'UEM et conduit les États à se soumettre à la politique monétaire d'une institution supranationale

1998 : Création de la banque centrale européenne – la BCE. En 2000, l'AUME implante l'Euro

1992 : l'UEM conduit au traité de Maastricht, puis en 1997 au traité d'Amsterdam

Les Institutions financières internationales (IFI) sont instrumentalisées pour fragiliser et désorganiser l'économie mondiale

Dans le Wall Street Journal d'août 1994, Kenichi OHMAE, réformateur politique japonais, parlant de l'organisation du commerce mondial (OMC) juste après son inauguration en avril 1994, la qualifiait de troisième pilier du nouveau système mondial. Conjointement aux trois autres piliers, le Fonds Monétaire international (FMI), la Banque Mondiale (BM) et les Nations Unies (ONU). Qu'en est-il de ces quatre piliers, embasement de la construction du N.O.M, 17 années après ce commentaire avisé ? Et 67 années après leur création à Bretton Woods ?

Nul doute, à la vue du chaos économique actuel, les institutions financières internationales (IFI) sont bien les acteurs clés de l'architecture économique internationale imposée par la véritable gouvernance mondiale. Du point de vue général, leur rôle et leurs relations avec d'autres grandes institutions, notamment l'ONU, sont plus que jamais remises en question. En 2005, les organisations représentant les pays les plus pauvres CIDSE (Coopération internationale pour le développement et la solidarité) leur demandent instamment de revoir leur rôle dans une autre structure de gouvernance mondiale.

Viscéralement, il s'agit d'un appel puissant à plus de justice, cette demande justifiée de rééquilibrage à l'encontre des IFI, et par extension la requête légitime à plus de partage entre les peuples sont l'expression d'une réaction inconsciente de la part d'individus frustrés d'équité. Elle prend la forme d'une supplique

pour la venue d'un nouvel assemblage plus juste du monde. Donc, en cherchant ardemment plus d'équité de cette manière, en voulant passer par cet unique tunnel de l'autre côté, dans la vallée plus verdoyante, les pays pauvres ne réalisent pas **qu'in fine ils favorisent indirectement le plan des esprits supérieurs.**

Les mandats fondateurs du FMI et de la B.M spécifiaient des rôles très différents de ceux qu'elles ont développés au cours de leurs 67 années d'existence. En particulier depuis 1981 quand a surgi la crise de la dette des pays pauvres. La mission originelle du FMI visait à stabiliser le système de taux de change fixe[139] utilisé jusqu'en 1973, en injectant ponctuellement de l'argent afin de faire face aux crises financières. L'ordre de mission de la B.M, après avoir aidé à la reconstruction de l'Europe et du Japon meurtris par la Seconde Guerre mondiale, était d'aider au financement du développement économique et social d'un nombre sans cesse croissant de pays en voie de développement, accédant à l'indépendance (statut d'État-nation).

Au fil du temps, les institutions financières internationales – IFI - la B.M et le FMI sont devenus les deux institutions financières les plus puissantes au monde. Par les conditions et modalités d'accès aux prêts imposées aux pays pauvres, elles en sont venues à contrôler de larges secteurs de politiques publiques au sein de pays du monde en phase de développement. Lesquels sont ainsi devenus primo débiteurs des IFI, avant de l'être envers leurs propres citoyens et/ou communautés. Les politiques d'ajustement que ces IFI ont exigées des pays

---

[139] Un taux constant par rapport à une monnaie de référence, en l'occurrence le dollar US, lui-même aligné sur l'or – Gold Exchange Standard – selon les accords de Bretton Woods de 1944, jusqu'en 1971 date de son désalignement. Le taux ne pouvait être l'objet d'une modification (dévaluation ou réévaluation) qu'après décision commune des États, car le rattachement à l'or, sur la base de 35 dollars américains l'once d'or, encourageait à ce qu'aucun dérapage incontrôlé ne se produise de la part des États-Unis astreints à maintenir la valeur « réelle « de leur monnaie jouant un rôle pivot au plan mondial.

pauvres ont conduit à un bouleversement social et à la pauvreté, bien davantage qu'au développement économique tant attendu. Du côté des pays occidentaux développés, les IFI ont échoué à apporter une réponse adéquate et équitable aux diverses crises financières mondiales impactant considérablement l'économie mondiale.

Les IFI n'ont pas pu, surtout n'ont même pas envisagé, préparer en collaboration avec les États-nation de nouveaux systèmes de régulation pour répondre plus efficacement à chacune des crises successives survenues depuis les années 1980. Au sein de leur conseil d'administration respectif, les IFI ont fait en sorte de ne pas agir équitablement envers tous les pays membres qui pourtant les financent.[140] Leurs décisions dénuées de toute transparence reflètent leur arbitraire, contribuant ainsi à consolider le pouvoir du petit nombre de pays les plus riches. C'est de cette façon qu'une concentration des richesses et de la finance s'est créée. Ceci, dans la droite ligne du plan aboutissant progressivement à l'assèchement de l'économie réelle, dont les multiples conséquences pernicieuses sont manifestes aujourd'hui.

Le conflit d'intérêts des IFI est permanent, car il s'auto-entretient par un double rôle de créancier et de conseiller politique, à la fois juge et partie. Les protestations et oppositions à ce type de gestion et de partialité sont nombreuses. En 2000, le rapport METZER[141] très critique, voté par le Congrès américain, a bien spécifié leurs résultats décevants et surtout la confusion de leurs fonctions politico-financières. D'éminents économistes libéraux précédemment

---

[140] Chaque pays membre doit leur reverser une quote-part, qui en principe doit être proportionnelle à son poids dans l'économie mondiale. Ceci détermine sa contribution maximale au capital du FMI et de la B.M, dont l'objectif initial ne consistait aucunement à faire des profits, ou à reverser des dividendes à des actionnaires.
[141] **Supporter le fardeau**
https://france.attac.org/archives/spip.php?article413

intégrés aux IFI, dont Joseph STIGLITZ, prix Nobel d'économie 2001, auteur en 2010 du livre « *Le triomphe de la cupidité* », ont critiqué leur structure et surtout le développement de leur propre intérêt.

À noter que Joseph STIGLITZ a été bien longtemps mal vu, perçu comme un idéologue. Il y a dix ans, il fut limogé de son poste d'économiste en chef de la Banque Mondiale, car il s'opposait vivement à la gestion de la crise asiatique (1997 – 1998) générée par le FMI. Il était considéré comme un dissident et un archaïque parce qu'il dénonçait la pensée monétariste unique et ne voulait pas voir l'apothéose du marché. En 2007, lors de la réunion du World Economic Forum, il expliquait à l'auditoire, composé des principaux membres de la véritable gouvernance mondiale, que la crise asiatique était annonciatrice d'un autre raz de marée bien plus grave dont les conséquences seraient bien plus profondes. Bien évidemment son auditoire tout en feignant d'en prendre bonne note, le savait pertinemment, et pour cause il en était le planificateur en chef !

Aujourd'hui, dix ans plus tard, STIGLITZ prouve son analyse anticipative établissant entre autres démonstrations pertinentes les mécanismes pernicieux, au sens technique de la machinerie financière. Pour autant, devant cet auditoire, ou dans son livre, il n'a pas avancé que l'origine première du mal, dès 1971 était la trame secrète, planifiée en courant de fond par les esprits supérieurs, qui conduira inévitablement à la plus grande crise du capitalisme. Un écroulement caractérisé en 2008 par l'inimaginable faillite du géant Lehman Brothers. Pour les fondamentalistes, les irréductibles du marché, cette entrée de crise est l'équivalence à ce que fut la chute du mur de Berlin pour les hauts dignitaires communistes.

STIGLITZ se mobilisa et s'opposa principalement à trois conseillers de la politique économique américaine, tout d'abord Timothy GEITHNER, Secrétaire au Trésor – membre du CFR – de la Trilatérale Commission – et du Bilderberg – directeur de la politique de développement du FMI. Puis, contre Lawrence SUMMERS également membre du CFR – de la Trilatérale – du Bilderberg – secrétaire au Trésor sous CLINTON – économiste en chef de la Banque Mondiale, grand bâtisseur de la mondialisation dans sa collaboration avec le FMI, protégé de David ROCKEFELLER. STIGLITZ s'opposa aussi à Ben BERNAKE l'actuel président de la Réserve fédérale (FED), considéré comme le plus grand intellectuel parmi les 100 premiers penseurs mondiaux par la revue américaine Foreign Policy. Ben BERNAKE est un économiste américain soutenant le courant du « nouveau keynésianisme « soit l'antithèse du programme macro-économique de KEYNES, élaboré en 1941. Un courant de pensée né dans les années 1980, dans la foulée de la trahison planifiée des accords de Bretton Woods. BERNAKE est un initié aux thèses de l'universalisme impérial, car il est très secrètement voué aux ordres du Bilderberg group.

Depuis la dernière élection présidentielle américaine, ce club des trois ténors influe entièrement sur les engagements électoraux d'OBAMA, qu'il a exprimé avec force conviction en prétendant apporter « Le changement ». Ce sont les promesses d'un flou souvenir puisque la latitude du nouveau président, mis sous influence de la véritable gouvernance mondiale occulte, est bien limitée. Il est sous la dépendance du CFR, l'État dans l'État américain, dans l'incapacité d'entreprendre fondamentalement à lui seul la réforme du système financier, car le temps n'est pas encore venu de le faire.

CAR LE TEMPS N'ÉTAIT PAS VENU DE LE FAIRE

Ce sera prochainement l'objet d'un accord international pour la mise en place d'un nouveau système financier mondial. Une contrefaçon particulièrement trompeuse du plan de KEYNES basé sur le *Bancor* modifié probablement par un adossement à l'or. Néanmoins si ce projet se profile avant ou après la prochaine élection présidentielle de novembre 2012, OBAMA peut y jouer un rôle car pour l'opinion publique il passe pour un réformateur sincère. L'actuel président a réussi là où CLINTON avait échoué, car le temps n'était pas venu pour lui de le faire. Cette même autorité occulte a permis à OBAMA de réussir in extremis la réforme du système de santé, un texte approuvé le 23 mars 2010 par seulement 7 voix d'avance, permettant d'apporter une protection sociale à 32 millions d'Américains jusqu'ici non assurés. Les compagnies ne pourront plus exclure de leurs prestations les grands risques de santé pour les plus modestes, les parents pourront protéger leurs enfants jusqu'à l'âge de 26 ans.

Un jour qualifié d'historique par le président. Une forme de succès populaire nécessaire à mettre plus encore en valeur sa personnalité charismatique de médiateur druidique. Même s'il n'était pas réélu en novembre 2012, il est fort probable qu'il participera à deux projets centraux (voir la citation clé de KISSINGER, en 2009). Le premier est la refonte du système financier mondial, qui sera suivi dans la foulée d'une nouvelle administration politique du monde. Pour que les réseaux du gouvernement occulte puissent aboutir à cet objectif essentiel, outre la main mise sur l'économie du monde libre, il leur fallait aussi interpénétrer celle des blocs asiatiques et soviétiques.

RUSSIE ASIE

QUI A RÉUSSI LE TOUR DE FORCE D'INTRODUIRE L'ULTRA CAPITALISME EN ASIE ET EN RUSSIE ?

Dès 1989, c'est l'étonnement général avec l'effondrement du communisme russe, symbolisé le 9 novembre 1989 par la chute du mur de Berlin ou rideau de fer. Bien avant cette date, dès 1978, l'intransigeant régime communiste chinois s'était laissé séduire par le capitalisme. Cette dictature était désormais interpénétrée au libéralisme. Qui avait réussi ce double tour de force ? Ce fut la diplomatie à la fois ouverte et secrète du CFR, principal instrument politique à l'international de la véritable gouvernance mondiale.

Il avait organisé cette infiltration pour parvenir à y introduire l'ultra capitalisme, dans quel but ? Afin de placer en peu de temps cette puissante nation économiquement émergente dans le réservoir étanche d'une économie mondialisée, globalisée, comment ? En créant à l'échelle du monde des liens et contraintes indéfectibles d'interdépendance entre toutes les nations dont les systèmes politiques, financiers et économiques étaient originellement hétérogènes. En seulement trente ans, la Chine a émergé dans l'économie mondiale. En utilisant l'outil capitaliste, elle obtient une croissance moyenne du PIB de 9%. La politique est toujours dominée par le Parti communiste à la commande de l'économie, une option très efficace dans les phases de reconstruction, à l'exemple de la France sous Napoléon III et du gaullisme des années 1960.

Il est bien connu que la montée en puissance de ce pays lui permet d'investir en bons du Trésor US. La Chine soutient majoritairement l'économie américaine, lui assurant avant tout autre pays son rôle de locomotive fictive du monde. Une motrice dotée d'un splendide carrossage brillant, rutilant, si attrayant et si mystifiant, dont la machinerie sans réelle motricité n'exploite comme carburant virtuel que la force d'entraînement inertielle d'un dollar sans valeur, proche d'une totale désintégration.

En s'élevant de la sorte, espérant dominer financièrement le globe en devenant à moyen terme la première place boursière au monde, la Chine s'est d'elle-même introduite dans les filets à petites mailles de la mondialisation, comme le ferait un gros poisson, aux yeux écarquillés, éblouis, par les feux scintillants de l'argent facile.

Son élargissement économique lié à ses exportations massives de biens de consommation et industriels allait désormais l'entraîner plus tard dans la dépendance des échanges commerciaux avec toutes les autres nations soumises à la récession, aux contraintes de la crise majeure. Finalement, réussir à placer cet immense empire dans l'asservissement, irrémédiablement soumis aux règles impitoyables de la globalisation. Un coup de poker stratégiquement gagnant pour le CFR. Toutefois, depuis, qu'elle a fait le constat de tous les conséquences d'enserrement dans les griffes de la mondialisation, la Chine prépare un plan secret pour se libérer du dollar.

TROIS OBJECTIFS EN UN

1 - La Chine a permis aux puissances occidentales d'écouler une part de leur production en mal de débouchés. Mais en sens inverse, la production asiatique émergente s'est faite au détriment économique des nations occidentales. Par exemple en 2007, le déficit commercial de l'Europe avec la Chine était de l'ordre de 160 mds $. En contrepartie, la Chine est très lourdement dépendante de la capacité d'absorption de l'occident. Pour les biens industriels produits en Chine, 30% seulement sont vendus sur son marché intérieur. Le solde doit être impérativement négocié à l'étranger, sinon l'outil de production et le système bancaire seraient enrayés. Pour les biens de consommation (produits fabriqués, destinés au consommateur) les proportions sont encore plus alarmantes, 20% de ces marchandises sont achetées par les Chinois eux-mêmes, tandis que 80% sont exportées sur le marché mondial. Un rapport qui se dégrade d'année en année, notamment depuis 2008.

2 - En interconnectant les économies américaines, européennes et chinoises, cela a permis d'enrichir une minorité de puissants groupes industriels et commerciaux, les plus riches au monde. Les dirigeants sont majoritairement intégrés à la structure de la véritable gouvernance mondiale, ou en sont de fervents soutiens. Ils se sont enrichis en délocalisant nombre de productions industrielles en Asie, tout en minorant les tranches salariales ouvrières dans les pays occidentaux, menaçant le personnel s'y opposant de délocaliser le travail.

Usant de cette stratégie, ils ont pu placer sur tous les continents leurs liquidités, en dollars, dans l'achat de biens concrets supposés inaliénables (minerais précieux, bois, matières premières raréfiées et de première nécessité, industries alimentaires, secteurs de hautes technologies, télécommunications…).

Une manœuvre leur ayant permis 1) d'accroître leur puissance par rapport à tous les entrepreneurs lambda du secteur privé, durement soumis à la loi du marché, 2) de se protéger des conséquences financières d'un billet vert ayant perdu l'essentiel de sa valeur, très prochainement destiné à suppression.

3 – Dès les années 1980, puisque la Chine était désormais soumise à l'interconnexion des économies à l'échelle mondiale, il devenait possible de concentrer davantage de liquidités au niveau de la seule sphère du secteur financier. Dans un deuxième temps, de façonner un goulot d'étranglement pour assécher progressivement l'économie réelle au plan international, notamment en Europe et aux USA, diminuant d'autant la consommation de produits made in China. S'en suivrait à moyen terme la fragilisation de la capacité budgétaire de chacun des États-nation entièrement soumis à une économie de marché mondialisée, conformément à l'objectif central d'érosion de leur souveraineté.

Planification réussie, car malgré sa croissance positive de l'ordre de 8% pour 2009, la crise majeure de 2008 frappe de plein fouet de nombreuses entreprises chinoises. Smart Union un géant du jouet, 7000 ouvriers, s'effondre. Dans la province du Guangdong 2000 entreprises du jouet sur 3800 survivront ces prochaines années. Dans le textile, industrie phare, la production recule annuellement de près de 23%. Le secteur industriel, dont l'automobile, est aussi en recul. La bourse a perdu 60% de sa valeur depuis 2008. Cet ultra capitalisme ne connaît pas les droits sociaux, seulement 122 millions de salariés sont couverts par l'assurance-chômage sur environ 700 millions de travailleurs, soit 1 sur 17. En 2010, les revendications sociales et salariales des travailleurs chinois sont plus fortes que jamais.

Couvertes ou non satisfaites, ces plaintes ne feront que nuire au niveau de progression économique du pays. Côté du secteur financier, la faillite de la banque américaine Lehmann Brothers a coûté près de 1 milliard de $ au peuple chinois, la société d'assurance Ping An Insurance (PAI), la deuxième plus grande compagnie d'assurances, construite sur le modèle et avec le concours d'Axa-France, a subi le même niveau de perte... En 2011, le pays est confronté à la spéculation immobilière, avec 64 millions de logements vides1 ce marché à l'instar du Japon et de l'Espagne est proche de l'implosion. Devant la flambée des prix alimentaires, l'inflation que rien ne freine provoque la grogne du peuple, une source de tourment pour le gouvernement chinois.[142]

> L'avis d'Alan WOODS est significatif « *Bien avant d'avoir rattrapé les États-Unis, l'économie chinoise connaîtra une crise sérieuse, exactement comme ce fut le cas du Japon, par le passé. La quantité massive d'investissement dans l'industrie chinoise ne peut pas être absorbée par le marché intérieur (malgré son développement rapide). La Chine se dirige tout droit vers une crise classique de surproduction, qui engendrera des développements politiques et sociaux explosifs dans ce pays.* » Perspectives pour l'économie mondiale – La Riposte d'août 2007.

COMME TOUTES LES NATIONS, LA CHINE SE LEURRE SUR SON DEVENIR ÉCONOMIQUE

Même confrontées à ce mécanisme économique et financier sévèrement grippé en 2008, les autorités chinoises ne remettent pas pour autant en cause l'ultra capitalisme. De leur côté, elles projettent, sans pouvoir en évaluer l'impossible faisabilité, une stratégie de développement du système bancaire national pour accroître le marché obligataire intérieur et en définitive tenter de libéraliser les échanges monétaires à l'international.

Elles espèrent faire de Shanghai l'une des plus importantes places boursières mondiales à l'horizon 2020, et estiment qu'avant 2030 l'économie chinoise aura dépassé celle des États-Unis. Naturellement, ces prévisions sont toujours celles du même gros poisson

---

[142] **China's Ghost Cities**
https://www.youtube.com/watch?feature=player_embedded&v=pbDeS_mXMnM

berné et aveuglé par le profit facile, ne tenant aucun compte des répercussions économiques en cours et à venir. Depuis 2008, le déséquilibre de l'économie chinoise s'est fortement aggravé. Complément sur l'évolution économique chinoise – ici.[143]

Dorénavant, c'est l'investissement[144] qui prend une part excessive au détriment de la consommation, une situation inédite en économie. L'occident a choisi l'artifice de la consommation à crédit, tandis que la Chine lui a préféré la fuite en avant dans le surinvestissement. Le risque inhérent à ces deux systèmes inversés est la survenance d'une crise du crédit. L'ampleur de la bulle chinoise est d'ailleurs comparable à celle du Japon des années 1991, mais avec un risque d'implosion bien plus rapide à cause de la conjoncture mondiale nettement plus dégradée depuis 2008.

Face au ralentissement des exportations, pour éviter tout risque de surcapacité, le gouvernement chinois a voulu maintenir artificiellement le rythme antérieur de croissance en ouvrant les vannes du crédit. Il a subventionné de multiples projets d'investissement à hauteur de 600 mds $ afin d'augmenter la capacité de production, soit près de 20% de ses réserves de change. Cependant, les investissements récents ont peu de perspective d'offrir une rentabilité suffisante, faute de débouchés.

En 2009, la rentabilité des nouveaux investissements a été divisée par 2, beaucoup plus d'argent est donc nécessaire pour dégager du bénéfice et obtenir un retour sur investissement, d'où le risque de subir le non-remboursement. À court terme ce surinvestissement, appelant à réduire les coûts de production,

---

[143] **L'évolution économique de la Chine**
http://crisemajeure.jimdo.com/chine-%C3%A9volution-%C3%A9conomique/
[144] Dont la part était de 70% de la croissance en 2008, puis de 90% en 2009. Comparativement à un ratio normatif de 35 à 45% appliqué aux économies des pays émergents.

peut conduire à une pression sur les salaires, d'où la réduction de la consommation déjà amputée par le haut niveau d'épargne des Chinois (traditionnellement jusqu'à 30% de leurs revenus).

Depuis 2010, pour assurer sa croissance via ses exportations, le gouvernement chinois s'active pour soutenir ses partenaires commerciaux. En 2013, le gouvernement pratique la concurrence déloyale[145] en accordant des subventions masquées aux entreprises chinoises exportatrices. Par ailleurs, il achète de la dette souveraine de pays de l'UE les plus fragilisés, de plus il propose de se porter caution du fonds de stabilisation européen.[146]

Mais la croissance n'est pas au rendez-vous, du fait du contexte gravissime de la crise mondiale. Une situation de récession exacerbée par l'application de mesures d'austérité successives prises au détriment du pouvoir d'achat des populations, désormais prêtes à se rebeller et à renverser le pouvoir en place.

Sans perspective d'amélioration à l'export, la défaillance des emprunts liée à la multiplicité des investissements non rentables, initialement destinés à ouvrir de nouvelles capacités de production, entraînera un net recul de la croissance, doublé d'un risque de récession. Le scénario de résonnance du grand fracas économique se projette déjà clairement sur fond des deux systèmes inversés de crise chinoise et de crise occidentale.

Dans un premier temps en occident le cycle aboutirait à une sévère dépression doublée d'une déflation. Pour la Chine la répercussion entraînerait une dramatique surproduction, suivie

---

[145] **Subventions masquées, monnaie truquée... La face sombre de l'opération dumping de la Chine sur les économies occidentales**
http://www.atlantico.fr/decryptage/subventions-masquees-monnaie-truquee-face-sombre-operation-dumping-chine-economies-occidentales-antoine-brunet-697007.html
[146] **Les pays de l'UE**
http://www.touteleurope.eu/les-pays-de-l-union-europeenne.html

de rapide décroissance. Cependant, le point d'effondrement de part et d'autre n'interviendrait qu'après une forte dévaluation de la monnaie américaine. Ce serait alors le tintement du glas des échanges internationaux et de toute forme de croissance mondiale.

Les immenses réserves en devises de la Chine d'une valeur de 3400 mds $, soit 1/3 des réserves mondiales, dont 60 à 80% sont des dollars sous forme de dette — bons du Trésor États-Unien, ne lui seraient alors d'aucuns secours. Ce déséquilibre si flagrant pousse d'ores et déjà la Chine à se débarrasser prudemment de la dette américaine sur les marchés financiers internationaux. Indépendamment de ce plan de dévaluation techniquement prétextable par le déficit budgétaire US.[147]

À l'insu de tous, la Chine a décidé d'accélérer le pas, en compensant cette dette par l'achat massif d'or-métal et d'argent, une fois le montant de ce trésor officialisé cela entraînera de facto la chute du billet vert, de l'euro, et la panique sur les places boursières.[148] En 2012, l'empire du Milieu s'organise très activement pour se désengager des monnaies de référence dollar et euro en accumulant via des hedge funds un maximum d'or physique. Son objectif consiste 1) d'adosser le yuan sur le métal jaune, 2) d'abandonner le billet vert, 3) de placer la Banque centrale chinoise dans une position prédominante, à l'entier préjudice de l'occident. Voir le plan secret de la chine ici.

---

[147] Voir ci-dessous — le 2e volet du plan mis en réserve.
[148] **Jim Rickards: Currency Wars Simulation**
https://www.youtube.com/watch?feature=player_embedded&v=kdPkaCTdxBU

Bien trop fragilisés pour refuser un nouveau système financier mondial

Les États-nation devenus totalement dépendants d'un système économique et financier mondialisé sont particulièrement conscients de leur fragilité économique structurelle d'après crise. Ils sont apeurés et désorientés au risque de subir d'autres aléas financiers plus incontrôlables qu'en 2008, et le déchaînement de mouvements sociaux diffus.

C'est pourquoi pour ne pas en arriver là, ils accepteront le consensus d'un tout nouvel agencement financier et politique du monde. L'actuel niveau d'affaiblissement de leur souveraineté nationale au travers de leur immense dette publique insoluble devrait suffire pour leur faire plier un premier genou en terre. Sans réel besoin nécessairement de les ruiner complètement en les plongeant dans une totale faillite budgétaire.

À l'origine, le but du plan ne consistait qu'à les affaiblir suffisamment pour les vassaliser subtilement avant qu'ils n'atteignent le point de rupture. Au cours des réunions successives du G8 et du G20, les représentants de la véritable gouvernance mondiale, via les institutions financières, notamment le FMI, leur ont fait croire à un possible redressement de la conjoncture mondiale et par là même de leur compte budgétaire. Autant d'approches subtiles pour les tester et les conditionner à accepter ultérieurement un tout nouveau système financier mondial, l'anti chambre d'une nouvelle organisation politique du monde.

Si dans le temps imparti pour l'accomplissement de cette partie de la planification, les conditions d'assujettissement n'aboutissaient pas au résultat escompté, alors le deuxième volet du plan mis en réserve serait appliqué. Ce serait l'annonce d'une forte dévaluation du dollar US. La raison évoquée, apparemment décidée et votée par le gouvernement d'une nation souveraine, serait l'inopposable nécessité d'assainissement de l'immense dette budgétaire états-unienne.

Cette dévaluation en rompant toute parité monétaire plongerait l'ensemble des pays interconnectés par l'économie mondialisée 1) dans une situation de blocage des échanges commerciaux internationaux, 2) puis dans la plus grande dépression de l'histoire. Tous sans exception, États-Unis et Chine compris, seraient alors confrontés à la paralysie économique, à la faillite.

Dans le contexte actuel de crise majeure, la Chine est désormais soumise 1) à son immense endettement lié à la bulle de l'immobilier, à la corruption 2) au ralentissement de l'économie américaine qui absorbe à elle seule 20% de toutes les exportations 3) aux difficultés du Japon, deuxième importateur mondial de produits chinois, pays en proie à l'inflation des prix de détail, à l'appauvrissement prononcé de la population, à une succession ininterrompue de planches à billets (création monétaire) à la dévaluation du yen, aux multiples conséquences désastreuses de l'accident majeur de Fukushima 4) au problème de l'Europe en récession depuis 2011[149] aux prises avec la série de plans de rigueur, d'austérité. Les conditions d'une crise de surproduction sont donc réunies pour la Chine.

---

[149] Selon l'analyse en Europe du CEPR, un réseau de 800 économistes – source : http://www.express.be/business/fr/economy/la-zone-euro-est-toujours-en-recession/205835.htm

La contraction des ventes chinoises se traduit déjà par une baisse de la rentabilité des investissements de secours réalisés en 2011 par le gouvernement chinois. Du côté des multinationales, l'on espérait compenser les pertes de chiffre d'affaires par un relais de croissance en Chine. Une part non négligeable de ce financement de secours a été réalisée à crédit, ouvrant la perspective d'une crise industrielle décisive, découlant d'une atteinte au cœur du secteur bancaire chinois. Ce qui impacterait gravement la monnaie américaine, les banques chinoises jouant un rôle déterminant dans le maintien du dollar à son niveau actuel.

Depuis 2008, après les terribles dégâts de la crise économique majeure, soucieuse de son expansion, disposant de quelques 3400 mds $ de réserve de change, l'immense capacité financière de la Chine lui permet d'acheter à satiété. Elle paie cash d'immenses superficies de terres arables en Afrique, pour assurer les besoins alimentaires de sa population. Elle achète des mines d'or et tout l'or physique disponible pour ultérieurement y adosser sa monnaie. En Europe, notamment en Italie, elle fait l'acquisition de pans entiers de secteurs commerciaux, dont ceux de haute technologie.

Tout en absorbant une partie de la dette privée (banques, compagnies d'assurance, fonds d'investissement) grecque, irlandaise, portugaise, espagnole, italienne… Ceci afin de chercher à stabiliser l'économie de la zone euro, puisqu'elle est son deuxième secteur d'exportation. Toutefois, cette aide inespérée ne s'applique qu'à la condition de la levée des mesures d'un semblant de protectionnisme, au profit exclusif des exportations chinoises, donc au détriment des productions de chacun des pays de l'UE concernés par cette main à demi tendue.

Ces actes réactifs inopinés, ces manœuvres de derniers instants, démontrent bien le niveau de fragilité et de dépendance de toute l'économie mondiale. Les uns et les autres cherchent à maintenir vaille que vaille l'équilibre mondial des échanges commerciaux plus que jamais interconnectés et totalement interdépendants. Tous sont donc pleinement tributaires de l'enserrement inéluctable de la mondialisation, cette nasse à petites mailles d'acier mise en place trois décennies plus tôt par le CFR et la Commission trilatérale.

LE CONSENSUS UNIVERSEL
POUR LA QUÊTE DU SAINT GRAAL

Dans les années 1980, pour s'assurer de la réussite globale du plan de sape et de vassalité des États nation, il leur fallait faire en sorte de solutionner le handicap de l'antagonisme américano-russe. Une mission tout en finesse appariée à l'immense capacité diplomatique et corruptrice du CFR.

En 1988, Mikhail GORBACHEV, juste avant sa Présidence de l'Union Soviétique était conscient d'un nécessaire rapprochement avec l'occident, il le formula ainsi « *L'avancement du progrès global est maintenant possible seulement à travers une quête pour un consensus universel dans le mouvement vers le nouvel Ordre mondial* ».

Côté américain, dans le Washington Post de mai 1991, Brent SCOWCROFT, général de l'US Air Force et Conseiller des présidents Gérald FORD et Georges H.W BUSH confirmait cette nécessité d'alliance à l'est « *Nous croyons que nous créerons le commencement, l'éclosion, d'un nouvel Ordre mondial, de l'effondrement des antagonismes entre USA et Soviétiques* ».

Une fois l'antagonisme bipolaire américano-russe mis à plat, quelques hommes politiques sincères voulaient croire que les guerres ne seraient plus qu'un mauvais souvenir. Ceux-là étaient attachés aux capacités éprouvées de rassemblement populaire d'anciens chefs d'État très enthousiastes, comme Franklin ROOSEVELT et Winston CHURCHILL. Ils souhaitaient pouvoir les imiter à leur tour pour créer de nouvelles conditions de paix mondiale.

Alors que pour les esprits supérieurs ce consensus américano-russe n'était que l'indispensable condition diplomatique et tactique nécessaire à l'édification d'une nouvelle constitution politique. À ce jour, l'objectif est largement atteint et durablement fixé, car l'antagonisme Est - Ouest a été dissipé pendant des décennies. Une réalité quelque peu troublée par le conflit en Tchétchénie et par un relent d'orgueil militaire russe. Néanmoins les deux ex-blocs sont encore liés par des intérêts communs, dont le plus solide est le ciment artificiel du super capitalisme.

Jusqu'en 1987, chacune des citations relatives au nouvel ordre mondial était l'expression exclusive d'une majorité d'hommes politiques de nationalité anglo-américaine. Mais dès après la conquête consensuelle factice du CFR concrétisée en 1988, un changement notoire s'est produit du côté des dirigeants russes. Depuis ce temps-là, ces déclarations conjointes témoignent de leur volonté réciproque d'atteindre le même objectif d'une toute nouvelle gouvernance mondiale.

La réunification de la RFA, caractérisée par la chute du mur de Berlin en 1989, est certes devenue le grand symbole d'une liberté retrouvée entre les familles des deux blocs, entre Berlinois eux-mêmes.

Cependant, au-delà des simples apparences de rapprochement populaire, avant toute autre considération humaine, ceci représente l'emblème d'une réussite flamboyante, celle de la planification confiée au CFR. Une œuvre de la diplomatie secrète habilement opérée, via ses réseaux d'influence et de corruption, sous la supervision des plus hautes autorités de la véritable gouvernance mondiale.

L'on a fêté allègrement les vingt années de la chute du mur, en criant à la liberté… pourtant l'on boit dans des verres vides, car 1989 fut une occasion historique d'assurer la liberté et la paix à l'ensemble de la planète Terre. Mais à nouveau, l'histoire s'est écrite autrement parce que cette possibilité aurait été contraire à la planification d'érosion des souverainetés nationales en cours d'application. En 1988, les paroles du président de Russie, Mikhaïl GORBACHEV, étaient empreintes d'une grande conviction. Il voulait démontrer à son tour que la voie du progrès globalisé devait passer par le vénérable consensus politique universel introductif d'une nouvelle structure du monde, symbolisé par la quête du Saint Graal.

Cette analyse n'a pas échappé à Abraham Michael ROSENTHAL.[150] En janvier 1991, dans son article du New York Times il démontre sa claire compréhension du sujet « *Mais il est devenu clair comme le temps se pliait à la raison de M. Bush que le nouvel Ordre mondial a été fondé sur une convergence de buts et d'intérêts entre USA et Union Soviétique forte et permanente, qu'ils travailleront en équipe à travers le conseil de sécurité de l'ONU.* » ROSENTHAL est l'un des rares journalistes à indiquer des passerelles de compréhension sur l'évolution structurelle du N.O.M. Le consensus américano-russe est devenu non pas le nouvel ordre mondial lui-même, mais l'accord de base, l'un des préalables politiques et économiques à la poursuite de sa construction, pour finalement aboutir à son instauration, son inauguration festive.

La Russie, principal concurrent des États-Unis, a connu au cours des années 1990 une grande dépression économique comparable à celle nord-américaine de 1930. La montée des inégalités, la réforme de la propriété, les privations du peuple en produits de première nécessité… en étaient les causes. C'était le

---

[150] Éditorialiste rédacteur en chef du New York Times (1977 – 1988) et chroniqueur au New York Daily news (1999 – 2004). Il a supervisé de grands reportages, la guerre au Viêt Nam, les papiers du Pentagone, le scandale du Watergate.

prix à payer pour finir avec l'expérience soviétique et pour entamer la transition libérale, dans un contexte sociétal dominé par la mafia. C'est alors que les pays occidentaux, États-Unis en tête, se désintéressant par ailleurs du sort des pays pauvres, s'engagent sans la moindre faille à soutenir tous les dirigeants russes inscrits sur l'agenda du néo-libéralisme. Alors que paradoxalement, quelques années auparavant et pendant près d'un demi-siècle, l'ensemble de la nation russe était considéré comme un ennemi juré de la nation américaine et de tout l'occident.

Dès 1992, comme par magie tout le passif est oublié, des centaines de millions de dollars sont débloqués en direction de la Russie sous forme de dons et de prêts de la Banque Mondiale et de la Commission européenne. La banque russe Menatep, avec le concours supposé de la FED de New York, va être impliquée dans le KREMLINGATE en détournant des fonds du FMI pour 4,8 milliards $. Le pays privatise massivement, très vite 60% du PIB est tiré du secteur privé. Quinze années plus tard, c'est l'ancrage dans le capitalisme.

La politique d'ELTSINE teintée de communisme « *il nous faut des millions de propriétaires, pas un petit groupe de millionnaires* » est prise à contre-pied, la désillusion de la population est grande, l'État russe est désormais instrumentalisé par un petit groupe. La combinaison trinitaire consensuelle de la Chine, de la Russie avec le super capitalisme a bien eu lieu.

Conséquemment, c'est un plein succès pour le CFR et pour les esprits supérieurs. L'accomplissement sans faille d'une partie clé de la planification globale. Dès 1976, ce projet n'avait pas échappé à Larry P. McDonald, membre du Congrès US :

Ω - « *Le plan des Rockefeller et de leurs alliés doit créer le gouvernement d'un monde en combinant le super capitalisme et le communisme sous le même toit, tous sous leur contrôle [....] Suis-je en train de parler de conspiration ? Oui, je le fais. Je suis convaincu qu'il y a un tel complot international en vue, les vieilles générations l'ont planifié, d'une incroyable mauvaise intention ».*

Il en saisit si bien la teneur qu'il en mourut, tué à bord du 747 d'un vol sud-coréen, probablement abattu par les Soviétiques.

CHINE ET RUSSIE DEVAIENT AUSSI SUBIR LES CONSÉQUENCES DE L'ASSÈCHEMENT DE L'ÉCONOMIE RÉELLE

Pourquoi s'agirait-il d'un complot puisque le cartel a réussi à introduire l'ultra capitalisme en Chine, en Russie et à soumettre ces deux puissances communistes aux impératifs et contraintes de la mondialisation, une situation inimaginable quelques années plus tôt par l'ensemble des analystes politiques ? Parce qu'une fois qu'ils ont été solidement, indéfectiblement, liés aux dures lois de l'ultra capitalisme et au dictat de la mondialisation, ces deux pays comme tous les autres devaient subir, le temps venu, toutes les conséquences asphyxiantes de l'assèchement progressif de l'économie réelle qui ont été exacerbées par la crise majeure de 2008.

Si le niveau de résistance économique des nations placées confrontées à cette crise financière devait s'avérer plus fort que prévu, alors il suffirait aux membres du cartel d'agir sur les places financières pour déstabiliser le système monétaire, s'en suivrait une dépression internationale immédiate caractérisée par une succession de faillites budgétaires du secteur privé et public. Ce qui reviendrait à faire d'une pierre trois coups :

1 - Les échanges mondiaux avec la Chine et la Russie seraient précipitamment réduits à leur plus bas niveau, ou complètement verrouillés. Tous les autres États nation, soumis et dépendants des règles implacables de l'économie mondialisée, et budgétairement fragilisés par l'actuelle crise

majeure, seraient rapidement placés en état d'extrême vulnérabilité, ou de totale faillite.

À tel point d'accepter hâtivement les solutions globales d'apaisement qui seront proposées lors d'une prochaine réunion extraordinaire organisée par les instances de la véritable gouvernance mondiale. À ce moment-là, elles proposeront l'édification immédiate d'un nouveau modèle financier.

2 - Le stratagème consisterait alors à proposer à tous les gouvernements souverains la solution d'une monnaie et banque mondiale unique.[151] Une sortie de crise, sans aucun autre choix possible. Le but est de concentrer plus encore la finance mondiale entre les mains des mêmes financiers initiés à la confrérie, pour décupler le pouvoir décisionnel du cartel mondialiste.

Voilà fort probablement en quoi consistait la perspective de complot trop brièvement décrite en 1976 par Larry. P. Mc DONALD.

3 - La création de la monnaie mondiale indivisible probablement adossable à l'or et la création d'une banque mondiale unique, emboîteraient le pas à l'implantation d'une nouvelle gouvernance politique mondiale, la finalité des finalités.

Si l'adhésion russe à ce plan dérobé a fait l'objet de démarches diplomatiques officielles et d'accords secrets ayant nécessité de longues années de négociation, il n'en sera pas de même pour le nouveau plan économique et financier. Préparé par les cercles de réflexion de la gouvernance occulte et l'objet d'un prochain

---

[151] Voir – Neuvième moyen, inciter les États-nation à accepter un nouvel ordre économique, financier mondial.

sommet international extraordinaire, il sera rondement mené et rapidement conclu.

D'ici là, si les opérations d'érosion budgétaire des nations et d'assèchement de l'économique réelle s'avéraient insuffisamment productives, des moyens destinés à abuser et à mystifier la grande multitude seraient utilisés. Cette force de mystification serait opérationnelle à partir de procédés très sophistiqués de haute technologie. Ils ont été éprouvés, mais sans que cela se sache. Avant d'en connaître le développement dans la cinquième partie de ce livre, examinons la somme de combinaisons mises en œuvre pour aboutir à l'actuelle situation socio-économique inextricable.

QUELS MOYENS ONT ÉTÉ UTILISÉS POUR BÂTIR LES FONDATIONS D'UN NOUVEL EMPIRE MONDIAL ?

Dans son livre « Compréhension internationale » de 1931, le Dr Augustus O. THOMAS avait une idée partiellement exacte des conditions générales et de la durée nécessaires à l'établissement d'un nouvel empire du monde « *S'il y a ceux qui pensent que nous devons aller immédiatement au nouvel empire mondial, en étant animés par la compréhension complète et l'amour fraternel, ils sont condamnés à la déception. Si nous ne devons jamais approcher ce temps, il viendra après des efforts patients et persistants sur une longue durée. La situation internationale actuelle de méfiance et de peur peut seulement être corrigée par une formule de statut égal, appliquée sans interruption, à chaque phase des contacts internationaux, jusqu'à ce que les toiles d'araignée du vieil ordre soient balayées hors de l'esprit de tous les habitants de la Terre ».*

Dès les années 1930, le contexte mondial de l'immédiat après-guerre était entièrement favorable à une rapide instauration d'un nouvel Ordre politique international. Les peuples, las de cette période d'épouvante, appelaient puissamment de tous leurs vœux la paix, la stabilité, l'essor de la modernité. Cette force de conviction populaire très manifeste à cette époque-là était motivée par des principes et des valeurs humanistes, civiques, très ancrés, et par le souvenir ineffaçable des horreurs du premier conflit mondial. L'extraordinaire énergie des âmes et la détermination des peuples à bâtir une paix durable semblaient être propices à la construction d'une nouvelle organisation du monde.

Le Dr THOMAS fit preuve de clairvoyance en disant qu'à terme l'élan international fraternel, empreint d'amour désintéressé, altruiste, si fort à son époque, ne serait pas le courant réellement porteur de ce projet mondial. À cette époque, les esprits supérieurs n'envisageaient pas non plus la construction d'une nouvelle gouvernance mondiale en se basant sur ce contexte sociétal particulièrement propice. Le parallèle avec cet auteur s'arrête là, car du côté des membres du cartel opérant à cette époque l'on ne cherchait qu'à modeler toute la société humaine. En tissant sans relâche des réseaux d'influence corrupteurs et pernicieux auprès de tous les milieux déterminants du système international. L'objectif consistait à les façonner, les instrumentaliser, via l'élite des nations, en vue de les dominer indirectement. Il leur fallait poser les fondements d'une organisation semi-secrète multi étagée opérant en courant de fond a contrario de l'autorité souveraine des gouvernements nationaux.

PREMIER MOYEN, ÉTABLIR DES RÉSEAUX D'INFLUENCE POUR INFILTRER ET CONDITIONNER LES NATIONS

Charme et orgueil

L'objectif consistait à attirer, captiver, puis impliquer de hautes personnalités sociétales opérant dans de nombreux domaines d'activité. La méthode d'adhésion consiste à les valoriser par l'honneur, le prestige et la finesse relationnelle dus à leur rang. Une fois conquis à la cause, politique on les assure de la valeur essentielle de leur participation, ponctuée de leurs propres idées, propositions et initiatives, à l'ultime projet de l'instauration bénéfique d'un nouvel Ordre mondial.

Toutefois, certains des moyens et buts extrêmes inclus dans la planification pour l'édifier et le pérenniser leur sont cachés.[152] Ceci est le point d'ancrage à partir duquel se structure le maillage international opéré par les instances de la véritable gouvernance mondiale. C'est l'élément central à ne pas perdre de vue pour la pleine intellection de cette investigation.

La mission de subversion consiste à s'assurer de l'attachement personnel d'une élite composée de la plupart des décideurs nationaux et internationaux du domaine économique, financier, industriel, politique, scientifique, universitaire… à la toile d'une

---

[152] Voir quelle est la véritable gouvernance mondiale ? – les esprits supérieurs, du cœur de cercle, manipulent ingénieusement leur cour – Point clé.

puissante organisation opérant en mouvance secrète, en sphère d'influence, à l'échelle planétaire.[153]

Il faut entendre par là tout mouvement, quel qu'il soit, dont les activités ne peuvent pas être connues du public, dont les rites et les pratiques ne sont pas réalisés au grand jour. Mais dont les démarches sont faites dans le secret, quelquefois dans la pénombre, au sein d'un cercle fermé réservé aux seuls initiés. Pour les initiés, a contrario cela n'est pas du tout perçu sous cet éclairage, car depuis toujours les délibérations faites à la dérobée sont l'apanage des rois et des puissants. Pourtant ce sont bien des pratiques initiatiques, ésotériques, une affirmation que nous étayons par plusieurs citations.

Les dirigeants de ces diverses organisations secrètes sont généralement choisis par cooptation, la démocratie est ignorée. Il s'agit de cercles secrets évoluant au sein d'un milieu princier hautement valorisé. Intégrer ce pool d'élite est considéré comme un grand honneur, un immense prestige, un sublime privilège royal, et ce n'est pas ouvert à tout le monde. Toutefois, lorsqu'ils acceptent d'intégrer l'un des cercles secrets de la gouvernance occulte, ou seulement d'en soutenir la toile, les puissants de ce monde, initiés ou pas, en deviennent de fait les agents solidaires et co-responsables.

Bon nombre de décideurs secondaires au sein des gouvernements et de diverses institutions du monde ne sont même pas sollicités pour en faire partie. La condition élective complémentaire est d'appartenir à une classe sociale, financière et intellectuelle, intimement convaincue d'être depuis toujours l'élite équivalente à la haute noblesse royale oligarchique. Un groupe d'exception, très orgueilleux, persuadé d'être le seul

---

[153] **Aaron Russo sur le 911, le CFR et Rockefeller**
https://www.youtube.com/watch?v=oCq72nPKtcw
https://www.youtube.com/watch?v=SUTuzD52Wik

capable d'assurer la destinée de Gaïa,[154] la Terre-Mère et de tout ce qu'elle englobe. Ce gouvernement occulte opère donc en réseaux très maillés, introduits parmi les plus grandes structures privées et publiques de la société humaine.

Au sein de la société civile, les élites intermédiaires ne sont considérées par les esprits supérieurs qu'en maillons utiles tant qu'ils restent soumis aux puissants maîtres du cartel. Eux, qui dans l'ombre, directement ou indirectement, les dirigent, les administrent, les influencent, ou les corrompent. Dans tous les cas de figure, ils ne sont positionnés sur la scène mondiale qu'à un niveau accessoire et intermédiaire non déterminant. À de rares exceptions près, ils ne seront même pas invités à intégrer le troisième cercle non décisionnaire de la véritable gouvernance mondiale. À ce stade de délégation, ils ne participeront qu'à la préparation de divers moyens secondaires utiles à la véritable gouvernance mondiale, mais sans en assurer ni la structuration, ni la planification, ni l'opérationnalité.

Depuis l'origine du monde, le secret des délibérations est la normalité des monarques, des puissants et des tyrans. Pour eux, rien d'anormal à cela puisque les décisions essentielles à la marche des affaires du monde n'ont toujours été prises qu'en s'abstenant de donner la moindre explication envers les peuples. De nos jours, les habitants de la Terre ignorent tout de ce qui caractérise l'emprise du mondialisme. Ils ne connaissent que l'avant-scène et les décors politiques, médiatiques, derrière lesquels opèrent les véritables centres décisionnaires du monde.

Les citoyens dont l'esprit est saturé et désorienté par un courant de propagandes médiatiques ne perçoivent que quelques bribes de compréhension parmi la masse d'informations diffusées. Bien insuffisamment pour recouper les faits et comprendre le sens réel et la marche des événements mondiaux. Ils n'ont

---

[154] http://agora.qc.ca/dossiers/Gaia

comme seuls repaires que la façade démocratique des multiples débats télévisés, que les directives aléatoires des élus locaux, régionaux, nationaux. Et en dernier lieu, ils n'ont à leur gré que les urnes populaires de plus en plus méprisées, le seul moyen disponible pour eux de s'exprimer de temps à autre.

Vu que les élus, les représentants politiques de niveau intermédiaire, présidents de république, gouverneurs de provinces et directeurs généraux d'institutions diverses..., sont tenus à l'écart des activités directes ou indirectes de la véritable gouvernance, a fortiori comment serait-il possible aux masses humaines d'en saisir l'existence, les manigances et les objectifs millénaristes ? Pourtant depuis des décennies ce cartel les canalise et les entraîne tous à accepter un tout autre futur pouvoir du monde. L'immense majorité des gens reste donc dans l'ignorance totale du tracé de cet itinéraire cahoteux qui les conduit vers une destination funeste. Les foules ne pourront en mesurer la vraie nature seulement lorsqu'elles y seront réellement confrontées.

Depuis l'antiquité, pour les générations successives d'esprits supérieurs, dominateurs du monde, la définition du secret n'est pas du tout perçue au sens extravagant, mystique, sectaire, du terme. De leur point de vue, ce maillage relationnel est une nécessité commune à toutes les formes de gouvernance absolue, qu'elle soit ouverte ou secrète. Il se crée à partir de réseaux et de cercles de réflexion ou think tank. Cette mise en synergie des intelligences ne peut être développée qu'en groupe restreint sous le couvert d'une nécessaire discrétion, en toute confidentialité, dans le secret de l'initiation. La garantie pour eux de pouvoir fixer et sceller toutes les décisions issues de leurs délibérations consensuelles hermétiques.

À la tête de ces réseaux d'influence et de corruption, au sein de chaque organisation intégrée à la structure de la véritable gouvernance mondiale, opèrent des collèges d'élite. Ils dirigent les débats selon une thématique bien définie pour tirer la meilleure synthèse de toutes les propositions formulées par les participants. Ces recommandations seront ensuite supervisées par l'élite de l'élite du cœur de cercle qui les avalisera, ou demandera à ce qu'elles soient réétudiées par ces mêmes collèges avant d'être applicables au plan régional, national, continental, ou mondial.

Parmi les hommes d'État d'hier ou d'aujourd'hui, rares sont ceux qui ont réellement discerné l'impact contemporain des actes parallèles d'un gouvernement obscur. Déjà en 1876, Benjamin DISRAELI, premier ministre britannique disait à ce sujet :

Ω « *Les gouvernements d'aujourd'hui doivent traiter non seulement avec d'autres gouvernements, avec des empereurs, des rois et des ministres, mais aussi avec des sociétés secrètes qui ont partout leurs agents sans aucun scrupule, qui peuvent au dernier moment déranger les plans de tous les gouvernements* ».

POURQUOI LES REPRÉSENTANTS DU GOUVERNEMENT OCCULTE NE SONT-ILS PAS RECONNAISSABLES ?

Sur la grande scène médiatique du monde, il est impossible au grand public de différencier les personnalités politiques de niveau intermédiaire, non cooptées, non initiées, participant à des interviews et à des débats télévisuels, d'avec les membres de la véritable gouvernance. Ces derniers ont appris à ne pas utiliser de signes distinctifs, à ne rien faire transparaître de leur entier attachement à la cause grandiose d'un nouvel Ordre universaliste. Les uns comme les autres ne veulent donner d'eux-mêmes qu'une image parfaite au travers d'idéaux politico sociaux traditionnels et progressistes.[155]

Cependant, pour ceux qui cautionnent ou soutiennent de près ou de loin une des structures occultes, ni leur enthousiasme, ni l'expression de leur sincérité, ne peut les absoudre de vendre leur âme en acceptant de se laisser modeler par les réseaux d'influence dirigés par les princes de ce royaume enténébré. S'ils acceptent de se laisser enfermer dans cette toile obscure, c'est parce qu'ils se sont engagés sous serment à protéger tout ou partie des secrets de la confrérie. Toutefois, une majorité d'entre eux n'ont qu'une connaissance partielle[156] de certaines instructions secrètes car ils ne sont positionnés qu'à un niveau non décisionnaire au sein de l'organisation.

Cependant, leur attachement à la confrérie est si grand qu'ils accorderaient foi à toutes les directives prises par le cœur de cercle, même s'ils apprenaient que certains éléments clés leur ont été volontairement cachés, ou qu'ils échappent à leur intellection. Pour eux, avant tout état d'âme, ce qui compte avant tout ce sont les orientations de la confrérie. Lesquelles ont force de loi pour inverser la marche contre-productive d'un monde devenu hostile à Gaïa, la Terre-Mère.

---

[155] **Bilderberg, Bohemians Club et autres sectes illuminati**
http://www.wat.tv/video/bilderberg-bohemians-club-1peab_2iijf_.html
[156] Voir les esprits supérieurs du cœur de cercle, manipulent ingénieusement leur cour – Point clé.

DEUXIÈME MOYEN, INFILTRER LE POUVOIR FINANCIER ET ÉCONOMIQUE

Pour les dirigeants de la gouvernance occulte, parvenir pleinement à leurs fins nécessitait de porter une attention particulière au milieu financier et économique. Il fallait l'assujettir par l'entremise d'un groupe restreint d'individus très puissants initiés à la cause, ou soutiens de la confrérie. Par leur intermédiaire parvenir indirectement à corroder, à saper, la souveraineté de chaque gouvernement national, reste à savoir comment réussir un tel objectif ?

En affaiblissant progressivement la souveraineté des nations, l'enfouissant toujours plus profondément dans les basses fosses d'une économie et d'une finance publique entièrement soumises aux dures lois de la globalisation et au dictat des places financières. En ayant de cesse de libéraliser et de mondialiser la finance pour contraindre les États-nation à son dictat.

C'était la meilleure manière de les accaparer, de les tenir en bride. Puis, de les soumettre entièrement aux caprices, à la volatilité des valeurs, aux rumeurs des marchés boursiers, en amont desquels 4 à 5 intervenants à Londres ou à New-York décident à leur guise, par robot-ordinateur interposé, de l'évolution positive ou négative des indices, ce que certains économistes nomment en 2011 « *la machine à broyer* ».

En 1933, le président Franklin D. ROOSEVELT l'avait discerné lorsqu'il précisa sa pensée au Colonel HOUSE « *La vraie vérité en la matière est, comme vous et moi le savons, qu'un élément financier dans les plus grands centres (économiques) a possédé le gouvernement depuis les jours d'Andrew Jackson* (1829 - 1837 – soit depuis plus d'un siècle). »

Avant que la Première Guerre mondiale ne se déclare, les esprits supérieurs avaient déjà entrepris de concentrer le pouvoir économique et financier entre les mains de quelques centaines de dirigeants européens et américains. Les propos de Joseph KENNEDY, père de JFK, relevés dans le New York Times du 26 juillet 1936 le soulignent aussi « *une cinquante hommes font tourner l'Amérique, et c'est un chiffre élevé* ». En 1920, le président Woodrow WILSON auteur de la charte de la SDN, conscient de l'impact politique des tractations cachées, et du pouvoir naissant du lobbying, met à la première place cet article essentiel :

« *Des conventions de paix publiques, ouvertement conclues après lesquelles* **il n'y aura aucun accord international privé d'aucune sorte, mais une diplomatie qui agira toujours franchement à la vue de tous** ».

Toute démarche diplomatique secrète de nature politique, économique, ou financière, devait donc être écartée des us et coutumes diplomatiques afin d'assurer la paix du monde. Néanmoins, cet article fondamental sera promptement foulé au pied par les fondateurs d'un gouvernement parallèle à celui des États nation. Pourtant, c'était le fruit du travail élogieux du 28e président américain. Un remarquable juriste animé des meilleures intentions de concorde, lui-même prix Nobel de la paix. Dans les années 1920, il avait décidé de geler tout acte malveillant découlant de la diplomatie secrète, faite à l'arrière-plan. Celle qui est commanditée par les maîtres mondiaux occultes, afin que rien de leurs innombrables tractations malfaisantes ne puisse transparaître au grand jour.

Cependant, la bonne volonté manifestée par ce président vertueux, laquelle est inscrite dans l'esprit de la charte, pas plus que celle d'autres leaders successifs également animés de la meilleure bonne volonté, n'a pu empêcher les esprits brillants d'établir au fil du temps un puissant entrelacement de réseaux secrets. Dans le même temps, ils faisaient en sorte de prêcher la bonne parole en rendant populaire, au travers de nombreux discours et colloques, l'idée que la société humaine d'après-guerre devait développer de nouvelles valeurs collectives visant le long terme. Une fine diversion leur permettant de concentrer davantage des moyens financiers, le temps d'organiser toutes les facettes d'une politique populiste utile à leur planification. En 1933, ils utiliseront la même méthode afin de promouvoir et financer leurs intérêts, en tirant profit de la nouvelle donne, new-deal. Ce que démontra Anthony C. SUTTON dans les 3 tomes de son livre sur Wall Street.[157] Chapitre 8 en ligne : en anglais – Wall Street et FDR (F.D. ROOSEVELT).[158]

LES MULTIPLES RÉSEAUX OCCULTES INFLÉCHISSENT LA POLITIQUE MONDIALE DES ÉTATS-NATION EN FAVEUR D'UN NOUVEL AGENCEMENT DU MONDE

À la fin du vingtième siècle le plan initial d'infléchissement du système mondial au détriment des États-nation avait réussi.

Le 7 décembre 1998, Jacques CHIRAC, président de la République française dans l'hémicycle comble de l'UNESCO, disait solennellement : « *Il incombe à la communauté internationale d'élaborer les règles de ce nouvel Ordre mondial* ». Il a souhaité que la communauté internationale s'entende sur « *une vision commune inspirée de la Charte des Nations Unies* ».

Le 13 avril 2000, le Courrier international recueille l'analyse avisée du Président Français François MITTERRAND « *La*

---

[157] **Ce que pensent Dieter Meyer, Anthony C. Sutton, Joachim Fels**
http://www.bladi.info/threads/pensent-dieter-meyer-anthony-sutton.218800/
[158] http://www.reformation.org/wall-st-fdr.html

France ne le sait pas, mais nous sommes en guerre contre les États-Unis. Une guerre permanente, économique, une guerre sans aucun mort. [...] Oui, ils sont très durs les américains, ils sont voraces, ils veulent un pouvoir sans partage sur le monde. Une guerre inconnue, une guerre permanente, apparemment sans faire de morts, et pourtant une guerre à mort ».

La première citation de Jacques CHIRAC indique clairement qu'il compte lui-même sur la capacité de la communauté internationale, drivée par les institutions internationales, pour élaborer les règles d'un nouvel assemblage politique du monde. Il connaît l'influence de la franc-maçonnerie dans le milieu familial, politique national et international. Son grand-père Louis CHIRAC, instituteur, était franc-maçon et radical, un homme très attaché aux valeurs et aux principes de droiture. Jacques CHIRAC estimait cette organisation, il en parlait habilement avec bonhomie comme d'un élément appartenant à la tradition républicaine, utile à la collectivité. Le président entretenait toujours le flou sur son appartenance à une loge. Le livre « mes frères invisibles », précise qu'il aurait été initié dans une obédience suisse très élitiste, la grande loge Alpina. L'absence de confirmation de l'Élysée a entraîné la rétractation des dignitaires francs-maçons qui avaient informé les auteurs du livre. Ultérieurement, ils ont déclaré lors une interview du journal le Point « *Le sujet est trop sensible et ce sont de toute façon des réunions très informelles, tenues une fois par an, dans une ambiance amicale de très haut niveau* ».

Même la sympathie, la bonhomie et l'attitude tout innocente de la franc-maçonnerie française par comparaison aux puissantes interpénétrations politico-financières des loges anglo-saxonnes ne sont pas anodines. Cela ne peut suffire pour se désengager de la responsabilité que porte chaque franc-maçon attaché à son obédience, elle-même reliée à d'autres réseaux mystiques assujettis à la gouvernance mondiale occulte. L'on énonce le principe que tout rituel fait dans le secret par institution maçonnique interposée n'est pas insignifiant. C'est en définitive, pour qui accepte d'en mesurer l'impact sur l'individu et sur la société, un acte de total soutien accordé à l'un des instruments mystiques, doctrinaires, politiques, de la véritable gouvernance mondiale.

La deuxième citation de François MITTERRAND est l'objet d'une analyse bien plus réaliste. Si le père de son épouse Danielle, enseignant à Cluny, était aussi franc-maçon comme cela était coutumier sous la Troisième République, ce président se méfiait de cet ordre, même s'il sut que beaucoup de ses collaborateurs directs étaient initiés, HERNU et FAJARDIE par exemple. Beaucoup plus perspicace, MITTERRAND savait que l'infiltration partielle de l'État par la franc-maçonnerie française n'affectait en rien la marche de son gouvernement.

Par contre, il avait pu percevoir tout ou partie des méthodes utilisées par le CFR, la Trilatérale. Surtout, il mesurait l'objectif universaliste, sans aucun partage avec les autres États nation, de ces puissantes organisations. Ce président décrivait clairement cette volonté farouche de soumettre le monde entier à une cause hégémonique. Cela sans que lui, Chef d'État, ou gouvernements démocratiques coalisés, ne puissent enrayer, ni entraver cette volonté hégémonique, *une guerre à mort disait-il* !

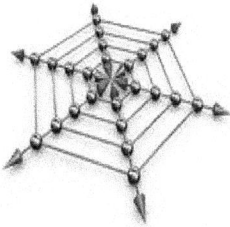

Le caractère impétueux, fougueux et touche-à-tout de l'ex président français Nicolas SARKOZY amuse quelque peu parce qu'il cherche de toutes ses forces à réformer le plus rapidement possible le système international tout entier, avec plus d'énergie dépensée que la plupart des autres dirigeants. Mais il n'a pas réussi plus que les autres à lever le voile d'incompréhension sur l'origine d'un courant de fond qui soumet invariablement le monde entier aux grandes lignes décisionnelles imposées par l'actuelle véritable gouvernance mondiale.

Dans le cadre de l'infléchissement universaliste politique et financier multi décennal opéré puissamment par les esprits supérieurs sur l'ensemble du système humain, il est utile de décrire et d'analyser les principales parties de son discours récent à l'ONU. Car cet appel est significatif de l'attente saisissante de la plupart des autres chefs d'État-nation. Et pour cause, depuis 2008 ils sont tous liés et entraînés dans l'imbroglio des difficultés grandissantes de toutes sortes que connaît l'ensemble des peuples et des gouvernants de la Terre.

En 2013, ce courant de fond entraîne irrésistiblement l'ancien président SARKOZY bien décidé à devenir un nabab[159] en créant le plus discrètement du monde à Londres un fonds d'investissement d'un milliard d'euros,[160] avec la participation d'Alain MINC, membre du Siècle, un cercle de réflexion français relié à la structure de la véritable gouvernance mondiale.

Actuellement, la majorité des hauts dirigeants, tous pays confondus, sont d'accord pour élaborer les règles de ce nouvel Ordre mondial. Ils le souhaitent vivement non par idéalisme politique, non par souci des nécessités essentielles dues à leurs administrés. Contextuellement, ils l'envisagent parce qu'ils sont confrontés aux dures conséquences d'une crise socio-économique sans pareille, dont ils mesurent au fil des jours l'impossible dénouement. Parce que structurellement toute la sphère politique est depuis fort longtemps placée sous influence façonnante et corruptrice des réseaux du gouvernement obscur. Comment les gouvernants des diverses nations pourraient-ils se

---

[159] **Sarkozy veut créer un fonds d'investissement**
http://www.mediapart.fr/journal/economie/200113/sarkozy-veut-creer-un-fonds-dinvestissement
[160] **Sarkozy's plans 'to dodge new 75% French tax rate by moving to London with wife Carla and setting up £1bn private equity fund'**
http://www.dailymail.co.uk/news/article-2266331/Nicolas-Sarkozy-Carla-Bruni-dodge-new-French-tax-hike-moving-London-setting-1billion-fund.html

défaire de cette emprise cachée, puisque la toile est tissée depuis l'origine des temps.

Au cours de 18e siècle elle a été considérablement consolidée par l'apport de multiples maillages, proportionnellement à l'acquis et l'extension rapide du savoir et de la technologie dans la société humaine. L'on parle avantageusement du 18e comme d'une époque de formidable essor, que beaucoup d'incrédules et de candides qualifient de siècle des lumières. Rares sont ceux qui ont pu discerner qu'il s'agissait pour l'humanité d'une époque charnière caractérisée par la montée en puissance des forces occultes. À partir de là, ces puissants mystiques ont tendu le filet de l'oiseleur, l'on jeté d'abord au-dessus des endroits stratégiques du pouvoir politique et financier. Puis ils l'ont étendu progressivement pour qu'il couvre le reste du globe. Si le fil d'une maille venait à manquer, il était rapidement remplacé, s'il était par trop sollicité sous la tension d'une traction imprévue, il était immédiatement consolidé, s'il se rompait il était immédiatement réparé ou recréé.

Les nombreux réseaux secrets bien ancrés à toutes les strates des milieux décisionnaires de la société humaine ont constitué un maillage à la fois imparable et impénétrable. Ils n'ont eu de cesse d'infléchir la politique de tous les gouvernements et du milieu financier. Il s'agissait de les canaliser pour assurer le parcours qui conduit toute l'humanité à accepter les futures ordonnances d'une nouvelle administration de la Terre.

TROISIÈME MOYEN, LIBÉRALISER L'ÉCONOMIE

Après avoir désaligné le dollar de l'or (Gold-Standard – as good as gold), pour appliquer leur plan d'extrême fragilisation de l'économie mondiale, ils ont organisé la libéralisation sans retenue de la spéculation financière. Une manœuvre permettant de tenir en bride toute l'économie mondiale, et finalement de l'assécher, plus encore après le déclenchement de la crise des crises de 2008.

Lors d'une interview à CNBC, le 6 janvier 2009, le principal porte-parole des esprits brillants, Henry KINSINGER,[161] dit ouvertement :

Ω – **citation clé** – « *La crise financière, économique et sociale qui s'annonce (il pensait bien qu'elle allait se poursuivre et même s'intensifier) est une opportunité d'ampleur inégalée pour permettre à Barack OBAMA de participer à l'édification prochaine du nouvel Ordre mondial. [...] OBAMA pourrait donner un nouvel élan à la politique étrangère américaine, parce qu'il est bien vu au plan international. Sa tâche sera de développer une stratégie américaine mondiale durant cette période dans laquelle un nouvel Ordre mondial peut être créé* ».

KISSINGER savait pertinemment que la crise majeure allait se dérouler comme prévu, puisqu'il a participé avec ses homologues du cœur de cercle à sa planification dans la décennie 80. Depuis quelques années, il ne se cache pas et parle ouvertement auprès des médias américains du nouvel Ordre mondial comme solution[162] à toutes les difficultés engendrées par la crise, auxquelles s'ajoute le handicap des multiples défauts inhérents à l'actuel modèle sociétal. De là à saisir par soi-même le sens de tout ce qui se profile derrière ses propos, il y a un grand fossé qu'il faudrait pouvoir franchir… Pour la faible part de gens qui en prendra connaissance, ces interviews ne représentent que l'expression d'une idéologie politique parmi bien d'autres.

---

[161] Membre du CFR – de la Trilatérale – du Bilderberg – du Bohemian's club, membre éminent de la franc-maçonnerie anglaise de l'ordre des SHRINERS ou A.A.O.N.M.S – ancien arabic Order of the nobles of the mystic shrine – Ordre arabe ancien des nobles du sanctuaire mystique des francs-maçons.
[162] Vidéo relative à l'une de ses nombreuses interviews sur le new world Order. http://www.dailymotion.com/video/xo9cyn_henry-kissinger-veut-le-nouvel-ordre-mondial-ordo-ab-chao_news

Ce n'est donc rien d'exceptionnel par comparaison aux flots de paroles politiques dont on leur rebat les oreilles, en définitive le public ne cherchera pas plus loin. Dans l'optique universaliste et holiste, pour KINSINGER, comme pour tous les membres de la gouvernance mondiale occulte, la crise ne représente pas un drame social, tout au contraire c'est une circonstance favorable pour introduire le N.O.M.

La citation de KISSINGER recoupe celle de David ROCKEFELLER,[163] autre membre éminent du Bilderberg annonçant en 1994, qu'à l'issue d'une nécessaire crise majeure ou paroxistique l'on assisterait à un bouleversement caractérisé par une transformation globale.

LA DÉRÉGULATION DE LA FINANCE MONDIALE INTERVIENT DANS LES ANNÉES 1980[164]

À la fin des années 1970, sous l'influence de Margaret THATCHER et de Ronald REAGAN membre du Bohemian's club, la double puissance anglo-américaine, instrumentalisée par le CFR, opère une dérégulation de la finance mondiale. Elle procède en élaguant tout obstacle à la financiarisation de l'économie, favorisant la sophistication de la finance et l'extension des produits dérivés.[165] Le moyen assuré de

---

163 Voir l'intégralité de la citation en 3e partie au sous-titre – les accords historiques de Bretton Woods sont finalement brisés.

164 Voir cette vidéo « la stratégie du choc » : du chili à l'URSS, jusqu'au déclenchement de la crise majeure de 2008 et notre article.

http://www.dailymotion.com/video/x61ckm_la-strategie-du-choc_news

165 Un produit dérivé est un instrument financier (IAS 39) qui ne requiert aucun placement net initial, ou peu significatif. Dont le règlement est différé, laissant donc le temps au porteur de spéculer excessivement alors que sa mise de fonds au départ peut être négligeable. Un véritable jeu de poker menteur, car ces spéculateurs font en sorte, par délit d'initié (une initiation destinée cette fois à l'adoration de Mammon le dieu de l'argent) en inventant de fausses rumeurs ou par d'autres artifices, de manipuler les cours de bourse que certains économistes nomment en 2011 « *la*

transférer la fraction de richesse détenue par les plus pauvres en faveur des 2% d'individus les plus riches. Dès lors, le volet de la planification visant à créer les conditions d'une crise économique majeure était actionné. Voir en 3e partie le sous-titre – l'évolution du milieu bancaire, la fin des Bancausorus.

Les autorités institutionnelles notamment anglo-saxonnes valident cette perversion financière, encouragent la spéculation en bourse à outrance. Incluant la participation effrénée des particuliers plus excités que jamais par l'odeur virtuelle aux parfums enivrants et poivrés de l'argent facile. Lorsque les valeurs des marchés, soumises à des rythmes hyper spéculatifs, stagnent, vidées de leur substance, les bulles spéculatives implosent les unes après les autres (pétrole, immobilier, matières premières…), comme les tubes cathodiques de vieux téléviseurs jetés à la décharge. L'économie spéculative entretien la propagande et se complaît dans un apparent chaos, synonyme d'enrichissement massif et d'hyper concentration financière. Voir la 2ème partie de cette vidéo, *la financiarisation de l'économie*.[166]

Avec l'arrivée grandissante des nouveaux produits financiers, le rythme spéculatif à court terme s'inverse. Dans les années 1980, l'investissement à long terme tente un retour dans l'économie réelle. Puisque ce mécanisme économique s'est rouillé, personne n'a pu le réactiver, inverser, ou modifier, cette

---

machine à broyer ».Le plus souvent, il s'agit de faire chuter, voire hausser, certaines valeurs sur lesquelles ils spéculent.

Peu importe les conséquences sur les entreprises et l'emploi. Les transactions sur les produits dérivés sont en forte croissance depuis les années 1980 et représentent l'essentiel de l'activité des marchés financiers. En 2004, l'ISDA (l'International swap and derivatives Association), une organisation professionnelle regroupant des intervenants majeurs sur les marchés financiers dérivés, dont le but premier est de fournir des contrats standards pour réaliser ces transactions, a relevé une croissance annuelle de 29% pour les dérivés sur produits de taux d'intérêt, de 21% pour les dérivés sur actions.

[166]   http://www.dailymotion.com/video/xi0yr7_crise-2008-2-financiarisation-de-l-economie_news

addiction financière si compulsive. C'est pourquoi les vraies valeurs utiles à l'essor économique ont à nouveau stagné, preuve d'un désengagement d'avec l'économie réelle. En 1987, c'est le krach boursier du marché des actions – En 1997, la crise monétaire et financière d'Asie – En 2000, l'implosion de la bulle dite de l'internet – En 2007 - 2008, l'ignoble crise dite des subprimes aux États-Unis, celle qui avait marqué l'irrémédiable montée en puissance des produits dérivés. En 2013, c'est une totale déconnexion d'avec la réalité économique ; voir vidéo.[167]

À la fin des années 1970, indépendamment de l'influence exercée sur la finance par le cartel, le gouvernement des États-Unis réagit à ces crises en maintenant artificiellement une consommation élevée par le processus sournois de l'obsolescence programmée, le saint Graal de la croissance[168] et par une envolée du crédit à la consommation. Ces démarches artificielles faites au détriment d'un essor économique équitable pour tout un chacun ont conforté les objectifs des esprits supérieurs. Surtout, dès les années 1980, l'opportunité de réussir des opérations financières hautement spéculatives.

Un deal ayant permis au cartel de la véritable gouvernance d'accumuler des sommes colossales de liquidités, qu'ils utilisent sans tarder pour prendre possession de pans entiers de l'économie réelle. C'était une phase clé de la tactique leur permettant de tenir les rênes de l'économie mondiale, de l'assécher, puis au final de pouvoir éroder l'autonomie budgétaire des États nation, afin de miner leur souveraineté. Miner toute la société, mais sans en subir eux-mêmes les dures conséquences, puisque aucun des richissimes possédants, membres du cartel, n'a eu à subir directement, de près ou de loin, les effets déstructurant consécutifs à la crise majeure.

---

[167] **Philippe Béchade : Les BRICS vont mal**
https://www.youtube.com/watch?NR=1&v=6BfDjBkDaHo&feature=endscreen
[168] **Obsolescence Programmée**
https://www.youtube.com/watch?v=0VwCPQ7iLwc

Moyen complémentaire, organiser le règne de l'argent virtuel, de la monnaie digitale

À l'époque REAGAN, sous l'impulsion du CFR, la manœuvre dérobée d'assèchement de l'économie réelle s'engage. L'administration américaine réduit considérablement le niveau d'imposition des plus riches afin de favoriser l'investissement. Mais à terme, cette démarche a renforcé plus encore le pouvoir de concentration en capitaux du consortium de la haute finance, lequel est dévoué aux orientations de la véritable gouvernance mondiale. Dans la même période, l'instabilité financière et sociale gagne le monde. L'économie se désorganise, les échanges commerciaux basés sur les changes fixes sont confrontés, aux changes flottants, volatiles, à l'imprévisibilité.

La saine pratique séculaire bien plus fiable et éprouvée des échanges réels disparaissait progressivement. La finance venait d'entamer l'ère de l'argent virtuel, l'économie devenait de plus en plus abstraite. La mondialisation des capitaux s'amplifiait et prenait le pas sur le développement économique traditionnel. Au détriment de l'économie réelle, créatrice de richesses redistribuables et d'emplois accessibles au plus grand nombre. Après les deux chocs pétroliers de 1973 et 1979, l'économie s'enraya.

La rentabilité extrême, la compétitivité, était devenue le mot d'ordre des décisions stratégiques des entreprises, banques, assurances, fonds de pension, d'hommes déjà très riches… et même des États. Le pouvoir et les directives des actionnaires grandissaient irrésistiblement. Désormais, une masse croissante de valeurs d'épargne incluaient majoritairement des produits purement financiers.

Si le célèbre analyste Jean de la FONTAINE revenait parmi nous, il se demanderait si l'on se souvient encore du sens à donner à sa fable ventant les vertus remarquables des petites fourmis ! Les banques ne se satisfont plus des intérêts perçus par les prêts qu'elles accordent aux particuliers et aux entreprises. Tout se base sur ce qui semble impalpable, sur l'argent-dette, le simple jeu d'écritures dans une ligne de compte, ex nihilo – à partir de rien, voir la 1ère partie de cette vidéo,[169] *la création monétaire.*

L'hyper rentabilité et la compétitivité entre organismes financiers les poussent les uns après les autres à se lancer dans la surenchère boursière de leurs créances regroupées. Ahurissant ! Ces titres sont devenus négociables comme les autres valeurs usuelles sur les places financières internationales, sous forme d'obligations titrisées, exemple les ignobles subprimes. C'est depuis lors que les banques n'ont eu de cesse de les négocier auprès d'investisseurs tout aussi avides qu'elles. Ces titres pourris ont été l'élément déclencheur, le vent de panique, du krach boursier de 2008.

Depuis cette décennie, le vortex d'une spirale d'avidité auto-entretenue s'est renforcé au point qu'aucun contre-pouvoir n'a pu inverser ce processus machiavélique. L'hyper rentabilité est devenue une obsession qui surpasse tout autre procédé, paramètre, principe. Dès lors, toute activité insuffisamment rentable doit disparaître, être délocalisée, ou changer de main. À l'exemple de la déforestation en Amazonie, une grande coupe claire doit être faite sur de nombreux secteurs industriels et artisanaux diversifiés (exploitation minière, acier, verre, textile, construction navale, artisanat, agriculture familiale, petits élevages, et divers petits métiers…).

L'endettement augmente, s'étend, se généralise et concerne tous les pans de l'économie réelle, les entreprises, les

---

[169]   http://www.dailymotion.com/video/xi0yr7_crise-2008-2-financiarisation-de-l-economie_news

particuliers, les administrations régionales, et particulièrement les États nation. Dans la grande majorité des cas, il dépasse les capacités de remboursement. Statistiquement, pour les années 1991 – 2002, le secteur financier a enregistré une croissance annuelle trois fois plus rapide que celle de l'économie réelle située à 3,5%. Le monde entier vit et se nourrit que de dettes.

En 2004, la tendance s'imposait à tous, le PIB mondial progressait de 4,8%, tandis que le secteur financier progressait trois fois plus. Nombre d'entreprises sont désormais prisonnières de leurs actionnaires majoritaires. Elles s'endettent pour pouvoir honorer avant tout leurs dividendes au niveau que leur profit fonctionnel ne permet pas d'atteindre. Dès les années 1980, la surconcentration financière organisée par le cartel fut bel et bien engrenée pour durer et s'amplifier. Jusqu'à ce qu'elle inhibe progressivement l'économie réelle, suffisamment durablement pour pouvoir déclencher dès 2008 la crise majeure des crises.

Même s'il paraît évident aux yeux du plus grand nombre que l'économie mondiale est proche de l'effondrement, néanmoins il est navrant de constater que si peu de gens se préoccupent de savoir quelles en sont les véritables causes, et quel en sera l'aboutissement.

Pour une majorité d'individus le souci ambiant est de faire du profit à tout prix, de vivre sa vie comme si de rien n'était, de vouloir se prémunir, se protéger, à titre individuel d'un avenir incertain. D'autres se laissent aller nonchalamment à leur sort, peu importe le contexte de vie. En s'obnubilant ou en se détachant de la sorte, l'on en vient à se désintéresser du sens à donner à la direction des événements mondiaux. L'on en vient à se

défaire, se désensibiliser, du devenir du si grand nombre d'innocents restés sur le côté, dans le dénuement. En définitive, l'on se dépouille, l'on s'évide soi-même.

Cet amollissement de l'âme convient pleinement aux esprits supérieurs. Cette condition représente un piège très subtil. La grande majorité des gens s'y laissera prendre d'ici peu. Pour ceux qui n'y accordent aucune importance, nul besoin de s'évertuer à argumenter, à démontrer les faits, l'origine du mal, car ce serait aussi stérile et épuisant qu'une prêche dans le désert. Quoi que l'on puisse faire pour eux, trop de gens resteront en retrait, en se disant « *la vie est compliquée, je n'ai pas envie d'y réfléchir, on verra plus tard…* ».

Il vaudrait mieux qu'ils réfléchissent aux propos de CHURCHIL « *Tous les êtres humains trébuchent un jour sur la vérité, la plupart se relèvent rapidement, secouent leurs vêtements et retournent à leurs préoccupations, comme si de rien n'était [...] Il vaut mieux prendre le changement par la main avant qu'il ne nous prenne par la gorge* ».

POURQUOI LA RIVIÈRE D'ARGENT GROSSIT-ELLE, TANDIS QUE LES TERRES DEVIENNENT STÉRILES !

Les valeurs accumulées dans la sphère financière virtuelle, hyper spéculative, n'ont pas irrigué suffisamment l'économie réelle. Basées sur des équations prétendues scientifiques, elles n'ont généré qu'une économie socialement improductive et économiquement instable. Les investisseurs et opérateurs de bourse dont le mental est formaté ne visent que des bénéfices mirifiques, tirés de calculs logarithmiques à la nanoseconde.

Ceux que l'on réalise sur des titres interchangeables et négociables à souhait au rythme des robots informatiques. En fait, ils sont totalement déconnectés de la réalité de la vie économique et sociale. À l'évidence, une société humaine dont l'économie n'est bâtie que sur de larges bancs de sable dans une zone semi-désertique ne peut être assurée à terme d'aucune réelle profitabilité, ni d'aucune durabilité. L'économie actuelle ne ressemble-t-elle pas au secteur de l'art abstrait ? Un milieu coutumier de la vente d'œuvres contemporaines très discutables, dont la valeur ne dépend que de l'impression subjective de l'acheteur ou du vendeur ?

De même, depuis plusieurs décennies ces pseudo valeurs volatiles, hautement spéculatives, et très aléatoires, perverses pour l'économie réelle, ne dépendent que d'hypothétiques supputations quotidiennes des traders et des rabatteurs, aux ordres de la haute finance, l'affiliée de la confrérie occulte.

Finalement, à un moment donné, d'un coup, d'un seul, sans motif valable, elles sont massivement et simultanément revendues, c'est alors qu'une immense bulle spéculative implose. Ces processus ahurissants sont qualifiés par certains économistes de « machine à broyer». En 2008, dans l'affolement général, l'effondrement de ces valeurs abstraites et gangrenées a entraîné celui d'une majorité de valeurs traditionnelles essentielles à l'économie réelle, au détriment du plus grand nombre de gens. Le déclenchement attendu de la crise majeure venait de se produire.

Sur les marchés boursiers mondiaux devenus hystériques en quelques heures, de simples gestes rapides, rigides et insistants en direction de la corbeille suffisaient à déprécier totalement les seuls titres féconds qui avaient une vraie valeur pour la vie économique réelle. Néanmoins, ils ont été revendus à la hâte au cours d'une lâche panique. Sans que l'on évoque la moindre approximation sur la série de conséquences tragiques à l'encontre de la trésorerie et des carnets de commandes des petites et moyennes entreprises et sur l'immense foule de salariés qui en dépendent. Et depuis, ce cycle pervers ne cesse de se perpétuer, sans qu'une quelconque autorité publique ou privée ne puisse s'y opposer ou décider de le réformer.

Après 2008, l'entrée effective dans la crise majeure, mis à part les populations les plus pauvres surexploitées par le système, habituées à d'injustes privations, personne n'a saisi la leçon qui s'en dégageait. L'ouragan calmé, quelques semaines plus tard, les opérateurs de tous acabits, notamment les banques privées, reprenaient de plus belle leurs tractations hyper spéculatives, tout en manipulant scandaleusement les taux du libor.[170] Comme s'il s'agissait d'une irrésistible narco dépendance à un autre type de crack, celui qui addicte tout particulièrement la classe la plus matérialiste, avide d'argent facile. Mais bientôt, personne ne pourra plus blanchir les immenses profits de la drogue boursière, synthétisée à partir de la narco masse fictive et virtuelle de valeurs digitales.

La juste rémunération du travail permettant de soutenir la demande a cédé place au crédit à la consommation pour soutenir la croissance, qui n'est plus au rendez-vous, même plus synonyme de développement et de progrès social. Un grand nombre d'entreprises désormais axées sur la spéculation de valeurs fictives, titrisées, n'examinent même plus la possibilité d'investissement interne. Autant de conséquences directes au détriment de la production et de la répartition globale de richesses, de la création et du renouvellement des emplois. Nul doute, les bons plans et perspectives bienfaisantes de l'économie keynésienne originelle n'auront plus jamais cours.

---

[170] **Scandale du Libor: Tous les taux sont manipulés (analyse de Myret Zaki)** https://www.youtube.com/watch?v=VH7YIsHgC2o

La Valeur des masses monétaires est-elle réelle ou fictive ?

Si la grande multitude des gens a encore l'assurance d'avoir des billets-monnaies représentant une valeur concrète et pérenne, ils se leurrent, car ce n'est qu'une illusion !

Un mirage entretenu par les manipulations des valeurs de change, elles-mêmes instrumentalisées par les cartels financiers à l'origine de l'augmentation vertigineuse d'une masse monétaire fictive composée majoritairement de monnaie scripturale. C'est le cas de la FED qui se caractérise par l'immensité des volumes en transit et le statut singulier d'un système privé, piloté par des appuis financiers apparemment anonymes. Cette banque centrale s'est érigée ainsi en une toute puissante régie de monnaie mondiale.

Dès 1917, la typologie de ses manœuvres perfides d'interpénétration et de déstabilisation des économies nationales permet d'en identifier les précurseurs, les pères fondateurs, les organisateurs permanents. Autant de personnages puissants qui au cours du temps ont porté la griffe discrète de la gouvernance occulte.

L'objectif : Inonder le monde d'une monnaie privée de la FED

Aujourd'hui, environ 70% du total mondial de la monnaie fiduciaire (billets et pièces de monnaie), soit 7% de la masse monétaire mondiale, est constitué de dollars. La haute finance des États-Unis soumise au canevas du Bilderberg a contraint à son tour les intervenants des marchés de matières premières qu'elle contrôle à ne vendre leurs produits qu'en dollars. « *Qui ne vend pas son pétrole contre des dollars sans valeur est déclaré terroriste* », disait feu Saddam HUSSEIN, président d'Irak.

Au point que toutes les banques centrales du monde ont été également forcées d'accepter des dollars comme réserves monétaires dans des proportions croissantes (actuellement 70% de dollars, contre 25% d'euros, 3% de yens). De facto, en Europe et au Japon, la valeur des monnaies, l'euro en particulier, ne dépend en moyenne qu'à 70% de celle du billet US sans valeur. Tous les autres pays du monde émetteurs de monnaie sont sensiblement dans le même cas de figure.

Il leur faut patiemment tolérer les incessantes bouffonneries agaçantes de cette monnaie simiesque. Quelle frustration de se laisser narguer ainsi, et malgré tout s'obliger à la soutenir fermement. Sinon, chaque pays prendrait le risque insensé de la voir s'effondrer devant la scène du théâtre des opérations de bourse, et inévitablement de s'enfoncer avec cette devise !

Mais le processus dépréciatif est bien engagé, le dollar a perdu 97% de sa valeur depuis 1913. En octobre 2009, le continent asiatique a été le premier à subir ces simagrées enrageantes. Les banques centrales de Corée, Thaïlande, Indonésie, Taïwan et Hong Kong, ont été les premières victimes de la baisse de la monnaie américaine. Après s'être discrètement concertées, elles ont dû s'obliger à une intervention sur les marchés des changes pour racheter plus d'un milliard $ afin de contrebalancer la hausse de leurs propres devises. Sans réaction à ce mouvement de baisse, les exportations, principal moteur de la croissance asiatique, auraient été pénalisées.

LE RÈGNE DU PÉTRODOLLAR

Début des années 1970, les États-Unis sous l'influence de la véritable gouvernance mondiale ont rompu les accords de Bretton Woods. En désalignant le dollar de l'or (Gold standard), ils ont pu avoir recours à la planche à billets et à l'utilisation massive du crédit à la consommation, organisant le règne de l'argent virtuel, digital, de la dette totale. Devant le fait accompli, la France exigea de recevoir le remboursement en or correspondant à la valeur des dollars en sa possession. Dans l'incapacité d'accéder à cette demande légitime et pour qu'aucun autre pays ne puisse la reproduire, les USA conclurent un accord avec les pays producteurs de pétrole, l'OPEP, simulant la menace d'un embargo. Dès lors, toutes les nations dépendantes de l'approvisionnement en pétrole allaient devoir acquitter la facture en dollars US. Désormais, toutes autres matières premières et tous types d'échanges internationaux, dont les biens et les services, n'étaient plus négociables qu'en devise américaine, assurant un flux de pétrodollars qui allaient être investis en bons du Trésor US. Ce fut le moyen d'asseoir l'hégémonie économique des États-Unis. Par là même lui assurer le leadership lui permettant de relayer utilement l'ONU afin de pouvoir introduire en temps voulu un nouvel agencement financier et politique du monde.

Une suprématie remise en question quand Saddam HUSSEIN dénonçant l'accord USA/OPEP décida de vendre directement le pétrole irakien en euros. Prétextant l'attentat du 11 septembre 2001[171] et la détention d'armes de destruction massive, Georges BUSH en faux patriote incita son pays à envahir l'Irak. Le président du Venezuela, Hugo CHAVEZ, vif opposant à la politique américaine, osa vendre son pétrole contre d'autres monnaies. Il n'a pas manqué d'être l'objet de nombreux attentats contre sa vie. Son régime a fait l'objet de tentatives de renversement organisées par la CIA.[172]

De son côté, le chef d'État d'Iran, AHMEDINEDJAD, afficha son mépris du joug américain en vendant le pétrole de son pays contre toutes devises, excepté le dollar US. Voilà la principale cause de diabolisation de l'Iran. Ces quelques tentatives réussies de se détacher du dictat états-unien pourraient inciter les membres de l'OPEP à abandonner le dollar, au profit de l'euro ou du yuan. Vu l'avenir compromis de la devise européenne, au final ce serait un atout supplémentaire pour que tous les pays du monde et l'OPEP s'accordent finalement à accepter la future monnaie mondiale unique adossable à l'or.

COMMENT S'EST OPÉRÉ L'IMBROGLIO DE LA CONCENTRATION FINANCIÈRE MONDIALE ?

Sous la pression des réseaux d'influence du CFR, de la Trilatérale… les banques centrales étrangères ont été amenées bon gré, mal gré (cas de la Suisse), à céder ou à prêter leurs réserves d'or contre des dollars. L'or du monde s'est à nouveau concentré chez les propriétaires de la FED, comme avant la première crise économique mondiale de 1929. Dès 2011, du fait de la dépréciation des devises, les mouvements d'achat massif

---

[171] **Attentat Complot Manipulation du 11 septembre 2001**
https://www.youtube.com/watch?v=VH7YIsHgC2o
[172] **Coup contre Chavez : la CIA en cause**
http://tempsreel.nouvelobs.com/monde/20041130.OBS2663/coup-contre-chavez-la-cia-en-cause.html

de métal jaune par les banques centrales et par les BRIC[173] (notamment la Chine) créent le contexte favorable permettant de revenir à un système d'étalon-or.

Dans cette hypothèse, ils feraient l'affaire du siècle. Une réforme monétaire de ce type entraînerait une nouvelle fixation du prix de l'or, estimée selon GREESPAN l'ancien président de la FED « *peut-être jusqu'à 6000 $ l'once* (contre 1900 $ en septembre 2011) ».

Les détenteurs de la FED et leurs soutiens ont à leur disposition deux puissants moyens de manier l'économie mondiale. Ils disposent surtout d'un formidable outil d'enrichissement, une immense caverne d'Ali Baba. Elle contient toutes sortes de matières premières de base et à forte valeur ajoutée, or et divers métaux précieux, minerais, dont certaines sont stockées pour créer la pénurie et/ou font l'objet de manipulation des cours de bourse.

Ils possèdent des secteurs entiers très rentables de l'économie réelle... Et détiennent de puissants monopoles... D'un autre côté, ils n'ont de cesse de marteler les États nation sur l'immense enclume de la dette publique. Ainsi qu'en manipulant les marchés mondiaux, notamment en maniant les réserves d'or, si nécessaire à terme en dévaluant fortement le billet vert. Tout cela, sans qu'ils subissent réellement eux-mêmes le moindre contrecoup, puisqu'ils possèdent la majorité de l'or et des biens durables, exploitables, de la planète Terre.

Conclusion : en augmentant sans le moindre scrupule la masse des dollars, les membres de du cartel mondialiste se sont

---

[173] **Brésil, Russie, Inde, Chine et Afrique du Sud**
http://fr.wikipedia.org/wiki/Br%C3%A9sil,_Russie,_Inde,_Chine_et_Afrique_du_Sud

procuré des liquidités en illimité. De cette façon, ils ont pu acheter sans tarder le monde entier, du moins tout ce qu'il détient de valeurs durables, tandis que tous les acteurs de l'économie réelle n'ont cessé de s'appauvrir.

En incitant le système financier à faire usage de cette émission-diffusion monétaire débridée (planche à billets), ils ont placé l'État américain dans un gigantesque état d'endettement puisqu'il peut émettre librement et légalement davantage de dollars qu'il n'en reçoit du secteur l'économique. Tenu de s'endetter auprès de la FED, une banque privée, pour faire face à son immense dette publique. Cela sans que ces élites financières éprouvent le moindre sentiment d'affliction ou d'apitoiement à l'égard de leur patrie, de leur gouvernement, de leurs concitoyens, qui au fond n'en sont pas.

Ces dernières années, par pouvoir de mystification interposé, appliqué au commerce mondial, les membres de la véritable gouvernance mondiale et le gouvernement des États-Unis profitent conjointement de l'augmentation rapide de la masse monétaire. Ayant le pouvoir de miner toutes les nations, via des échanges commerciaux tronqués, ils se sont constitué un gigantesque trésor, incluant aussi la valeur de l'immense dette extérieure américaine (brut 17 000 milliards $).

Au total, cet immense tribut, en provenance du monde entier, comprend des valeurs financières (provenant de banques privées – et de banques centrales), des biens d'équipement, des biens de consommation, payés aux autres nations avec une monnaie de singe. Récemment, les États-Unis privés d'une croissance correspondante à la demande de dollars et de titres américains ont plus encore artificialisé ce processus en accélérant l'émission de titres du Trésor. Du même coup, la Réserve fédérale a pu surcoter tout aussi artificiellement cet empilement de devises américaines dans le reste du monde.

COMMENT UNE MONNAIE DE SINGE A-T-ELLE PU S'IMPOSER AU MONDE ENTIER ?

C'est en maillant l'ensemble des gouvernements mondiaux, via les réseaux d'influence et de corruption du CFR – de la Commission trilatérale – de l'ONU – de la Banque mondiale – du FMI – des B.N.M – de la franc-maçonnerie anglaise – que, depuis des décennies, ce déluge permanent de dollars sans réelle valeur s'est déversé partout dans le monde. Pour autant, cela n'a pas entraîné sa chute et/ou le refus catégorique de l'utiliser. Sont particulièrement concernées les principales Banques centrales du monde (Banque centrale européenne – Banque centrale du Japon – Banque centrale de Chine...).

Toutes sont tenues de thésauriser dans des proportions toujours plus élevées des dollars sans valeur, accumulés lors d'exportations ou d'achats de valeurs réelles (issues de l'économie réelle). Et comble de la singerie, tous les pays sont aussi tenus de les détenir comme réserve monétaire prétendument de valeur. Depuis les années 1970, cette manœuvre s'est avérée une stratégie performante, s'inscrivant dans la durée. Les membres du cartel et leurs collaborateurs ont été suffisamment efficaces pour tenir par le licol toute l'économie mondiale. Ils se sont s'appropriés des pans entiers de l'économie nationale d'une majorité de pays placés sous leur coupe, imposant au monde entier leur manœuvre à la cadence voulue, au temps voulu.

IL EST DIFFICILE D'IMAGINER LE POIDS DE LA DETTE AMÉRICAINE SUPPORTÉE PAR TOUS LES PAYS.

« La France ne le sait pas, mais nous sommes en guerre avec l'Amérique. Oui, une guerre permanente, une guerre vitale, une guerre économique... Oui, ils sont très durs les Américains, ils sont voraces, ils veulent un pouvoir sans partage sur le monde... C'est une guerre inconnue, une guerre

permanente, sans mort apparemment et pourtant une guerre à mort. » Propos de François MITTERRAND, président de la République après 14 années à la tête de l'exécutif.

Plutôt que les Américains au sens large, il faut préciser la diplomatie secrète du véritable gouvernement mondial, forte de son pouvoir d'influence et de corruption. Elle tient sous sa coupe tous les pays du monde dans le domaine du commerce mondial, en mettant à profit la dette extérieure américaine et la succession de planches à billets qui inondent le monde de monnaie Monopoly.

LES CHIFFRES DE LA DETTE AMÉRICAINE SUPPORTÉE PAR LES PRINCIPAUX ÉTATS DU MONDE EXPRIMÉS EN MILLIERS DE MILLIARDS $

Pays	Décembre 2008 – entré en crise majeure	Décembre 2014 -	Évolution
Chine	727	1244	+1.71
Japon	626	1230	+1.96
Brésil	127	255	+2.00
Belgique	15	335	+22.33
Irlande	54	202	+3.74
Suisse	62	190	+3.06
Royaume-Uni	131	188	+1.43
Hong-Kong	77	172	+2.23
Luxembourg	97	171	+1.76
Taïwan	71	174	+2.45
Singapour	40	110	+2.75
Inde	29	83	+2.86
Mexique	34	84	+2.47
France	16	80	+5.00
Italie	16	31	+1.93
Turquie	30	77	+2.56

Canada – Décembre 2007	18	69	+3.83
Allemagne	56	72	+1.28
Norvège	23	81	+3.52
Corée du Sud	31	68	+2.19
Russie	116	86	-25%
Philippines	11	40	+3.63
Pays-Bas	15	36	+2.4
Suède	12	39	+3.25
Australie, etc.	10	34	+3.40
Gobal	3077.2	6156.0	+2.00

Conclusion : Mis à part l'Allemagne, tous les autres gouvernants, notamment belges et français, ont soutenu la politique américaine de la planche à billets en achetant à profusion des bons du Trésor Monopoly. Les réseaux d'influence du CFR ont réussi à endetter en monnaie de singe l'Asie du Sud-est, jusqu'à Hong Kong. La Chine et la Russie prises à ce piège sont conscientes des conséquences commerciales et financières à supporter en cas d'effondrement du dollar. Elles tentent de s'en défaire à grand renfort d'alliance politique, bancaire et de tentative d'éviction du billet vert auprès de leurs partenaires commerciaux. La palme de l'incohérence revient au Japon grand faiseur de planches à billets, principal acheteur de billets US Monopoly !

Source :
http://www.treasury.gov/ticdata/Publish/mfhhis01.txt

LE CONTINENT ASIATIQUE NE DEMANDE QU'À SE DÉFAIRE DU BILLET VERT...

En réalité, la garantie supposée de toutes les monnaies internationales ne tient qu'à des dollars dont la valeur diminue régulièrement. Dès les années 2000, la désaffection pour cette devise s'intensifie. En 2009, le point limite est atteint, car nombre de nations, la Chine représentée par Fan GANG, directeur de son Institut de recherches économique, le Japon, la Thaïlande, la Malaisie, l'Inde, veulent se désengager immédiatement du dollar.

Les pays producteurs de pétrole ne veulent plus de cotation avec cette devise. Malgré ce réveil tardif, personne ne peut plus rien y changer. Tout a été verrouillé pour qu'il ne puisse en être autrement, sauf si la Banque centrale chinoise et le yuan parvenaient à devenir prédominant sur les monnaies de référence de l'occident.

UN NOUVEAU SYSTÈME FINANCIER POUR L'ASIE ET POUR L'OCCIDENT

Les pays du continent asiatique pourraient être amplement satisfaits à l'annonce prochaine du retrait de la devise US et de l'établissement par la Chine d'une monnaie unique en Asie adossée à l'or. Tandis que l'occident tablerait sur un autre système de devise se prévalant de la nouvelle économie keynésienne. Les quelques pays occidentaux contestataires, réticents à cette novation, seraient pris en tenaille compte tenu du niveau très élevé de leur dépendance commerciale et financière avec le continent asiatique. Par conséquent, ils ne pourraient pas s'y opposer bien longtemps. D'autant plus qu'au cours de réunions du G8, G20, ou lors d'un sommet extraordinaire, les émissaires des esprits supérieurs se chargeront de les en dissuader. Ils les inciteront, arguments prospectifs à l'appui, à accepter promptement ce New Deal financier, cette future nouvelle donne monétaire.

LES POPULATIONS, PLUS NAÏVES QUE LES ÉTATS, ACCORDENT ENCORE LEUR CONFIANCE À LA DEVISE US

Pour le grand public, malgré la dévalorisation progressive du billet vert, cette devise reste sur tous les continents une valeur Trans générationnelle. On le considère encore comme la monnaie mondiale de référence. Mais peu de gens se rendent compte qu'il n'est maintenu artificiellement comme unique moyen de paiement légalisé. Ce statut donne facilement à tous l'illusion que sa valeur perdure. Pourtant, les masses monétaires (dollars, euros, yens...), en accroissement virtuel[174] constant, n'ont qu'une embase très fragile. Toutefois, du côté des détenteurs de dollars, le trouble est grandissant car plus la crise monte en puissance plus l'on s'interroge sur la capacité à posséder une valeur réelle et durable avec cette devise.

Notamment pour les spéculateurs trompés deux fois, tout d'abord par leur propre avidité et parce qu'ils ne peuvent pas discerner la source qui manipule les marchés monétaires en y introduisant fondamentalement la tromperie permanente. Si les spéculateurs boursiers du secteur privé et tous les boursicoteurs, se fiant à la valeur nominale du billet vert, savaient les artifices et les moyens structurels utilisés par des personnages dotés d'un esprit supérieur et parfaitement organisés pour fomenter le mensonge, leur confiance s'effondrerait aussitôt : *dixit Henry FORD, un businessman très*

---

[174] Lignes de compte/jeux d'écritures = liquidités digitales = 93% de la masse monétaire.

opportuniste et viscéralement antisémite. La cotation des actions n'échappe pas à cet état d'embrouillement de combinaisons multiples. La plupart des titres sont vidés de leur substance et ne sont plus, dans leur évolution, qu'un vain espoir de prise de cotation, en aucun cas des valeurs concrètes.

UN MOUVEMENT DE REPLI VERS L'OR EST-IL ENVISAGEABLE ?

Quant aux titres or papier, Chris POWELL secrétaire – trésorier du GATA[175] démontrait récemment, si besoin était, que les volumes négociables de valeurs, des titres sous la forme d'or-papier, qu'ils soient en circulation ou qu'ils soient thésaurisés, sont complètement déconnectés de la part réelle d'or-métal stocké par les banques centrales des États nation. En particulier les États-Unis qui ont la charge d'assurer une parité normalisée papier/métal. Voir, ci-après – où est passé l'or du monde ? Ces diverses monnaies nationales dépendantes du billet vert et de l'or fictivement stocké ont donc navigué au fil du temps dans les soutes bien sombres et corrodées du même vieux bateau de la dévaluation. Pendant ce long périple, les promoteurs de cette opération monétaire fictive ont réussi leur entreprise en procédant par de simples jeux d'écritures. Comme par un tour de passe - passe de prestidigitateur, ces lobbyistes nord-américains ont pu bluffer leur auditoire et ainsi parvenir aisément à faire augmenter la masse monétaire dans les Banques centrales des autres continents.

---

[175] The Gold Anti-trust Action Committee, ou censeur des Banques centrales dans leur gestion de l'or.

SI LA MASSE MONÉTAIRE MONDIALE EST VIRTUELLE, L'OR PAPIER L'EST ÉGALEMENT

Henry FORD (1863-1947) avait bien saisi la ruse de la méthode « *Il est une chance que les gens de la nation ne comprennent pas notre système bancaire et monétaire, parce que si tel était le cas, je crois qu'il y aurait une révolution avant demain matin* ».

Depuis une quarantaine d'années, la monnaie en circulation (ou monnaie fiduciaire = monnaie circulante sonnante et trébuchante – sous forme de billets et pièces de monnaie issus des banques centrales) ne représente que 7%. Tandis que 93% ne correspondent qu'à des liquidités digitales provenant de banques privées sous forme de simples jeux d'écritures inscrits sur les milliards de lignes de compte. C'est donc paradoxalement la production de crédit (encours bancaires) qui génère virtuellement de la monnaie ! Les mouvements de refuge vers l'or n'échappent nullement à cet artifice puisque le métal jaune est fictivement stocké et mensongèrement négocié. Malgré ce subterfuge, il atteint un niveau record sans précédent, puis les cours sont manipulés à la baisse pour limiter l'envolée du prix par rapport au dollar.

En 2011, une partie grandissante des classes sociales riches ou pauvres apeurées par la conjoncture mondiale s'est ruée vers les métaux précieux. Ces gens se croient rassurés en possédant cette valeur sûre. Alors que ce report éperdu sur l'or ne traduit qu'un immense sentiment non interprétable de malaise. L'impression de mal-être général, lié sur le fond à l'insécurité d'un système financier et social chaotique et très incertain. C'est aussi le signe avant-coureur d'un changement crucial imminent.

OÙ EST PASSÉ L'OR DU MONDE ?

En 1945, 68% de l'or mondial était détenu par les Banques centrales –BC – en 2003, la part tombait à 20%. Depuis 1971, année de la trahison des accords de Bretton Woods caractérisée par le désalignement du dollar sur l'or, les BC ont vendu d'énormes quantités d'or sur le marché mondial, notamment vers les États-Unis. Un moyen pour elles de réguler la hausse continue du métal jaune.

En 1999, les principaux pays détenant encore de l'or signent un accord pour limiter ces ventes à 500 tonnes par an. En 2011, contrairement aux annonces officielles, la moyenne du stock mondial détenu par les BC est inférieure à 5% du total mondial. Confrontées à l'euphorie actuelle sur cette valeur dite « refuge », les BC n'ont plus de marge de manœuvre.

Il ne reste plus aux pays occidentaux qu'à contingenter ce type de transaction, le soumettant à quota. Pour les pays en voie de développement, Chine, Inde, Russie, Argentine... tout au contraire, l'on ajoute de l'or dans les coffres des BC en prévision de l'incertitude liée au dollar, et au marché monétaire très aléatoire.

Aux États-Unis, depuis deux à trois décennies, la présence d'or n'est plus qu'une simple créance papier, car le stock physique d'or métal est quasiment épuisé[176] ou a disparu. La plupart du temps divers pays et opérateurs privés le prêtent prétendument en nature à la FED, qui le loue à son tour. Si bien que pour les porteurs de titres or-papier il n'est plus saisissable en cas de demande de restitution.

Sous la mandature CLINTON, parmi les réserves d'or de Fort Knox, 640,000 lingots de 400 onces (soit l'équivalent de 7257 tonnes) ne sont plus que de simples barres de tungstène[177] plaquées de quelques millimètres d'or. Antérieurement, 16. 000 tonnes de faux lingots de ce type avaient été ventilés sur les quatre continents. La partie restante a été vendue ou louée sur le marché international. De fait, l'on peut en conclure qu'un très faible tonnage d'or mondial endosse plus de 80% de titres or-papier négociés mensuellement sur les marchés boursiers. C'est la City londonienne, centre de la finance mondiale, qui focalise un immense trafic de blanchiment de vrais-faux lingots.[178] Ces diverses manipulations gigantesques reposent en grande partie sur le secret de l'initié. Tous les abus du négoce de l'or, quels qu'ils soient, ne sont ni discutés, ni l'objet d'une quelconque publication.

De plus en plus de pays soucieux des mouvements spéculatifs des titres (or-papier) non adossés à l'or physique demandent le rapatriement de leur métal jaune stocké aux Etats-Unis, au Royaume- Uni. Parmi lesquels, l'Allemagne, l'Autriche, la Belgique, l'Irlande, Pays-Bas, la Russie, le Venezuela,[179] le

---

[176] **Treasury Releases Results of NY Fed Gold Audit, Inadvertantly Reveals US Gold Stores at NY Fed Are Only 466 Tons!**
http://www.silverdoctors.com/treasury-dept-releases-findings-of-ny-fed-gold-audit-states-gold-more-pure-than-previously-thought/
[177] Métal très dur, de couleur gris acier-étain, utilisé pour l'outillage…
[178] Source Rob KIRBY, économiste et éditorialiste de Goldseek.com.
[179] **Le Vénézuela rapatrie son or**
http://dor24.com/evenement/venezuela-rapatrie-son-or/

Mexique exige un audit.[180] De plus en plus de citoyens Suisses veulent un referendum pour demander le retour de l'or du pays dans les coffres de la Banque Nationale Suisse, mais sans savoir où se trouve actuellement ce stock ! L'Azerbaïdjan a entrepris de sortir ses quinze tonnes d'or entreposées dans les coffres de la banque JP.Morgan à Londres, capitale mondiale des ventes fictives de métaux précieux, voir pourquoi ici.[181]

QUATRIÈME MOYEN, ILS ONT CONCENTRÉ LES VÉRITABLES RICHESSES EN FORMANT DES MONOPOLES POUR AFFAIBLIR PLUS ENCORE L'ÉCONOMIE RÉELLE.

Les lobbies soutenant ou bien appartenant à la confrérie des membres de la véritable gouvernance mondiale ont pu rapidement former des monopoles grâce au dollar, la monnaie fiduciaire vide par excellence. Ils se sont accaparés des secteurs entiers représentant durablement une valeur réelle : diamants – or – cuivre – zinc – uranium – télécommunications – presse et télévision – groupes agroalimentaires (Coca-Cola, Nestlé, Unilever…) – groupes pharmaceutiques – de grandes parties de l'industrie de l'armement et de l'espace… – Jusqu'à tenter et

---

[180] **Mexico's federal audit demands physical inspection of sovereign gold holdings**
http://inteligenciafinancieraglobal.blogspot.mx/2013/02/mexicos-federal-audit-demands-physical.html
[181] **Bill Murphy « La JP Morgan a de plus en plus de mal à manipuler le cours de l'argent »**
http://www.dailymotion.com/video/xvlyfb_bill-murphy-la-jp-morgan-a-de-plus-en-plus-de-mal-a-manipuler-le-cours-de-l-argent_news#.UT-LEhybrX8

réussir à mettre la main sur la recherche génétique. Avec un premier débouché de taille, celui des OGM appliqués à l'agriculture vivrière de masse, notamment dans les pays pauvres, à usage de médicaments dénaturés. Ils ont ainsi placé sous leur coupe une grande partie du monde agricole, prenant en otage du même coup la santé publique d'un très grand nombre d'habitants de Terre. Ces lobbyistes insatiables visent aussi le marché de l'énergie et selon le plan de BREZINSKI l'actuel conseiller spécial d'OBAMA (fondateur de la Commission trilatérale et membre central du Bilderberg) celui de l'eau douce à l'échelle mondiale.

Pour le moment, en inondant le monde de dollars et d'euros, de nombreuses banques et entreprises ont évité la faillite. Le prix à payer pour ce sauvetage apparent c'est la déstructuration de l'économie soumise à la hausse de l'inflation passant de 2 à 4% en 2009. En 2011 + 4,9%, la hausse impliquant surtout sur les produits de première nécessité,[182] pour les pays émergents + 6,6%.[183] Pour le grand public des pays riches dont les revenus ne suivent pas, le pouvoir d'achat est amputé d'autant. Pour les populations des pays pauvres, c'est l'angoisse de ne plus pouvoir se procurer les produits alimentaires de base, tandis que l'occident gaspille une nourriture mal utilisée.[184]

Cette inflation s'associe à la stagnation ou stagflation,[185] au détriment direct 1) de toutes formes d'entrées fiscales essentielles au fonctionnement du budget de chaque État-nation. Lequel budget était déjà amputé avant la crise majeure par un endettement consécutif à une gestion politicienne

---

[182] **L'inflation Mondiale**
http://www.dailymotion.com/video/xhse0q_l-inflation-mondiale-mars-2011_news
[183] **Inflation par pays en mai 2011 : l'inflation mondiale un peu plus haut**
http://www.gecodia.fr/Inflation-par-pays-en-mai-2011-l-inflation-mondiale-un-peu-plus-haut_a2268.html
[184] **Nourrir les Hommes**
http://fr.slideshare.net/profcdj/nourrir-les-hommes
[185] http://www.lafinancepourtous.com/Decryptages/Mots-de-la-finance/Inflation

irresponsable et non solidaire des fonds publics, dont le niveau de déficit public est devenu surréaliste. 2) de la limitation des programmes de relance, de soutien à l'économie, à l'emploi, à l'aide sociale...

En 2008, la FED opte pour une baisse des taux à court terme, tandis que la BCE reste inflexible. Pour les agents économiques, plus les taux sont élevés plus les conditions d'accès au crédit sont restreintes. Le niveau des taux est une variable fondamentale incitant la décision d'investir ou d'épargner. Pour les entreprises américaines, c'est le surendettement qui incite au délestage de frais structurels. En octobre 2011, face à la persistance de la crise, la BCE entrevoit la baisse du taux directeur à court terme, mais trois années de difficultés d'emprunt se sont écoulées pendant lesquelles l'économie réelle en Europe s'est enrayée. Se greffe la conjonction de tous les facteurs négatifs d'une économie mondialisée, soumise à l'interdépendance des flux commerciaux et financiers.

De 2008 à 2010, pour les petites et moyennes entreprises européennes ce fut l'attente souvent angoissante de crédits nécessaires à leurs activités, que les banques distribuaient qu'au compte-gouttes, les obligeant à réduire les coûts de fonctionnement.

Alors qu'en fin 2011, si l'obtention de crédit semble s'assouplir, par contre l'activité générale (production / consommation) ralentit, la croissance (accroissement de biens et de services, mesuré d'année en année) stagne. La résultante du contexte économique sur les deux continents c'est le ralentissement de l'investissement et l'augmentation du chômage.

L'assèchement de l'économie réelle est devenu une réalité chiffrable et mesurable, sans compter l'angoisse qu'ont à subir une majorité d'entrepreneurs et de salariés honnêtes. Dans l'optique des esprits supérieurs, c'est surtout et avant tout l'appauvrissement des comptes budgétaires des États-nation qui est visé quelles qu'en soient les conséquences par ailleurs, laquelle est inévitablement dépendante de la bonne santé de l'économie générale. À travers l'hyper endettement publique, l'objectif est évidemment de miner, puis d'ébranler efficacement la souveraineté des nations.

Aux premières minutes de l'aurore, la ligne d'horizon devient progressivement plus claire après la disparition de la brume matinale et de la pollution. De même à partir du recoupement de tous les faits et éléments énoncés jusqu'ici, le schéma d'affaiblissement, de déstabilisation, de l'économique mondiale, conjointement à l'érosion de la souveraineté nationale des États nation, apparaît clairement au fil de nos explications. Un plan qui a été finement esquissé depuis des décennies par les esprits brillants au sein des cercles de réflexion (think tank).

Fin 2011, le regard que l'on peut porter sur la décision de dessiccation de l'économie mondiale, formalisée dès 1971, conjointement à la dégradation budgétaire de tous les gouvernements nationaux se révèle être dès à présent une évidente réalité. Mais la cause à l'origine de ces faits échappe entièrement à l'intellection de la grande multitude des gens. D'où l'intention de l'auteur d'informer en profondeur chacun des lecteurs sur ce thème et sur bien d'autres sujets utiles à la compréhension de ce qu'est réellement l'emprise du mondialisme et de ce que sera l'aboutissement de la crise majeure.

CINQUIÈME MOYEN, UTILISER LES STRUCTURES MONDIALISTES POUR ENSERRER L'HUMANITÉ

Depuis les années 2000, les termes mondialisation et plus récemment globalisation sont devenus communs, ils évoquent l'interdépendance absolue des sociétés humaines. Une catastrophe climatique, une épidémie, une crise économique, une augmentation du prix de l'énergie et des aliments de base, une raréfaction de la production agricole... sur une partie d'un continent ont forcément des répercussions de portée mondiale. Si les échanges existent depuis les civilisations reculées (Assyrie, Égypte...), fin du vingtième siècle, ils se sont accélérés. C'est le cas particulièrement dans les domaines scientifiques, techniques, culturels. Cette multiplication des échanges a pour base les systèmes de communication, de plus en plus performants, quasi instantanés, générant une large plage sans cesse croissante d'informations pré modélisées qui s'internationalisent.

Les distances ne comptent plus, les voyages rapprochent les hommes quel que soit le but de leur déplacement... Le monde semblerait tendre vers plus d'unité. Il est devenu semblable à un village global, mais sans en avoir aucun des avantages sociaux, humains, environnementaux, identiques à ceux d'une véritable communauté solidaire et altruiste d'autrefois.

L'actuel monde globalisé et endurci ressemble à l'Aujia sericofera. C'est une plante originaire d'Amérique du Sud, facile à cultiver sur tous les continents, apte à supporter la sécheresse, les gelées passagères. Elle se reproduit rapidement et son système de capture peut provoquer la désertification de certaines espèces d'insectes. Cependant, cette plante n'est pas carnivore, elle se contente de piéger les insectes dans le seul but de se reproduire. La fleur regorge de nectar attirant diverses espèces d'insectes ailés, et des fourmis accompagnées de leur élevage de pucerons.

Tout ce petit monde attiré par les émanations enivrantes prend rendez-vous au même endroit. La plante fait tout pour optimiser ses chances de pollinisation, au cœur de sa corolle se trouve une pince, sous forme d'un piège à loup, relié à 2 sacs polliniques. Lorsque le système est effleuré, il se referme sur les pattes, ou l'extrémité de la trompe, de l'insecte intéressé. Les insectes les plus faibles n'ont pas la force pour tirer ce lourd fardeau de pollen et meurent enchaînés à leur dernier repas

Les masses humaines sont similaires à ces diverses colonies d'insectes attirés et finalement piégés par les senteurs fictives des avantages matériels d'une modernité surmédiatisée par les circuits commerciaux du mondialisme. Les individus ont pris nettement conscience de leur passage obligé à une collectivité mondialisée et déshumanisée qui leur impose d'être intégrés à un système globalisant auto-entretenu. Par ailleurs, ils sont soumis à une incessante propagande médiatisée qui les enjoint de la nécessité de soutenir résolument les décisions prises au cours de sommets internationaux et d'adhérer passivement à celles à venir. Depuis quelques décennies, l'on n'a cessé de conditionner les esprits à la nécessité absolue de devoir tout globaliser. Maintenant, la voie semble bien tracée pour instaurer rapidement un gouvernement mondial indivisible, dont la dimension politique et économique semble faussement reposer sur son unification.

Les États-Unis et les pays les plus riches ont scindé le monde en trois classes sociétales selon leur niveau de développement. Le G8 et le G20 sont censés les représenter. Mais il est clair qu'ils sont avant tout instrumentalisés par le CFR, la Trilatérale, le Bilderberg, pour enclaver toute l'humanité dans un mondialisme hégémonique. Compte tenu des conséquences de la crise qui empirent de jour en jour, pour censément éviter le chaos économique et social, prochainement, une émanation très intense aux fragrances de paix et sécurité sera répandue sur toute la surface de la planète, nous y reviendrons par la suite. (Bibliographie 1 -)

UN AUTRE PROJET D'UNIFICATION MONDIALE A ÉTÉ DÉFINITIVEMENT ÉCARTÉ, CAR CE N'ÉTAIT PAS LE TEMPS DE LE FAIRE

L'impression d'être enclavé par un mondialisme intraitable sème la confusion au sein de l'actuelle génération des seniors. Ils ont en mémoire qu'à la fin des années 1980 naissait un vrai projet d'unification mondiale, élaboré principalement par Willy BRANDT. Il considérait que le Nord (développé) et le Sud (en développement) avaient grandement besoin d'échanger urgemment l'un l'autre leurs intérêts réciproques afin de combler le fossé les séparant. L'objectif politique dit de survie était d'agir sur le système monétaire, le désarmement, la famine. Pour y parvenir, un organisme de surveillance de haut niveau devait renforcer le rôle de l'ONU et le consensus onusien (bibliographie 2 -).

Ce projet se définissait dans la tradition de l'internationalisme socialiste. Il n'avait rien d'hégémonique. Il n'appelait pas à abolir la souveraineté des États nation, mais juste qu'ils cèdent une part d'autorité politique en direction d'un pouvoir décisionnaire d'envergure mondiale. Une structure dotée légitimement de la capacité à garantir la survie de l'humanité tant alimentaire qu'environnementale, à défaut de lui assurer un bien-être intégral. Dans ce cadre progressiste, la multiplication des échanges et l'amélioration des communications internationales auraient pu être positives si elles avaient été consolidées par l'intégration d'agents économiques mondiaux. Il était prévu que les activités économiques soient réparties entre les différents États ou régions. Pour qu'à certains reviennent les tâches d'extraction, à d'autres celles de transformation, de production technologique, de répartition, de coordination mondiale…

Un type organisationnel basé selon la théorie libérale des avantages comparatifs élaborée par RICARDO.[186] Elle permettait d'assurer la liberté du commerce, la concurrence internationale loyale, l'exploitation des ressources avec plus de productivité, mais sans productivisme. Plus de redistribution, de libres circulations des biens et des capitaux, mais une moindre possibilité de libre circulation des personnes (bibliographie 3 -).

L'esprit altruiste et équitable de ce plan convergeait avec celui de KEYNES de 1941.[187]

En 2011, la situation générale est à mille lieues du projet de Willy BRANDT car pour le cartel ce n'était pas le temps de le faire. Tout comme CLINTON n'a pas pu mettre en place aux Etats-Unis une assurance santé applicable à tous, contrairement à OBAMA (Obama Care), car pour le cartel ce n'était pas le temps de le faire.

Le programme de Willy BRANDT aurait pu être le Joker permettant d'inverser les conséquences ravageuses des accords brisés de Bretton Woods en 1971 et plus tard des effets désastreux de l'abrogation du Glass-Steagall Act en 1999. Mais une fois de plus, l'histoire s'est écrite différemment, car les objectifs des esprits supérieurs ont évidemment évincé ce programme équitable. L'on a irradié la semence dans l'œuf avant même qu'elle ne puisse trouver les conditions de sa

---

[186] **Libre-échange, protectionnisme et croissance**
http://www.assistancescolaire.com/eleve/TES/ses/reviser-le-cours/libre-echange-protectionnisme-et-croissance-t_se06
[187] Voir en 3e partie – 1971 les accords loyaux de Bretton Woods sont adoptés.

germination. La citation clé ci-dessous, rappelle immédiatement l'esprit éclairé au réalisme de la déconstruction planifiée de l'économie, en cours de réalisation.

Ω – **citation clé** « *Dans le siècle à venir, les nations comme nous les connaissons seront désuètes ; tous les États reconnaîtront une seule autorité globale. La souveraineté nationale n'était pas une si grande idée après tout* ». Propos de Strobe TALBOT, futur secrétaire d'État, adjoint du président CLINTON, cité dans le Time le 20 juillet 1992.

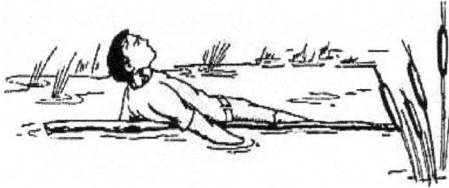

LA TRIPLE COMBINAISON QUI ENTRAVE LES ÉTATS-NATION

Si en 2008, dans le premier temps du déclenchement de la crise des crises, les États-nation ont pu sauver les structures financières, éviter la débâcle économique et même sauver les apparences, par contre il n'y aura aucun moyen pour eux de se soustraire aux répercussions de trois paramètres majeurs :

1 - La consolidation et la suprématie du milieu financier de l'après-crise majeure.

2 - La stagnation, la récession, dépression, économique, au détriment des peuples et des Gouvernements nationaux.

3 - L'obligation stérile de relancer une économie nationale asséchée par la crise majeure.

⬤ Consolider

1- CONSOLIDATION ET SUPRÉMATIE DU MILIEU FINANCIER D'APRÈS CRISE MAJEURE

Pourquoi la plupart des États qui se sont portés au secours des banques, milieu de la finance traditionnelle, en difficulté, ont pu recouvrer totalement les sommes massives allouées sur fonds propres et par le moyen de l'emprunt sur les marchés financiers? C'est parce que les banques, en bénéficiant de ce blanc-seing, de cette assurance tous risques, ont repris sans tarder leurs habitudes spéculatives de rabatteurs acharnés et de chiens de meute infatigables. Après à la chute des bourses en 2008, elles ont procédé d'abord à leur propre recapitalisation et simultanément ont spéculé de plus belle sur les marchés boursiers, les produits dérivés ayant une fois de trop leur faveur, ils représentaient en 2013, 693.000 milliards $, soit 10 le PIB mondial.

Jusqu'à 1973, chaque État européen pouvait emprunter directement auprès de sa Banque centrale nationale sans payer d'intérêt, ou à taux réduit. Sous prétexte de ne pas créer d'inflation par la création monétaire (mise en route de la planche à billets), tous ces pays, placés sous la contrainte de traités européens (consolidés en 1994, par l'article 104 du traité de Maastricht), ont été dans l'obligation d'emprunter sur les places financières, via le circuit bancaire privé. Un habile moyen pour les ponctionner et les affaiblir davantage au profit direct du milieu financier.[188]

---

[188] Voir – La Commission Européenne une structure politique pilotée par le Bilderberg group – Affaiblir la structure souveraine de chaque État-nation – Premier objectif les pays européens – Pourquoi personne ne peut vraiment s'y opposer ?

Par exemple depuis 1974, la France a payé 1400 mds €
d'intérêts d'emprunt, à comparer en 2011 avec les 1641 mds €
du cumul de sa dette publique. En 2013, la dette française, par
un jeu de montage hors bilan, est en réalité supérieure à 3000
mds €, sans inclure les provisions pour la retraite des
fonctionnaires et autres provisions pour 6000 mds € de plus.
Du côté des banques privées, elles obtiennent de la Banque
centrale européenne (BCE) des emprunts au taux de 1,5%,
tandis qu'à leur tour elles prêteront, via les marchés, aux États
entre 3%, et 15% cas de la Grèce, pour ce que l'on a osé
appeler un sauvetage. Voir directement la 3e partie de cette
vidéo, *comprendre la dette publique*.[189]

Le poids des acteurs privés. En 2011, l'agence de notation
Standard & Poor's dégrade la note des États-Unis ; dans le
même temps, elle maintient celle de la France, en félicitant le
gouvernement français d'avoir entrepris les premières mesures
de rigueur sociale. Quelques mois plus tard, elle avertit ce pays
du risque de dégrader sa note (triple A) si d'autres dispositions
d'austérité plus sévères ne sont pas prises rapidement. La
dégradation est effective en janvier 2012. Aux dires ce cette
agence, une autre sanction suivra...

LES ETATS SONT PIÉGÉS DANS DES SABLES MOUVANTS, PLUS ILS GESTICULENT, PLUS ILS S'ENFONCENT

Les États-nation d'Europe n'ont plus aucune échappatoire, ils
sont pieds et poings liés, soumis aux directives incontournables
de traités (Lisbonne, art 123) et à l'appréciation technique,
apparemment objective, d'organismes privés aux ordres de la
haute finance occulte. Lorsque les gouvernements agissent dans
la précipitation, imposant à leur peuple de nouveaux plans de

---

[189]   http://www.dailymotion.com/video/xi0yr7_crise-2008-2-financiarisation-de-l-
economie_news

rigueur toujours plus draconiens, ils s'assimilent au promeneur piégé dans des sables mouvants. Plus ils gesticulent, se débattent et s'apeurent pour en sortir, plus vite ils s'enfonceront, asphyxiés par les intérêts de la dette et la raréfaction des ressources fiscales du fait d'une récession économique chronique.

Tous les États du monde, bien trop endettés, sont donc soumis au bon vouloir et aux manœuvres déstabilisatrices des marchés financiers, plus forts que jamais. Cette crise de la dette est en fait celle de la spéculation financière organisée par le cartel pour tenir en bride les États et l'économie de terrain. Pour une majorité grandissante de pays, chaque point de hausse du taux d'intérêt de l'emprunt (obligation d'État)[190] se chiffre par milliards. Une charge venant s'ajouter annuellement au fardeau insupportable du déficit budgétaire,[191] consécutif à des décennies d'endettement imposé astucieusement par le système financier, dès 1913, année de la fondation de la FED et des premiers emprunts à la finance privée par les Etats- Unis, puis par tous les Etats occidentaux. La rapacité de la spéculation intensive[192] organisée sur les places financières, au détriment de l'investissement en faveur des entreprises, de la formation salariale, est parvenue finalement à grever le niveau des déficits globaux de l'ensemble des pays. Au fil des mois, le décompte déficitaire global tend à devenir inextricable, ingérable.

La sphère financière s'est ainsi considérablement renforcée. Elle participe à nouveau, plus intensément qu'avant le déclenchement de crise, au délitement de l'économie réelle en aggravant le découplage, en rétrécissant le goulot médian du

---

[190] **Les obligations d'État et leurs caractéristiques**
http://www.lefigaro.fr/placement/2009/02/09/05006-20090209ARTFIG00454-les-obligations-d-etat-et-leurs-caracteristiques-.php
[191]   http://www.lafinancepourtous.com/Decryptages/Dossiers/Comptes-publics/Le-budget-de-l-Etat/Le-deficit-budgetaire
[192] Voir plus bas – peut-on considérer les spéculateurs pour seuls responsables de la crise majeure ?

sablier des liquidités qui lui sont nécessaire pour assurer le développement, la recherche, l'emploi, deux sujets décrits plus bas.

Conclusion : une fois de plus, cela démontre qu'aucune leçon collective, fût-elle de la portée d'un risque mondial de faillite générale, n'a été prise en compte. Qu'aucun changement de cap démocratiquement débattu n'a été engagé, ni même envisagé. Qu'aucun communiqué officiel ne précise comment résoudre vraiment et durablement les conséquences de la crise des crises. Qu'aujourd'hui, les populations ne sont pas dupes de l'ampleur des problèmes, qu'elles sentent bien que l'heure est grave et que les belles paroles de leurs gouvernants ne les rassurent pas, de surcroît elles créent un fossé grandissant d'avec le milieu politicien, ouvrant la voie aux extrémismes, à une situation paroxystique, in fine à l'instauration d'un nouveau gouvernement mondial.

2- STAGNATION ÉCONOMIQUE AU DÉTRIMENT DES ÉTATS

Depuis 2008, les gouvernements ne peuvent plus se baser, moins encore prévoir, une quelconque reprise de pleine activité économique. Ni retrouver les conditions de croissance, de progrès économique, caractérisées par une équitable redistribution des richesses produites dans le cadre d'un développement social durable.

Évidemment, ils espèrent et appellent vivement à retrouver ce contexte porteur. C'est pourquoi ils ne cessent de guetter tout signal, tout indice, de reprise économique. Mais le mouvement haussier est bien éphémère et diffus. Ils ne veulent pas se faire à l'idée que la récession s'est installée.

Durant la période Bretton-woodienne dite « *glorieuse* » (1945 – 1975), la croissance mondiale moyenne atteignait 3% par an. Malgré une injuste répartition des richesses avec les pays du Sud, le progrès économique était au rendez-vous. Cela jusqu'au deuxième choc pétrolier de 1979 (consécutif aussi au désalignement du dollar sur l'or – Gold-standard), la décennie suivante 1980-1990 elle chuta à 0,9%. Les conditions qui ont précédé la crise majeure de 2008 produisaient leurs premiers effets. Puis ce fut un temps de décroissance entrecoupée de courtes phases d'essor économique.

En courant de fond, le monde subissait les dures contraintes de la mondialisation, du fédéralisme en Europe, de la décentralisation, de l'hyper spéculation financière et immobilière... La force irrésistible résultante des orientations prises dans le secret par les dirigeants du Bilderberg group était en action.

Sans réel courage, ni pugnacité, les chefs de gouvernement nationaux n'ont pas su prendre les mesures les plus justes pour mettre fin aux inégalités. Alors qu'il était en leur pouvoir de mettre en œuvre de véritables politiques nationales équitables d'équilibrage économique. Depuis les années 1980, les chefs de gouvernement en grande partie ankylosés, sans réelle amplitude de mouvement et de réactivité, sont devenus attentistes. Ils guettent en espérant trouver une embellie économique apte à créer les conditions de la reprise économique. Ou du moins, une éclaircie permettant de compenser la dégradation de la situation des finances publiques.

Depuis cette époque, ils n'ont jamais pu savoir quelle était la cause réelle de ce mouvement économique décousu. Leur réflexe technocratique fut d'étudier la situation à coup d'analyses et de courbes conjoncturelles. Mais aucune de ces méthodes, ni aucune étude prospective ne purent leur permettre de discerner la raison profonde de cette situation mondiale déconstruite, ni d'entrevoir les moyens d'y remédier.

3- OBLIGATION STÉRILE DE RELANCE DE L'ÉCONOMIE NATIONALE

Le contexte de récession chronique oblige tous les États-nation à réaliser une relance budgétaire pour tenter de doper la consommation. Elle s'accompagne d'investissement.[193] Mais cette démarche n'a pas de réelle contrepartie financière pour les États puisque les entrées fiscales s'avèrent insuffisantes à compenser l'investissement de départ qui vient alourdir la dette publique. La situation internationale est inédite s'agissant d'une crise conjoncturelle évoluant quasi simultanément en crise structurelle gravissime. Les technocrates n'ont plus aucun repaire, puisqu'il n'y a aucun précédent dans l'histoire de l'économie de marché.

Pour tous les acteurs économiques autrefois proches du milieu des entreprises, le critère central reste inchangé en période de crise majeure, invariablement c'est le profit Roi. Les premières victimes sont toujours les éléments laborieux, les fourmis du SYSTÈME. Le monde du travail placé aux avant-postes n'a cessé de faire les frais « *d'ajustements structurels* ».

a) À cause du niveau excessif de rentabilité exigé par la majorité des actionnaires.

b) Afin de favoriser la compétitivité à l'export, surtout pour les produits européens pénalisés jusqu'en 2014 par le niveau trop élevé de l'euro (balance commerciale).[194] En 2009, dans les pays développés, UE incluse, plus de douze millions de personnes sont venues grossir les rangs des chômeurs.

---

[193] Financement global de la relance, incluant les emprunts en fonds propres d'État, aussitôt accordés aux secteurs en difficulté, construction automobile, industrie et autres pans industriels fragilisés.
[194] **Balance des paiements**
http://ses.webclass.fr/cph/notion/balance-des-paiements

MOYEN CONNEXE, LE POIDS FINANCIER CONTRAIGNANT QUE REPRÉSENTE LA DÉCENTRALISATION

Même si cela peut surprendre au premier abord, la volonté d'érosion méthodique et d'enserrement progressif de la souveraineté nationale des pays passait aussi par la décentralisation.

C'était à l'origine une disposition prévue pour développer plus de démocratie. Elle devait permettre aux peuples mêlés de s'exprimer plus pleinement, de solliciter plus utilement leurs gouvernements respectifs. Les chefs d'États européens étaient tenus politiquement de réagir en ce sens. Sinon, ils prendraient le risque d'être discrédités, d'être mis en ballottage par les urnes, dépassés et déphasés par les progrès sociaux de pays voisins. Ils n'ont eu d'autre choix que d'innover, ou de copier les leaders dans ce domaine, en l'occurrence le gouvernement fédéral allemand.

En décentralisant le pouvoir, l'administration publique pouvait être au plus proche des multiples attentes populaires et ainsi valoriser le pouvoir central en place. Des années 1970 à 2009, l'Europe en particulier a vécu la mise en place d'une gestion décentralisée. Certaines banques[195] en ont profité pour faire

---

[195] **Votre commune est-elle infectée par un « emprunt toxique »?** http://www.liberation.fr/societe/2011/09/20/votre-commune-est-elle-infectee-par-un-emprunt-toxique_762505

souscrire aux régions des contrats d'emprunt abusifs[196] à taux progressifs, souvent adossés au franc suisse, alourdissant, plus encore sous l'effet de la crise majeure, leur dette par milliards d'euros.

L'Allemagne d'après-guerre, sous l'influence américaine et sous l'impulsion du CFR, fut un remarquable exemple de décentralisation. 1949 : Naissance de la RFA, dont la loi fondamentale garantit la constitution des länder et l'autonomie administrative des communes, suivie en 1965 d'une loi-cadre fédérale sur la planification régionale et l'aménagement du territoire. La France fut plus tardive avec ses lois de décentralisation de 1982 – 1983. Après les deux pays fondateurs de l'Europe, dès 1994 le processus de décentralisation s'est étendu aux 25 autres pays de l'UE (Voïvodies en Pologne, Périphéries en Grèce…).

Ce décentrage favorisa le traitement classique au cas par cas de divers dossiers administratifs, économiques, sociaux, en faveur des populations hétérogènes d'Europe. Avec une visée pro fédéraliste, l'on essaya aussi de vanter les avantages capacitaires de l'Union européenne en matière environnementale, cette fois sans succès. Mais le taux très faible de participation électorale dans les divers pays européens démontra le désintérêt et le rejet du bloc européen. Les électeurs n'ont pas voulu se mobiliser pour une Union fédéraliste si contraignante, si distante, de la population et si inefficace pour l'amélioration de la vie au quotidien. Progressivement, les pays du vieux continent ont été pris en tenaille par leur adhésion au pouvoir décisionnel et unilatéral de l'Union européenne.

Cela inclut le volet de la politique très contraignante et de plus en plus onéreuse de la décentralisation, dans laquelle les a

---

[196] **Multiplication des emprunts toxiques des communes : maires et habitants sont concernés !**
https://www.youtube.com/watch?feature=player_embedded&v=mjOcU_c0DSA

sanglés le mode opérant de l'Union fédérale. Il fallait aussi compter avec les conséquences pernicieuses d'une mondialisation savamment planifiée par le cartel Bilderberg.[197]

L'Europe pourtant riche et prospère n'a pas été capable de traiter les grands problèmes collectifs de fond : Pauvreté et chômage grandissants, logements insuffisants, agriculture intensive et malsaine pour les populations et l'environnement, énergies alternatives balbutiantes, procédés innovants ignorés,[198] ou opposés, pollutions multiples, réchauffement climatique… D'où le grand bourdonnement confus des peuples, qui cédera bientôt place à un grondement insupportable, voire à la montée, l'étendue rapide, de la violence, du populisme, de l'extrémisme. La projection d'une situation impossible à gérer pour les États nation.

En 1975, Richard A. FALK[199] avait envisagé clairement les immenses difficultés croisées et planifiées qu'aurait à subir l'humanité au début du 21e siècle. Dans la période marquant la fin d'un système économique et celle s'ouvrant à l'édification d'un nouvel ordonnancement politique du monde, il déclara :

Ω – « *L'ordre existant se décompose très rapidement, et l'incertitude principale est de savoir si l'humanité peut exercer un rôle positif en formant un nouvel Ordre mondial ou si elle est condamnée à attendre*

---

[197] **Emprunts toxiques, le poison des maires**
http://www.liberation.fr/politiques/2008/10/28/emprunts-toxiques-le-poison-des-maires_155991
[198] **MHD, l'énergie cachée du futur**
http://www.agoravox.fr/culture-loisirs/etonnant/article/mhd-l-energie-cachee-du-futur-78492
[199] Rapporteur américain de l'ONU, dans un article intitulé « *Vers un nouvel Ordre mondial – Méthodes modérées et Visions draconiennes* » – livre sur la création d'un ordre mondial juste. FALK est membre du CFR, de la fondation Rockefeller, et de la Carnegie créée en 1910, l'un des think tanks les plus riches, toujours dirigé par d'anciens responsables des services secrets. C'est un cercle de réflexion lié à une cinquantaine de multinationales qui promeut des politiques libérales en Russie et en Amérique latine.

l'effondrement dans une attitude passive. Nous croyons qu'un nouvel ordre sera soutenu tôt dans le siècle à venir et que les affres de la mort du vieil Ordre et les tiraillements de la naissance du nouveau seront un temps de tests pour l'espèce humaine ».

En 2008 et 2012, le renflouement à coup de milliards d'euros de la Banque Franco-Belge Dexia[200] s'inscrit dans ce plan de sape. En 2013, c'est le cas de Monte Paschi en Italie, de la SNS Real hollandaise, tandis que la Deutsche Bank est en état de quasi faillite. En 2015, la banque centrale Suisse abandonne la parité franc suisse/euro avec pour conséquences des pertes colossales pour une grande part de collectivités territoriales françaises dont les prêts bancaires étaient adossés à la monnaie helvète. **Conclusion** : Mondialisation et décentralisation sont devenues les deux mâchoires écrasantes d'un piège qui a parfaitement fonctionné pour miner la souveraineté des Etats-nation.

SIXIÈME MOYEN, PARVENIR À ASSÉCHER PROGRESSIVEMENT L'ÉCONOMIE RÉELLE, POINT CLÉ

Depuis les années 1980, progressivement l'économie réelle a été stratégiquement asséchée. Les masses financières ont été spécifiquement et tactiquement amoncelées au-dessus d'un étranglement laissant passer à minima le flux de liquidités à peine suffisant pour tenir à flot l'économie générale. L'étranglement de ce sablier a été façonné sur le modèle de l'outrance spéculative. Le débit de l'écoulement est délibérément restreint pour que toutes les composantes de l'économie réelle en soient tributaires au premier degré. Dans

---

[200] **L'enfer Dexia: la potentielle dissolution prochaine de la banque belge menace tout le système financier européen**
http://www.express.be/business/fr/economy/lenfer-dexia-la-potentielle-dissolution-prochaine-de-la-banque-belge-menace-tout-le-systeme-financier-europeen/181407.htm

ces conditions de restriction organisée, de rigueur généralisée, il n'est pas étonnant que la seule partie de l'économie apte à produire des richesses redistribuables à tous se trouve désormais contrainte à une forme de survie.

Cette dernière est devenue une zone semi-désertique que l'on doit traverser équipé seulement d'une petite gourde d'eau, sachant que sur tout le parcours l'on ne trouvera aucun point d'eau potable, ni d'endroit relais où trouver une autre nourrice de même contenance. Force est de constater que depuis 2008, entrée de la crise majeure, l'économie mondiale est confrontée à une phase d'essoufflement et de dessiccation prononcée.

Depuis cette année-là, les faibles poussées de croissance sporadiques qui se sont produites n'ont en rien freiné les conséquences socio-économiques dégradées, observables depuis l'entrée de crise. Exactement comme cela avait été prévu par les esprits supérieurs, avec une phase d'aggravation si des changements économiques fondamentaux proposés par les représentants du cartel lors du G8 – G20 n'étaient pas acceptés par les chefs de gouvernement.

Actuellement, les nations ressemblent à une escadre de grandes péniches cherchant comme de coutume à franchir les hautes écluses placées sur le principal canal de navigation fluviale. Mais à proximité du dernier point de franchissement, ils constatent, à l'instar de l'économie, que le mécanisme des vannes est totalement grippé, de surcroît qu'à cause de la sécheresse la hauteur d'eau est bien insuffisante pour franchir cette dernière écluse. Ils n'ont d'autre solution que de rebrousser chemin pour trouver d'autres canaux secondaires réputés moins praticables. En chemin, les officiers rêvent d'y rencontrer la sirène de la reprise économique. Même si cette chimère apparaissait au détour d'un fleuve, cela ne changerait rien à la situation persistante d'assèchement.

En réalité, les plans américains et européens de secours économique pris dans l'urgence en 2008 se sont avérés insuffisants les années suivantes pour résoudre les effets déstructurant et diffus de la crise des crises. Depuis la fin des années 1980, le processus de financiarisation de l'économie générale alimenté par l'utilisation quasi exclusive de valeurs en produits titrisés et dérivés[201] a considérablement modifié le mode de transmission des flux financiers nécessaires à énergiser l'économie globale.

UNE DONNÉE ESSENTIELLE QUI N'A PAS ÉTÉ PRISE EN COMPTE

Il s'est produit un découplage entre les rouages de la sphère financière et ceux de l'économie réelle. Les premiers sont suralimentés en monnaie de singe issue de la planche à billets des Banques centrales. Les deuxièmes sont déformés par les conséquences déstructurantes de la surconcentration financière opérante depuis les années 1980. Même si l'on rectifiait l'anomalie en réorientant la grande partie de ces liquidités vers l'économie réelle pour apporter les ressources nécessaires à son mécanisme, il ne se produirait aucun effet de transfert cinétique sur ses rouages car au cours des dernières décennies ils se sont ovalisés, affaiblis, déformés.

Pire encore lorsqu'on puise dans les ressources appauvries de l'économie réelle par de nouvelles taxes, impôts, emprunts, coupes budgétaires, plans de relance, plans de rigueur. Cela ne fait qu'aggraver la situation. Cas de la grande majorité de gouvernements, face aux conséquences abruptes de la crise

---

[201] 720.000 milliards $ source BRI soit 10 fois le PIB mondial. Voir plus haut 3e moyen – libéraliser l'économie… .

majeure. Un réflexe conditionné par l'impact surdimensionné de la crise majeure et l'incapacité d'y faire face. Une réaction qui a plongé les chefs de gouvernement dans une situation de confusion, précisément anticipée par les think tanks du cartel à l'origine de ce trouble.

Conclusion : La crise majeure enclenchée dans les années 1980 a déstructuré le mécanisme macro-économique tel qu'il fonctionnait au cours des années 1950 – 1975. Il a été déformé, puis étiré et finalement corrodé par le mouvement asynchrone, abrasif, régressif, de la politique des Banques centrales caractérisée, sous couvert de soutien utile à l'économie, par un soutien massif au milieu financier ivre de spéculation intensive et déshumanisée, lui-même orienté par le cartel pour avoir carte blanche.

Une fois le niveau paroxystique de la crise atteint, l'organisation du cartel s'apprête à propager le plus mensonger des effets d'annonce en proposant la résurgence du modèle keynésien, sous la forme d'une nouvelle économie keynésienne apte à trouver la solution à tous les problèmes économiques mondiaux du moment.

L'ÉCONOMIE CONCRÈTE EST DÉSORMAIS SOUMISE À L'ASSÈCHEMENT

Dès à présent, il est devenu impossible à chacun des États européens de réinjecter au niveau de la sphère économique des capitaux importants en fonds propres, ou par emprunt obligataire.[202] Ou de le faire réciproquement par solidarité envers un autre État en difficulté, ils n'en ont pas les moyens.

---

[202] **Obligation (finance)**
http://fr.wikipedia.org/wiki/Obligation_%28finance%29

Dès l'entrée de crise, malgré l'injection de sommes colossales dans le système financier, aujourd'hui, sept années plus tard, tout un chacun peut remarquer le faible niveau de répercussion concrète, productive, observable dans l'activité réelle. Cette réalité s'explique par la faible part de flux de liquidités traversant difficilement la zone médiane rétrécie du système financier mondial.

Depuis les années 1980, en puissants alchimistes, les maîtres verriers de Bilderberg ont façonné à chaud l'économie mondiale en forme de sablier. La partie haute du dispositif, la plus volumineuse comprend l'énorme masse financière injectée en amont dans le circuit hautement spéculatif des marchés boursiers, bancaires et des paradis fiscaux.[203]

La zone médiane en forme de goulot d'étranglement est le passage obligé par lequel s'écoule le flux de liquidités nécessaire à l'économie réelle. La part de transfert de ressources en direction de l'économie réelle est depuis 2008 si limitée qu'elle nuit considérablement à son fonctionnement constant. Voici comment en quelques décennies le processus d'assèchement progressif et de fragilisation de l'économie concrète a été habilement organisé, instrumentalisé, et appliqué à l'échelle mondiale.

---

[203] **Paradis fiscaux : La grande arnaque**
https://www.youtube.com/watch?feature=player_detailpage&v=9DF2FP5W5nI

SEPTIÈME MOYEN, CACHER LA MAUVAISE GESTION DU DOLLAR EN MANIPULANT LE PRIX DE L'OR

Le 24 juillet 1998, l'ancien gouverneur de la Réserve fédérale américaine, Alan GREENSPAN, disait au Congrès US « les banques centrales se tiennent disposées à prêter de l'or en cas d'augmentation de son prix ». Fausse promesse, car selon le GATA (Gold Anti-Trust Committee) depuis la mandature CLINTON – 1993 – 1994, plus de la moitié de la quantité d'or des réserves fédérales de Fort Knox et de West Point aurait disparu.

La réserve fédérale (FED) et le Trésor américain participent à des leases (prêts) d'or, qui ne sont pas déclarés, dont le tonnage d'or ne retourne jamais dans les coffres de la banque centrale américaine. Ils l'envoient à l'étranger pour effectuer des transactions complexes destinées à étouffer le prix de l'or. Depuis 2011, toutes les banques centrales s'appliquent à refaire leurs stocks d'or physique, avant que ne se produise l'effondrement des deux principales monnaies fiduciaires, dollar et euro.

Le président du GATA, William J. MURPHY. III, déclarait :
« *Avec une demande d'or mondiale si forte, il est devenu impossible de récupérer la majeure partie de l'or qui a été loué sans faire énormément augmenter son prix. La plupart des observateurs ont calculé que les réserves des banques centrales étaient supposées s'élever à environ 30 000 tonnes d'or dans le monde. Mais nous pensons que la quantité d'or qui s'y trouve réellement est plus proche de 15 000 tonnes, le reste a disparu* ».

Le but principal de cette opération est officiellement de fixer, neutraliser, la cotation du prix de l'or, valeur refuge en temps de crise, afin de conserver momentanément au dollar sa fonction de monnaie de réserve du monde et aux marchés financiers leur suprématie. Mais à l'inverse, ce pays a secrètement maquillé et loué à son tour de l'or afin de spéculer sur les produits dérivés du métal jaune – leases et swaps[204] – mais sans en informer le peuple américain. Voir ci-dessus – où est passé l'or du monde ?

En 2008, le GATA[205] s'oppose à cette dissimulation d'information :

« *Dès à présent, nous voulons révéler et stopper la manipulation du marché de l'or par le Trésor américain et la Réserve fédérale (FED)* ». Nous avons décidé de verser 264 000 $ au Wall Street Journal pour placer une annonce d'une page entière ayant pour titre « *Quelqu'un a-t-il vu notre or ?* » dans l'édition nationale, car la presse financière n'a pas couvert l'événement. Toutefois, cet artifice de la cotation du métal jaune trouve ses limites, le GATA déclare à ce sujet « *Le prix récent de l'or, approchant les 1000$[206] l'once (31 grammes), montre que le plan d'étouffement du prix est en train de vaciller. Lorsque tout le monde aura compris que les banques centrales étouffent le prix de l'or, son prix pourrait monter jusqu'à 3000, 5000 $ l'once, voire plus* ».

---

[204] Les leases sont un prêt d'or non déclaré, réalisé par une banque centrale à destination d'une banque privée spécialisée dans le négoce d'or « bullion bank », à un taux très faible de 1 à 2% pour une durée de 3 mois à plusieurs années. La London Bullion Market Association publie sur son site Web une liste de plus de 80 membres travaillant en tant que faiseurs de marchés pour les banques d'investissement, dans les marchés mondiaux de l'or et des matières premières. Ces membres sont aussi à l'origine de la participation à diverses manipulations de produits dérivés de l'or, dont les leases et les swaps. Les swaps consistent en l'achat ou la vente d'or à la cotation du jour et simultanément en la vente ou l'achat de l'or à une date future à un prix déterminé à l'avance. C'est aussi un moyen d'échanger le différentiel en cash entre la cotation du jour de l'or et celle qui sera fixée ultérieurement au cours d'une période pré déterminée. C'est donc l'alpha et l'oméga de l'escroquerie réglementée.
[205] http://www.gata.org/
[206] En septembre 2011, il se situait à 1900 $, puis la manipulation l'a ramené à 1200 $.

Une intervention plus que justifiée car le premier audit[207] du genre révèle 466 tonnes d'or en stock sur 8133.

LA CHUTE PROCHAINE DU DOLLAR, UN VORTEX QUI MENACE D'ABSORBER TOUTES LES ÉCONOMIES MONDIALES

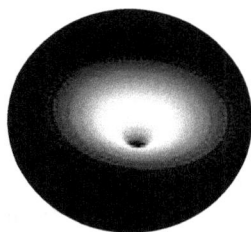

Depuis quelques décennies, l'on annonce le Big Clash du capitalisme américain. S'il s'est relevé rapidement du krach de 1987, de la crise asiatique et russe de 1998, de l'éclatement de la bulle internet de 2000, et du 11 septembre 2001, la tempête de 2008 pourrait être le bouleversement de trop. L'économie US ressemble désormais à un immense village Potemkine, un des villages en carton-pâte que le ministre de la Grande Catherine montait et démontait à souhait sur la route empruntée par la tsarine, afin de la rassurer sur le bon état de santé économique de la Russie.

Actuellement, la seule alternative du gouvernement américain consiste à ajouter des piles de dollars à des montagnes de dollars surcotés – 600 milliards jusqu'à fin 2011 – Pour masquer le mauvais état de santé de l'économie. La devise US s'expose ainsi à une sévère correction des marchés, que l'on a su museler jusque-là. Cependant, la dette américaine est un vortex qui menace à tout instant d'absorber et de réduire à néant toutes les économies mondiales.[208] Un scénario que pourraient laisser filer les esprits supérieurs si les États-nation n'acceptaient pas de se plier aux nouvelles règles qu'ils entendent fixer en matière d'économie mondiale. S'ils

---

[207]   http://www.silverdoctors.com/treasury-dept-releases-findings-of-ny-fed-gold-audit-states-gold-more-pure-than-previously-thought/
[208] **USA: vers une crise financière pire que celle de 2008?**
https://www.youtube.com/watch?v=ck1-qkgf0rI

s'opposent à la mise en place d'une monnaie mondiale unique probablement adossable à l'or et d'une banque centrale unique en occident, prossiblement la BIS -vidéo.

Voir en 3e partie la nouvelle économie keynésienne au sous-titre – Les accords de Bretton Woods sont finalement rompus – En 3e partie – Moyen connexe organiser le règne de l'argent digital, virtuel – La trappe à liquidités – En 4e partie – Un nouveau système financier est en préparation.

HUITIÈME MOYEN, FAUSSER L'OPINION PAR DE FAUX SIGNES DE REPRISE

Parmi les faux signes de reprise économique mondiale, il y a principalement aux États-Unis, le TARP (Troubled Assets Relief Program) ou plan PAULSON, adopté le 3 octobre 2008. Le département du Trésor US a injecté en trois périodes, un total de 700 milliards $ a) pour racheter les actifs toxiques des banques b) pour augmenter le plafond de retrait de liquidités accordé aux déposants américains. Il passe de 100,000 à 250,000 $, une façon de rassurer les épargnants, et de ne pas freiner la consommation c) pour tenir des chiffres du marché de l'immobilier surestimés. Le N.A.R truque[209] les données réelles, de – 5,2% le nombre de ventes immobilières passe a + 9,4%.

Un effet d'annonce pour maintenir les prix de vente au plus haut et rassurer la population « *quand le bâtiment va bien, tout va bien !* »

---

[209] **Existing Home Sales FALL in September 2009**
http://www.ritholtz.com/blog/2009/10/existing-home-sales-fall-in-september-09/

En Europe, les États sont venus au secours des banques en grande difficulté. Confortées par ce blanc-seing, elles ont spéculé à nouveau, sans risque, plus intensément qu'auparavant. De la sorte, elles ont pu rembourser l'aide des États, dans les délais impartis. Mais au final, les acteurs économiques, producteurs de richesses redistribuables, n'en ont reçu que les miettes, l'essor de l'économie réelle n'est donc qu'un vague souvenir.

Du côté de l'épargnant

En cas de retrait simultané de toutes les liquidités épargnées, la société américaine d'assurance des dépôts (FDIC) n'a même pas la capacité de garantir la moitié de la valeur de l'épargne état-unième. L'autre moitié est couverte sur le modeste ratio de 1cent pour 1 dollar. En 2008, dans un premier mouvement de panique, les déposants américains de la Washington Mutual, l'équivalent des autres organismes d'épargne populaire dans le monde, ont retiré leurs avoirs à hauteur de 16,7 mds $.

La conséquence fut la fermeture de 2000 agences et la perte de 43 000 emplois. Si une autre réaction de ce genre se reproduisait, la FDIC serait dans l'incapacité totale de couvrir le débit de liquidités exigible par le grand public, d'autant plus difficilement que les banques se serviront les premières. En 2013, l'euphorie qui règne sur les bourses américaines complètement déconnectées de la réalité économique, n'attire même plus les particuliers qui se refusent d'être des attrape-nigauds.[210]

---

[210] **Philippe Béchade : La Fed est un casino truqué**
https://www.youtube.com/watch?feature=player_embedded&v=MjOX_jRxfSE

Pour ne pas perdre toute votre épargne – voir cette vidéo très utile.[211]

DU CÔTÉ DES BANQUES, L'ON TRANSFÈRE LES DETTES PRIVÉES EN DETTES PUBLIQUES

La réaction des banques est discordante. Une partie d'entre elles garde les actifs toxiques espérant les vendre après la reprise du secteur de l'immobilier et la remontée correspondante des cours. Conséquemment, le plan PAULSON n'est que partiellement appliqué.

En 2009, la majorité des banques préfère se débarrasser des actifs toxiques en transférant, via BlackRock,[212] leur dette privée de 3000 mds $ en dette publique, finalement détenue par la FED. Voilà comment, sous couvert de l'artifice de stabilisation de l'économie, le transfert de la dette privée vers la dette publique se réalise.

Les sommes colossales perdues par les banques sur les marchés boursiers sont finalement prises en charge par le contribuable américain et européen,[213] car en fin de compte, le scénario et les conséquences sont exactement les mêmes pour toutes les populations du monde. Par exemple dès octobre 2011, les États français et belges vont garantir à hauteur de 90 milliards € le

---

[211] **Or, Titanic et canot de sauvetage - Pourquoi il est important de détenir de l'or aujourd'hui**
https://www.youtube.com/watch?v=5BghiAfkfUY
[212] **BlackRock**
http://fr.wikipedia.org/wiki/BlackRock
[213] Voir plus bas en 3e partie – des États européens soumis aux ordonnances immuables du traité de Maastricht – La BCE rachète aux banques des titres pourris de la dette en violation du traité de Lisbonne.

financement et les dépôts de Dexia, une banque franco-belge en difficulté du fait de ses activités spéculatives. Comme tous les autres établissements, elle avait été renflouée une première fois en 2008 à hauteur de 150 milliards €, suite aux conséquences des subprimes américaines. Désormais, toutes les banques européennes pourront continuer à émettre des obligations, car si elles faisaient défaut, les États de l'UE, via les contribuables, paieraient à leur place.[214]

Dans le même temps, après l'entrée en crise majeure, l'ensemble du milieu bancaire nord-américain était bien décidé à spéculer plus encore sur les marchés financiers. Il s'est réjoui en réussissant à lever rapidement 80 à 100 milliards $. En réalité, ce n'est qu'un signe bien éphémère et intangible de retour à la confiance des investisseurs, tout aussi avides que lui. C'est dire à quel point le secteur financier de la planète est incurable. On utilise à souhait les effets d'annonce pour conforter l'impression d'une reprise et d'une stabilisation économiques. Tandis que tous les experts sont à la recherche de signes précurseurs annonçant une prochaine reprise économique qui bien évidemment ne viendra pas.

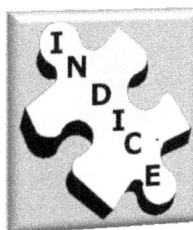

LES INDICES QUI ONT PERMIS DE CROIRE À UNE AMÉLIORATION :

➢ Les sondages d'opinion révèlent un retour à l'optimisme parmi les chefs d'entreprise. Par exemple l'indice des achats des entreprises en zone euro – outre atlantique – au Royaume-Uni – et en Chine, a progressé, d'où une certaine tonicité de l'activité.

---

[214] **Pourquoi la « finance de l'ombre » reste au dessus des lois**
https://www.youtube.com/watch?v=3ZXyfC21MN8

➢ Les taux sur le marché interbancaire se détendent, c'est le signe d'une confiance retrouvée, même si de nombreuses banques n'ont plus confiance les unes envers les autres. Voir en 3e partie le sous-titre – la fin des Bancosaurus.

➢ Aux États-Unis, en 2009, les pertes d'emplois étaient en baisse, 345.000 destructions d'emplois en mai contre 504.000 en avril. En mars 2010, la diminution du chômage enregistrée n'est qu'un leurre, puisque parallèlement le gouvernement avait proposé un contrat de durée déterminée à 132 000 personnes. Majoritairement, il s'agissait de chômeurs utilisés pour procéder au recensement décennal de la population. D'une façon générale, tous les chiffres du chômage sont faussés.

➢ Les promesses de ventes immobilières américaines ont bondi de 6,7% sur le mois d'avril 2009. Tandis que les chiffres de la vente de biens immobiliers sont truqués pour rassurer le public.

➢ Les ventes de détail sont revenues dans le vert, progressant de 0,5% en mai.

➢ Aux États-Unis et en Europe, la consommation des ménages se maintient, jusqu'en fin 2011.

➢ En Chine, sur le marché intérieur, la consommation et la production augmentent tirées artificiellement par un plan de relance. Il est basé sur un investissement de grande ampleur financé par le gouvernement chinois. Par contre, le commerce extérieur, moteur principal (70% du PIB), continue de se dégrader. En mai 2009, les exportations de la Chine ont décliné pour le septième mois consécutif de 26,4% en glissement annuel. En mars 2010, la Chine annonce un déficit commercial de 7,2 mds $, le premier depuis 6 ans. Les prévisions annuelles sur les exportations chinoises pour 2011- 2012 sont estimées à la baisse.

➢ En octobre 2011, consécutivement au plan de stabilisation de l'UE, après des mois de chute des cours, les bourses mondiales par effet de recentrage sur des valeurs de base, font une légère progression, depuis les indices boursiers battent record sur record, ce qui semble être un indice tangible de reprise économique.

➢ En mai 2012, l'appel de Mario DRAGHI, président de la banque centrale européenne, à la reprise économique dans la zone euro, sous la forme d'un pacte de croissance[215] axé sur le fédéralisme budgétaire, au détriment de la souveraineté des États. L'Allemagne appelle aussi la croissance…

➢ En février 2012 c'est l'opération LTRO[216] (contraire aux traités européens). En septembre 2012, Mario DRAGHI exprime sa volonté d'organiser subtilement la politique monétaire européenne, notamment en procédant au rachat illimité par la BCE de dettes souveraines, sous forme d'obligations, détenues par les banques de pays en difficulté, Espagne, Italie… Mais sous conditions de plans de rigueur, d'austérité.

➢ Le plus sûr moyen d'augmenter le montant de la dette globale, de générer de l'inflation et de gripper plus encore le mécanisme ovalisé de l'économie réelle, tandis que la FED maintient indemne le système financier américain en ayant recours massivement à la planche à billets, 4000 milliards $ injectés depuis 2008.

➢ À la même période, aux États-Unis, l'initiative de la Fed de racheter à nouveau de la dette au Trésor US, en lançant une nouvelle fois un quantitative easing[217] 3 et 4 (3e et 4e recours rapproché à la planche à billets, pour un montant mensuel de 85 milliards $.)

LA RÉALITÉ EST TOUTE AUTRE

Tous ces signes d'optimisme apparent, lorsqu'ils sont vraiment fondés, n'ont aucune répercussion sur les données de l'économie réelle (PIB – Emploi – Production). Le

---

[215] **Zone euro : Draghi appelle à ne pas relâcher la rigueur budgétaire**
http://www.leparisien.fr/economie/mario-draghi-bce-concilier-pacte-de-croissance-et-pacte-budgetaire-03-05-2012-1982825.php
[216] **LTRO et POMO, les armes de la Fed et de la BCE**
http://la-chronique-agora.com/ltro-et-pomo-les-armes-de-la-fed-et-de-la-bce/
[217] **QUANTITATIVE EASING : effets sur les marchés et l'économie réelle**
http://www.zonebourse.com/actualite-bourse/QUANTITATIVE-EASING--effets-sur-les-marches-et-leconomie-reelle--14463267/

rebondissement est minime au regard de l'ampleur de la chute de 2008, juste quelques zones vertes dans un désert. Même si chacun, pauvre ou riche de son état, espère à sa façon un retour à une forme de normalité entraînant une autorégulation de l'économie mondiale, il est inutile de rêver, elle n'aura pas lieu. Car ni le regain d'optimisme de quelques banques, de divers chefs d'entreprise, ni la vigueur relative de certains secteurs (industrie, immobilier, services), ni la progression ponctuelle de certaines bourses ne pourraient freiner l'envolée irrattrapable du chômage, fléau sociétal.

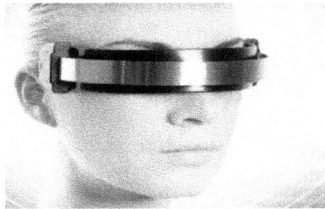

Tous en conviennent, il s'agit de l'élément fondamental de stabilité sociale et de développement, placé au cœur de l'économique réelle. En 2011, selon l'OIT (organisation internationale du travail), la reprise du recrutement dans le monde, notamment en Europe, ne concerne qu'en grande majorité des emplois précaires. Les normes internationales ne permettent pas de s'opposer à ce type de recrutement. Nombre d'employeurs peu scrupuleux ne tiennent aucun compte de la réglementation pour les conditions de salaire, de temps de travail, d'adhésion à un syndicat…

Des millions de personnes ont à souffrir de cette précarité. Ils ont du travail, mais pas d'emploi décent, pas de revenus suffisants, pas de sécurité, pas de protection de leurs droits. Tous ceux-là sont plus appauvris qu'auparavant et par là même sont privés de stabilité, sans laquelle ils ne peuvent pas organiser et planifier leur vie. Ils ne peuvent pas non plus s'impliquer dans une action collective au sein de la société.

Partout, cela impacte d'autant la qualité[218] de vie des diverses communautés du monde.

Malgré l'opinion contraire et mensongère des gouvernements, rien ne peut compenser non plus les pertes successives de pouvoir d'achat d'une majorité d'individus. Il s'agit de consommateurs incontournables, dont l'acte d'achat est indispensable au maintien du dynamisme de l'économie.

Étant donné que tous les pays sont soumis aux dures lois mondialisées du marché fixées par l'OMC, aucune force politique ne peut s'autoriser à garantir le maintien des prix des produits de première nécessité. Aucun gouvernement ne veut s'opposer à la hausse inconsidérée des matières premières alimentaires. Elles sont entièrement livrées aux desiderata des spéculateurs. Des prédateurs aussi excités et voraces que des chiens de meute.

TOUS LES ARTIFICES ET STIMULANTS ÉCONOMIQUES SONT DÉSORMAIS ÉPUISÉS

Aucun moyen technocratique ne peut apporter la solution à l'actuel contexte de délitement économique. Depuis la période d'enclenchement de la crise majeure tous les montages savants utilisés pour doper l'économie sont présentement épuisés. Ils incluent :

➢ La baisse des taux d'intérêt accordée par toutes les Banques centrales USA – Japon – Europe.

---

[218] **Crise financière européenne**
http://crise-economique.com/crise-financiere-europeenne.html

> La hausse exponentielle de la dette publique par transfert illégitime de la dette privée d'origine bancaire. Voir plus haut « Du côté des banques, l'on transfère les dettes privées en dettes publiques »

> La relance de la consommation intérieure – le crédit facilement accessible – les primes à la consommation – la spéculation incessante d'un grand nombre d'individus riches et plus pauvres, à tous les niveaux de la société – la détaxation préférentielle des entreprises les plus riches…

> Les sommes colossales récemment allouées si facilement par les États au système bancaire. Et la multiplicité d'emprunts d'États sur les marchés financiers, sous forme d'obligations, pour financer leur propre déficit et celui d'autres gouvernements européens.

> Les 4500 milliards de dollars « Monopoly « injectés par la FED depuis 2008 dans le circuit financier, une manne artificielle qui n'euphorise que les marchés boursiers □ vidéo.

REPRISE ÉCONOMIQUE = L'IMPOSSIBLE ÉQUATION

En 1964, le PIB - produit intérieur brut - des États-Unis était de 656 milliards $, l'endettement de 1000 milliards $. En 2014, le PIB est de 17.000 milliards $, la dette de 59.000 milliards $ (1). La dette a été multipliée par 59, le PIB seulement multiplié par 26, soit moins de la moitié. Si la croissance du crédit avait suivi celle du PIB elle se monterait à 26.000 milliards $ (2). Le delta entre (1) et (2) 33.000 milliards $ correspondant à du crédit ex nihilo - tiré de rien - partirait en fumée, voir ci-dessous la vidéo pédagogique.

Actuellement aux États-Unis, locomotive économique du monde occidental, pour pouvoir créer 300 milliards $ de croissance, il faut tabler avec 600 mds $ de déficit public + 1000 mds $ de billets photocopiés par la FED, soit le rapport de 5,3 contre 1 !

Conclusion : La déflation de la masse colossale de crédit et l'hyper-endettement sont aujourd'hui le risque majeur de chaos pour toutes les économies mondialisées. La reprise économique n'est donc plus de mise.

Le Quantitative Easing ou planche à billets = 1 million $ imprimés en monnaie de singe toutes les 10 secondes, de 2008 à 2013 à minima 50 milliards $ chaque mois par la FED - Réserve fédérale - Banque centrale des États-Unis !

Sachant que + de 60% du PIB mondial - USA - Japon - Europe - est réalisé sur ce type économique. Qu'au plan mondial, le montant de toutes les transactions de bourse de l'ordre de 2 millions 600.000 milliards $, dont 95% correspond uniquement à des opérations de spéculation. À rapprocher du PIB mondial 74.000 milliards $ - soit le rapport de 28,5 pour 1 !

Sachant que dans le monde les produits dérivés, dont l'utilisation initiale de couverture assurance contre les risques financiers a été pervertie, représentent à eux seuls 700.000 milliards $, soit 9 fois le PIB mondial.

Sachant que dans le monde la manipulation du taux interbancaire LIBOR - London Interbank Offered Rate - porte sur 360.000 milliards $ de contrats dans le monde.

Sachant que dans le monde le FOREX - Foreign Exchanges - marché des changes des devises - est truqué à hauteur de 5300 milliards $ par jour.

En France, pour exemple, les six plus grandes banques se sont engagées dans l'hyper-spéculation à hauteur de 7000 milliards € soit quatre fois plus que le PIB français, 1800 milliards € en 2012. Le seul cas de la BNP Paribas est révélateur de cette aberration, en 2012 elle possédait 70 milliards € de fonds propres, son total bilan était de 2000 milliards € et sa position sur les marchés à terme est de 48 000 milliards € ! Quasiment 3 fois le PIB américain.

En Allemagne, pour exemple, la Deutsche Bank, première banque au monde pour les échanges de dérivés, manipule 55.000 milliards € de produits dérivés douteux = 20 fois le PIB de l'Allemagne, 5 fois celui de l'Euro zone = 100 fois le montant des dépôts des clients = 150 fois ses fonds propres.

Aux États-Unis, pour exemple, les entreprises cotées au New York Stock Exchange - Wall Street - la plus grande des bourses mondiales - ont atteint un stade d'emprunt sans précédent - margin debt, soit un endettement supérieur à 50% de la valeur du compte spéculatif - pour maintenir leurs investissements hyper-spéculatifs sur les marchés financiers.

Sachant que L'endettement mondial est de 18 millions $ par minute, en cumul + 100.000 milliards $ - x 2,5 en douze ans - + 40% depuis 2008 entrée en crise majeure - 2 fois la valeur des entreprises cotées dans le monde. Cela inclut les obligations des États et les dettes des entreprises, des sociétés financières, sans inclure la dette des particuliers. À rapprocher du PIB mondial de 74.000 mds $.

Au final : ligne de compte / jeux d'écritures = liquidités digitales ou virtuelles = 97% de la masse monétaire - vidéo pédagogique.

En conclusion : depuis 2008, le rythme de création monétaire directe et indirecte réalisée par les banques centrales (production illimitée de monnaies - planche à billets - et rachat d'actifs - titres et obligations véreux détenus par les États, les banques privées) a atteint des sommets totalement dépareillés du besoin global de financement de l'économie réelle. Celle-ci est en continuelle perte de vitesse, tandis que des masses de liquidités issues de la planche à billets sont contingentées sur les places financières pour organiser à dessein la spéculation à outrance, deux courbes complètement inversées.

Conséquences 1) la montée en puissance d'un milieu financier devenu surpuissant 2) l'hyper-spéculation effrénée entretenue par ce milieu 3) l'enlisement de l'économie générale par l'hyper-endettement des États, des entreprises, des particuliers, par l'hyper-spéculation des banques 4) la dépréciation continue du pouvoir d'achat du grand public 5) la récession 6) l'inéluctable dévalorisation des principales monnaies.

Ces éléments clés suffisent pour comprendre que le système économique est moribond puisqu'il ne repose plus sur aucune base plausible.

POURQUOI LE MUR NE S'EST PAS EFFONDRÉ D'UN COUP, D'UN SEUL !

D'ores et déjà l'effondrement de l'embasement du système monétaire est effectif, mais les effets ne sont pas conclusifs dans l'immédiat, le mur ne s'est pas effondré d'un coup, d'un seul.

Depuis les années 1980, la concentration financière orchestrée par le cartel de la haute finance aux ordres du cartel a produit ses effets par palier, en cascade, spécifiquement à l'encontre de l'économie réelle affaiblie par les contraintes et les dérives pernicieuses de la mondialisation. En 2008, à cause de l'impact systémique, déstabilisant, des titres toxiques de type subprimes, ce cartel a organisé lui-même la création monétaire - planche à billets - monnaie de singe - pour entretenir l'hyper-spéculation sur les places financières via les multinationales du secteur privé et bancaire, les réels bénéficiaires du fruit expansif de ces liquidités.

Ces flux de liquidités répartis entre les divers partenaires du cartel sont journellement renchéris. Ils surabondent par le jeu de multiples truquages, manipulations, effets de levier, opérés sur les places financières. C'est une poignée d'intervenants qui agit dans les coulisses pour maintenir absolument cette situation de prédominance financière.[219] Tout cela dans un but bien précis, sans aucun rapport avec l'enrichissement personnel des membres du cartel comme pourrait le croire naïvement la majorité des gens. Il s'agit d'un objectif final post crise majeure qui échappe totalement à l'entendement des néophytes.

AUCUNE SOLUTION POUR L'ÉNERGIE

Sur le plan de l'énergie, aucun modèle plausible n'a été formé pour assurer la stabilité du prix de l'énergie. Alors qu'il existe depuis près d'un siècle des technologies, apparemment nouvelles, permettant de libérer le monde de tout combustible fossile.

Enfin, qui dira comment lutter contre la pollution rémanente du pétrole. Depuis les années 1950, il faut compter aussi avec l'effrayante montée en puissance de la contamination radioactive. Elle a pour origine les quelque 2000 essais thermonucléaires[220] réalisés dans l'air, sur et sous la terre, sous les mers. S'ajoutent les conséquences de l'effrayante fusion

---

[219] **La dictature des marchés**
https://www.youtube.com/watch?v=jvIudyRdF3Q
[220] **Tous les essais nucléaires dans le monde de 1945 à 1998**
http://www.dailymotion.com/video/xfktas_tous-les-essais-nucleaires-dans-le-monde-de-1945-a-1998_webcam

continue et irréversible des trois réacteurs nucléaires de Fukushima.

Depuis mai 2011, la contamination de radionucléides (plutonium – césium...) en provenance du Japon ne cesse de retomber sur la terre en poussières et pluies radioactives. D'ici à fin 2012, elles menacent de contaminer définitivement toute la chaîne alimentaire et l'eau de la planète. Conséquemment, tous les organismes vivants seront à terme mortellement touchés par les effets cumulatifs de la radioactivité sur l'organisme humain. Comment se fait-il qu'aucune solution, ni aucun plan de substitution n'existent pour ces périls mortels.

Toute de cette pyrotechnie est désormais déstockée. Continuer à l'utiliser ne fait que rassurer artificiellement les spéculateurs intermédiaires, non-initiés par le cartel de la haute finance, et une partie du grand public. Quant aux grands argentiers, initiés à la confrérie, ou soutiens du cartel occulte, ils ont su investir leur immense fortune en biens concrets. Ils détiennent à eux seuls des pans entiers de l'économie réelle, se préservant ainsi de tout effondrement boursier, monétaire.

Par ces moyens de secours, l'on tente de repousser, de reporter, les irrémédiables conséquences d'une injuste et tragique gestion des fonds publics nationaux et mondiaux. Les faits récents le démontrent, les masses d'argent injectées dans le secteur financier pour éviter son effondrement n'ont eu aucun effet bénéfique sur les acteurs de l'économie réelle. Le nombre d'individus touchés financièrement et socialement par cette crise majeure est aussi sans précédent.

Mais ce fait humain primordial n'a pas été vraiment pris en compte. Tous les signes économiques indiquent une masse monétaire proche de s'effondrer sur elle-même. À court terme, l'on assistera à une débâcle qui entraînera le monde dans une situation déflationniste extrême. L'actuelle courte période d'hyper inflation aboutira rapidement à une grande dépression. L'on est très surpris de voir parmi les gens un comportement passif et subjectif. Peu d'individus sont prêts à reconnaître à quel point le système de choses est irréformable et voué à un échec retentissant. Qu'en tous points, il s'agit indéniablement de la fin d'une civilisation.

NEUVIÈME MOYEN, INCITER LES ÉTATS-NATION À ACCEPTER UN NOUVEAU SCHÉMA ÉCONOMIQUE

Contextuellement, depuis de nombreuses décennies, la plupart des États occidentaux ont été de piètres gestionnaires. Ils n'ont pas été capables de répartir équitablement le fruit de la richesse collective en direction de toutes les couches sociales, afin de créer les conditions du progrès économique. Ils ont si commodément laissé s'envoler la dette publique, sans avoir la probité d'en justifier la dépense.

Comme le joueur de loterie attendant fébrilement de découvrir, au petit bonheur la chance, les numéros gagnants, de même les chefs de gouvernement ont presque tout misé sur les improbables périodes de croissance.

Ils en parlent et l'attendent comme s'il s'agissait d'une pluie de manne laiteuse qui les rassasierait à souhait chaque jour de la semaine. Ce serait l'apparition du miraculeux moyen permettant de redresser la situation des comptes publics. Ah ! Quelle commedia dell'arte ils n'ont cessé de jouer, et maintenant à quelle débandade ils nous obligent d'assister !

Ces carences sont surtout caractérisées par le gaspillage récurrent de l'argent public, par l'absence de réelle coordination, par manque de volonté et de courage. Elles ont pour origine l'absence d'un simple programme de solidarité sociale.

Chaque citoyen devrait pouvoir compter sur des bases équitables lui permettant de profiter d'une vie heureuse et prospère. Aujourd'hui, personne ne devrait se soucier outre mesure des besoins fondamentaux de la vie courante. Emploi, logement décent, nourriture saine, habillement, soins médicaux adaptés, éducation et formation, personnalisées devraient profiter à tous.

Ce sont des conditions garanties par les principes directeurs des articles premiers de la Déclaration universelle des droits inaliénables de l'homme, art 25.[221] Mais au cours des dernières décennies, la teneur constitutionnelle et humaniste de ces principes a été progressivement diluée par les refontes législatives successives. Puis dénaturée par les lois consensuelles onusiennes et finalement détricotée par un libéralisme économique et financier outrancier.

Au cours des années 1980, l'assurance légitime de pouvoir vivre dignement, prévue pour tous, si peu et si mal appliquée à tous, n'était même plus la part du pauvre dans les pays occidentaux. Les clauses légales de ce contrat fondamental et universel furent très tôt rompues au sein même des pays les plus riches. À cause du train de vie luxueux, éhonté, effronté, des régimes en place, toujours à cause de l'incompétence à gérer les deniers publics, par manque de courage et d'honnêteté des dirigeants élus. Aujourd'hui, toute ouverture à plus de justice sociale serait de toute façon lestée par l'énormité de la dette publique et par les

---

[221] **Déclaration Universelle des Droits de l'Homme**
http://www.unesco.org/education/nfsunesco/doc/droits_homme.htm

entraves de la mondialisation. Chaque initiative pour faire valoir plus d'équité sociale ne serait qu'une appropriation politicienne.

L'économie générale du monde périclite inéluctablement vers la plus grande dépression de l'histoire. Dans la courte période à venir, il faut donc s'attendre à ce que la situation comptable des États devienne intenable. Simultanément, que les mouvements de colère des populations dans la détresse montent en puissance et deviennent insoutenables pour les gouvernements. La dégradation générale organisée par le cartel est le principal moyen de bouleverser la scène mondiale. Pour la majorité des élites et l'ensemble des nations, l'échec tant social que budgétaire s'annonce total. D'où le désespoir des nations désorientées, le désordre, la confusion des esprits. Cela jusqu'à ce que les foules soient réceptives à la refonte totale du système financier et monétaire international.

LES NATIONS APPELLENT À UNE NOUVELLE DONNE FINANCIÈRE ET MONÉTAIRE MONDIALE

Depuis 2008, après la prise de conscience des gouvernements, un nombre croissant de gens se rend compte bien tardivement que l'économie et la finance sont loin d'être une science exacte. Qu'après la spoliation des principes économiques keynésiens originaux, la grande multitude des peuples, sans savoir de quoi il retourne, est contrainte d'en subir les multiples conséquences.

Voici un extrait du discours de la chancelière allemande Angela MERKEL du 8 janvier 2009 :

« *Le G8 ne peut garantir l'ordre sur les marchés financiers à lui tout seul. Nous devons inclure un nombre croissant d'acteurs. Nous devons créer un nouvel Ordre international dans lequel l'Europe jouera un rôle important. Aucun pays ne peut agir seul contre les effets de la crise majeure, même pas les États-Unis, aussi puissants soient-ils* ».

Madame MERKEL, invitée du Bilderberg group, a insisté sur la nécessité d'une action coordonnée de tous les pays pour lutter contre le ralentissement économique mondial. Ajoutant que les marchés financiers doivent être régulés sur la base de normes internationales s'appliquant à tous. Ce type de réaction classique, plein de bon sens, de la part du représentant d'un pays souverain placé au cœur de l'Europe fédéralisée était prévisible et même souhaité par les esprits supérieurs. Bien avant elle, Henry FORD homme d'affaires opportuniste et célèbre constructeur d'automobiles avait une idée précise sur l'origine des bouleversements économiques *« Les crises économiques ne sont pas des fléaux de Dieu ; elles sont, comme les guerres, l'œuvre d'un petit nombre d'individus qui en profitent »*.

L'actuelle crise monétaire inquiète beaucoup l'ensemble des chefs de gouvernement, mais sans qu'ils aient le courage de le dire ouvertement aux peuples. Le gouvernement américain sous l'influence du CFR pourrait envisager prochainement d'établir de nouvelles règles en éliminant certaines institutions financières y faisant obstruction. Une occasion pour lui d'introduire une forte dévaluation du dollar afin d'apurer son immense déficit budgétaire. Une décision qui de plus conditionnerait la vie économique américaine pour la préparer à accepter illico la monnaie mondiale unique.

Le contexte financier est très porteur pour ce scénario, car les investisseurs mondiaux privés et publics sont extrêmement inquiets à l'idée d'être soumis au dollar, envers lequel ils n'ont plus confiance. À leurs yeux, cette devise n'offre aucune perspective viable pour tous placements et opérations financières visant le moyen et le long terme, paralysant ainsi toute volonté d'investissement. L'élite mondiale et les Banksters veulent en finir avec les politiques monétaires nationales.

Dans l'actuel contexte de grande instabilité économique, les conditions préalables à la création d'une monnaie mondiale indivisible probablement adossable à l'or[222] sont toutes réunies. Ce projet est aussi sérieusement envisagé par la Russie et la Chine. Selon notre analyse, cette étape emboîtera le pas à un nouvelle structure du monde. Il est possible que s'il se produit une forte dévaluation du billet vert, le temps que la monnaie unique soit opérationnelle, les droits de titrages (devises) internationaux appartenant au FMI deviennent une sorte de monnaie d'échange en vigueur dans le monde. Ou que la monnaie mondiale unique, assortie d'une Banque centrale unique en occident, ne soit d'abord imposée à tous sans aucun autre choix possible. Cela sur la base d'un modèle économique falsifié de nouvelle économie keynésienne. En 2007, ce scénario monétaire se dessinait déjà, Ben STEIL, directeur du bureau économie internationale du CFR indiquait sans ambages :

Ω - « *Dollar et euro sont des devises temporaires, ce sont les marchés financiers qui portent le dollar dans le monde entier, les marchés donnent et peuvent aussi reprendre, dès lors le dollar américain s'effondrerait, et de leur propre chef les marchés financiers privatiseront la monnaie* ».

LES ESPRITS SUPÉRIEURS ONT DÉJÀ ANTICIPÉ LA TOTALE DÉSUÉTUDE DES ÉTATS-NATION

Vu l'état actuel du monde, la prédiction de Strobe TALBOT, futur adjoint du président CLINTON, énoncée en 1992 prend

---

[222] **La tentation de l'étalon-or**
http://archives.lesechos.fr/archives/cercle/2013/06/04/cercle_73770.htm

tout son sens « *Dans le siècle à venir, les nations comme nous les connaissons seront désuètes* ; *tous les États reconnaîtront une seule autorité globale. La souveraineté nationale n'était pas une si grande idée après tout* ». L'on mesure ici l'assurance d'un représentant des esprits supérieurs de voir les États-nation se trouver en situation de désuétude effective à l'issu du plan d'érosion des souverainetés nationales.

L'obsolescence des États-nation au 21e siècle est l'aboutissement d'un long processus de sape engagé depuis les années 1950. Son impact est très grand, car présentement les gouvernements dominés par les institutions supranationales (UE – BCE – FED – FMI - ONU – OTAN – OMS – G8 – G20…) sont décontenancés par le délitement de l'économie mondiale. Ce qui les désaccorde davantage des nécessités et des attentes légitimes de leurs administrés soumis à des difficultés croissantes. Au niveau de la grande multitude, nul besoin de sondages pour mesurer le niveau d'insatisfaction des gens envers la plupart des gouvernements. Ils les jugent incapables de trouver les solutions aux besoins sociaux générationnels, aggravés par la crise majeure de 2008 : emploi – logement – retraite – extrême pauvreté…. Cet état d'abaissement des conditions de vie conditionne fortement les États-nation au renoncement non avouable de leur souveraineté nationale.

Si cela s'avère nécessaire pour parachever et/ou activer cette abdication programmée, d'autres moyens de haute technologie sont à la disposition des fondateurs de la prochaine gouvernance universelle. Ils seraient utilisés si nécessaire en direction de la grande multitude et des gouvernements s'ils refusaient le pacte universel à venir. Ces procédés élaborés pour générer la peur viscérale envers un monde parallèle hostile sont d'ores et déjà disponibles pour les y contraindre.

Dans les années 1980, Ronald REAGAN s'adressant à Mikhail GORBACHEV est le premier à y faire allusion, lui disant « *Si soudainement il y avait une menace envers ce monde en provenance d'une espèce d'une autre planète, nous oublierions tous ces petits conflits locaux qui ont lieu entre nos deux grands pays et nous comprendrions une fois pour toutes que nous sommes en fait des êtres humains de cette Terre* ». Vingt années plus tard, en 2000, CONDOLEEZA RICE, responsable de la sécurité nationale sous l'administration BUSH, disait à son tour « *Pour nous unir, nous avons besoin d'un ennemi commun* ».

Ces annonces laissent entrevoir qu'il s'agit d'un réel scénario assorti des conditions de sa réalisation. Il se rapporte à une invasion massive d'Êtres dotés de capacités surhumaines, contre lesquels il faudrait solliciter la haute protection bienveillante d'une puissance supra mondiale ayant capacité de les repousser efficacement.

En 1991, le Dr Henry KISSINGER, diplomate, Secrétaire d'État, Conseiller à la sécurité nationale américaine, prix Nobel de la paix 1973, lors d'un rassemblement annuel du Bilderberg Group à Évian – France, a détaillé ce sujet plus explicitement encore :

Ω - « *Aujourd'hui, l'Amérique serait scandalisée si les troupes de l'ONU entraient dans Los Angeles pour réintroduire l'ordre (référence à l'émeute de 1991). Demain elle en sera reconnaissante ! C'est particulièrement vrai s'il était dit qu'il y a une menace de l'extérieur (contextuellement une invasion extra-terrestre), vraie ou promulguée (décidée par une autorité) qui menace notre existence même. C'est alors que tous les peuples du monde plaideront pour qu'on les délivre de ce mal. Une chose que chaque homme craint est l'inconnu. Lorsque ce scénario se sera présenté, différents droits seront volontairement abandonnés. Faute de quoi, le gouvernement mondial n'assurera pas la garantie de tranquillité à tout un chacun* ».

Comme l'a exprimé KISSINGER, au cours de l'histoire, les hommes regroupés en société auto-protégée ont toujours ressenti le besoin vital de pouvoir se défendre contre de puissants ennemis communs. Par exemple au temps féodaux, les châtelains ordonnaient aux guetteurs, placés au sommet des tours du château et répartis aux quatre points cardinaux, de le prévenir jour et nuit en cas d'invasions de peuples barbares.

Dans ce cas, à l'instant même, le seigneur du Comté faisait sonner la cloche dont la tonalité permettait aux paysans (cerfs) d'interpréter précisément la nature urgente du message sonore. Immédiatement, les protégés du noble se précipitaient vers le château fort. Ils savaient que les portes ne seraient ouvertes qu'un court laps de temps prédéterminé au-delà duquel elles seraient refermées simultanément avec le pont levant, servant de double protection.

Malheur aux retardataires à la merci des assaillants sans pitié ! Connaissant la cruauté et la sauvagerie implacable des attaquants, les cerfs n'avaient d'autre choix que de rechercher la protection du seigneur des lieux. Si par le passé une des attaques de barbares avait causé la mort de gens du peuple, si elle n'avait pas pu être repoussée à temps, le châtelain perdait sa crédibilité à protéger ses administrés. C'est alors qu'un suzerain plus puissant que lui, ou un prince, offrait sa protection et par la même gagnait en puissance et en confiance auprès du peuple.

De la même manière, aujourd'hui il existe des moyens très subtils hautement persuasifs simulant une attaque ennemie de troisième type. Une invasion aussi vraie que nature, d'envergure et d'intensité jamais égalée, même dans les scénarios de science-fiction. Un assaut nécessitant un niveau exceptionnel de protection.

Au point de pousser la population traumatisée par les premiers signes de l'invasion à rechercher précipitamment un protectorat salvateur, adapté à la nature apparemment monstrueuse et foudroyante de l'attaque. Ce dispositif ultra providentiel de défense parfaitement crédible, mais tout aussi fictif que la supposée agression, est technologiquement au pouvoir exclusif des dirigeants de la véritable gouvernance mondiale.

« Si soudainement il y avait une menace envers ce monde en provenance d'une espèce d'une autre planète, nous oublierions… ».

Peut-on considérer cette phrase comme une sympathique métaphore de pacification entre les deux représentants des deux superpuissances suffisamment armées pour détruire d'un coup plusieurs planètes ressemblant à la Terre ? Ce serait oublier que REAGAN fut à l'origine du projet contrôle de l'esprit MK-Ultra et Monarch (Mind Kontrol). La menace extra-terrestre en question n'est donc pas « a simple joke", une simple blague, une déclaration innocente, c'est l'expression orale d'un projet opérationnel confié à la NASA. En temps voulu, si nécessaire, ce scénario sera mis en scène pour choquer brutalement le grand public en le manipulant psychologiquement afin qu'il adhère spontanément au pacte universel.

Quant à la description de KISSINGER, enregistrée à son insu par un délégué suisse, elle émane d'un membre éminent du cœur de cercle du Bilderberg. Son implication dans l'opération Condor[223] lui vaut d'être réclamé par la justice de plusieurs pays. Il est aussi concerné pour le coup d'État contre PINOCHET au Chili. Pour les bombardements secrets au Cambodge pendant la guerre du Vietnam. Pour la mort du journaliste Charles HORMAN. Pour l'assassinat en 1970 du général René SCHNEIDER…[224] C'est pourquoi, hormis le caractère

---

[223] Campagne d'assassinats et de lutte antiguérilla conduite conjointement par les services secrets du Chili, de l'Argentine, de la Bolivie, du Brésil, du Paraguay et de l'Uruguay, au milieu des années 1970.
http://fr.wikipedia.org/wiki/Op%C3%A9ration_Condor
[224] Source « les crimes de M. KISSINGER- éd St Simon – la critique du journal Libération du 27 juin 2001. »
http://www.liberation.fr/monde/2002/04/24/henry-kissinger-reclame-par-la-justice-internationale_401403

impératif des réunions du Bilderberg, il a limité ses déplacements à l'étranger.

L'on peut mesurer son intention de faire raisonner son auditoire composé en grande partie de ses homologues de la confrérie universaliste. Il dit au conditionnel, si dans une période passée l'autorité mondiale, telle qu'il la conçoit, avait existé, la paix civile aurait été assurée partout dans le monde. Si par malheur il y avait eu un désordre quelconque, les troupes de l'ONU agissant librement, sans aucune limitation de frontière, l'auraient instantanément fixé.

Dans cette optique, les forces onusiennes civiles ou militaires auraient pu également maîtriser l'émeute massive et très violente de Los Angeles en mars 1991. Dont le point de départ fut lié à l'impunité de quatre policiers qui avaient volontairement passé à tabac un automobiliste noir. Si ce contexte sécuritaire existait, ce serait un gage de totale capacité à garantir la paix civile. Cela contrairement à l'inefficacité récurrente de l'autorité policière étatique en place dans chaque pays.

Pour assurer sans la moindre faille la phase d'inauguration du nouvel Ordre mondial, les esprits supérieurs ont programmé plusieurs scénarios applicables à l'échelle planétaire. Ils en parlent comme s'ils s'étaient déjà réalisés.

Afin d'être à même de les préparer, ils ont agi tortueusement se transformant à nouveau en Maîtres dans l'art de l'influence psychologique. Ils se sont empressés de tromper les quelques chercheurs, non-initiés à leur cause, ayant travaillé technologiquement à la base de leurs projets. Ils leur ont fait croire que leurs travaux allaient pouvoir servir à la protection du territoire états-unien, tout autant qu'à celle du monde. Enfin, pour être assurés du résultat final, ils ont eu recours à toutes sortes de procédures tortueuses, sur la base corruptrice de moyens financiers considérables.

LES ESPRITS SUPÉRIEURS PRÉVOIENT D'EXPLOITER LES EFFETS DE LA PEUR DU MYTHE EXTRA-TERRESTRE

KISSINGER amplifia l'exemple de la maîtrise de paix civile en décrivant une menace extérieure au pays. Une invasion extra-terrestre décidée par une autorité supra planétaire, menaçant la vie de tout un chacun. Disant *« c'est alors »* (il est clair qu'il pense à la conjonction de temps « lorsque ou quand » sans l'utiliser directement) *que tous les peuples du monde, le peuple américain inclus, plaideront ou supplieront qu'on* (le gouvernement mondial, ou supranational) *les délivre de ce mal, de cette invasion massive.*

En 1983, KISSINGER et REAGAN ont validé ensemble le programme officiel de géopolitique dénommé Initiative de défense stratégique (IDS) dit guerre des étoiles (stars wars). Non pas un film de science-fiction bon enfant avec Luke skywalker, façon Georges LUCAS. Plutôt une protection antimissile à partir de satellites capables de détecter et de détruire tout missile balistique dirigé contre les États-Unis. Un dispositif remis à l'ordre du jour vingt ans plus tard, sous la menace nord-coréenne, par l'administration BUSH en coopération avec la Russie, la Chine et l'Europe. En fait, il s'agissait initialement d'un programme commun aux Russes et Américains, plus ancien, remontant à l'après-Deuxième Guerre mondiale. L'objectif principal était la conquête de la lune, non pas seulement pour l'explorer, mais avant tout pour l'exploiter à une fin de domination de la Terre.

De quelle agression potentielle pourrait-il être question, à part celle de la Corée du Nord. S'il s'agissait réellement d'une attaque extra-terrestre, pourquoi serait-ce impossible et incohérent ?

➤ Tout d'abord, il ne peut être question de notre planète, de notre monde, dont l'existence est physiquement indétectable.

Comme citoyens du contrat universel, nous sommes pacifiques. Par le présent ouvrage, nous avons démontré notre intérêt à votre égard en vous dévoilant tous les mensonges, les immenses dangers enfouis au verso du mondialisme. En vous décrivant l'itinéraire imposé vers un nouvel empire hégémonique de votre monde.

➢ Parce que ces envahisseurs s'ils existaient, appartiendraient à une civilisation ultra sophistiquée venue du fond de la galaxie. Une position bien au-delà des planètes du système solaire dont on a étudié minutieusement toutes les caractéristiques. La dernière découverte interstellaire en mars 2004 est celle d'un nouvel astre dénommé SEDNA. Le nom d'une déesse inuite vivant dans les profondeurs glacées de l'océan.

➢ Il témoigne comme pour les autres planétoïdes de la galaxie de conditions hostiles à la vie. Sa température ne dépasse pas – 240 °C, sa distance de la terre est estimée à 90 Unités astronomiques (cent cinquante millions de kilomètres x 90 UA).

➢ Si c'était le cas, il s'agirait d'Êtres pouvant s'adapter à un monde sans atmosphère, d'une température allant de – 200 °C à + 400 °C, un milieu dans lequel aucun élément végétal et animal ne peut survivre.

➢ Pour pouvoir voyager, il leur faudrait des vaisseaux se déplaçant selon les principes de la physique quantique, soit plus vite que la vitesse de la lumière. (Voir dans l'autre de nos ouvrages « Les utilisations inimaginables de la force électromagnétique « l'annulation de la masse ou l'anti gravité, un moyen de faire croire aux extra-terrestres – chapitre 23).

➢ Alors qu'ils disposeraient de tout ou partie de la galaxie, voilà qu'ils auraient l'idée d'investir la planète la plus problématique de l'univers, où règne le chaos social, alimentaire, environnemental.

➢ Comme ils sont censés pouvoir supporter un monde sans atmosphère, pourquoi ne coloniseraient-ils pas toutes les autres planètes disponibles. Jupiter par exemple, la cinquième et la plus grosse du système solaire, d'un diamètre de 142 800 km, dix fois plus que celui de la planète ressemblant à notre

Terre. Une zone que les humains ne pourront pas approcher avant des centaines d'années, sinon jamais.

Tranquille bien loin de votre Terre soumise à des difficultés insurmontables

➢ Sur une telle planète géante où sur d'autres de leur choix, ils seraient bien au calme à bonne distance du seul lieu où existent une multitude de problèmes insolubles, votre monde.

➢ S'ils avaient voulu investir votre planète, pourquoi ne l'auraient-ils pas fait plus tôt, à une époque où ils possédaient déjà une avance technologique considérable par rapport à celle des humains. Quand il n'existait aucun risque technologique, ni arme atomique, électromagnétique, virologique, psychologique… susceptible de leur nuire.

➢ Pourquoi affronteraient-ils le danger en approchant leurs vaisseaux de l'atmosphère terrestre au risque, depuis 1983, d'être interceptés par un des satellites du système de défense stratégique antimissile (IDS – star wars du gouvernement US - Reagan) et de voir leurs vaisseaux endommagés ?

➢ Puisqu'il s'agit d'êtres supra intelligents ayant démontré sur des millénaires leur pacifisme, pourquoi d'un seul coup auraient-ils eu la lubie d'envahir brutalement la Terre.

➢ Malgré tous les dangers potentiels, s'ils avaient voulu soumettre votre planète, ils auraient pu le faire facilement malgré le risque secondaire d'interception du dispositif IDS. Aucun gouvernement de votre monde, fut-il le plus avancé technologiquement, n'aurait pu s'y opposer.

➢ Car cette supposée civilisation extra-terrestre ultra sophistiquée détiendrait une avance considérable en matière de connaissance technologique, scientifique, particulièrement en physique quantique.

➢ En définitive, aucun individu sensé ne pourrait croire à ce mythe. À moins qu'il ne s'agisse d'une masse humaine préalablement conditionnée par la peur d'une telle invasion. Donc des foules prêtes à se laisser prendre au simulacre d'un piège sournois, l'agression supra humaine terrifiante simulée au moyen d'un procédé holographique.

Les esprits supérieurs, forts d'une parfaite connaissance de la psychologie humaine, savent qu'une attaque extra-terrestre produirait immanquablement sur le citadin, ou sur l'homme de la campagne, une forme de peur très ancrée dans l'inconscient collectif. C'est pourquoi ils ont prévu d'utiliser la machination d'une invasion du troisième type. Le moyen imparable d'introduire et de générer de façon confondante la crainte de l'inconnu. Dès après, le deuxième volet de la tromperie consistera à faire l'annonce d'un message universel unificateur et mystifiant. Ce sera la partie finale d'un programme de conditionnement extrême de la grande multitude.

Si l'inauguration d'un nouvelle Constitution du monde ne se déroulait pas comme prévu, si une forme d'opposition devait mettre en cause cet objectif capital, alors ce plan serait appliqué. Les planificateurs de la future gouvernance mondiale, animés d'une volonté farouche d'imposer à tous les peuples leur idéologie universaliste, ne veulent prendre aucun risque d'échec.

Toutefois, avant toute autre forme de stratagème, ils ont choisi de rassurer les masses humaines très inquiètes du déclin économique et social. Ils ont projeté de leur proposer une solution apparemment novatrice et salvatrice. L'objectif est de les séduire pour qu'elles adhèrent spontanément à leur programme de refonte de l'économie mondiale. Mais en réalité, ils veulent exiger de tous les hommes qu'ils se soumettent à l'abandon de différents droits. Les premiers sont les libertés individuelles, sous leur forme actuelle, en partie basée sur les valeurs universelles des droits de l'homme. Les seconds concernent le détachement des populations de la tutelle des États-nation. Les troisièmes se rapportent au désengagement des peuples envers leur religion traditionnelle. Voir – poussés à accepter le Traité de la dernière chance.

Pour y parvenir, il leur faut maintenir, probablement amplifier, la pression économique et sociale sur les nations, gouvernements et peuples, jusqu'à les entendre avouer leur impuissance à affronter de si grandes difficultés, à porter de si lourds fardeaux. À ce stade, ils seront tous contraints d'accepter au plus vite les modalités apparemment innovantes et salvatrices de leur traité. D'où l'importance pour tout un chacun de pouvoir se situer dans le temps de cette planification. Tout d'abord évaluer la série de répercussions découlant de la crise majeure.

DIXIÈME MOYEN, LES MULTIPLES CONSÉQUENCES DE LA CRISE MAJEURE POUR LES PEUPLES ET LES ÉTATS-NATION

Les spéculateurs seraient-ils les seuls responsables de la crise majeure ?

Pas de chasse à courre sans les rabatteurs et sans les chiens de meute

N'étant pas à même de comprendre les causes profondément cachées de la crise majeure, tout le monde se retourne contre les spéculateurs de tous acabits. Or, certains d'entre eux ne sont que les chiens de meute et les rabatteurs aux ordres des maîtres de la chasse à courre, les esprits brillants aux commandes de la finance parallèle, déterminante sur l'évolution des places financières. Les seigneurs de la battue leur donnent libre cours de s'attaquer à leur guise à toutes sortes de petits gibiers passant à leur portée. Mais à la condition qu'ils continuent de traquer le gros animal tout spécialement désigné par chacune des battues organisées spécialement par leurs maîtres.

Cette liberté d'action leur permet de provoquer à leur guise des mouvements de rumeurs qui se répandent via la toile informatique comme l'éclair parmi toutes les places financières du monde. Par le moyen de leurs réseaux secrets, ils bénéficient de données exclusives leur permettant de manier et d'anticiper les nombreuses cotations de bourse. Ils ont toutes les cartes en main pour savoir comment organiser et provoquer tout mouvement favorable à leurs objectifs. Forts de cet immense avantage, ils entraînent dans leur sillage tout ce que l'on nomme « investisseurs privés », la flopée des autres acteurs de la finance spéculative, assurances vie, banques, caisses de retraite, fonds de pension, fonds publics… Tout ce petit monde cupide s'enrichit à volonté et ne cesse de provoquer beaucoup de dégâts sur toute la faune de la forêt.

La Banque Goldman Sachs (zone 4 sur le schéma) est le rabatteur en chef

Nombre d'entreprises, de particuliers, maintenant d'États et de banques font les frais de ces rumeurs et de ces battues répétées. Depuis 2010, sur les marchés financiers, la tendance s'est inversée, aujourd'hui les nations sont à considérer plus fragiles que nombre d'entreprises du secteur privé. Et pour cause, ne l'oublions pas, depuis les années 1980, leur souveraineté est l'objet d'un plan de corrosion, puis de sape. Les nations sont devenues une venaison chétive dorénavant soumise aux apeurements incessants des rabatteurs, puis aux crocs acérés des chiens de meute.

Pour autant que possible, les initiateurs de la traque ne veulent pas éliminer, sur leur parcours de chasse, toutes les espèces endémiques. Leur plan ne vise pas nécessairement la destruction de toute l'économie mondiale, de l'appareil de production, ni l'anéantissement de toutes les valeurs financières et boursières. Ils veulent juste restreindre fortement la densité de la faune économique, limiter quantitativement les espèces les plus nombreuses, les plus prolifiques, afin de réduire considérablement les flux financiers en direction de l'économie réelle.

Le meilleur moyen de rendre insupportable l'endettement des États-nation. Particulièrement depuis 2008, il s'agit d'aboutir à une situation de marasme économique. Si certains États devaient résister plus longtemps que prévu, alors les maîtres de la battue provoqueraient une totale confusion au sein des places financières, jusque si il le fallait au blocage complet de l'économie mondiale.

Aujourd'hui, le grand public se rend bien compte qu'il n'est plus le seul à être touché par la crise majeure puisque les gouvernements nationaux en subissent à leur tour les sévères contrecoups. Leur mauvaise gestion des comptes publics et leur mauvais choix de politiques nationales n'expliquent pas tout. Pourquoi l'enchaînement des difficultés s'est-il produit dans un ordre précis ? Le vide de compréhension est si grand que le thème de la crise reste le sujet crucial, l'objet central et permanent qui occupe tous les esprits.

L'on ne compte plus les articles de presse, les nombreux débats audiovisuels aux heures de grande écoute sur ce sujet central. Ils sont fort bien animés par des experts très qualifiés auxquels l'on demande d'aller au-delà des explications d'ordre purement économique, en tentant d'ébaucher une analyse générale de la crise et par là-même de décrire des solutions globales et durables. Mais sur le fond du sujet, il faut bien admettre que tout le monde reste sur sa faim. Cette incompréhension ressemble à celle se rapportant à la nature exacte d'un trou noir. Il est positionné en bordure de la Voie lactée, impénétrable à la vue, seulement observable qu'en étudiant ses effets différés, son action à long terme sur son environnement.

Les médias s'efforcent d'expliquer au grand public ce malaise indéfinissable qui perdure. Cependant, les gens n'y trouvent aucune réponse vraiment satisfaisante. Alors qu'ils ne demandent qu'à être clairement et légitimement informés de la situation et de son devenir par l'autorité publique. Il en était tout autrement pour Franklin D. ROOSEVELT, président des États-Unis, quatre fois réélus de 1932 à 1945. À l'époque, cet homme avisé et expérimenté, confronté à une crise économique et sociale gravissime, avait pu discerner que les décisions politiques prises par un gouvernement sont toujours confrontées à des troubles introduits par un pouvoir agissant à l'arrière-plan. Il l'exprima ainsi « *En politique, rien n'arrive par hasard. Chaque fois qu'un événement survient, on peut être certain qu'il avait été prévu pour se dérouler ainsi* ».

LE TARISSEMENT PRONONCÉ DE L'ÉCONOMIE A ENTRAÎNÉ PROGRESSIVEMENT UNE RÉDUCTION DE LA REDISTRIBUTION DE RICHESSES PARMI LES FORCES VIVES DES NATIONS

L'actuelle pénurie de liquidités est tout aussi surprenante que la baisse du débit, une année sur deux, d'une rivière millénaire prenant sa source dans une région pluvieuse en amont d'un village. En aval, chaque année néfaste, les habitants de la bourgade espèrent une amélioration du flux pour les prochains mois et l'année à venir.

Mais fait surprenant, au cours de l'hiver pourtant humide et pluvieux, la force du courant était insuffisante pour alimenter convenablement les pales de l'unique moulin à céréales. Ce qui ralentissait considérablement la production de farine destinée à la petite boulangerie. Cette fâcheuse situation perturbait gravement la vie du village. Privés de la portion habituelle de pain, les hommes peinaient et travaillaient plus lentement dans les terres arables.

De sorte que l'année de faible débit d'eau, les champs étaient moins entretenus et la moisson suivante rendue plus maigre. La trésorerie de la commune en était aussi affectée, contraignant le bourgmestre à la recherche constante de l'équilibre financier. La vie économique du village s'appauvrissait d'année en année, mais sans que personne ne put jamais comprendre la cause première de cette perturbation rémanente.

Le principal moyen pour restreindre le moulin à moudre des États-nation fut de les soumettre à une alternance de croissance et de décroissance économiques, en asséchant progressivement l'économie réelle. Pour y parvenir, il leur fallait tout d'abord déstabiliser l'économie mondiale. Le point de départ fut le désalignement du dollar sur l'or, en 1971.

LES ÉTATS SONT DÉSORMAIS PRIVÉS DES MOYENS INDISPENSABLES À LEUR FONCTIONNEMENT

Puis, ils ont organisé dans les années 1980 la surconcentration du milieu financier, avide d'hyper spéculation. Enfin, après avoir imposé un système bancaire privé aux États-Unis, ils ont su soumettre toutes les nations du vieux continent aux clauses financières asservissantes de traités ayant force de loi. Depuis lors, les États européens n'ont plus le droit de battre monnaie ou d'emprunter auprès de leur propre banque centrale. De ce fait, les gouvernements trop endettés à cause de leur niveau excessif de dépenses et du passif de leur mauvaise gestion des comptes publics allaient devenir entièrement dépendants du mode d'emprunt imposé par les marchés financiers.

Toutes les conditions étaient réunies pour pouvoir déstabiliser les nations en les privant, par paliers successifs, des moyens indispensables à leur fonctionnement normalisé. Dès lors, les chefs de gouvernement ne pouvaient plus tabler sur une feuille de route fiable, ni établir de prévisions pluriannuelles de croissance. L'année 2008 marqua un tournant décisif car la dessiccation du flux de liquidités nécessaires aux échanges macro-économiques et au financement de l'ensemble des États-nation allait nettement s'accentuer.

Dorénavant, chaque quart de point de croissance ne servirait plus qu'à alimenter et sécuriser prioritairement le budget des États. L'objectif des chefs de gouvernement est de tenir vaille que vaille le plus longtemps en limitant l'envolée de la dette publique. Assurément, ils mettront tout en œuvre pour ne pas perdre leur autonomie financière, gage de leur indépendance, de leur souveraineté. La situation budgétaire d'une grande majorité de pays ne leur permet plus de répartir parmi les strates laborieuses de la population les maigres fruits de la richesse produite par l'économie réelle. Moins encore de venir en aide aux exclus du système, contraints de vivre dans une plus grande pauvreté. Une réaction épidermique prévue par le cartel des esprits supérieurs.

À ce stade de déstabilisation et d'affaiblissement, la condition d'abaissement des gouvernements souverains est atteinte, à un niveau suffisamment handicapant pour leur faire plier un genou à terre. Néanmoins, puisque certains États-nation résistent encore, les rabatteurs ne cesseront de lancer des rumeurs persistantes et déstabilisantes. Entre autres stratagèmes, ils dévoileront les prévisions d'incapacité de remboursement d'emprunt de pays en difficulté, en soulignant les risques de récession, de dépression y afférant. Le bon moyen de les décrédibiliser d'auprès les investisseurs privés. En créant s'il le faut la zizanie sur les marchés financiers, ils occasionnent ponctuellement la chute des cours de bourse, ce que globalement certains économistes nomment « la machine à broyer ».

Le rachat de la dette des Etats entrepris depuis 2010 par la Banque centrale européenne, par milliers de milliards € interposés, n'y changera rien puisque les rouages de l'économie réelle sont complètement déformés, ovalisés, improductifs pour la redistribution des richesses produites. De ce fait, l'opinion publique est déstabilisée, découragée constatant que ces sommes colossales n'ont aucun effet positif sur la stabilité de la vie économique réelle. Bien au contraire, tout un chacun peut observer le durcissement, la dégradation, de la situation caractérisée par la perte de pouvoir d'achat, la hausse du chômage, etc.

UNE SITUATION PAROXYSTIQUE PEUT ÊTRE ENVISAGÉE PAR LE CARTEL DE LA HAUTE FINANCE

Si cela n'est pas suffisant, les maîtres de la chasse à courre organiseront la chute brutale des échanges internationaux par une forte dévaluation des monnaies fiduciaires. Jusqu'à ce que le tarissement complet de l'économie mondiale devienne effectif. Placés dans ce cas de figure, tous les chefs d'État seraient alors contraints d'accepter l'intégralité du plan de refonte du système financier et monétaire international.

Toutefois, manipuler arbitrairement l'économie mondiale et les marchés financiers comme il est possible manier artificiellement le climat, ne relève pas d'une science exacte. Quelques bouleversements imprévisibles du stratagème peuvent se produire à tout moment. Tout comme il n'est pas envisageable d'empoisonner chimiquement et massivement une seule espèce animale sans connaître nombre de répercussions imprévisibles sur plusieurs autres espèces animales et végétales ! De même, d'autres brusques conséquences, incluant de très violents dérèglements sociaux bien plus graves et plus étendus que tous les précédents, peuvent survenir à tout instant au cours de la période à venir !

Pour pouvoir bien intégrer le déroulement des événements économiques mondiaux, et la suite de ce récit, il ne faut pas perdre de vue cet objectif principal d'affaiblissement de la souveraineté des nations, son mécanisme stratégique et toutes les suites inattendues qui peuvent en découler.

LES CAUSES TECHNIQUES ET OCCULTES À L'ORIGINE DE LA CRISE MAJEURE DE 2008

Il y avait à New York, un grand bar, The Business One, situé au centre de Manhattan. Le gérant, un grand gaillard dénommé John GEORGE, était désireux de devenir très riche. Pour augmenter rapidement ses ventes et ses profits, il décide de faire crédit à ses fidèles clients, la plupart de grands alcooliques, presque tous au chômage. Peu importe l'étiquette de sa clientèle, cette offre permettra d'augmenter la fréquentation du bar et poussera le gérant à augmenter sensiblement les prix des boissons les plus consommées, le whisky-soda et la bière.

Le directeur de la banque locale estime que les crédits du bar ne sont que des actifs recouvrables à court terme. Il accepte de faire crédit à ce gérant pour qu'il puisse commander ces boissons en plus grande quantité et payer à terme ce stock négocié au plus bas prix. Au fil des jours, John GEORGE se retrouve en tout et pour tout qu'avec les dettes des ivrognes comme garantie et dans l'impossibilité de payer ses fournisseurs. Malgré tout, au siège de sa banque, les traders avaient préalablement décidé de transformer ces actifs recouvrables en noms d'actions, d'obligations... sous divers sigles financiers : *The Business One – SICAV – DC – PDD – SPQR-Imperial* – et bien autres sigles incompréhensibles... Ces « *instruments financiers* » sont maintenant entrés dans le circuit et utilisés en levier de commande au sein du marché des actions.

Par regroupement, ils sont réunis au sein du NYSE à New York, à la City de Londres, aux Bourses de Francfort, de Paris... Ils servent aussi à réaliser des opérations de produits dérivés dont les garanties sont totalement inconnues de tous, à l'instar des crédits imbibés d'alcool du bar de John GEORGE.

Néanmoins, ces dérivés vont être négociés pendant des années comme s'il s'agissait de titres[225] très solides et renommés sérieux sur les marchés financiers de 80 pays. Cela jusqu'au jour où l'on se rend compte que les clients du bar n'ont pas un cent et de surcroît comme alcooliques notoires ils n'offrent aucune espèce de fiabilité... Les années se sont écoulées, ce manège enchanté a tourné à sa guise. Mais un jour, l'heure du désenchantement est venue pour le monde tout entier. Il devra en faire son deuil et en subir toutes les dures conséquences !

Tout a commencé de cette manière, l'euphorie dominait les places boursières, et elle continue d'y régner aujourd'hui. Sur la base de la ligne de crédit ouverte par la FED, les billets verts sortaient de nulle part.

LA POLITIQUE INOPÉRANTE DES TAUX À 0% INTRODUITE PAR LES BANQUES CENTRALES

Un argent rendu facile par la fixation à minima des taux directeurs déterminés par les banques centrales. De l'argent pour rien depuis le règne d'Alan GREENSPAN, président de la FED de 1987 à 2006, non-stop jusqu'à Ben BERNANKE, et Janet YELLEN aujourd'hui, tous membres ou soutiens du Bilderberg group « *So, Every day, Open-Bar à tous les alcooliques anonymes* ».

---

[225] Des actions qui donnent un titre de propriété à son titulaire, sur une partie du capital social d'une société qui les a émises.

Chacun des présidents de la Réserve fédérale voulait à sa façon amortir les chocs financiers, consécutifs aux attentats du 11 septembre 2001 et à ceux de l'implosion de la bulle des subprimes immobilières, en mettant à la disposition des marchés des montagnes de liquidités, au point d'accoucher d'une bulle de savon. Le calcul s'avérait très simple, la dette était illimitée. Il suffisait de la refinancer indéfiniment, en empruntant toujours plus, tout en la gageant sur les hypothétiques prévisions de l'évolution ascendante du prix de l'immobilier dans le cas des subprimes.

Un marché porteur puisque l'on visait les familles cherchant à concrétiser le rêve américain du *Home Sweet Home*. Ce fut la porte ouverte aux prêts faciles, sans fixer la moindre règle – *no income* – *no job* – *no assets* – ni revenu, ni emploi, ni actifs – ce furent les prêts dits Ninja. Les agents immobiliers de Floride imageaient cela, disant aux futurs emprunteurs « *Si vous pouvez laisser de la buée sur le miroir, alors vous pourrez tout aussi facilement obtenir un prêt immobilier !* »

La notion de risque disparaissait au point d'entendre le président de la JP MORGAN CHASE dire ironiquement « *Dans la finance actuelle, il faut être très courageux pour ne pas prendre un risque qui peut vous rapporter de l'argent* ». Or, inversement, le courage au sens noble du terme des grands patrons de la finance est devenu aussi rare que la verdure des déserts les plus arides. Par contre, ils n'ont pas perdu de leur capacité de tacticien en fractionnant et disséminant le risque attaché au non-remboursement des emprunts. C'est l'ignoble titrisation, l'opération d'alchimie financière convoitant la transformation du vulgaire plomb de la dette en produits financiers incrustés d'or. Ce furent les sordides produits dérivés, majoritairement les junk bonds,[226] les fameuses créances pourries que l'on revendait comme s'il s'agissait de bijoux sertis de pierres précieuses. Selon le Boston consulting group, le système économique est devenu une chaîne de Ponzi

L'ÉVOLUTION DU MILIEU BANCAIRE, LA FIN DES BANCAUSORUS

À l'origine, le Bancosaurus était un jeune animal fragile qui ne demandait qu'à grandir. À ses débuts, pour se développer il acceptait de simples victuailles, les dépôts des épargnants. Il veillait à ce que les montants des comptes à vue des épargnants restent à un niveau plus faible que celui des comptes à terme. Il sélectionnait soigneusement ses clients auxquels il prêtait l'argent déposé par des épargnants laborieux. Il investissait en veillant à choisir des actifs non risqués.

Progressivement au cours de leur croissance, comme tous les animaux, les Bancosaurus prennent du poids et de l'assurance. À ce stade, ils empruntent sur les marchés financiers, d'abord à long terme, puis à court terme. Ils se convainquent d'être devenus indispensables à l'économie de leur pays natal. Détenant l'épargne de si nombreux citoyens-électeurs, ils sont certains de pouvoir compter sur l'aide de l'État en cas de difficultés. Sûrs d'eux, ils prennent des risques excessifs en devenant toujours plus dépendants de l'emprunt à court terme. Ils sont donc tenus de renouveler constamment leurs dettes à court terme. De la sorte, leur gestion actif-passif devient de plus en plus préoccupante.

---

[226] http://fr.wikipedia.org/wiki/Junk_bond

Par exemple en France, en 2011, le total du bilan de l'un des plus gros Bancosaurus est de 1158 milliards € – ses capitaux en fonds propres sont de 52 mds € – soit 22 fois moins. Un ratio qui semblerait catastrophique pour toute autre société privée, néanmoins classique pour un Bancosaurus. Ses dettes à court terme envers les autres Bancosaurus sont de 40 mds € – soit la quasi-équivalence de ses fonds propres. S'ajoutent 200 mds € de dettes à court terme envers sa clientèle. Voici pourquoi cet animal a de quoi s'effrayer si les autres Bancosaurus se mettent à douter de lui, et remettent en question cette dette. C'est là que réside le risque majeur pour lui. Contrairement à l'idée reçue, le premier danger en cas d'affolement ne se rapporte pas à la ruée de la clientèle pour vider les comptes à vue. Les pauvres, ils arriveront toujours trop tard, car les autres Bancosaurus auront retiré leurs avoirs bien avant eux.[227]

Tous les politiciens et économistes craignent que tout cela ne provoque la fin de toute vie économique sur terre. Désormais, la survie de ces dinosaures ne dépend que d'un seul facteur, *la confiance*. En septembre 2011, la montée de la défiance s'est traduite par la décision d'une banque d'État chinoise de mettre en quarantaine deux grandes banques françaises, la Société Générale et le Crédit Agricole. Le groupe Siemens de son côté a retiré ses avoirs, 500 millions €, d'une grande banque française pour les placer directement auprès de la BCE.

La fin du Bancosaurus est toujours la même, elle ne tient qu'à la confiance perdue de ses créanciers. Pour éviter sa faillite, les gouvernements ont recours :

➢ À la nationalisation. Par exemple en 2008 ce fut le cas de Northern Rock au Royaume-Uni, après 158 années d'existence.

---

[227] **Jean-Michel Steg annonce une panne du système bancaire pour bientôt en France.**
https://www.youtube.com/watch?v=rvm_nzGs2ZU

CHRISTIAN ROUAS

> À l'absorption par un Bancosaurus plus gros. Par exemple en Belgique, avec Fortis en 2008 ; avec Dexia en 2011, dont le déficit en milliards d'euros a été absorbé par les États français et belge. C'est aussi le cas en Espagne...

> Toutefois, il y a le risque de voir le plus gros Bancausorus contaminé par son hôte. C'est le cas de l'imposant Bank of America qui depuis cette opération glisse inexorablement vers la faillite, après avoir repris en 2008 Countrywide, un spécialiste de subprime et qui en 2013 a soudoyé la FED[228] pour obtenir un témoignage en sa faveur.

> À la fusion de deux Bancosaurus malades. Une méthode utilisée récemment en Grèce. Cette fusion ne donne pas naissance à un animal plus sain, mais le nouveau Bancausorus qui en sort apparaît si gros, si important, que sa survie justifie toutes les interventions publiques, à cause d'un risque systémique sur l'ensemble du milieu bancaire national et international (marché interbancaire)

Au cours de l'année 2011, après avoir massivement aidé les Bancosaurus malmenés en 2008 par la première vague de la crise majeure, les États, eux-mêmes si endettés, sont dans l'incapacité de faire quoi que ce soit de plus en leur faveur. Il faut donc s'attendre à des mesures inédites comme la mise sous tutelle d'un Bancosaurus par sa banque de tutelle. Au sein de la BCE, l'on pressent la chute du système. Après Alex WEBER, jürgen STARK est le deuxième économiste en chef allemand à quitter cette banque centrale. Ils s'érigeaient en gardiens de la stabilité monétaire au sein de la BCE, mais finalement tous deux ont préféré jeter l'éponge. La motivation de jürgen STARK est justifiée par la décision d'achat massif de titres toxiques sur les marchés secondaires. Après ceux du Portugal, de la Grèce, de l'Irlande, ce sont ceux de l'Espagne et de l'Italie.

---

[228] **Promises, Promises at the New York Fed**
http://www.nytimes.com/2013/03/03/business/new-york-fed-agreed-to-testify-for-bank-of-america.html?ref=business&_r=2

Une politique de création monétaire totalement inefficace pour l'économie de terrain. La BCE, agissant en totale contradiction avec la réglementation du traité de Lisbonne (art 123),[229] est devenue une structure de défaisance, une banque collectrice de toutes les poubelles financières d'Europe, plus que jamais soumise au dictat des places financières.

Selon l'expertise de Jean-Pierre JOUYET, ex président de l'autorité française des marchés financiers (AMF), **plus de la moitié des transactions financières mondiales se déroulent dans la dissimulation totale**. Sans que quiconque ne puisse comprendre, mesurer, ou empêcher ce qui s'y passe. Le président de l'AMF parle de **capitalisme de l'ombre**, de finance parallèle.

AUX ÉTATS-UNIS, L'ON PARLE DE GOUVERNEMENT SACHS (BANQUE GOLDMAN SACHS - GS).

Cette banque d'investissement omniprésente est la plus puissante au monde. Elle est l'interlocutrice directe de la FED. Elle agit en principal rabatteur, soumis aux ordres des maîtres de la chasse à courre.[230]

Depuis 1929, elle est à l'origine de la plupart des grandes manipulations de marché. Dans un contexte de fraudes financières, ses affaires judiciaires sont florissantes. En 2007, le FBI en recense 63 000, alors qu'il faudrait multiplier ce nombre par 10 ou 20, dans un milieu au-dessus des lois et des règles, s'agissant d'une criminalité sans faire apparaître aucun criminel.

---

[229] Traité rejeté par différents pays en 2005, dont la France, l'Irlande, lors d'élection, mais tout de même imposé aux électeurs trois années plus tard, au mépris des droits démocratiques.

[230] Voir plus haut le sous-titre – les spéculateurs seraient-ils responsables de la crise majeure ?

Un environnement déshumanisé où ce n'est plus la valeur des biens et des personnes qui est recherchée, mais les déséquilibres aussi artificiels et imprévisibles soient-ils. Car le but consiste à réaliser des gains sur un marché de plus en plus instable et volatil. Pour ce faire, Goldman Sachs a mis au point un logiciel ultra efficace de manipulation des cours boursiers. De sorte que 80% des ordres de bourse sont aujourd'hui exécutés sans la moindre intervention humaine. Le temps de réponse pour un ordre de bourse est de trente millisecondes. L'on peut exécuter en une seule seconde autant d'ordres qu'un opérateur humain n'en réalise au cours d'une journée entière.

Depuis 2007, la GS agit en premier rabatteur au sein des diverses chasses à courre organisées par le cartel de la haute finance. Parce qu'il gère 22.200 milliards $ d'actifs, il a su organiser une dictature financière planétaire, un monstre qui n'est plus maîtrisable. Il a imposé ses représentants aux postes clés de l'administration fédérale américaine et de l'économie mondiale. Depuis octobre 2011, Mario DRAGHI, ancien directeur Europe de Goldman Sachs, l'un de ses fidèles lieutenants, a été nommé à la tête de la BCE. Ce consortium est à l'origine de la chute de Lehmann Brothers et d'autres concurrents. Sauf d'AIG,[231] dont la chute lui aurait été préjudiciable.

Ce calamar géant du fond des abysses n'a cessé de manipuler les bourses et les cours des matières premières, dont l'alimentaire. Tandis que le monstre rusé réussissait à dépouiller les marchés par l'utilisation du flash trading,[232] une méthode

---

[231] http://fr.wikipedia.org/wiki/American_International_Group
[232] Utilisée de 2006 jusqu'en septembre 2009, date de son interdiction par la Commission des échanges boursiers, c'est une méthode sophistiquée basée sur un dispositif informatique à très haute vitesse. Lequel permet à un petit nombre de décideurs financiers de l'ombre de visualiser les commandes des opérateurs de bourses, quelques fractions de seconde avant eux. Le meilleur moyen de les devancer en évaluant l'offre et la demande, tout en sachant reconnaître la direction que peuvent prendre les marchés au niveau des bourses mondiales.

mise en place deux ans avant le déclenchement de la crise majeure. Cette firme a pu acquérir le statut de banque Holding, le moyen pour elle de profiter de la protection particulière du Trésor US. Avec cette garantie, elle a pu bénéficier de la manne publique des 700 milliards $ du TARP, ou plan PAULSON, mis au secours du milieu financier institutionnel. Finalement, ce rabatteur en chef assisté des chiens de meute, les fidèles spéculateurs attachés à son réseau d'influence et de corruption, est parvenu au pillage des richesses mondiales au travers des marchés parallèles.

Goldman Sachs (zone 4 du schéma) **annonce en premier lieu la faillite de l'Europe, puis aussitôt après celle des États-Unis.** En octobre 2012, le Dr SHAPIRO Conseiller au FMI fait une prévision identique.[233]

Cette banque fait croire à sa clientèle traditionnelle que tout va bien. Tandis que secrètement, elle conseille ses meilleurs clients de s'organiser pour investir autrement en pariant sur un gigantesque effondrement financier. Les dirigeants leur proposent la méthode pour faire copieusement du profit dans l'environnement de turbulence financière dans lequel le monde va bientôt entrer. Ils précisent avec force détails :

• Que l'immense problème de la dette souveraine des pays européens va rapidement s'aggraver.

---

[233] **Dr Robert Shapiro (en français) annonce une débâcle bancaire**
http://www.dailymotion.com/video/xlk7up_dr-robert-shapiro-en-francais-annonce-une-debacle-bancaire-bbc-06-10-2011_news

• Que la banque centrale européenne (BCE) ne peut pas imprimer plus de monnaie pour couvrir les dettes des pays de l'UE. *Ce qui s'est avéré faux puisque la BCE a racheté en illimité la dette de nombreux pays du Sud de la zone euro en difficulté, au cours du deuxième semestre 2012.*

• Que des dizaines de grandes institutions financières européennes sont sur le point de s'effondrer, qu'elles font semblant de ne rien laisser paraître auprès du grand public, alors qu'à l'interne elles estiment leur besoin de financement et de recapitalisation à 1 billion $ (1000 milliards).

• Que la crise du crédit en cours de total tarissement est la cause première du ralentissement de l'économie mondiale. Par conséquent, que la bulle de la dette mondiale ayant permis de vivre à crédit pendant 30 ans est sur le point d'éclater.

• Qu'aux États-Unis la croissance de la dette du Trésor a pu financer la consommation des Américains sans pour autant résoudre l'envolée du chômage.

• Que le niveau de l'immense dette américaine ne peut pas être résolu par l'augmentation ininterrompue de cette dette. Voir plus bas − le gouffre abyssal de la dette publique des États-Unis.

• Que les banques américaines Goldman Sachs, Morgan Stanley, JP Morgan Chase, Citigroup, Bank of America et Wells Fargo possèdent maintenant un volume d'actifs équivalent à 60% du PIB américain.

• Si l'administration OBAMA se décidait à mettre de l'ordre dans le système financier,[234] Goldman Sachs sera

---

[234] Voir plus haut − La chute prochaine du dollar, un vortex qui menace d'absorber toutes les économies mondiales.

épargnée parce que cette banque a été le principal financeur de la campagne présidentielle.

• Que la croissance économique chinoise n'est plus du tout assurée. *Aujourd'hui en récession.*

• Que le monde financier est en train d'actionner la grande manette rouge.

• Que l'effondrement général peut arriver d'un instant à l'autre.

UN SYSTÈME FONCIÈREMENT DÉSHUMANISÉ, AUX MAINS DE LA FINANCE PARALLÈLE

Dans les années 1980, le Comité de Bâle a établi des normes internationales en matière de supervision des activités bancaires. En 2010, il fixe le nouveau ratio de fonds propres des banques à 7%. Lorsqu'un prêt de 100 \$ est accordé, la banque doit immobiliser 7 \$. Les banques décident alors de se détourner de l'épargne traditionnelle, celle des particuliers, préférant les marchés financiers pour y trouver de nouvelles plus-values à court terme.

Pour ce faire, elles ont titrisé toutes sortes de crédits, en les fractionnant, puis en les compilant, sous forme de nouveaux produits financiers, afin de répartir les risques. Au cours de cette transformation, ces titres sortent du bilan des banques. Ils passent, tels des brigands, par des chemins détournés, vers de multiples structures dissimulées, crées de toutes pièces. Lesquelles, au plan juridique, ne sont pas soumises aux mêmes règles et contraintes déontologiques et fiscales. C'est ainsi que le pas a été franchi pour entrer dans un système parallèle qui regroupe tous ces instruments de la contrefaçon bancaire. À ce stade, l'on fabrique des produits contrefaits, des crédits à long terme à partir de ressources à court terme. Comme si l'on voulait vendre d'un seul coup le volume de la production mondiale de whisky à peine distillé en changeant l'étiquette pour faire passer chaque bouteille rehaussée d'une étiquette dorée pour un douze ans d'âge !

Dès les années 1980, la perversité va même pousser le milieu financier à mettre au point des instruments financiers plus retors que les précédents. C'est un mélange de vice et d'art de l'illusion, permettant de rendre ces obligations plus attractives encore, en les adossant par une garantie à des crédits bancaires (CLO) et à des actifs en tout genre (CDO). Puis, comme le ferait un illusionniste, ces titres de papier se sont transformés en superlatifs CDO de CDO.... Au point que la collection de ces faux bijoux rutilants inclus dans le guide des produits dérivés comprend maintenant 5000 pages, contre 700 dans sa première édition de 1989. C'est dire le niveau d'incrustation de ces pratiques travesties et l'opacité qui règne sur les marchés financiers.

Ce milieu a poussé le vice en rémunérant les agences de notation pour qu'elles surcotent tous produits corrompus. Des rehausseurs de crédit ont été ajoutés pour couvrir d'éventuels défauts de paiement. Ce sont des protections fictives que l'on osait revendre comme de simples titres. Pour y parvenir, les opérateurs allèrent jusqu'à abandonner la surveillance des activités hors bilan, que les banques remaniaient à leur façon sur les marchés non réglementés. Avant que ne s'appliquent les normes de Bâle de 2010, les fonds propres des banques nécessaires pour couvrir la prise de risque, pour dissuader les autres spéculateurs, étaient réduits ultra avantageusement à 4% des actifs contre 15% au XIXe siècle en Angleterre. La duplicité de ce type de réglementation est à son comble lorsque l'on a osé prétendre que l'autorégulation des marchés concurrentiels pouvait suffire à maintenir la stabilité du système.

Désormais, tous ces opérateurs et commanditaires doivent emprunter à pied le passage qu'ils ont miné eux-mêmes. Confrontés au danger encouru, ils sollicitent les gouvernements de désamorcer les explosifs enfouis dans le terrain, avec le risque d'être eux aussi amputés. En 2007, tout le système se bloque faute d'emprunteurs suffisants. Contrairement à ce que l'on pourrait croire, ce furent les plus pauvres d'entre eux qui ont fait défaut. Parmi eux, ceux qui ont eu la naïveté de croire au rêve américain du home sweet home, mais qui ont été doublement trompés par la titrisation des subprimes. Tandis que les plus grandes fortunes sont aux mains des initiés ou soutiens de la confrérie occulte. Ils se sont habilement prémunis de tout mouvement spéculatif en achetant des secteurs entiers de l'économie réelle, se considérant à l'abri de toute faillite boursière.

Aux États-Unis, dès 1995, le volume d'argent circulant dans le système parallèle s'est avéré plus important que celui du milieu bancaire traditionnel. Dans ce circuit, les opérateurs établissent des contrats en faisant porter l'ensemble des risques inhérents à ce type de produits déloyaux aux seuls acheteurs finaux. C'est ainsi que les malheureux ménages américains signataires des contrats « *subprimes* » ont été abusés. Malgré l'implosion phénoménale de cette bulle spéculative, aucune leçon, ni aucune mesure d'encadrement du processus de titrisation, n'a permis d'en finir avec cette opacité et cette pratique de contrefaçon odieuse

COMMENT LA CRISE FINANCIÈRE MAJEURE S'EST-ELLE DÉCLENCHÉE ?

Au cours des années 2005, dans la plupart des pays, l'on incite sans cesse le public le plus pauvre au surendettement pour l'achat de biens d'équipement. Six millions de personnes non solvables, croyant au rêve américain, achètent en confiance une maison. Fin 2006, après une augmentation hyper rapide des taux d'intérêt, un grand nombre d'emprunteurs signataires de contrats vicieux, soumis à ce risque haussier mentionné habilement sur des clauses imprécises, ne peut plus les rembourser.

Plus de trois millions de gens se retrouvent sans habitation, hébergés par leurs familles, leurs amis, couchant dans leur véhicule, ou errant dans les rues en quête d'un abri. Ceci représente la plus scandaleuse des opérations spéculatives remettant en cause le droit au logement. En juin 2007, la crise des subprimes est l'une des marmites bouillonnantes chauffées à blanc par la chaudière des marchés financiers. Finalement, elle éclate, devenant le catalyseur d'une réaction explosive en chaîne.

Au sein du grand royaume de la menterie, au travers du système sophistiqué de la titrisation, du transfert de risque, cela dégénère au plan mondial en *crise de confiance généralisée* envers le système de créances. À l'automne 2008, la deuxième vague de la crise, tel un tsunami, impose aux banques centrales d'injecter massivement des liquidités dans le marché interbancaire tout en rachetant les actifs toxiques des banques privées. Trop tard, la situation évolue en crise de solvabilité globale des banques, lesquelles avaient spéculé, actifs toxiques inclus, bien au-delà des normes admises. Ce qui explique la faillite significative et inimaginable du géant Lehman Brothers fin septembre, alors qu'il avait pu résister à l'effondrement du krach de 1929.

L'affaire MADOFF[235] nous permet de comprendre à quel point la corruption avait gagné le milieu des grands opérateurs

---

[235] Voir plus haut, au sous-titre – les principales organisations opérationnelles de la véritable gouvernance mondiale – Le FBI et l'affaire MADOFF.

financiers, dans le cadre laxiste, inopérant et totalement inefficace des organismes de régulation des opérations de bourse.

La panique va s'étendre aux marchés boursiers jusqu'au fatidique 15 septembre 2008, jour de la mise en faillite de Lehman Bothers, la quatrième banque d'affaires de Wall Street. Dès lors, le système a atteint son niveau de masse critique, à partir duquel une réaction en chaîne s'est déclenchée jusqu'à son effondrement. Cette spéculation extrême abandonnée aux chiens de meute et aux apeurements des rabatteurs a généré une raréfaction des liquidités. Par là même, un redoublement du surendettement devenant brusquement étouffant pour l'industrie, le commerce, pour une grande partie de la population.

Dans un deuxième temps, la situation devenait asphyxiante pour le circuit bancaire traditionnel, partie émergente opérant en simple relais du milieu de la haute finance.

La troisième période sera écrasante pour les États-nation pris au piège de l'assèchement de l'économie mondiale, et soumis aux conditions d'emprunt imposées par la haute finance.

L'on retrouve ici le même type de mécanisme vicieux qui a déclenché le krach de 1929, introduisant cette crise gravissime jusqu'en 1939. Ce fut la première planification de déstabilisation économique à grande échelle expertement élaborée par les esprits supérieurs. Après l'hyper inflation de la zone euro des années 2000 s'amorçait une crise économique et sociale sans précédent. Un constat partagé par l'ensemble des dirigeants politiques et des spécialistes avisés en économie et finance.

Exactement, comme l'avait annoncé et planifié le CFR dans les années 1980 et comme l'avait explicité le beau-fils[236] de ROOSEVELT. Le temps des affres de la crise des crises était arrivé. L'entrée dans une période d'instabilité décisive, avec son cortège de lamentations, de manifestations en tous genres, de débats interminables sur les supposés causes et moyens technocratiques de sortie de crise…

Ce fut l'émergence d'une situation générale foncièrement dénaturée, déshumanisée, consécutivement au pouvoir corrupteur et corrosif de l'argent mal utilisé. La formule prédictive de David ROCKEFELLER de 1994 se réalisait pleinement : « *la fenêtre d'opportunité préalablement ouverte à la construction normalisée et harmonisée d'un nouvel Ordre international relativement équilibré et équitable venait d'être définitivement fermée* ». Plus aucun retour en arrière à une situation viable ne serait possible en n'importe quel endroit du globe.

LES PRINCIPALES DATES CLÉS ANTÉRIEURES À LA CRISE MAJEURE DE 2008

28 octobre 1929 : Ce lundi noir est le troisième jour de la baisse la plus importante jamais enregistrée en un seul jour sur un marché boursier. Le premier assèchement de l'économie réelle nord-américaine et mondiale.

15 août 1971 : Nixon, soumis aux directives de la véritable gouvernance mondiale, rompt unilatéralement les accords de Bretton Woods, annulant la convertibilité du dollar US en or.

1982 : Hong Kong, colonie britannique jusqu'en 1997, aligne sa monnaie, le dollar de Hong Kong (HKD), sur le dollar

---

[236] Voir au chapitre 3 « Le rôle du CFR dans la dépression de 1929, la tonte calculée ».

américain (USD). Une décision qui attire et entraîne les premières délocalisations de multinationales vers le continent asiatique, afin de réduire les risques de changes et de crédit.

19 octobre 1987 : Ce lundi noir accuse la baisse la plus importante jamais observée sur le marché des actions, 22, 6% en un seul jour.

1994 : L'égérie de la banque JP Morgan, Blythe MASTERS[237] annonce la possibilité d'une couverture du risque et de la défaillance de paiement sur les actions et obligations, sous la forme d'une assurance, les Crédits Default Swaps (CDS).

1997 : Les CDS sont disponibles sur les marchés, ce sont de nouveaux produits financiers hautement spéculatifs.

22 septembre 1998 : LTCM,[238] faisant fi du risque[239] encouru par tout pays souverain confronté à la crise russe de 1998,[240] par sa faillite a fait courir un risque majeur au système bancaire international.

12 novembre 1999 : L'abrogation du Glass-Steagall-Act.

10 mars 2000 : La bulle de l'internet implose.[241] Cela entraîne une baisse des taux d'intérêt de la FED, mais une augmentation sensible du coût du crédit à la consommation. Pour faciliter le recours intempestif au crédit, les usuriers ont l'idée de proposer

---

[237] **Aux commandes de l'enfer spéculatif : les femmes aussi**
http://plunkett.hautetfort.com/archive/2012/03/07/aux-commandes-de-l-enfer-speculatif-les-femmes-aussi.html
[238] **Long Term Capital Management**
http://fr.wikipedia.org/wiki/Long_Term_Capital_Management
[239] **Risque pays**
http://fr.wikipedia.org/wiki/Risque_pays
[240] **Crise financière russe de 1998**
http://fr.wikipedia.org/wiki/Crise_financi%C3%A8re_russe_de_1998
[241] **Bulle Internet**
http://fr.wikipedia.org/wiki/Bulle_Internet

des taux progressifs indexés à toute hausse du marché de l'immobilier. C'est l'ère des ignobles subprimes américaines, des titres corrompus qui infesteront l'ensemble du système financier mondial.

11 novembre 2001 : La Chine entre dans l'OMC. Les droits de douane sur les produits importés de l'empire du Milieu sont supprimés. Les délocalisations industrielles et tertiaires organisées par les multinationales se multiplient. Le monde entre dans l'ère de la globalisation.

26 juin 2004 : Les accords de Bâle II[242] fixent à 8% le montant des fonds propres qu'un établissement financier, bancaire, doit disposer pour faire face aux risques engagés sur les marchés. Toutefois les fonds d'investissement et les sociétés de crédit, y inclus celles qui ont émis des subprimes, échappent à cette obligation.

Dès 2006 : La FED élève son taux directeur à 5,75%. Le moyen imparable censément d'étrangler les emprunteurs les moins solvables. En réalité, ce fut l'année de l'accentuation de l'assèchement des liquidités nécessaires à l'essor de l'économie réelle. Le déclenchement de la crise majeure de 2008 devenait inévitable.

LES PRINCIPALES DATES CLÉS POSTÉRIEURES À LA CRISE MAJEURE DE 2007-2008

Août 2007: Les Banques centrales mettent 400 mds € à disposition du marché interbancaire.

---

[242] **Bâle II**
http://fr.wikipedia.org/wiki/B%C3%A2le_II

17 février 2008 : Le gouvernement britannique annonce la nationalisation de l'établissement de crédit immobilier Northem Rock,[243] pour un coût de 25 milliards de livres.

16 mars 2008 : La Bear Steams est la 5e banque d'investissement américaine, spécialisée en valeur mobilière, pionnière dans les produits de titrisation, largement exposée à la crise des subprimes. Malgré un renflouement de 30 milliards $ par la réserve fédérale (FED) elle est revendue à la banque commerciale JP Morgan Chase, à un prix de 10 $ par action, contre 133 $ d'avant crise. Ce cas est l'événement précurseur de l'effondrement de l'activité bancaire de Wall Street en septembre 2008.

7 septembre 2008 : L'État US, pour 200 milliards $, prend le contrôle de Fannie Mae[244] et Freddie Mac,[245] durement frappées par la crise des subprimes.

1ᵉʳ août 2008 : Le Sénat américain adopte un plan de sauvetage à hauteur de 840 milliards $ pour recapitaliser les banques du pays.

15 septembre 2008 : Mise en faillite de la banque Lehman Brothers par la Chambre des représentants. Elle qui avait pu résister au Krach de 1929. Sur une période de 2 semaines, c'est la destruction de dix mille milliards $ de capitalisation.

16 septembre 2008 : La FED avec 85 milliards $ permet le sauvetage de l'assureur AIG prescripteur de CDS.[246]

---

[243] **Northern Rock**
http://fr.wikipedia.org/wiki/Northern_Rock
[244] **Federal National Mortgage Association**
http://fr.wikipedia.org/wiki/Federal_National_Mortgage_Association
[245] **Federal Home Loan Mortgage Corporation**
http://fr.wikipedia.org/wiki/Federal_Home_Loan_Mortgage_Corporation

3 octobre 2008 : La chambre des représentants US vote le plan PAULSON à hauteur de 700 milliards $.

13 octobre 2008 : Les gouvernements des pays de l'Union Européenne annoncent la création d'un fonds de garantie de plus de 1700 milliards € pour sauver le milieu bancaire.

24 novembre 2008 : Les engagements conjoints du gouvernement US, de la FED englobent 7400 milliards $ afin de soutenir le milieu financier.

12 décembre 2008 : C'est le scandale de l'affaire d'escroquerie pyramidale MADOFF.

23 décembre 2008 : La Securities and Exchange Commission,[247] désigne LCH. Clearnet Ltd pour opérer, sur le territoire nord-américain, en tant que Chambre de compensation, afin de gérer les CDS.

10 février 2009 : Timothy GEITHNER annonce un nouveau plan de sauvetage des banques pour près de 2000 milliards $. Selon certaines estimations, 44% des actifs[248] des banques européennes constitueraient une dette toxique de 16,3 trillions de livres sterling (1 trillion = 1 milliard de milliards).[249]

---

[246] **Credit Default Swaps (CDS) / couvertures de défaillance / dérivés sur événement de crédit expliqués à tous**
http://www.dailymotion.com/video/xy2x39_credit-default-swaps-cds-couvertures-de-defaillance-derives-sur-evenement-de-credit-expliques-a-tous_webcam#from=embediframe
[247] **Securities and Exchange Commission**
http://fr.wikipedia.org/wiki/Securities_and_Exchange_Commission
[248] **Définition d'un actif**
http://www.plancomptable.com/titre-II/211-1_definition_actif.htm
[249] **'Toxic' EU bank assets total £16.3 trillion**
http://www.blacklistednews.com/?news_id=3285

2 mars 2009 : L'assureur AIG, malgré son renflouement de 85 milliards \$ en septembre 2008, annonce 100 milliards \$ de perte pour l'exercice 2008.

Le 2 avril 2009 : Lors du G20 de Londres, les normes comptables américaines FASB sont modifiées. Selon Robert WILLENS, ancien directeur de Lehman Brothers, cette mesure va permettre d'améliorer le bilan des banques de 20%. L'Europe adopte le même type de modification comptable.

29 avril 2009 : « **Le jour de la mort annoncée du dollar** ». La FED rachète ses propres bons du Trésor pour 1700 milliards \$, soit 80% des bons et de la dette. Soit 12,5% du PIB américain. Les nouvelles normes comptables[250] vont permettre de faire disparaître du bilan des banques les produits financiers corrompus qui leur posent des problèmes de gestion, les CDS par exemple. Et ainsi de pouvoir de valoriser faussement leurs résultats.

Avril 2009. Le FMI a estimé l'ensemble des interventions publiques à 16 634 milliards \$ pour les pays du G20, les vingt premières puissances économiques mondiales.

23 juillet 2009 : Le New York Times révèle que certaines banques, dont Golden Sachs, passent des ordres de bourse avec 30 millisecondes d'avance sur le marché. Bénéficiant de nouvelles règles comptables, les opérateurs de marché américains empruntent des dollars à taux quasi nuls (0,75%). Ils profitent de l'opportunité pour prêter des capitaux à taux fort (de 3 à 15%) et spéculer de plus belle sur les bourses des pays émergents (carry trade).[251]

---

[250] **Les banques veulent changer le thermomètre**
http://www.monde-diplomatique.fr/carnet/2009-04-29-normes-comptables
[251] **Le Carry Trade**
http://www.trader-forex.fr/bible-forex-carry-trade/

Septembre 2009 : À la demande du gouvernement US, sous l'influence du CFR BalckRock organise le plan de relance en transférant 3000 milliards $ de dettes privées en dettes publiques détenues par la FED.

14 octobre 2009 : Le Wall Street Journal annonce que les 23 banques et fonds d'investissement opérant à Wall Street totalisent un bénéfice de 437 milliards $. Qu'ils s'apprêtent à verser 140 milliards $ de rémunération aux traders et actionnaires, pour l'année comptable 2009.

Courant 2009 : Malgré la décision de ne plus indexer le Yuan sur le dollar avec pour effet une réévaluation de la monnaie chinoise, le Trésor chinois est en passe de dépasser son objectif de canaliser 35% du marché mondial des transactions sur les matières physiques.

Courant 2009 : L'Europe doit faire face à l'augmentation de la dette des États[252] en raison des politiques de soutien 1) aux banques, 2) de soutien à l'activité économique en récession.[253] D'où la baisse des recettes fiscales, la hausse des dépenses d'indemnisation du chômage à cause de la baisse d'activité. Une situation dégradée qui a généré une nouvelle bulle financière sans précédent dans la zone euro.

14 décembre 2009 : L'agence de notation Standard & Poor's dégrade la note de crédit de la Grèce, de l'Espagne, de l'Irlande,

---

[252] **Quand les marchés s'en mêlent : la crise des dettes souveraines dans la zone euro**
http://economix.fr/pdf/workshops/2011_faillites/Mathieu-Sterdyniak.pdf
[253] **Perspectives économiques mondiales**
http://www.un.org/en/development/desa/policy/wesp/wesp_current/2012wesp_es_fr.pdf

du Portugal. Des incertitudes pèsent sur les CDS[254] des banques européennes.

1ᵉʳ janvier 2010 : Le gouvernement vietnamien ordonne la fermeture de toutes les plates-formes[255] de trading sur l'or d'ici fin mars 2010. Un geste annonciateur de la fièvre à venir sur le métal jaune.

9 mai 2010 : Adoption d'un plan de soutien de 750 milliards € aux pays européens en difficulté. Enfreignant la réglementation de Maastricht, la BCE, dans le but de stabiliser le marché, rachète les dettes privées des organismes financiers privés de la zone euro, bien heureux de s'en défaire.

10 mai 2010 : La BCE débute son plan de rachat de la dette de pays en difficulté dans la zone euro, par milliards €.

26 juin 2010 : Peu avant le G20 de Toronto, la Chine, sans cesse critiquée pour avoir dévalorisé sa monnaie la réévalue de 1,5%. Tout en conservant un régime de change[256] qui ancre le Yuan au dollar, afin de bloquer toute manipulation de son cours, afin de favoriser ses exportations. D'autre part, l'agence de notation chinoise Dagong abaisse la note de la France passant du triple A à AA moins.

4 novembre 2010 : La FED annonce racheter pour 600 milliards $ d'emprunt d'État US. Le but, abaisser les taux d'intérêt, faciliter l'emprunt des particuliers, des entreprises, et favoriser la croissance.

---

[254] **L'incertitude des marchés atteint le coeur de l'Europe**
http://quotidienne-agora.fr/2012/01/26/incertitude-marches-atteint-coeur-europe/
[255] **Plateforme multilatérale de négociation**
http://fr.wikipedia.org/wiki/Plateforme_multilat%C3%A9rale_de_n%C3%A9gociation
[256] **Régime de change chinois**
http://fr.wikipedia.org/wiki/R%C3%A9gime_de_change_chinois

5 août 2011 : Standard & Poor's dégrade la note de crédit des États-Unis, à cause de la dette publique du pays, un gouffre abyssal.[257]

Août 2011 : La BCE poursuit jusqu'en 2015 le rachat de la dette publique de pays européens.

Octobre 2014 : Le **FMI appelle à un Global Reset,** une totale réinitialisation, ou refonte totale **du système économique mondial,** du fait de l'hyper endettement de tous les Etats, ce qui entraînera la ruine de la grande majorité des épargnants.[258]

2016 ou 2017 : Le Royaume-Uni, suite à un référendum sortira très probablement de l'Union européenne qui en sera d'autant plus affaiblie et plus divisée.

---

[257] **Us National Debt Clock**
http://www.brillig.com/debt_clock/
[258] **Global economic reset imminent IMF Christine Lagarde reveals it!**
https://www.youtube.com/watch?v=Ih9r7zc4YOA

CHAPITRE 10

LE PRIX DE LA CRISE DES CRISES AU PLAN MONDIAL

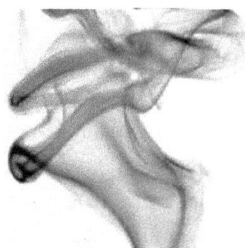

Les pertes des banques ont été estimées à 2200/3600 milliards de dollars. Fin 2008, la capitalisation boursière a perdu environ 50% de sa valeur.

Les spéculateurs ont tordu le sens d'appréciation des vraies valeurs boursières qu'ils ne considèrent qu'avec pessimisme et méfiance. À cause de cette distorsion, de cette dépréciation récursive, comparativement à la valeur réelle des biens concrets et des valeurs de cotation correspondantes, la perte totale en cascade fut de trente fois supérieures à celle qui a été à l'origine de la réaction en chaîne. **Des valeurs totalement parties en fumée.**

La défiance consécutive aux anticipations du marché a été chèrement payée. Au niveau de l'économie réelle, cela s'est traduit par la perte du potentiel commercial des entreprises, la dégradation, voire la destruction, de l'appareil de production. Par exemple, le niveau de la valeur boursière des compagnies aériennes est passé bien au-dessous de celui de la valeur de leurs actifs, les avions qu'elles possèdent.

Les marchés boursiers sont retombés à leur niveau de 1997, onze années perdues d'une très relative utile profitabilité. Sur une période de dix-sept années, entre 1990 et 2007, l'évolution de la capitalisation boursière a été de 147% tandis que celle de la production intérieure brute (PIB) produite par les nations, caractéristique de l'économie réelle, n'a pu atteindre que le niveau de 81%. Le rapport est de 2,4 à 1 − plus précisément de 3,6 à 1 − si l'on tient compte de la croissance réelle, hors inflation.

LA SITUATION ÉCONOMIQUE SERAIT TOUTE AUTRE SI LE PLAN COMPLET DE KEYNES ÉTAIT EN VIGUEUR

Aujourd'hui, si de véritables normes économiques existaient, si les principes progressistes de l'économie keynésienne originelle avaient été appliqués, la valeur boursière de chaque société privée refléterait l'anticipation de son accroissement futur. Dans cette hypothèse valorisante, l'on pourrait aussi aisément extrapoler le niveau des dividendes versés et/ou faire une juste estimation de la valeur de cette entreprise type. Il suffirait alors d'inclure la majoration de ses bénéfices mis en réserve, destinés à investir, à assurer son développement, voire à permettre la diversification de son activité. Sur le long terme, le monde économique aurait dû s'attacher à refléter un niveau d'équivalence entre l'évolution de la valeur des bourses (capitalisation boursière) et l'évolution de la production globale des biens de consommation et des services (richesses produites par l'économie réelle des pays, ou PIB).

Mais la réalité du système est toute autre. Les grandes places boursières internationales ont perdu 50% de leur capitalisation, partie en fumée.

Cette valeur représente près de deux fois le produit intérieur brut (PIB - annuel) nord-américain, avec pour effet immédiat la suppression de 2,6 millions d'emplois aux USA. En 2010, l'onde de choc se propage, par effet diffusif et différé, elle détruit 45 millions d'emplois au sein de l'OCDE (32 pays développés). Le coût de la crise, tel qu'il est possible de l'estimer en mai 2009, s'évalue à 103% du PIB mondial. **Le coût global de la fantastique destruction de richesses** à laquelle nous assistons peut être évalué à minima à **55 800 milliards \$**. En 2012, la récession gagne du terrain, bientôt elle cédera le pas à la plus grave dépression de l'histoire.

L'on peut en mesurer d'ores et déjà toutes les conséquences humaines, sociales, économiques : Endettement des entreprises – Perte de l'investissement – Diminution de la redistribution de richesse produite – Diminution de la consommation du grand public (70% du PIB) – Croissance en berne – Ou reprise ponctuelle et décousue par fraction de 1/4 de point de croissance, sans le moindre effet de reprise économique. L'impact sur la société civile : désespérance, exclusion sociale, grèves occasionnelles et blocage de la production, inefficience des services publics au sein des pays les plus endettés, risques d'insurrection…

Les particuliers ont subi violemment la perte boursière, qu'il s'agisse de riches propriétaires, de détenteurs de grosses fortunes, de modestes épargnants. Les retraités du système de retraites par capitalisation, notamment aux Etats-Unis, au travers de l'amputation des fonds de pension sur les places financières, ont été les plus durement éprouvés. Tous ont payé un lourd tribut.

Les banques en faisant leur bilan ont subi des pertes considérables d'actifs sur les titres. Elles ont été dans l'obligation d'augmenter leurs fonds propres à cause des pertes sèches et en raison du nouveau ratio de solvabilité imposé par une nouvelle réglementation internationale (Bâle 2 et 3) sans cesse repoussée.[259] Pour y parvenir, elles ont dû augmenter leurs fonds propres, mais en réduisant la rentabilité. Ou augmenter le

---

[259] **Bye bye Bâle III !**
https://www.goldbroker.fr/actualites/accord-bale-systeme-bancaire-monetaire-interconnecte-176

capital en puisant dans les réserves des actionnaires, mais à leur détriment. La valeur de leur part étant alors diluée par l'introduction de nouveaux investisseurs. Ou vendre les départements d'activité de finance les plus risqués en se privant de rendements élevés à moyen et long terme. Ou en trafiquant leur logiciel de gestion pour modifier les ratios comptables.

Pour le cartel mondialiste, l'état de rapide dégradation de l'économie mondiale était le gage de la réussite de la planification engagée dans les années 1980. En 2011, tous les gouvernements d'Europe, malgré leurs discours faussement rassurants, ont pris conscience d'être acculé au bord de la falaise. Aux États-Unis, 44 États américains sur 50 se trouvent en état de grande difficulté ou de quasi-faillite, affligés d'un déficit record. Celui de l'État de Californie a dépassé les 58,2%. Il est en état de quasi-cessation de paiement. Depuis le 1er juillet 2009, en guise de paiement d'indispensables fournitures à l'administration, crèches, restaurants scolaires... le gouverneur du huitième État au monde signe des reconnaissances de dettes. En 2013, c'est la ville de Détroit qui se déclare en faillite.[260] L'État fédéral confronté à la baisse des recettes fiscales, et la Banque centrale américaine (FED) trop occupée à renflouer les banques avec plus de deux mille milliards de dollars déversés depuis 2008 se sont abstenus de toute aide. L'économie réelle continue d'être asséchée de jour en jour.

Dans le même temps, Bridgewater Associates[261] lançait un avertissement de précaution aux clients de l'ensemble des

---

[260] **Governor declares financial emergency in Detroit, calls it a "sad day"**
http://www.cbsnews.com/news/governor-declares-financial-emergency-in-detroit-calls-it-a-sad-day/

[261] Bridgewater Associates est un Gestionnaire de placements mondial qui gère environ 72 milliards $ d'actifs. Dont 40 mds $ sont investis dans les hedge funds une stratégie qualifiée « d'Alpha Pure », ce qui en fait l'un des plus importants fonds de couverture dans le monde. Bridgewater gère des portefeuilles pour plus de 300 clients nord-américains et 19 autres nationalités. Ces clients sont principalement des

banques privées dont le déficit global était en passe d'atteindre 1,6 trillion $ (I milliard de milliards). Soit quatre fois plus que le prévoyaient les estimations officielles. Un autre événement tout à fait inattendu allait aggraver la situation, l'esprit sécessionniste des citoyens d'un grand nombre d'États américains vivement désireux de se détacher de la tutelle de la gouvernance fédérale, jugée inefficace, injuste, n'offrant plus aucune perspective d'avenir à la population.

Les hedge funds[262] représentent aujourd'hui une part significative des transactions sur de nombreux marchés. Autrefois utilisés par de petits groupes d'entrepreneurs, ils sont aujourd'hui le plus souvent aux mains de grandes institutions financières qui emploient des centaines de personnes. Compte tenu de leur importance croissante et de leur spécificité, les H-

---

fonds de pension, fondations, gouvernements étrangers et banques centrales. Bridgewater se situe à Westport, au Connecticut et comprend environ 800 employés.

[262] Les hedge funds (H-Fs) sont des fonds d'investissement d'un type particulier. Il n'existe pas de définition légale, précise, du terme, qui est lui-même trompeur. La traduction littérale en français est « fonds de couverture », c'est un faux semblant de protection contre les fluctuations des marchés considérés. Une telle définition semblerait les faire pencher du côté des fonds sans risque. Mais bien au contraire, il s'agit de fonds particulièrement risqués, beaucoup plus que les fonds communs de placement (OPCVM). Pourquoi ? Parce qu'ils sont peu ou pas réglementés et réservés non pas au grand public, mais à la catégorie des investisseurs institutionnels qui veulent gagner gros tout en ayant capacité à supporter des pertes importantes : États – institutions financières internationales – ou grandes fortunes. À la différence des fonds d'investissement destinés au grand public, une part importante des fonds peut être investie en actifs non liquides ou complexes. Ils utilisent massivement les techniques permettant de spéculer sur l'évolution des marchés, à la baisse comme à la hausse (utilisation massive de produits dérivés, de la vente à découvert et de l'effet de levier , très utilisé en 2013.

Les H-Fs sont peu transparents et souvent implantés dans les paradis fiscaux. Leurs richissimes gérants y investissent une part de leur patrimoine et prélèvent des commissions très importantes en fonction de la surperformance du fonds. Cela les incite à faire prendre aux fonds des risques de marché importants.

En général, les investisseurs ayant déposé de l'argent sur ces fonds ne peuvent pas à tout moment réduire leur participation, retirer leurs avoirs, mais seulement à certaines périodes prédéterminées, mais pas opportunément au moment d'un krach boursier. Au cours des dix dernières années, les H-Fs ont enregistré une croissance rapide. On estime qu'aujourd'hui près de 10 000 fonds sont opérationnels dans le monde et qu'ils gèrent 1 426 milliards $ d'actifs, soit + 700% qu'en 1995 !

Fs éveillent d'évidentes suspicions quant à leur capacité présumée à déstabiliser les marchés, voire à leur faire courir un risque systémique. Si ces inquiétudes sont légitimes pour certains, ce type de placement reste néanmoins très rentable pour les investisseurs de cet acabit. Lesquels dédaignent l'apport essentiel de richesses en direction de l'économie réelle, préférant leurs addictions à la spéculation, en adorateurs indéfectibles du veau d'or.

LES ZONES GÉOGRAPHIQUES LES PLUS FRAGILISÉES PAR LA CRISE MAJEURE

Une situation qui s'inverse très injustement. Les populations des pays d'Europe orientale (Albanie, Bulgarie, Hongrie, Moldavie, Pologne, République tchèque, Slovaquie) et d'Asie centrale (Afghanistan, Azerbaïdjan et Géorgie, au sud de la Russie, Iran partiellement, Kirghizistan, Mongolie, Ouzbékistan, Province chinoise du Xinjiang, Région autonome des ouïgours, Tadjikistan, Tibet, Turkménistan) sont parvenues au recul de la pauvreté. Au cours de la dernière décennie, contrairement à l'égocentrisme exacerbé dans les pays riches, ces populations, surtout la partie occidentale, à force d'effort collectif sont un bel exemple de solidarité et de fraternité.

En 1999 – 90 millions des 480 millions d'habitants de ces pays (18% de la population) étaient parvenus à s'arracher péniblement à la pauvreté, tandis que 200 millions restaient pauvres et vulnérables. En avril 2009, selon la Banque mondiale, 35 millions, soit le tiers de ceux qui avaient pu s'extraire de la misère les dix années précédentes, ont à nouveau retrouvé leurs conditions antérieures.

Pour chaque point de PIB perdu, 5 millions de personnes viennent s'ajouter à cette dernière catégorie. Fin 2010 l'on estime qu'ils seront 35 millions de plus. Shigeo KATSU vice-président de la Banque mondiale pour la région d'Europe et d'Asie centrale prévoit une crise humanitaire. Il ajoute que les avancées dans la lutte contre la pauvreté au cours des dix dernières années se sont évaporées. Une situation humanitaire passant généralement inaperçue parmi les innombrables informations et discours décousus sur la crise mondiale. Et pourtant, il suffirait de très peu pour apporter une solution à la pauvreté…

1% du PIB pour sauver la population de la pauvreté, ce n'est toujours pas le temps de le faire

KATSU conclut : « *De toute évidence, les gouvernements de la région doivent impérativement répondre aux besoins urgents et immédiats de leurs citoyens. Les programmes de protection sociale – projets d'alimentation en milieu scolaire – de nutrition – de versement sous conditions de prestations en espèces – et de rémunération en espèces du travail – sont importants en temps de crise, mais aussi à long terme, car ils contribuent à protéger les pauvres et permettent aux gouvernements d'éviter le recours à des politiques plus coûteuses ou moins efficaces. Si les programmes sont bien conçus, les sommes nécessaires à la protection des pauvres ne sont pas exorbitantes. Leur coût, inférieur à 1% du PIB, peut faire toute la différence, et ce n'est pas cher payé* ».

Les pays occidentaux sont aussi confrontés à la montée rapide de la pauvreté, une forme de misère cachée, car la population concernée, attachée à garder sa dignité, ne veut pas le montrer. Beaucoup prennent conscience de la difficulté d'obtenir du crédit. Les banques devant les incertitudes économiques et boursières sont soucieuses de leur propre trésorerie, c'est pourquoi elles ouvrent un droit à l'emprunt que très difficilement, souvent arbitrairement. Fini l'époque des multiples crédits à la consommation.

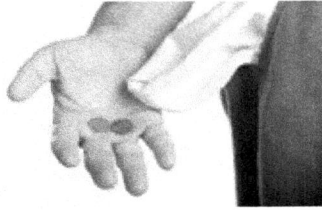

Pour les petites entreprises, investir à crédit devient une gageure, un impossible challenge. Fin 2010, lorsqu'une part d'entre elles y parvient enfin, ce sont les marchés, les clients et les commandes qui font défaut. En 2012, nombre d'entre-elles demandent des délais de recouvrement de cotisations.[263] La partie de la masse monétaire indispensable au fonctionnement de l'économie ne traverse que difficilement le goulot, le passage obligé, du sablier façonné à chaud par la haute finance initiée à la confrérie, ou mise sous la tutelle du cœur de cercle de Bilderberg.

La période dite du trentenaire glorieux (1945 – 1975) démontra qu'il était possible de produire suffisamment de richesses canalisables et redistribuables le plus équitablement possible. Aujourd'hui, les habitants de la Terre pourraient encore en bénéficier, si ces accords n'avaient pas été sciemment rompus. Si l'essence pure, l'absolue, à l'origine de la composition et de l'agréable fragrance morale des droits universels de l'homme, n'avait pas été diluée au Nord et éventée au Sud. Dans les années 1980, malgré l'acte de trahison de NIXON commandité par les esprits supérieurs, une deuxième chance de prospérité s'offrait au monde. Elle s'inscrivait dans le projet mondial, humaniste, de Willy BRANDT, lequel était très peu connu du

---

[263] **Les retards de paiement ont explosé en 2012**
http://www.latribune.fr/actualites/economie/france/20130227trib000751292/les-retards-de-paiement-ont-explose-en-2012-.html

plus grand nombre. Voir aussi l'avis du prix Nobel d'économie Maurice ALLAIS.[264]

Cette solution opportune n'a même pas été l'objet de l'amorce de nouvelles propositions de réforme de la part des grandes institutions mondiales G7 – G8 – et G20 – lesquelles ont été formées respectivement en 1976, 1998 et 1999. C'est pourquoi avant même d'avoir pu germer, **ce projet novateur a été sournoisement irradié** pour qu'il ne puisse jamais porter le moindre fruit, **car il n'était pas le temps de le faire**.

> En 1990, Willy BRANDT, prix Nobel de la paix 1971, déclara : « *Lorsque nous pensons aux 800 millions, voire au milliard d'individus qui végètent dans la misère absolue, l'objectif principal du développement doit être d'offrir à ces êtres humains une vie digne d'être vécue. Il importe donc de satisfaire les besoins vitaux de tous, et partout, en matière d'alimentation, de santé, d'habitat, d'éducation et pour ce qui est du droit à participer à la vie de la cité. Plus de justice et de solidarité humaine – voilà le leitmotiv de la société mondiale* ». Ces propos sincères et altruistes rejoignent ceux de GANDHI, un autre pacificateur « *Il y a assez de tout dans le monde pour satisfaire aux besoins de l'homme, mais pas assez pour assouvir l'avidité de quelques-uns* ».

Or, depuis cette époque, cette voie d'équilibrage pour plus de justice sociale n'est toujours pas envisagée. Bien au contraire, le budget d'aide aux plus démunis est amputé sur tous les continents.

En 2012, consécutivement à un arrêt rendu par la Cour de justice européenne, la Commission européenne annonce la diminution des 500 millions d'euros initialement accordés pour le programme d'aide alimentaire, il ne faudra plus compter

---

[264] **Le testament de Maurice Allais (1911-2010)**
http://www.les-crises.fr/le-testament-de-maurice-allais/

qu'avec 113 millions, une restriction aux trois quarts. Ce budget était destiné aux 43 millions d'Européens les plus démunis (PEAD), et potentiellement aux 80 autres millions actuellement placés juste sous le seuil de pauvreté. Les associations caritatives annoncent de terribles conséquences pour toutes ces personnes.

La richesse par adulte dans le monde

Richesse par adulte (dollars)
- Inférieure à 5 000
- Entre 5 000 et 25 000
- Entre 25 000 et 100 000
- Supérieure à 100 000
- Absence de données

Source : Shorrocks, Davies, Lluberas, Crédit Suisse, Gobal Wealth Report, Octobre 2010

La députée européenne Rachida DATI s'offusque de cette décision et invite le président de la Commission européenne à expliquer lui-même ce problème aux bénéficiaires. Même si quelques mois plus tard cette décision, sous la pression publique, a été remise en cause. Pas pour longtemps, car pour la période 2014 – 2020 le budget sera finalement réduit de 1,4 milliards €.[265] Cela démontre le peu d'intérêt altruiste que les autorités politiques accordent aux plus nécessiteux. Les pauvres ne sont plus qu'un « *paramètre d'ajustement* » budgétaire parmi bien d'autres. À l'inverse, le pouvoir d'achat des plus riches est toujours préservé de la juste part de prélèvement fiscal à la source, même si récemment une représentation des plus

---

[265] **Budget européen : une aide alimentaire anémiée**
http://bfmbusiness.bfmtv.com/entreprise/budget-european-une-aide-alimentaire-anemiee-444366.html

grandes fortunes sentant la révolte venir se mobilise à payer plus d'impôts.

L'INJUSTE RÉPARTITION DES RICHESSES

L'Institut mondial de recherche sur l'économie du développement de l'université des Nations unies (UNU-WIDER), à Helsinki en Finlande, a produit l'étude la plus exhaustive jamais réalisée sur le patrimoine des particuliers. En date du 7 décembre 2006, l'étude indique qu'en 2000, 1% d'individus les plus riches détenaient à eux seuls 40% des biens mondiaux. Que 10% des plus riches détenaient 85% du total mondial. Qu'en moyenne 2% des individus détiennent plus de la moitié de la richesse existante. Mais que la moitié de la population mondiale ne possède qu'à peine 1% de cette richesse. Une proportion d'individus les plus riches qui a été majorée conséquemment aux ravages socio-économiques engendrés par la crise majeure.

AUJOURD'HUI, PERSONNE NE DEVRAIT ÊTRE LIVRÉ À LA PAUVRETÉ

Toute personne animée de bons sentiments ne s'explique pas pourquoi la situation humaine est si sombre et sans perspective d'avenir. D'ici peu pour combler ce vide, le cartel s'évertuera à faire croire au fondement d'une solution globale plus juste, dont les modalités seraient immédiatement opérationnelles. En vous reportant à l'introduction et à la première partie de ce livre, vous aurez remarqué que notre réussite sociétale n'a été rendue possible qu'après avoir pu neutraliser à temps le groupe de puissants lobbyistes, soumis à un cartel malfaisant, à l'origine de tous nos maux. Sur votre planète, depuis 1948, date de la Déclaration universelle des droits inaliénables de l'homme, toutes les conditions étaient réunies pour assurer à tous les habitants les conditions d'une vie harmonieuse et la plus équitable possible. Dans ce cadre, il était tout à fait envisageable d'écarter définitivement les conséquences ignobles de la pauvreté. Pour ce faire, il suffisait aux chefs d'État d'avoir la volonté de le faire.

Mis à part la réussite du modèle social de rares pays du nord de l'Europe, aucun des autres gouvernements n'a su faire preuve de sens pratique pour assurer aux populations tous leurs besoins fondamentaux. Dorénavant, soumis aux contraintes immenses de la crise des crises, ces dirigeants sont submergés par la montée en puissance de nouvelles difficultés de toutes sortes, plus complexes que jamais. Dès lors, qui serait assez sot pour croire que d'un coup d'un seul, tout pourrait être aplani, notamment la fin de la misère sur tous les continents !

FAUX SEMBLANTS PARMI LES ACTEURS DE L'ÉCONOMIE RÉELLE

Loin d'être animés de valeurs d'altruisme et de franchise, le monde des affaires et le milieu politique préfèrent bluffer plutôt que reconnaître l'impact des difficultés engendrées par la crise majeure. En 2009, les compagnies américaines non financières, celles de l'économie réelle du SP 500, ont essayé de surmonter artificiellement les problèmes de trésorerie, de ralentissement de l'activité, marqué par l'absence de perspective d'essor commercial. Elles se sont contentées de faux semblants en jetant de la poudre aux yeux à la clientèle, aux banques plus frileuses, moins prêteuses. Comment ont-elles pu donner cette impression ? En comprimant les coûts de fonctionnement, par le déstockage, en limitant ou interrompant l'investissement, en licenciant le personnel, donnant la fausse impression de rebondir.

Mais que feront ces entreprises les prochains trimestres avec des stocks proches de la rupture, lorsqu'il n'y aura plus personne pour répondre au téléphone, pour faire toutes les tâches donnant vie au monde du travail ? En 2009, l'enquête de la National Association of Business Economics, précise que cette tendance va s'accentuer. Les sociétés vont à nouveau réduire leur personnel, selon le jargon déshumanisé des financiers, ils ne sont qu'*une variable d'ajustement structurel*. Elles doivent aussi épargner leurs liquidités pour équilibrer leur budget. Tout cela va s'avérer bien futile, car les ventes vont encore décroître… D'autant plus que les particuliers et les professionnels gèrent au plus près leur argent qu'ils dépensent avec beaucoup de circonspection.

Les rebonds de dynamisme des bourses de l'été 2009, ceux des périodes à venir, ne seront que des sursauts sans aucune répercussion pour l'économie. En aucun cas, ils ne sont significatifs d'une reprise palpable, fiable et durable. Tout au contraire, dans le contexte actuel entièrement faussé, plus les places financières prolifèrent gavées de crédit virtuel offert par les Banques centrales, plus la dichotomie s'approfondie d'avec les acteurs de l'économie de terrain, notamment les chômeurs.

LES PERTES D'EMPLOI PAR MILLIONS, TOUS SECTEURS D'ACTIVITÉ CONFONDUS

En novembre 2001, après l'attentat du 11 septembre, le BIT, membre de L'Organisation internationale du Travail (OIT), intégré à l'ONU, réunie à Genève, annonçait déjà la perte de 24 millions d'emplois. La Banque mondiale estimait pour cette première récession mondiale à 15 millions le nombre de personnes rejoignant les rangs des pauvres. S'ajoute le milliard d'individus au chômage et/ou sous employés, recevant des salaires de misère à moins d'un dollar par jour. Le directeur général du BIT souhaitait la création d'un programme mondial de relance économique, incluant un fonds spécifique contre le chômage, afin d'assurer la croissance économique capable de venir à bout de la crise.

En mai 2009, le Bureau international du Travail (BIT) estimait le nombre de sans-emploi entre 210 et 239 millions pour l'année 2009, soit une augmentation estimée entre 39 et 59 millions sur 2007. L'amplitude de la hausse des sans-emploi dépendra de la façon avec laquelle les gouvernements décideront de répartir les dépenses budgétaires. Sous condition qu'ils puissent agir de concert avec le secteur financier. Or, bien avant le déclenchement de la crise des crises, les budgets des gouvernements nationaux étaient déjà très endettés et les chefs d'État trop lâches pour agir.

Après l'épreuve du feu de l'actuelle guerre socio-économique, les États-nation sont exsangues et réduits à la survie. Ils ont à subir le découplage des rouages économiques et l'étranglement du flux de liquidités par le goulot du sablier entre la sphère financière hautement spéculative et les besoins financiers de l'économie réelle, un mécanisme explicité plus haut. Cette condition d'abaissement est si marquante qu'une partie de la population occidentale la ressent comme un malaise permanent. Autant d'obstacles inamovibles qui s'opposent d'emblée à tout projet de développement sociétal fiable et durable.

LE FAUX SEMBLANT DES RECRUTEMENTS

Au cours du premier semestre 2011, nombre de gouvernements annoncent le faux semblant d'une reprise des recrutements et se targuent d'une amélioration sur le front du chômage. En réalité, les données sont truquées[266] car une grande majorité des

---

[266] **Chiffres chômage France – 9 millions sans-emploi.**
https://www.youtube.com/watch?v=kMkBrKQ5g7k
Chiffres chômage Etats-Unis – 20% de la population.
https://www.youtube.com/watch?v=GY04LM0AgKM

embauches ne concerne que des emplois précaires. Des millions de personnes plus pauvres qu'auparavant entrent dans la spirale de la précarité, avec son lot de désolation : perte de dignité – exploitation salariale – faible rémunération – misère – absence de perspective à pouvoir s'intégrer normalement au sein de sociétés démocratiques. Le BIT chiffre à 1,53 milliard le nombre de travailleurs en situation d'emploi précaire, une donnée que les médias se gardent bien de diffuser. C'est sur ce même constat d'échec que l'OIT (dont dépend le BIT) entendait organiser son colloque d'octobre 2011

Au total, c'est une double inertie non seulement pour la croissance (valeur quantitative), mais surtout pour le développement économique en termes qualitatifs de richesses redistribuables à tous. Ce dernier est le seul facteur réellement générateur de développement économique, ainsi que la base essentielle assurant des emplois durables à toutes les strates de la société. Dans ces conditions de carence, l'ulcération du sous-emploi et du chômage ne peut guérir et va même se gangrener et s'étendre. Au plan mondial, l'augmentation concerne les plus jeunes, entre 11 et 17 millions (15 à 20%) et 200 millions d'autres travailleurs vont rejoindre les plus pauvres, vivant avec moins de 2 dollars par jour.

DÉCOUPLAGE + DÉCALAGE = UNE MONTÉE INSUPPORTABLE DU CHÔMAGE

La partie du monde économique qui produit des richesses redistribuables est plus que jamais confrontée à l'assèchement progressif de l'économie réelle. Dès l'entrée en crise, fin 2008, de nombreux experts se sont accordés à dire qu'après une période de 18 mois d'inertie poindrait la reprise économique. Une estimation très hypothétique, tout aussi improbable que de dire à un agriculteur inquiet par la sécheresse qu'un ensemencement répétitif de grains de blé dans une terre de plus en plus asséchée lui donne l'espoir d'une future récolte.

Depuis 2009, la succession de sursauts économiques n'est pas un gage de retour aux fruits de l'expansion. Parce que le monde est entré dans une période de stagflation caractérisée par une croissance faible ou nulle, une hausse immodérée des prix et un chômage élevé. À peine sous-tendue par une faible retombée des liquidités injectées par les banques centrales, l'activité générale stagne.

Depuis l'entrée en crise la majorité des offres d'emploi ne sont que des contrats précaires. Pour retrouver une normalité, il faudrait compter cette fois avec un décalage, une inertie de 4 à 5 années entre les signaux annonciateurs d'une reprise économique effective et celle d'une offre étoffée du marché du travail. N'ayez aucune illusion, aucun signe concret favorable au recrutement n'apparaîtra, car une économie de terrain sans essor produit un chômage chronique. C'est la résultante du découplage existant depuis les années 1980 entre la sphère financière et l'économie réelle. S'ajoute un long décalage obligé entre la reprise tangible de l'activité économique, qui se fait attendre, et la reprise possible de création d'emplois durables.

Il est devenu évident que le personnel en place et les demandeurs d'emploi sont les soldats mal équipés, placés en première ligne et confrontés au feu socialement ravageur d'un système mondialisé dénué d'humanisme.

Actuellement, la croissance mondiale se limite à +/- 1%, alors que la demande mondiale pour l'obtention d'un premier emploi augmente de 1,6%. Soit 45 millions de nouveaux primo demandeurs d'emploi chaque année.

Il faudrait créer 300 millions d'emplois d'ici à 2015, seulement pour absorber cette demande, sans pour autant pouvoir satisfaire le très grand nombre de chômeurs ayant eu un emploi, en attente effective d'un nouvel emploi. À cause de ce découplage et de ce décalage, un immense fossé s'est formé dépassant de très loin la capacité de toutes les parties en cause à pouvoir le combler, le franchir. En occident, c'est la caractéristique humaine la plus dramatique de la crise majeure annoncée.

L'Union européenne (UE) concentre à elle seule 35 à 40% de la hausse du chômage mondial, mais ne représente que 16% de la main d'œuvre mondiale. Hors de l'UE, en Europe centrale et du Sud, l'augmentation du chômage se situe à 35%. L'Asie du Sud Est et la zone pacifique sont durement touchées sur le secteur de l'export, la proportion de personnes ayant un emploi précaire a été multipliée par 15.

En Asie de l'Est, les 267 millions d'actifs, un tiers du total des employés, vivent au-dessous du seuil de pauvreté avec 2 dollars par jour. L'emploi de nature vulnérable va s'accroître au Moyen-Orient, en Afrique du Nord. Plus de 70% des travailleurs de l'Afrique subsaharienne sont en situation de vulnérabilité, le développement économique vital de la région est remis en cause.

Dans les pays riches, pour ne pas impacter le moral de la population, le nombre de sans-emploi est toujours largement sous-estimé par les autorités, les chiffres sont désobjectivés, tronqués. Aux États-Unis, l'on annonce que ce drame social ne dépasse pas 10% de la population active. La réalité est toute autre, car selon Ron PAUL, représentant du Texas à la chambre des représentants, favori des républicains à l'élection présidentielle de 2012, la proportion de chômeurs toutes catégories confondues est au minimum de 22%.

Le rapport sur l'emploi du BIT, un organe de l'Organisation des Nations Unies, portant sur 178 pays, s'inquiétait de la baisse de la qualité des emplois disponibles et annonçait que le chômage mondial atteindrait un record en 2011 pour la troisième année consécutive. En cause la dette publique des États, la fragilité persistante du secteur financier appliqué à l'économie réelle, et celle des ménages. Le nombre de sans-emploi dépassera 205 millions. Dans les pays industrialisés, la proportion de la main d'œuvre mondiale est de 15%, elle représente à elle seule 50% du chômage mondial.[267] Avec certitude, quel que soit le pays considéré, selon le principe d'interdépendance de l'économie mondialisée, chaque emploi sacrifié sur l'autel du profit absolu aura inéluctablement une répercussion directe sur le niveau économique de tous les autres pays du globe...

Dès lors, personne ne peut espérer être à l'abri de toute atteinte, car les effets pervers de ce mécanisme mondialisé feront sous peu peser un insupportable fardeau sur les populations de chaque continent, de chaque région, de chaque secteur d'activité, de chaque entreprise, de la planète Terre. Finalement, au sein de chaque famille, personne ne pourra plus être vraiment épargné par ce fléau social.

SANS UNE STRATÉGIE MONDIALE POUR L'EMPLOI, PAS DE REPRISE ÉCONOMIQUE

En mars 2009, une information centrale fut esquivée par les médias, le directeur du BIT, Juan SOMAVIA lançait un appel en faveur d'un « *pacte mondial pour l'emploi* » afin de contrecarrer les conséquences d'une crise économique « *sévère et prolongée* » accompagnée d'une augmentation massive du nombre de chômeurs et de travailleurs pauvres.

---

[267]   http://ici.radio-canada.ca/nouvelles/Economie/2011/01/25/005-chomage-monde-bit.shtml

« Le monde a besoin dès que possible d'une stratégie de reprise cohérente, orientée vers l'emploi et fondée sur des entreprises durables [...] Si des mesures coordonnées de réponse à la crise sont mises en œuvre dans les trois mois, nous pourrions stabiliser le chômage et la croissance de l'emploi pourrait reprendre dès 2010 ».

Dans le même temps, il note que les plans actuels (2009) de relance penchent largement en faveur du sauvetage des banques et des réductions d'impôts,[268] plutôt qu'en la création d'emplois et en la protection sociale. Le rapport indique qu'en moyenne les plans de relance budgétaire pour l'économie réelle sont cinq fois plus faibles que les plans pour le sauvetage financier. *« Seulement la moitié des pays du G20 ont annoncé des mesures d'aide à l'emploi et les ressources qui y sont allouées se trouvent relativement limitées »* a déclaré Raymond TORRES, directeur de l'Institut International d'études sociales du BIT. Il ajoute que les gouvernements consacrent moins de 10% (9,2) aux mesures générales de politique sociale, mais le ratio tombe à 1,8 pour les mesures spécifiques d'aide à l'emploi.

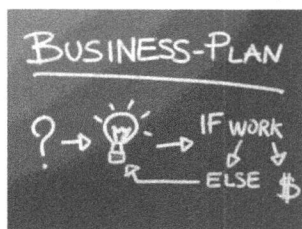

Dans le contexte actuel, les gouvernements ont tout misé sur les allégements d'impôts et reports de charges accordés aux riches particuliers et au milieu des grandes entreprises. Ils espèrent ainsi pouvoir doper ce milieu, et attendent passivement une répercussion de ces dégrèvements au profit de la reprise de l'investissement en faveur de l'économie réelle et de l'emploi, sur un fond de supposée reprise de la croissance. Comment serait-ce envisageable, puisque c'est avec l'assentiment des chefs de gouvernent et de tous les hauts dirigeants du secteur privé que la spéculation financière

---

[268] Une situation qui s'est inversée, les peuples d'Europe sont désormais accablés de taxes, d'impôts, au point de générer une récession économique chronique.

outrancière a pu s'opérer et miner l'économie. La majorité des investissements du secteur public et du secteur privé, visant le long terme, favorables à l'emploi, à la recherche, innovation, utiles à la collectivité, ont été volontairement relégués à l'arrière-plan.

LE CHÔMAGE UNE TUMEUR MALIGNE QUI RONGE LA COHÉSION SOCIALE

Aujourd'hui, confrontés à la dure réalité de l'exclusion sociale, de la démotivation des salariés, du risque d'insurrection, les dirigeants politiques auraient-ils changé d'option ? Seraient-ils maintenant habités de compassion pour les exclus du système ? Actuellement, sur quoi porte l'effort ? Quels sont les moyens mis en place pour enrayer la montée incessante du chômage de masse, à défaut de pouvoir en inverser la tendance ? Pour les régions riches ou pauvres, ce mal évolutif est assimilable à une tumeur maligne qui ronge rapidement la cohésion sociétale et potentialise dangereusement le risque de chaos social généralisé.[269]

EN ACCORDANT LA PRIORITÉ ABSOLUE AUX MESURES DE GESTION DES COMPTES PUBLICS, LES ÉTATS-NATION OUBLIENT L'ESSENTIEL

Les États sont obsédés par leur problème de solvabilité envers le milieu financier et le niveau ingérable de leurs comptes publics. Ils ne veulent pas prendre la mesure de l'irrémédiable évolution sociale.

---

[269] **L'armée Suisse prépare ses frontières au chaos social européens**
https://www.youtube.com/watch?v=mA2_UaEnN3A

Le rapport de L'Organisation internationale du Travail (OIT) fait observer que les programmes de relance des État ne tiennent plus compte de la nécessité de renforcer les capacités des entreprises et la formation professionnelle. Les décisions d'austérité des gouvernements, prises dans la précipitation, ont un effet contraire. Elles entraînent une hausse des prix plutôt qu'une augmentation de la production et de la création d'emplois.

Dans la pratique, peu de dispositions sont prises pour venir en aide aux jeunes, aux étudiants et aux autres groupes vulnérables. Les mesures d'exonération et d'allégement fiscal ne prévoient qu'un dialogue social limité avec les employeurs, sans réelle contrepartie de création d'emploi ou d'apprentissage. De leur côté, tous les syndicats ne sont pas suffisamment coordonnés pour agir. Appeler à la participation de tous les acteurs de l'économie réelle permettrait probablement de concevoir de meilleures mesures et de restaurer la confiance, mais ce n'est pas du tout la conjonction de moyens qui se profile.

PRIORITÉ EST DONNÉE À LA BUDGÉTISATION DES COMPTES PUBLICS, AU DÉTRIMENT DES BESOINS FONDAMENTAUX DES PEUPLES

Malgré l'incessante érosion économique organisée en courant de fond par le cartel, les chefs d'État occidentaux auraient dû faire preuve de courage pour soutenir les populations les plus fragiles. Dans les années fastes d'avant crise, il aurait été préférable pour eux d'assurer et de gérer, avant tout autre projet présomptueux, chacun des besoins fondamentaux de leurs administrés. Avec de la volonté, ténacité, altruisme, il était possible de le faire. Loin de manifester ces nobles qualités, ils ont préféré différer l'exercice de leur devoir et de leurs responsabilités. Maintenant, ils campent sur leur position en attendant passivement et sans discernement la reprise de la croissance.

Ils espèrent ainsi voir se dessiner les conditions contextuelles d'auto régulation censées rendre la situation plus expansive. Des années 1980 à 2007, la plupart des chefs d'État successifs ont fait croire à la population que leur gouvernement ne cesserait de s'impliquer pour mettre en œuvre un programme national équitable pour tous, mais les actes sont absents. A l'identique des monarques injustes d'autrefois, ils ne savent pas stopper les dépenses inutiles et somptuaires, le gaspillage, le double emploi.

Après l'obligation de financer le sauvetage des banques, la préoccupation obsessionnelle des chefs de gouvernement c'est l'équilibre budgétaire de l'État. Leur seul souci c'est la cotation des agences de notation, les réactions virulentes des marchés financiers, les exigences grandissantes des décideurs de la finance, notamment de la Commission européenne. Ils n'accordent plus la moindre attention aux lignes budgétaires essentielles aux citoyens les plus fragiles. De réunion des ministres en sommet d'urgence, ils se concertent, se mobilisent et se démènent dans le seul but de trouver les moyens de parvenir à l'équilibre des comptes publics. Au travers cette débauche d'énergie, c'est bien leur autonomie souveraine qui prime sur tout autre impératif de crise.

Ils ne veulent rien perdre de leur esprit d'indépendance démesuré, de leur autorité personnelle, de leur avenir politique. Maintenant, ils n'osent même plus faire des promesses de solutions adaptées et durables car ils sont décrédibilisés. Cette condition de dé crédibilisation est l'une des conséquences attendues de l'érosion des souverainetés nationales, elle fait pleinement le jeu des esprits supérieurs pour donner tout le champ nécessaire à l'acceptation du traité à venir.

LA RELANCE DE SOUTIEN AU MILIEU FINANCIER SE FAIT AU DÉTRIMENT DE L'ÉCONOMIE RÉELLE ET DE LA DETTE PUBLIQUE

Aux États-Unis, le 3 octobre 2008, la chambre des représentants vote le plan PAULSON de 700 milliards $ destiné à soutenir le milieu bancaire. Le 13 octobre 2008, les gouvernements des pays de l'Union Européenne annoncent la création d'un fonds de garantie de plus de 1700 milliards €. Le 24 novembre 2008, les engagements du gouvernement US et de la FED totalisent 7400 milliards $ en soutien au milieu financier. Le 7 janvier 2009, s'ajoute au Plan PAULSON, le plan de relance d'urgence de 550 milliards $ destiné surtout à sauver 4 millions d'emplois menacés. 275 milliards $ de baisses d'impôt sont accordés sur deux ans pour les salariés et les entreprises. Le 10 avril 2009, Timothy GEITHNER annonce un nouveau plan de sauvetage des banques à hauteur de 2000 milliards $.

Le 29 avril 2009, la FED confirme avoir racheté ses propres bons du Trésor pour 1700 milliards $, soit 12,5% du PIB nord-américain. En 2010 et 2011, les pays européens ont emprunté massivement sur les marchés financiers avant tout pour soutenir l'euro et le milieu bancaire, accessoirement pour financer la relance économique. Selon certaines estimations, 44% des actifs détenus par les banques européennes constitueraient une dette toxique s'élevant 16,3 trillions de livres sterling (1 trillion = 1 milliard de milliards). Autant de fardeaux les contraignant inéluctablement à laisser grossir la dette publique.

Dans cette situation très verrouillée, pour l'ensemble des pays, le seul espoir d'un retour à la normale reposait sur l'entrée de revenus fiscaux générés par la reprise de la croissance. Mais cela reste difficile et très improbable car les plans de relance ne donnent pas le résultat escompté.

Si les gouvernements décidaient de lancer d'autres programmes de secours, il faudrait les financer par le moyen de l'impôt ou par celui de la dette publique, cela se traduirait à terme par une nouvelle forme d'imposition à la charge de la collectivité. Pour éviter de grever la consommation, principal pilier de l'économie des pays occidentaux, et éviter d'aggraver la récession, les chefs de gouvernement se sont résignés à émettre davantage de dettes publiques.

ILS REMPLISSENT UN ARROSOIR DONT LE FOND EST TROUÉ !

De nombreux plans gouvernementaux ont été engagés, sous forme d'aides financières, de garanties publiques, de plans de relance ou de soutien à la consommation qui sont eux-mêmes évalués à 3000 milliards $, soit 5,3% PIB mondial. En avril 2009, le FMI a estimé l'ensemble des interventions publiques à 16 634 milliards $ pour les pays du G20. On peut y rajouter les 1 100 milliards $ d'investissements publics décidés lors du Sommet de Londres du G20, dont 750 milliards accordés par le FMI, 100 milliards par la Banque mondiale, auxquels s'ajoutent 250 milliards pour les aides et soutiens aux exportations. Toutefois le calcul des estimations et des aides diverses ne prend pas en compte les pertes économiques, directes et indirectes, qui affectent les économies mondiales. Elles sont très largement sous-estimées. Un recul de 4% du PIB mondial en 2009/2010 représente par exemple environ 2 200 milliards $. En définitive, ils remplissent un arrosoir dont le fond est troué !

En Europe, alors que les nations se sont démenées pour éviter la faillite du système bancaire, dans le même temps, les banques se sont appliquées à reconstituer leurs fonds propres en spéculant plus qu'avant la crise pour rembourser facilement les États, tout en réalisant de gros profits. Début 2010, progressivement les liquidités se reconstituent sur les marchés financiers. Mais fin 2010, l'émission massive de dette publique (vente de titres du trésor sur les marchés obligataires)[270] va les ponctionner. Par conséquent les acteurs de l'économie réelle (investisseurs, consommateurs) se trouvent privés en grande partie de ces liquidités, un constat avéré en 2013 partout dans le monde.

En février 2011, l'Union Européenne – UE - décide d'augmenter le fonds d'aide à 750 milliards €. En juin 2011, le cas de l'Irlande, de la Grèce, du Portugal ne sont pas résolus,[271] se profilent rapidement les difficultés du Portugal, de l'Italie, de l'Espagne... D'après l'avis d'experts, pour soutenir les pays en difficulté, l'UE sera dans l'obligation d'augmenter le fonds à 2000 milliards €, soit dix fois plus qu'en 2009.

En Asie, le gouvernement chinois entreprend en 2011 d'investir 600 milliards $ pour relancer artificiellement la production à cause de l'insuffisance de débouchés commerciaux à l'export et sur le marché intérieur. Cette valeur viendra amputer les 3400 milliards $ de réserves de change détenus par la Chine. Autant de moins à l'usage de l'épargne, d'achat de bons du Trésor américains ou européens. Il est bien connu que ce pays est le premier créancier des États-Unis, il détient 1200 milliards $ en bons du Trésor.

---

[270] **Marché obligataire**
http://fr.wikipedia.org/wiki/March%C3%A9_obligataire
[271] **Scoop : l'Irlande restructure sa dette !**
https://www.goldbroker.fr/actualites/scoop-irlande-restructuration-dette-crise-zone-euro-bce-202

LE MARCHÉ FINANCIER EST INONDÉ DE BONS DU TRÉSOR ET D'OBLIGATIONS D'ÉTAT

Cette situation bouleversée incite maintenant les principaux spéculateurs des marchés financiers à reconsidérer la valeur de leur portefeuille boursier. Parmi la totalité des bons du Trésor et obligations massivement émis par les États, certains offrent plus de garanties que d'autres. Ils ont la préférence des gestionnaires de divers fonds, de banques, de fortunes privées....

Confrontés à l'incertitude grandissante des marchés, ces opérateurs sont à la recherche permanente d'investissements les plus sûrs. S'opère alors le remplacement d'actifs considérés moins sûrs. Ce sont les actions et obligations émises par des entreprises privées que l'on revend, celles pourtant dont l'intérêt socioéconomique est en prise directe avec le secteur de l'emploi.

LA RUÉE VERS LES BONS DU TRÉSOR – OBLIGATIONS – PÉNALISE LES ENTREPRISES PRIVÉES

L'inondation de titres d'État – obligations - se fait au détriment des entreprises privées pénalisées à cause du coût prohibitif de ce type d'emprunt à moyen terme (5 à 7 ans) le plus accessible pour elles. Confrontées au besoin de liquidités à court terme, elles se verront contraintes de se tourner vers le milieu bancaire pour trouver des sources de financement moins accessibles et plus onéreuses.

De leur côté, les banques européennes sont tenues par un nouveau ratio de solvabilité (Bâle 2 et 3 - décembre 2010) sans cesse repoussé, il leur faudra à nouveau mobiliser plus de fonds propres pour pouvoir accorder de nouveaux crédits. Théoriquement, en cas de difficulté, les États ne pourront contribuer à cet apport qu'en formant une deuxième ligne de capital, à nouveau finançable par l'emprunt, avec pour effet d'augmenter la dette publique. La double conséquence sera 1) le ralentissement de l'activité économique caractérisé par l'absence d'investissement, par l'augmentation des licenciements 2) l'évidente aggravation de l'endettement budgétaire des gouvernements nationaux. Voir cette vidéo,[272] *la création monétaire*).

Si cette aggravation est accompagnée d'une hausse équivalente de la production de richesse, la valeur de la monnaie et le niveau des prix resteront à l'équilibre. Sinon tout dépassement crée rapidement de l'inflation, en période de récession, c'est la formule d'un cocktail empoisonné pour l'économie générale. Une contrainte toujours plus pesante qu'auront à subir une majorité de consommateurs modestes, citoyens de pays riches. Cette succession de bouleversements est la démonstration que l'assèchement de l'économie réelle et l'aggravation de la dette publique de tous les États sont la résultante non pas d'un dysfonctionnement, mais d'un processus auto entretenu, préparé à partir d'un stratagème bien déterminé.

LA CRISE MONDIALE REQUIERT DES SOLUTIONS MONDIALES SOULIGNE, J. SOMAVIA

Dans un système où les enjeux commerciaux prévalent sur tout, les gouvernements nationaux sont plus que jamais confrontés 1) à l'accumulation de déficits du compte de transactions courantes, ou balance des paiements☐ 2) à l'endettement croissant 3) à la montée du chômage 4) à l'absence de coordination mondiale des mesures de plan de relance.

---

[272] **La Création Monétaire pour les Nuls**
http://www.dailymotion.com/video/xh38mo_la-creation-monetaire-pour-les-nuls_lifestyle

Toutes les nations sont confrontées simultanément à ces multiples problèmes confus, ingérables, ce qui les tétanise et les rend attentistes, donc inopérantes pour trouver par elles-mêmes des solutions de fond autres que des dispositions socialement régressives prises sans discernement. Dans ce contexte, le rapport de l'OIT souligne que des mesures comme le protectionnisme commercial, le déclassement des salaires, ou l'entame des droits des travailleurs fragilisés, ne feraient non seulement qu'empirer la situation, mais en outre seraient perçues comme foncièrement injustes. Ce qui n'est pas du tout le souci des chefs de gouvernement.

Dorénavant, le système économico-politique tel un vieux vaisseau rouillé, mal entretenu, peu gouvernable, est pris dans la poussée unidirectionnelle de la tourmente de la crise majeure. Quel que soit le degré de longitude ou de latitude, les chefs d'équipage ne savent plus sur quelle route il faut naviguer pour ne pas s'échouer contre un récif. Dans cet état confusionnel, comment les hommes politiques à la barre du gouvernail pourraient-ils trouver par eux-mêmes à court terme les solutions aux innombrables situations sociales de détresse générale dues à la précarité, au sous-emploi, etc.

En faisant preuve de grande utopie, l'on pourrait espérer voir les pays se rassembler autour d'un accord mondial pour l'emploi, contre la pauvreté, incluant le dispositif et l'expérience de l'OIT, une organisation dont on n'entend jamais parler. Dans cette hypothèse, ils seraient alors collégialement en mesure de contribuer à plus de cohérence, de partenariat, pour faire face à la crise. Un tel engagement permettrait des mesures de relance techniquement concentrées avec plus d'efficacité sur la réalité des mécanismes de propagation de la crise. Ce qui reviendrait à pouvoir défaçonner le goulot qui resserre le crédit et l'investissement nécessaires à l'économie réelle.

RÉAGIR À LA CRISE MAJEURE PAR DES PROCÉDURES CLASSIQUES N'Y SUFFIT PAS

En Europe, la France et l'Allemagne piliers du vieux continent ont eu beaucoup de mal en 2009 à financer et gérer le double effet de la crise, plus le coût de la décentralisation. Au plan intérieur, les dirigeants de ces pays n'ont aucune vision claire de la situation. Ils réagissent à la crise majeure comme ils le peuvent, dans un premier en allégeant les taxes des grandes entreprises, en lançant l'emprunt public, en espérant enrayer les effets de la crise, soutenir la consommation et stopper l'envolée du chômage, deux objectifs visés par la Banque centrale des Etats-Unis. En Europe, quelques années plus tard, ils changent de cap en augmentant les taxes, impôts, surtout au détriment des plus pauvres.

En 2010 - 2011, la réduction des dépenses pour alléger la dette publique devient l'obsession des États. Or, ce schéma d'idée fixe ne résoudra pas la dette, mais aura inévitablement des effets désastreux politiquement et socialement. Les chefs d'État ont pris pour mauvaise habitude de comparer les économies que peut faire une famille d'avec celles à réaliser en macro-économie. Or, il s'agit là d'un simplisme, d'une grossière erreur pédagogique. Car faire ainsi n'est pas le bon moyen de diminuer la dette publique.

La dynamique de la dette est soumise à deux principaux facteurs 1) le niveau des déficits primaires. 2) l'écart entre le taux d'intérêt et le taux de croissance nominal de l'économie. Au plus cet écart se creuse au plus la dette et ses intérêts augmentent fortement. Le niveau de croissance est en prise directe avec le niveau de dépense publique. Par exemple, l'Irlande, l'un des premiers pays de l'UE touchés de plein fouet par la crise majeure, a engagé en 2010 un plan de rigueur extrême. Un an plus tard, son gouvernement réalise l'erreur en mesurant l'aggravation de la récession. Obsédés par le risque de perdre leur souveraineté, tous les gouvernements d'Europe ont choisi la rigueur en amputant délibérément les moyens financiers nécessaires à maintenir le niveau des protections sociales (éducation, santé, assurance emploi, logement, formation...), lesquels à terme pouvaient stimuler la croissance.

Ceci démontre bien que les chefs d'État, tels les officiers d'un vieux bateau pris dans la tourmente, n'ont plus de vision à moyen terme, qu'ils gouvernent au jour le jour, souvent en dépit du bon sens. C'est exactement à ce point d'imbroglio, à cette situation de confusion, d'emmêlement, qu'ont voulu les conduire les esprits supérieurs.

En Europe, ces mesures inopinées de rigueur ont pénalisé la gestion des régions. Elles ont voulu compenser ces pertes en augmentant la charge fiscale des contribuables, grevant ainsi leur pouvoir d'achat. D'où un ralentissement de la consommation, un plus faible retour de taxes indirectes pour l'État. Aux États-Unis, après l'intervention massive de l'État fédéral, malgré un rebond du PIB de 3,5%, et de la productivité de 9,5%, au troisième trimestre 2009, le taux de chômage, le déficit budgétaire et commercial, restent à un niveau insoutenable à moyen terme.

Contrairement à la BCE qui a pour rôle de maintenir seulement la stabilité des prix et de préserver l'euro, la FED dont le président est B. BERNANKE, membre très discret du Bilderberg group, est dans l'obligation légale d'un triple objectif : assurer la stabilité des prix – promouvoir la croissance – conforter l'emploi. Les seuls vrais critères macro-économiques qui puissent valider une sortie de crise. Mais ces critères ne sont pas remplis, en 2011 et les années suivantes la récession prend possession du pays. Pour ne pas l'avouer, les autorités ne cessent de maquiller les chiffres.

Le poids d'autres prochaines péripéties et événements socio-économiques inattendus fera plier les pays économiquement les plus robustes, juste une question de temps. Dans les faits, depuis le premier semestre 2010, la crise grecque envenime la scène européenne. Les États sont conscients d'être dépendants du triple dédale 1) d'une économie mondialisée, 2) d'une finance interconnectée, 3) d'une monnaie unique (euro) non modulable. Ils sont très inquiets en mesurant le niveau d'enserrement qu'aura à subir d'ici peu tout le continent européen.

Malgré la réticence de l'Allemagne, les pays de l'UE parviennent à faire corps une deuxième fois. Après avoir soutenu massivement les banques en 2008 - 2009, ils s'obligent cette fois à se soutenir eux-mêmes.

En février 2012, les ministres des Finances de la zone euro ont dû renflouer une deuxième fois la Grèce, pour un total de 237 milliards €, auxquels s'ajoutent 206 milliards € éligibles à l'effacement pur et simple de la dette du secteur privé. Sont concernées les obligations détenues, principalement par les banques et compagnies d'assurance grecques, car les compagnies étrangères ont revendu massivement ces titres en 2010. Après cet effacement, le secteur privé grec aura tout de même perdu 70% par rapport à la valeur initiale des titres, ce qui aggravera d'autant l'état de crise sociale du pays qui perdure en 2015. Le Portugal a reçu jusque-là 78 milliards €, en janvier 2012, le besoin d'aide supplémentaire immédiate est estimé à 30 milliards €, c'est toujours insuffisant aujourd'hui.

Au travers de ces tentatives désespérées, ces États essaient avant tout 1) de sauvegarder le système bancaire, générateur de crédit. 2) de sauver l'euro. 3) d'enrayer la crise de la dette publique. Mais ces actes forcés de solidarité, sans calendrier, sont pris dans l'urgence, à l'emporte-pièce, juste dans l'espoir du lendemain. Pour les esprits brillants, tous les États ne sont plus que de gros gibiers apeurés et déstabilisés par les rabatteurs, les chiens de meute, les spéculateurs, l'indignation, la colère, des populations. Une scène de chasse qui effraie les chefs de gouvernement, ils redoutent d'être cernés de trop près et d'être pris à la gorge dans l'antre des marchés de la finance mondiale. Tandis que les écuyers, les maîtres de la haute finance, après avoir organisé magistralement la battue, ont mis leurs chevaux de cross au repos et se sont installés aux tribunes d'honneur pour mieux assister à cette nouvelle scène de chasse.

Au début de l'année 2009, le montant effectif de prêts accordés conjointement par l'UE et le FMI aux premiers États européens en grande difficulté se répartissait comme suit : l'Irlande 90 mds €, la Grèce (237 mds en février 2012 + 206 mds d'effacement de la dette privée), le Portugal 108 mds. En 2010, pour faire face à d'autres cas à venir, l'Espagne, l'Italie... pour soutenir l'euro, surtout pour sauver les banques détenant des titres obligataires émis par ces pays en difficulté, l'UE décide de constituer un fonds d'entraide de 500 milliards €.

En 2011, l'on envisageait de passer ce fonds à 750 mds €. Certains experts attentifs à l'évolution de la situation disaient qu'il faudra prévoir 2000 mds € d'ici à fin 2012. Or, l'annonce de mise à disposition de ces sommes colossales n'est qu'une promesse de garantie d'emprunt pour trois ans, sous forme d'obligations d'État. Cela ne consiste qu'à entrer dans une spirale fatale pour acheter toujours plus de dettes sur les marchés financiers, pour tenter de résoudre le problème d'endettement de pays ayant besoin de secours urgent. Conjointement, c'est le risque de créer rapidement une tension sur les taux de l'ensemble des obligations privées et publiques,[273] d'augmenter l'endettement des entreprises, puis celui des États, finalement d'impacter fortement l'économie générale.

Cet engagement à la mutualisation de l'endettement n'est pas envisageable pour tous les pays, notamment pour l'Allemagne qui est comptable de sa propre dette au jour le jour. Ce pays va probablement sous peu se désengager d'alimenter ce fonds, si de nouvelles difficultés survenaient d'ici là, et/ou si le peuple allemand s'y opposait vertement. Pour l'UE, ces dispositions de la dernière heure ne sont que la formation désespérée d'un regroupement, sorte de FME – Fonds monétaire européen. Une démarche organisée dans la précipitation, sur le conseil orienté du président non élu du Conseil européen, Hermann Van ROMPUY, membre du Bilderberg group. À la sortie de ces réunions inopinées, les pays présents se sont vite rendu compte qu'en retour, ils ne reverront jamais les prêts initialement accordés à l'Irlande, à la Grèce, au Portugal... Qu'en cas de grande difficulté budgétaire la réciprocité de prêt en leur faveur, sur la base du plan d'emprunt aux marchés financiers, ne pourrait être qu'une vague chimère.

En 2009, pour la première fois depuis la fondation de l'UE, le FMI, le puissant rabatteur institutionnel, entre en jeu proposant de soutenir à 50% ce programme de prêts. À l'arrière-plan, un faux assureur, la Banque centrale européenne (BCE), intervient historiquement, se proposant d'acheter de la dette publique et privée de la zone euro, en enfreignant la réglementation des traités en cours. C'est dire, les faibles marges de manœuvre dont disposent aujourd'hui ces États-nation après avoir mobilisé autant d'argent public pour aider le milieu bancaire afin d'endiguer la première vague de la crise des crises.

---

[273] Voir plus haut, Le marché financier est inondé de bons du Trésor et d'obligations d'État.

Les derniers vivres et les dernières forces ont été utilisés pour tenter de sortir de ce piège imparable. Bientôt, les maîtres du jeu viendront leur proposer de s'en libérer sous certaines conditions électives. Les chefs de gouvernement ne sauraient refuser une telle offre non seulement parce qu'ils sont financièrement empêtrés, mais aussi parce qu'elle leur sera présentée très habilement. Ils se verront proposer d'intégrer, de façon princière, honorifique et autonome, un nouvel assemblage de la finance internationale. Sans imaginer qu'en faisant ainsi ils entreront dans le corridor d'un tout nouvel Ordre politique du monde, apparemment salvateur, mais dont les lois sont implacables.

En 1966 le professeur Carroll QUIGLEY de l'université de Georgetown fortement estimé par ses anciens étudiants, dont William Jefferson Blythe CLINTON futur 42e président des États-Unis annonçait dans son livre (en anglais) ou partiellement sur la vidéo[274] *Tragédie et Espoir - Une histoire du monde de notre temps* :

Ω - **citation clé** « *Les autorités du capitalisme financier ont eu* **un autre but de grande envergure**, *rien de moins que de* **créer un système mondial du contrôle financier dans des mains privées, capable de dominer le système politique de chaque pays et l'économie mondiale**. *Ce système, devant être contrôlé en mode féodal par les banques centrales du monde agissant de concert, par des accords secrets, est naît lors de fréquentes réunions et conférences privées.* (Les rencontres secrètes des think tanks et principalement celles du Bilderberg group auxquelles personne n'a accès).

Le sommet du système était la Banque des Règlements internationaux de Bâle en Suisse, (BRI ou banque centrale des banques

---

[274] **Voila pourquoi nous sommes esclaves et ignorants ...**
http://www.dailymotion.com/video/xfhurc_voila-pourquoi-nous-sommes-esclaves-et-ignorants_news#from=embed

centrales*) une banque privée possédée et contrôlée par les banques centrales du monde qui sont elles-mêmes des sociétés anonymes. La croissance du capitalisme financier rend possible la centralisation du contrôle économique du monde et l'usage de cette puissance pour (*d'un côté*) des bénéfices financiers directs et (*d'un autre côté) des torts indirects à tous les autres groupes économiques* ».

LES ASSURANCES CONTRE LES RISQUES FINANCIERS, EN PASSE DE DEVENIR UNE ARME DE DESTRUCTION

En 1994, l'égérie de la banque JP Morgan, Blythe MASTERS[275] lance l'idée d'une couverture de défaillance. Dès 1997, il était possible de se prémunir d'un défaut de paiement pour tout investisseur qui achetait une obligation, émise par un État où par une entreprise privée. On les intitula *Crédit Default Swaps* (CDS). Selon les comptes de la FED[276] publiés en décembre 2010, le montant des CDS seraient de 233 000 milliards $, soit 4,5 fois le PIB mondial. 97% seraient émis par les 5 majors américains : Goldman Sachs, JP Morgan, BOA.... La fixation du prix d'un CDS est similaire à celui d'un CDO, une obligation adossée à des actifs de diverses natures.

Il s'agit de produits dérivés, échangés de gré à gré, entre une banque et un investisseur. Ils ne sont pas inscrits aux bilans de leurs émetteurs, ne s'inscrivent aux bilans qu'en cas de défaut de paiement du risque garanti. Ils s'exécutent sur un marché opaque intégré à la finance parallèle. À l'heure où le défaut de paiement grec menace, Andreas HÖFERT, chef économiste d'UBS, parle « *d'épée de Damoclès parce que personne ne sait qui détient*

---

[275] **Généalogie d'une crise**
http://diktacratie.com/j-p-morgan-chase/
[276] **OCC's Quarterly Report on Bank Trading and Derivatives Activities Second Quarter 2010**
http://www.occ.treas.gov/topics/capital-markets/financial-markets/trading/derivatives/dq210.pdf

quoi et dans quelle proportion ». Les CDS sont disponibles généralement dans un établissement bancaire, ils s'échangent contre un versement comparable à une prime d'assurance. Comme d'usage, plus le risque de défaut est grand, plus le coût de l'assurance est élevé. Dans le cas des pays les plus touchés par la crise, plus ils se fragilisent, plus la cotation boursière des CDS augmente. Plus cela traduit l'inquiétude des marchés financiers sur la capacité de remboursement de chacun des États en question. Par exemple, sur les cinq dernières années, le prix d'un CDS sur dette grecque a augmenté de 2500%. Les Crédit Default Swaps sont à l'origine de la mise à mal des pays les plus faibles, comme la Grèce.

Ce type de produit spéculatif est à l'origine de la débâcle de l'assureur et banquier Fortis en Belgique renfloué de 11,2 miliards € par l'État Belge, et d'AIG aussitôt renfloué de 85 milliards $ par le Trésor US, aux frais des contribuables nord-américains.

Les CDS sont échangés en Europe sur une plate-forme du nom de Markit, adoubée par le FMI. Les 5 majors américains en sont tout à la fois les émetteurs, les actionnaires et les donneurs d'ordres auprès des agences de notation. Plusieurs enquêtes ont été diligentées, sans qu'aucune n'aboutisse. À la tête de la BCE, il y a maintenant un homme de Golden Sachs. À la direction du département Europe du FMI, Antonio BORGES collabore étroitement avec John LIPSKY, un ex de JP Morgan. Autant de fidèles serviteurs de la véritable gouvernance mondiale ayant toute latitude pour appliquer ses directives.

LES CDS VIDES, LE MONDE À L'ENVERS

Ils sont souscrits par des investisseurs qui n'ont aucune obligation d'État à garantir. Ils se procurent des CDS dans le seul but de spéculer sur l'avenir en pariant par exemple sur un défaut de paiement de la Grèce. Dans ce cas, ils toucheraient le pactole. Le 21 septembre 2011, les gouvernements européens ont tenté d'interdire les CDS vides, ceux que la banque des règlements internationaux – BRI – n'était pas parvenue à quantifier. Les banques européennes détiennent 41 milliards € de dette grecque et portugaise. L'on aurait pu supposer qu'elles aient couvert le risque en souscrivant des CDS. Mais il est surprenant de constater que la BCE s'oppose à ce que ces banques soient indemnisées, ne serait-ce que proportionnellement aux pertes (50% minimum) subies jusque-là.

Selon Joseph STIGLITZ, prix Nobel d'économie, cela supposerait que les banques ne sont pas assurées. Ou encore que la BCE tente de protéger celles qui ont émis les contrats d'assurance, ayant la charge d'indemniser les acheteurs de contrats. Dernière hypothèse, la BCE, sachant le manque de transparence du système financier et l'incapacité des investisseurs à évaluer les conséquences d'un défaut de paiements, mesure l'immense risque d'un nouveau gel des marchés du crédit de type Lehman Brothers. Enfin J. STIGLITZ précise que seule l'association de banquiers ISDA[277] décide ou non d'activer les CDS, s'érigeant ainsi en juge et partie.

LA TRAPPE À LIQUIDITÉS

De 1945 à 1975, le monde économique s'est abstenu d'appliquer l'intégralité de la politique progressiste de

---

[277] **International Swaps and Derivatives Association**
http://fr.wikipedia.org/wiki/International_Swaps_and_Derivatives_Association

l'économiste John Maynard KEYNES, fondateur de la macro-économie moderne. Malgré cela, l'essor économique fut relativement fructueux au cours du trentenaire glorieux. Au point qu'aujourd'hui les esprits supérieurs manipulant l'économie mondiale proposent d'y revenir. Ils formulent mensongèrement leur projet sous l'appellation de *nouvelle économie keynésienne*.

KEYNES avait évoqué la notion de trappe à liquidités en désignant une situation caractérisée par une politique monétaire excessive qui en un temps donné ne s'avère être d'aucun secours pour stimuler l'économie.

Cela est particulièrement le cas aujourd'hui pour l'application de solutions à la crise des crises. Les émissions massives et successives de liquidités (planche à billets), d'emprunt d'État (bons du Trésor – obligations d'État) injectées pour racheter de la dette US ou européenne n'ont quasiment aucun effet, la trappe les avale tout aussi vite qu'elles sont produites. De plus, cela crée une tension sur les taux bancaires et obligataires consécutivement au besoin de financement des entreprises à moyen terme et occasionne de la concurrence abrupte entre la multiplicité des emprunts publics.

Dans ces conditions, les États se verront dans le besoin d'émettre prochainement de nouveaux emprunts publics plus attractifs à des taux plus élevés. Cette contre-mesure de leur part faussera, amputera, la valeur boursière de la dette publique du marché secondaire préalablement émise à des taux plus faibles.

D'où l'intervention des Banques centrales pour la soutenir en achetant à leur tour bons du Trésor, obligations d'État.[278] C'est

---

[278] Voir plus haut le marché financier est inondé de bons du Trésor et d'obligations d'État.

ce type de décision que vient d'entreprendre la FED. En finalité, cela revient à produire de la création monétaire qui existe sous diverses formes (Fabrication – impression de billet – monnaie – crédit virtuel - Jeu d'écritures de montants de crédits désignés/accordés sur des lignes de compte). Laquelle s'ajoute à celle induite par la hausse des encours de crédits bancaires (les multiples prêts accordés aux divers acteurs de l'économie). Le risque annoncé par KEYNES se traduit alors par l'entrée en période de déflation, de récession, suivie d'une période d'hyperinflation qui interviendra si le chaos social s'installe.

Dans le contexte actuel, le gouvernement fédéral US, sous l'influence du CFR, pourrait décider de réduire l'immense dette publique du pays. Pour y parvenir, plutôt qu'entreprendre la démarche impopulaire d'augmenter l'impôt et les taxes, à l'instar des pays européennes, il procéderait à une forte dévaluation du dollar afin d'optimiser le processus d'allégement de la dette. Une initiative légitime, non contestable par les partenaires commerciaux des USA. En définitive, cette démarche constituerait le dernier volet du plan visant à bloquer l'économie mondiale. S'en suivrait la plus grande dépression de l'histoire, le plus sûr moyen de pousser les nations dans leur dernier retranchement.

CHAPITRE 11

L'APPARENTE LATITUDE DES ÉTATS-NATION

Depuis 1944, parmi les nations démocratiques, chaque gouvernement national a toujours su pouvoir compter sur son autonomie, sa capacité souveraine à gérer les affaires de son pays. À anticiper les politiques les mieux adaptées à sa recherche d'essor. En 2008, juste après la première phase de la crise majeure, chaque État-nation s'est organisé pour répondre dans la précipitation à de nombreux effets déstabilisants inattendus.

Les dirigeants espéraient n'affronter qu'un épisode économique ponctuel, voire cyclique, dont il serait toujours possible de sortir par un retour favorable de conjoncture. En 2011, il s'avérait que cette apparente latitude de retour au rééquilibrage n'était que pure illusion. En fait, une fois placées sur l'échiquier conçu par les esprits supérieurs, les nations ne sont positionnées et considérées qu'en compétiteurs de second plan, réagissant dans la précipitation, sans capacité d'intellection de ce qui se passe, sans pourvoir anticiper ce qui allait se produire.

Il est donc relativement facile aux esprits brillants de prévoir quels seront les réflexes circonstanciés et le type de mesures exceptionnelles que prendront à la hâte, dans l'embrouillamini, les chefs de gouvernement en réaction aux répercussions violentes, inopinées, incessantes, de la crise majeure.

L'enclenchement de cette situation opérée dans les années 1980 avait déjà entamé l'efficience de la gouvernance des nations. Elles furent confrontées à la conjonction d'effets multi décennaux et multi étagés consécutifs au mouvement latent d'un courant permanent provenant d'un fond abyssal, lieu duquel opère la gouvernance occulte. Comme si cette force irrésistible et incessante provenait de l'activité sous-marine d'infatigables monstres marins aux couleurs d'algues et d'écume, soumis aux ordres de Titans, sous l'entière supervision de Poséidon.

Vus par l'élite du Bilderberg group, les leaders nationaux à la tête des nations ne sont que de piètres joueurs, si facilement prévisibles, aux capacités tactiques et opérationnelles bien trop faibles et limitées. Leurs réactions sont par trop décalées par rapport à la marche planifiée sous-jacente des événements diplomatiques, économiques, financiers, géopolitiques, mondiaux.

Cet enchaînement de circonstances ne leur permet jamais de discerner le cours réel, ni le véritable dénouement de la partie. Ils n'appréhendent que très partiellement l'origine des désagréments que leur cause la succession de passes perdantes. Ils n'en perçoivent que les multiples effets, nullement le processus, ni la source, qui les génèrent.

Au cours du temps, les esprits brillants sont assurés à leur endroit, qu'ils n'auront aucune latitude, aucun réel pouvoir, de modifier, de dévier, chacune des étapes cruciales de leurs objectifs. Depuis 2008, au plan individuel ou collectif, tous les chefs d'État de nations faibles ou fortes perdent progressivement leur assurance de pouvoir trouver une solution à tout ce qui se rapporte au contexte économique, social, aux mauvais chiffres de leurs comptes publics. Le sentiment de maîtriser les grandes lignes de leur politique nationale s'estompe. Lorsqu'ils sont regroupés au sein de réunions du G8, du G20, ils ne partagent avec leurs homologues qu'une impression aléatoire de savoir comment pauser le bon diagnostic. Ils ne parviennent pas à agir en synergie avec les autres gouvernants pour modifier, voire à inverser, le cours des événements mondiaux, trop souvent contraires à leur politique nationale, à leur vista du monde.

Au plan humain, en toile de fond, ils ne cherchent qu'à se convaincre d'être à même de surmonter la confusion et les imbroglios qui caractérisent l'évolution régressive de l'économie mondiale. En réalité, ils cherchent à positiver en chassant de leur esprit toute idée de mauvais augure, tout en se refusant de déclarer publiquement que la situation générale leur échappe. Au fil des jours, ils s'enlisent dans l'incompréhension, incapables de saisir les véritables causes à l'origine de ces mutations monstrueuses et de l'aboutissement qui s'en suivra.

Poux mieux appréhender le rôle de chacune des principales structures de la véritable gouvernance chargées d'interférer et de manipuler l'économie mondiale ; pour mesurer leur capacité à enserrer et saper la souveraineté des États nation, veuillez-vous reporter au schéma épuré de la structure du cartel. Auquel il est utile d'adjoindre d'autres composantes : UNESCO – Fondations Bill GATES & ROCKEFELLER – CDC – FDA... Il suffira de le compléter au fur et à mesure de l'étude de notre ouvrage, afin d'en discerner les multiples ramifications et collusions.

TOUS LES ÉTATS-NATION SONT MANIPULÉS

En amont, les primo décisions secrètes du Bilderberg Group conditionneront ultérieurement, directement le G8 crée en 1998 (61% de l'économie mondiale), le G20 crée en 1999, un sommet plus élargi incluant l'Union européenne, le FMI, la Banque mondiale, la Chine et d'autres pays émergents. Ces deux instances supranationales agissent au stade médian pour consolider, canaliser et assurer chacune des décisions et orientations prises par la véritable gouvernance mondiale. Par l'intermédiaire de ces deux groupes d'influence, la volonté du cœur de cercle du Bilderberg influera indirectement, mais invariablement, en aval sur l'ensemble des divers gouvernements nationaux du Nord et du Sud.

Pour entretenir et renforcer cette emprise, tous sont catéchisés, conditionnés, manipulés, avec la plus grande habilité, par l'ensemble des institutions mondialistes. Les multiples réseaux d'influence et de corruption sont chargés d'opérer afin qu'ils n'aient d'autre choix que d'appliquer ces directives dans les grandes lignes. Ainsi, la puissante emprise de cette coalition les oblige à se soumettre à cette force d'attraction qui les entraîne irrésistiblement vers la destination finale, sans qu'il leur soit possible d'en dévier du moindre degré l'orientation.

Dès les années 1980, les États qui ont manifesté une forme de résistance et d'insoumission à ces ordonnances et orientations ont eu à subir, plus que les autres, des contrecoups économiques, financiers et politiques. Sans pouvoir ici tout répertorier dans le détail, pays par pays, période de temps par période de temps, les récalcitrants ont dû faire face à d'énormes difficultés telles que : inversion de politique, scandale, corruption, manipulations diverses et insoupçonnées... Autant d'obstacles et de ralentissements fomentés par le Bilderberg, et mis en œuvre via les réseaux du CFR, de la Commission trilatérale... Mais cela sans que les chefs d'État concernés ne puissent en discerner clairement la cause profonde, ni la provenance réelle.

Aucun État-nation n'est épargné par la planification en cours

Tous les États-nation sont concernés, aucun n'est épargné, pas même les États-Unis, dont sont issus la majorité des membres des organisations structurant le cartel de la véritable gouvernance mondiale.

Pour atteindre l'objectif de mise à plat de la souveraineté des États nation, la planification doit s'appliquer mondialement à tous les pays sans aucune exception. C'est pourquoi chacun des initiés de chacun des cercles, ayant fait le serment de soutenir la confrérie, la cause universaliste, et tous ses objectifs quels qu'ils soient, agira en ce sens. Il ne donnera jamais préférence à un quelconque sentiment patriotique, personnel, familial, professionnel. Sinon celui d'être exclusivement attaché à tout ce qu'implique le serment de son initiation, auquel il a juré mentalement de rester attaché à vie.

Contrairement au schéma de pensée unifié, ancré sur les valeurs judéo-chrétiennes, pour eux, il n'existe aucune raison morale, civique, religieuse, de soutenir, de défendre prioritairement ce type de valeurs. Ni même, lorsque ces valeurs sont ignorées, d'éprouver le moindre scrupule, remord, en ayant un état d'âme interrogatif à ce sujet. Pourquoi ? Parce que la perspective de diriger tout ce qu'englobe Gaïa la terre mère prime sur tous principes chrétiens ou civiques inculqués dès l'enfance, sur l'attache affective à toute filiation, ami, voisin, esprit d'entreprise, nationalisme, pays d'origine...

Chaque membre de l'actuelle gouvernance mondiale est doté d'une foi inébranlable bâtie sur deux éléments fondamentaux 1) son appartenance à la haute Cour de la confrérie 2) son initiation à la cause grandiose à laquelle il est entièrement dévoué. Chaque initié est persuadé qu'actuellement les éléments placés au centre de sa vie officielle (famille, profession, patrie…) sont très secondaires. Qu'il sera réellement possible de bénéficier d'une meilleure sécurité, d'un meilleur cadre de vie, d'un avenir plus radieux, plus enrichissant et plus stable, lorsque Gaïa, la terre mère, sera enfin administrée par les lois universelles du nouvel Ordre mondial.

Comme membre de l'élite attachée au véritable gouvernement mondial, ces décideurs semblent être en état de plénitude. Au plan mental, ils sont animés d'une vive conviction en leur projet, d'une très grande force de l'esprit à titre individuel et collégial. Ils sont aussi dotés de l'aptitude à pouvoir totalement maîtriser les sentiments humains. Sur le plan des moyens matériels, leur position de prédominance est assurée dans l'actuel système mondial. Ils sont placés aux postes clés parmi toutes sortes de structures privées et publiques de première importance, à toutes les strates de la société. Ils disposent d'immenses moyens financiers, de puissants réseaux d'influence et de corruption. Au plan tactique, ils ont acquis une grande expérience internationale dans l'art de la mystification et de la manipulation du secteur financier, économique, politique et scientifique. Ils possèdent toute l'expérience requise et toute la capacité de moyens pour influer à souhait sur le cours de l'histoire. Cette mise en œuvre décisive à si grande échelle ne laisse aucune chance de parade ou de contre-mesures à tous les chefs de gouvernement d'État-nation – pour en savoir plus sur ce thème, voir un autre livre du même auteur « *Qui dirige le monde – Initiations & sociétés secrètes.* »

POURQUOI UNE PLANIFICATION DU BILDERBERG EST DIFFICILE À DISCERNER ? POINT CLÉ.

DISCERNER

Entre la date d'une décision arrêtée par le cœur de cercle du Bilderberg et le temps de son application, ou celui de production de ses premiers effets, il existe un décalage de temps. Selon l'objectif à atteindre, divers paramètres entrent en jeu, le milieu visé : financier, économique, politique, religieux... La portée et l'étendue géographique concernée : une région, un pays, un continent, l'ensemble du globe. Autant de données qui pèseront sur l'impact final attendu.

Dans la plupart des cas, les contre temps les plus notoires ne se rapportent qu'au milieu politique. En cause, le bouclier d'autoprotection, d'autorégulation, que confère aux États-nation leur propre souveraineté nationale (potentiel législatif, structurel, organisationnel, démocratique, et capacité d'audience politique à l'international). Pour le cartel, ceci représente le principal handicap de taille à surmonter. L'aboutissement de chacune des planifications dépendra donc de divers facteurs : niveau de difficulté, de résistance, d'opposition, d'échelle de grandeur...

Par exemple, agir sur un petit pays émergent ne posera pas de réel problème et ne nécessitera le déploiement que de moyens limités, dans un laps de temps très court. Par contre, influer sur l'ensemble des États nation, via les diverses institutions internationales G8 – G20 – ONU – FMI – OCDE – OMCE – OMS – Banque des règlements internationaux (BRI) – Banque mondiale – banques d'investissement...

Pour donner plus de pouvoir à l'OTAN, à l'OMS, à la Commission européenne... Pour façonner à chaud toute l'économie mondiale dans un libéralisme outrancier. Pour organiser le circuit d'une finance parallèle aux ordres d'un capitalisme de l'ombre. Pour enlever toutes les barrières du protectionnisme, cas du fédéralisme économique européen... Cette fois, la mise en œuvre de ces planifications sera beaucoup plus sophistiquée[279] et demandera l'étalement dans le temps, de plus grands moyens, plus complexes, à mettre en œuvre. Conséquemment, chaque série d'objectifs à atteindre correspondant, notamment au plan d'érosion des nations, nécessitera des moyens spécifiques et une période de temps d'application adéquate.

Le délai, le temps d'inertie, correspondant à une décision de la véritable gouvernance mondiale est donc difficilement mesurable. Il peut varier de quelques semaines à quelques décennies, selon la portée des ordonnances à mettre en œuvre. La principale planification conduisant à l'état d'abaissement des États souverains est la plus longue et la plus ardue de toutes. Elle a nécessité l'assèchement progressif de l'économie mondiale exacerbé par le déclenchement de la crise majeure de 2008. Elle fut décidée, puis enclenchée dès les années 1970[280] - 1980, il a fallu quatre décennies avant qu'elle produise ses principaux effets.

Cette planification centrale a nécessité une suite de péripéties tant financières, économiques, que politiques, géopolitiques, médiatiques. Ainsi que diverses immixtions relevant de la diplomatie secrète, de la mise sous influence, de la main mise par la corruption.

---

[279] Voir plus bas le récapitulatif de la stratégie multi étagée du Bilderberg group.
[280] Voir – les accords historiques de Bretton Woods sont finalement brisés.

Du côté de chaque gouvernement national, l'on ne sait toujours pas comprendre, analyser, ni interpréter, ce temps de flottement, cette période d'inertie, au cours desquels se produisent les événements mondiaux traditionnels de nature tant politique, qu'économique. Ces péripéties chaotiques, imprévisibles, ne sont perçues par les chefs d'État que dans la durée de temps universel – chronos. Elles n'éveillent que le besoin d'en prendre conscience pour, avant toute autre forme de réflexion, préparer et produire les efforts répétitifs pour s'y adapter et y faire face. Elles ne suscitent qu'une réaction des gouvernants pour trouver la parade afin d'y faire face, d'y réagir, avant tout au plus près des intérêts premiers de l'État. Dans le temps présent, malgré les difficultés croissantes de la conjoncture, pour les dirigeants nationaux il ne s'agit que de tenir coûte que coûte les rênes du pouvoir et de conserver toutes les prérogatives de leur souveraineté nationale.

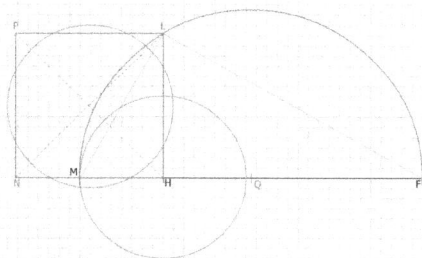

Pour les chefs des autorités nationales en place, l'analyse de la marche du monde ne se rapporte qu'à une cascade de difficultés de toutes natures, sans qu'ils puissent établir un lien commun, sous-jacent, entre-elles, tant les circonstances, les implications, les répercussions, sont confuses, diffuses. Ils sont dans l'incapacité d'en saisir le sens profond, l'origine historique lointaine et l'aboutissement inattendu. Le mot d'ordre, s'y adapter, y résister du mieux possible.

Pour les pays de l'UE, la complexité à comprendre les circonstances de la crise est doublement accrue à cause des multiples restrictions qu'imposent la globalisation et les contraintes du fédéralisme européen. Une situation de quadrature du cercle qui est devenue progressivement ingérable, insurmontable. Elle impose aux dirigeants nationaux de modifier constamment leur feuille de route, leur stratégie de politique générale, dont les objectifs, sans cesse réajustés, s'avèrent inatteignables.

Les chefs de gouvernement ressemblent à un pool d'officiers de marine aux commandes d'un navire empruntant par nécessité toujours la même route maritime. Depuis quelques années, voici qu'ils sont fréquemment confrontés à un courant marin de plus en plus fort. Au fil des années, ce phénomène météo grandissant ralentit davantage la navigation du vaisseau. Cela nécessite plus puissance des moteurs, demande plus de carburant pour manœuvrer tant soi peu dans la tourmente. Une certaine incompréhension s'empare des officiers puisque par le passé, hormis des tempêtes ponctuelles et météorologiquement prévisibles, ce type d'anomalie climatique ne s'est jamais produit sur chacune des lignes maritimes navigables. Singulièrement parce qu'il leur est impossible d'éviter cette immense perturbation du fait qu'aucun bulletin météo ne peut leur parvenir pour les prévenir en temps voulu.

Ce courant abyssal provoque été comme hiver d'énormes creux et de puissants vents latéraux jamais observés auparavant. Lorsque cela se produit, les officiers n'ont qu'une seule préoccupation, pouvoir préserver le bâtiment, la cargaison et l'équipage. Ils ont le réflexe tout particulier de mettre d'abord à l'abri tous les sous-officiers, les têtes pensantes. Ceux dont les aptitudes permettraient de trouver à leur côté un moyen de naviguer au mieux en de telles circonstances, sans pour autant avoir les aptitudes d'évaluer les causes à l'origine de ces anomalies.

Trop occupés à ces tâches opérationnelles très oppressantes, les officiers ne demanderont l'avis technique et circonstanciel à d'autres équipages, sous pavillon étranger, confrontés aux mêmes difficultés, qu'une fois qu'ils seront arrivés à bon port. Ce sera le moment de faire le point sur ce type d'anomalie climatique et sur les failles répétitives des bulletins météorologiques. Mais à chaque fois, la réponse des homologues officiers sera la même, puisque eux aussi sont soumis aux mêmes difficultés. Les approches savantes de tous les météorologues internationaux restent invariablement les mêmes pour tous les équipages « *Nous ne comprenons pas les causes profondes à l'origine de ce puissant courant de fond, des dépressions successives imprévues et des vents qu'il génère, évoluant au fil des dernières années en violentes tempêtes imprévisibles et persistantes* ».

Pour chaque gouvernement souverain, il en va de même. D'une élection clé à une autre, d'un plan gouvernemental à un autre, ils ne cessent de procéder à des réajustements successifs d'ordre politique et économique. Autant de nouvelles dispositions prises, inopinément consécutivement à la montée en puissance de l'étreinte des problèmes mondiaux. Lesquels du point de vue des dirigeants politiques exigent toujours plus de moyens financiers, plus de plans de rigueur sociale, au détriment des populations les plus fragilisées par la crise. Toutefois, le rendement obtenu par ces réorganisations et adaptations prises à la hâte est chaque fois revu à la baisse, ne donnant que de piètres résultats.

Quoi qu'ils puissent décider ou faire pour tenir fermement la barre, la situation générale dépasse l'entendement de l'ensemble des chefs de gouvernement souverain. Sans qu'ils le sachent, ni cherchent à le savoir, tous sont tributaires de chacune des décisions unilatérales et magistrales du Bilderberg. Dans le contexte actuel, l'on assiste à un grand nombre d'initiatives politiques nationales, régionales, ou continentales, prise uniquement par réactivité circonstancielle. Elles consistent à lutter contre les vents contraires de l'incessante tempête économique et sociale. Toutefois, elles ne sont que l'apparente liberté d'expression du pouvoir national affaibli. Le pâle reflet d'États-nation ballottés, ne cherchant qu'à se diriger au mieux, à moindre mal, face à la tourmente grossissante.

Chacun d'eux, à défaut de ne pouvoir faire front commun avec les autres nations sur des questions de fond et des enjeux sociaux décisifs, cherchera à sa manière la voie de sa propre sauvegarde. Pour les États, l'approche d'une solution ne consiste piètrement qu'en une succession de mesures restrictives à l'encontre des populations. Ils sont unanimes pour reconnaître que les immenses difficultés qu'ils rencontrent sont liées à l'évolution du domaine monétaire, aux réactions épidermiques des marchés financiers soumis à manipulation, à la stagnation de l'économie. Toutefois, ils sont dans l'incapacité de mettre en œuvre les solutions pratiques, humanistes, qui permettraient de stabiliser efficacement la situation.

Dès lors, comment pourraient-ils aborder les sujets cruciaux liés au pétrole, au nucléaire, à la dégradation exponentielle de l'environnement ? Ils s'en gardent bien, préférant les différer, s'agissant d'une thématique qui les dépasse plus encore que la tournure inattendue des événements macro-économiques du 21e siècle.

Pourquoi le cap à suivre est-il si difficile à tenir ? Pourquoi la feuille de route des gouvernements souverains devient-elle précaire et soumise à d'incessantes controverses, à l'impuissance de faire évoluer la situation ? Parce que contextuellement en situation de fond, les États nation, notamment ceux de la zone euro, n'ont de cesse de lutter crescendo contre une gestion publique engluée par l'immensité de la dette et l'absence de reprise économique. Il leur faut affronter dans le même temps tous les aléas insoutenables de la globalisation auto-entretenus par les structures mondialistes et par les manœuvres subversives de la diplomatie secrète. En définitive, enserrés par l'enchaînement et l'immensité des problèmes, sans être à même de pouvoir en mesurer l'impact profond, l'origine réelle, les chefs de gouvernement sont désorientés par une influence prééminente. Une force transcendante, manipulatrice, trompeuse et décalée. Celle qui émane des décisions imparables planifiées par les esprits supérieurs au sein des think tanks.

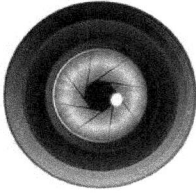

Comme si la vision des chefs d'État était soumise à la projection ininterrompue d'une série d'images confuses, entrecoupées d'effets subliminaux, que l'on projette à 360° au travers d'une lentille concave déformante. Une scène déconcertante doublée d'effets sonores déroutants.

De sorte que tous leurs sens, aussi exercés soient-ils, sont faussés. De la même manière, sans aucune vision précise, sans pouvoir donner un sens réel à l'évolution chaotique du monde, les dirigeants nationaux sont placés, enfermés, dans cet état confusionnel. Finalement, ils se trouvent dans l'incapacité de pouvoir différencier leur propre plan de route d'avec celui du Bilderberg group.

Les chefs de gouvernement et les analystes de tous bords, probablement pour se rassurer, assimilent l'actuelle situation de rapide délitement économique et environnemental à une époque de transition. Une mutation imposée par l'évolution oppressante de la globalisation. Tous s'accordent à dire qu'il faut s'en accommoder à défaut de pouvoir s'y adapter. Cependant, parmi les classes dirigeantes personne ne sait comment opérer utilement pour s'en démêler, et s'en dépêtrer. Aucun d'eux ne sait non plus quelles sont les racines vénéneuses qui ont pu produire un système financier mondial aussi étouffant, engluant.

Dans ces conditions d'impéritie non avouable à cause de leur orgueil, les chefs de gouvernement ne se cramponnent qu'à de faux espoirs de situation favorablement réversible, comme à une ficelle effilochée. Tout en cherchant à donner l'impression de poursuivre leur tâche officielle, comme si de rien n'était, ils s'organisent avant tout pour se préserver eux-mêmes de la tournure que pourrait prendre ce bouleversement sans précédent.

Pour tenter de répondre aux attentes légitimes de leurs électeurs, il est fréquent de les entendre dire à mi-mandat la phrase coutumière des temps morts en politique « *Il faut nous laisser le temps pour que notre politique puisse produire ses effets* ! » En réalité, depuis les années 1980, ils n'ont jamais eu le temps escompté, ni la maîtrise des conditions requises, pour réussir leur politique nationale.

Comment auraient-ils pu se soustraire à ce courant de fond qui n'a jamais eu de cesse de générer de puissantes forces de dérive, de violents vents contraires. Une pression suffisamment forte et soutenue pour s'opposer diamétralement à leur politique souveraine. Contrairement aux proches collaborateurs du président Woodrow WILSON qui étaient dotés d'une sensibilité d'âme suffisamment grande pour ressentir le malaise ambiant qui dominait la société civile à la veille de la Première Guerre mondiale, les chefs d'État contemporains n'ont pas les aptitudes nécessaires pour ressentir le stratagème qui se finalise à leur détriment. Ils n'ont pas su discerner que depuis le 18e siècle, tous les gouvernements nationaux successifs ont été confrontés aux agissements sous-jacents d'un gouvernement invisible prédominant.

Récapitulatif de la stratégie multi étagée du Bilderberg Group

Garder présent à l'esprit l'image de ce vortex, de cette force sous-jacente permanente, opérant en courant de fond, dans le secret des fosses abyssales, permettra de mieux appréhender le modus operandi de l'actuelle gouvernance mondiale occulte.

➢ Éroder, déstabiliser et verrouiller la souveraineté nationale de tous les États nation.[281] Pour y parvenir, générer et organiser toutes les contraintes qu'impose la mondialisation, globalisation, aux chefs de gouvernement, en matière économique et financière. Le but consiste à ce qu'ils cèdent leur droit à gouverner, sous la pression de difficultés socioéconomiques atteignant à terme un niveau insupportable. C'est l'objectif central, en cours de finalisation.

➢ Imposer au monde entier le dollar comme monnaie de réserve fortement dévaluée, sans réelle valeur, dont l'inconvertibilité en or dans les échanges entre banques a été décidée au cours des années 1970.

➢ Enclencher dans la décennie 1980 une série de conditions financières et économiques néfastes pour l'économie de terrain, dont la création d'une monnaie digitale, virtuelle, l'hyper spéculation par effets de levier,[282] et la montée en puissance de la manipulation opérée par les marchés financiers à dessein d'assèchement progressif de l'économie réelle ⬜ vidéo.

➢ Façonner l'économique mondiale dans le moule de l'hyper concentration financière en organisant un circuit parallèle de la

---

[281] **Le juge anti-mafia Imposimato accuse le groupe Bilderberg de terrorisme**
https://www.youtube.com/watch?feature=player_embedded&v=9fVDewJx0W4
[282] **Effet de levier**
http://fr.mimi.hu/economie/effet_de_levier.html

finance mondiale aux ordres d'un capitalisme de l'ombre afin d'introduire dès 2008 toutes les conséquences de plus en plus asservissantes de la crise majeure.

➢ Faire miroiter aux nations que la libre circulation des produits et des services sans aucune entrave douanière était la meilleure solution d'essor économique. Pour finalement parvenir à mondialiser l'économie et encorder tous les États souverains dans une situation de totale interdépendance.

➢ Assécher progressivement les moyens financiers nécessaires à l'économie réelle. Accélérer ce processus en réunissant les conditions requises au déclenchement de la crise majeure de 2008.

➢ Organiser, via des traités imposés aux peuples sans l'expression du suffrage universel, le surendettement des pays européens en les contraignant particulièrement depuis 1993 à se soumettre aux conditions restrictives des marchés financiers. Inciter les chefs d'État à prendre des mesures de rigueur sociale, d'austérité, pour limiter l'endettement public de leur pays. Le meilleur moyen d'aggraver rapidement le bilan du compte budgétaire de chaque gouvernement et d'éroder sa souveraineté.

➢ Influer sur l'essentiel des orientations prises par les instances supra nationales du G8, du G20, afin de modeler, de conditionner, en léger différé, la politique internationale et les orientations nationales des États nation.

➢ Se poser en pseudo régulateur des affaires politiques internationales, en mimant de corriger les carences de l'ONU et de toutes les autres organisations supranationales : FMI – Banque Mondiale – OCDE – OMS… lesquelles aux yeux du monde ont échoué dans leur mission première définie en 1944. Tandis qu'en arrière-plan ces institutions ont été instrumentalisées pour servir avant tout à la structuration d'un nouveau schéma financier et politique du monde.

➢ Aboutir dès la première décennie du 21e siècle à une courte période de marasme économique, de déclin, d'appauvrissement des populations de pays riches et émergents. Par ce moyen du ralentissement de l'activité économique entraver les États-nation.

➢ Orienter une politique des moyens de santé publique apparemment salvatrice sur les cinq continents (campagne de vaccination, vitrine pour contrer le Sida, lobbying médical et pharmaceutique, expérimentations secrètes[283] sur cobayes humains...).

➢ Ordonner une gestion arbitraire de la démographie mondiale et organiser l'éradication du peuple africain par le SIDA.

➢ Limiter le flux migratoire international, par l'isolement d'une partie de la population de pays pauvres organisés en mouroir.

➢ Organiser la dévaluation progressive de toutes les monnaies fiduciaires jusqu'à l'effondrement, en dix ans leur valeur a été divisée par 2,6. Aboutir très probablement à une dévaluation brutale du dollar, sous prétexte d'apurer l'immense dette publique des États-Unis. Par là même, provoquer un état de crise paroxystique dans le système financier. À ce stade ultime, proposer la solution universelle d'un nouveau système financier ouvrant à tous de nouveaux droits équitables et durables.

➢ Introduire une monnaie mondiale unique probablement adossable à l'or et une banque centrale unique en occident sur la base d'une refonte de la finance mondiale.

➢ Inaugurer triomphalement, sans la moindre faille, ni la moindre opposition, une nouvelle gouvernance politique du monde.

➢ Créer immédiatement après cette inauguration un parlement international unique de type universaliste. Constituer des ministères à l'échelle mondiale et une seule force de police, annexant les armées nationales de tous les pays...

---

[283] **Argentine - GSK reçoit une amende pour des expériences vaccinales illégales qui ont tué 14 bébés**
http://fr.sott.net/article/6554-Argentine-GSK-recoit-une-amende-pour-des-experiences-vaccinales-illegales-qui-ont-tue-14-bebes

LES CHEFS DE GOUVERNEMENT SONT DANS L'EXPECTATIVE

Depuis 2008, les chefs d'État soumis aux aléas de la crise majeure n'ont d'autre alternative qu'espérer une reprise de l'économie. La seule solution génératrice de croissance indispensable prioritairement à maintenir à flot les comptes de l'État, de figer la dette publique. En 2011, aux yeux des peuples, les nations en situation de pré-faillite s'avèrent être vulnérables et dans l'incapacité de gouverner au mieux de leurs intérêts légitimes.

D'autant plus que, sous prétexte de plans de rigueur annoncés comme indispensables, les besoins fondamentaux des populations sont délaissés, voire relégués aux oubliettes. Prime l'équilibre budgétaire des comptes de l'État. Dans les bureaux ministériels l'on ne prête attention qu'à la situation comptable de l'Etat, quelle que soit le sort social de la population.

C'est avant tout pour assurer l'indépendance nationale que les gouvernants ont tant dépensé d'argent public à crédit, surtout en armement, au détriment des besoins sociaux des peuples. L'autonomie reste leur grande obsession. Sans elle, comment influer sur les peuples et comment peser sur la scène mondiale. Comment faire entendre sa voix à l'international, lors de sommets, de réunions extraordinaires. Vis-à-vis des populations, ces discoureurs ne s'exécutent pas en vrais pédagogues, mais à chaque fois en beaux parleurs, souvent en menteurs. Ils s'arrangent pour faire croire que la croissance n'est qu'un processus quantitatif. Ils omettent de dire qu'il inclut l'essor, le progrès économiquement, technologiquement, socialement, utile à tous.

Les deux seuls moyens qualitatifs, sous forme de redistribution de richesses produites et de protection sociale, en faveur des besoins fondamentaux des citoyens, du pouvoir d'achat, du bien-être, de la santé, des populations. Mais feindront-ils encore d'ignorer que la croissance ne se concrétise durablement qu'à la condition d'augmenter les revenus de l'ensemble des couches laborieuses de la nation. Dans ce cadre progressiste, outre un niveau de pouvoir d'achat acceptable, le principal indicateur de croissance restera le travail, l'emploi stable, avec un taux maximal d'employabilité de la population active, consolidé par une formation professionnelle personnalisée et valorisée.

Ce qui n'est plus du tout le cas depuis les années 1980, du fait d'une économie majoritairement amputée par l'hyper spéculation financière. Une pratique soutenue par la libéralisation extrême, la dénaturation, la déshumanisation, des normes de profitabilité. Dès lors, les revenus générés par la croissance ont été accaparés par une minorité de spéculateurs. Ils agissent tantôt en rabatteurs marchant en ligne, munis de lourds bâtons pour effrayer la venaison et semer la confusion, tantôt en grands chiens de meute obsédés par la traque facile du petit gibier. Les esprits supérieurs leur accordent toute latitude pour faire leur basse besogne en s'attaquant aux petites pièces apeurées. Mais qu'à la condition expresse d'obéir fidèlement aux ordres de leurs mentors, les hauts dirigeants de la finance parallèle, les maîtres de la chasse à courre

Personne ne parvient à comprendre la cause première à l'origine de la crise des crises

Depuis le déclenchement de la crise majeure de 2008, cette fusion situationnelle est devenue effectivement un temps de test pour l'espèce humaine. Parce que l'ordre existant se déstructure, se délite, se décompose, très rapidement sous le poids de la multitude d'obstacles accumulés en moins d'une trentaine d'années. Aujourd'hui, cette adversité est suramplifiée par les immenses difficultés amoncelées en quelques trimestres seulement. Une série d'obstacles de toutes natures ayant atteint un niveau infranchissable. À l'inverse, pour la véritable gouvernance mondiale seule une infime partie des principaux mouvements subversifs de fond qu'elle a planifiés lui a échappé.

Les États-nation et leurs peuples ont tous à subir les multiples répercussions matérielles, physiques, morales, psychologiques, consécutives à ces bouleversements planétaires, mais sans que personne ne puisse en connaître la cause première. C'est le trou noir !

En astrophysique, il s'agit d'un gigantesque objet massif dont le champ gravitationnel est si intense qu'il empêche toute forme de matière ou de rayonnement, préalablement piégée par son attraction, de s'en échapper. Il n'émet aucune forme de lumière, à l'instar de la gouvernance mondiale occulte. Elle qui agit toujours à l'arrière-plan des institutions internationales, des cercles de réflexion, des réseaux d'influence et de corruption, sans que personne ne le sache. Son champ d'action influe et capture l'élite, les richesses des nations et les ressources naturelles.

Son attraction est si forte que rien ne peut lui échapper. Et d'aucuns, mis à part Feu Anthony SUTTON et nous-mêmes, auteur de ce livre, ne peuvent s'en extraire et en discerner sa vraie nature, son but et son action foncièrement néfaste sur la planète Terre.

Les États-nation sont enchaînés par l'envolée de dette publique

Depuis 1980, en moyenne, la dette publique des nations augmente trois à cinq fois plus vite que leur capacité à créer des richesses (PIB)

Il fallait en temps opportun pouvoir trouver de vrais leaders internationaux à l'exemple de ROOSEVELT et de JFK. Deux dirigeants ayant manifesté la volonté de défendre au premier rang les qualités d'humanité et de solidarité dues aux peuples. Ils avaient la ferme intention de réformer totalement le système financier. Mais les temps ont bien changé, les hommes de cette trempe sont très rares à trouver. Depuis cette époque, ceux qui font exception ont été soit rapidement piégés par les réseaux de corruption, soit politiquement évincés, soit vite submergés par d'immenses difficultés personnelles et professionnelles.

Actuellement, le souci prédominant des chefs d'État ne tient qu'à la dette publique et au moyen de la financer. Le sujet dont ils ne peuvent pas se défaire, le thème le plus débattu par les médias. Les gens au pouvoir en sont hantés au point d'être alourdis, ce qui fausse d'autant les plans de relance préparés dans la précipitation, sans discernement, sans esprit altruiste. Dénués de bon sens, dans un premier temps, ils se tournent vers les plus riches en les allégeant d'impôts et de taxes. Ils espèrent en retour une reprise de l'investissement et du recrutement, afin de surseoir à la hausse du chômage, principal indicateur d'échec politique. Dans un deuxième temps, ils surchargent de nouveaux impôts les couches les plus fragiles de la population.

Bien que tous soient confrontés à la désillusion de leurs attentes mal placées, à la stérilité de leurs programmes, aucun d'eux n'a l'honnêteté de le dire ouvertement, d'avouer l'incapacité à garantir des conditions de vie décente aux populations, de se mobiliser pour apporter l'aide de base aux plus nécessiteux. Partout le sous-emploi reste le sujet central et la préoccupation du plus grand nombre, l'on se contente de différer le sujet, ou de prendre des mesures sans réelle envergure. Un chapitre social essentiel, si facilement abandonné aux bons soins de l'hypothétique reprise économique. Comme si l'on voulait faire croire à la chimère de l'autorégulation économique et sociale.

Dans les pays riches, il ne faut pas non plus se fourvoyer en espérant voir les États restreindre leur train de vie luxueux pour dégager plus de moyens sociaux. Inutile d'imaginer naïvement voir les chefs de gouvernement faire ce type d'économie et se mobiliser pour en distribuer le montant aux concitoyens les plus pauvres.

Dans les années 1980, l'on assistait déjà à l'amorce des premiers effets accablants du plan de déstructuration des États. Quatre décennies plus tard, il est couronné de succès. Dans un contexte de récession chronique, tous les pays du monde se débattent pour se délester de l'énorme dette publique, qui ne cesse de s'alourdir avec des conséquences directes sur le patrimoine du grand public. La cause première est leur enfermement dans un cycle continu de création monétaire par le crédit, majoré par les intérêts du crédit, voir directement cette vidéo,[284] comprendre la dette publique. La conséquence annexe est le piège de l'absolue restriction budgétaire et de l'austérité dans lequel sont tombés tous les chefs de gouvernements d'Europe.

---

[284] **Comprendre la dette publique (en quelques minutes)**
https://www.youtube.com/watch?v=ZE8xBzcLYRs

Depuis 2008, au plus ils prennent des mesures de rigueur sociale pour tenter d'alléger la dette, au plus ils se claquemurent dans la chambre jaune,[285] pour censément trouver la solution et réduire cette dette. Voir la citation clé de Richard GARDNER du CFR, en 1974.

Trente-cinq années après la déclaration de R. GARDNER, tous les États-nation des pays riches et pauvres sont devenus entièrement interdépendants, comme s'ils étaient encordés les uns aux autres, comme le font les alpinistes. Si le dernier de la file dévisse de la paroi rocheuse, il entraînera fatalement celui qui est placé en tête de cordée. Tous sont définitivement soumis aux contraintes étouffantes de la mondialisation, globalisation. Ils ont aussi à subir les agissements souvent arbitraires d'institutions supranationales (ONU – OMS – FMI – Banque mondiale – Banques centrales, banques d'investissement…

Le système financier ne tient plus qu'à l'aide des Banques centrales, comme s'il s'agissait du dernier générateur de secours. Fin 2011, l'on assiste à la décomposition rapide et inéluctable de l'ordre mondial existant jusqu'à un niveau de pourrissement avancé. Ce constat attristant est dorénavant un fait. Le but de sape, de vassalisation, est presque atteint, la période à venir le confirmera si nécessaire.

2014, L'ANNONCE D'UN GLOBAL RESET, OU TOTALE REFONTE DE LA FINANCE MONDIALE

Les contraintes d'une conjoncture économique et sociale dégradée sont le moyen le plus efficace de pousser les chefs d'État dans leurs derniers retranchements jusqu'à ce qu'ils

---

[285] **Le mystère de la Chambre Jaune**
http://www.superluciole.com/lire/Zoom/chambre_jaune.htm

acceptent une réorganisation du système financier et politique du monde. Face à une dette mondiale insurmontable qui dépasse les 100.000 milliards $, le FMI annonce en 2014 la nécessité d'un Global Reset.[286]

Global Reset aussi pour l'environnement, un objectif essentiel pour le cartel

Malgré l'échec des 17 sommets organisés par l'ONU pour la préservation du climat, un nouveau programme de préservation de l'environnement va probablement émerger. Il servira de support pour justifier de l'utilité d'une refonte du système financier mondial. Ce projet de réorganisation de la finance mondiale est si crucial qu'il sera enjolivé par la triple garantie 1) de stabilité et prospérité économique, 2) de consolidation de l'autonomie des souverainetés nationales, 3) de l'application de toutes nouvelles normes environnementales salvatrices pour la planète Terre, Gaïa pour le Cartel.

EN 2009 - 2012, LA SITUATION EST GRAVISSIME EN EUROPE

En 2011, l'administration américaine influencée par la double attraction du CFR et de la Trilatérale demande à l'Europe de renforcer ses plans de relance incluant l'aide à apporter aux pays d'Europe centrale.[287] Par rapport à l'effort déjà produit par l'Union européenne, cet effort nécessite d'injecter 190 milliards d'euros de plus, afin de rassurer les marchés financiers.

---

[286] **Global Economic Reset - Christine LaGarde World Economic Forum**
https://www.youtube.com/watch?v=RLvLY3E7eUY
[287] **Europe centrale et orientale**
http://fr.wikipedia.org/wiki/Europe_centrale_et_orientale

Pour les grands États de l'UE, cela semblait bien difficile au regard du niveau élevé de leur endettement. Ils traiteront éventuellement ce type de sollicitation au cas par cas. Une façon évidente d'éluder le problème, car eux-mêmes ne sont pas en capacité de relancer le niveau de leur économie nationale en creusant plus encore leurs propres déficits publics, en souscrivant plus d'emprunt sur les places financières.

Selon l'OFCE, un plan de relance recouvre des éléments très différents, il ne faut pas le confondre avec le Fine Tuning qui consiste à utiliser la politique budgétaire pour éviter les à-coups de la conjoncture défaillante. Dans la situation présente, le schéma est différent puisqu'il s'agit maintenant d'atténuer l'impact structurel de la récession afin d'éviter l'enchaînement de mécanismes irréversibles, comme la hausse incontrôlable du chômage ou la déflation.

Dans cette situation confusionnelle, il est inconcevable pour les États européens d'accéder à ce type de demande, car ils sont devenus aussi chétifs que des malades dépendants de soins palliatifs. Pour aggraver leur cas, depuis août 2011, quelques banques d'investissement US aux ordres du capitalisme de l'ombre ont réduit de 40% les achats de titres européens. Une apparente mesure de protectionnisme financier qui en réalité s'avère un moyen complémentaire très efficace d'assécher plus rapidement l'économie réelle du vieux continent, jusqu'à aboutir à la dépression.[288]

---

[288] **Dépression**
http://economie.trader-finance.fr/depression/

DES ÉTATS EUROPÉENS SOUMIS AUX ORDONNANCES IMMUABLES DU TRAITÉ DE MAASTRICHT

Depuis 1992, le déficit des administrations publiques des pays de l'UEM (zone euro) ne doit pas dépasser un ratio de 3% du PIB annuel. La dette publique, soit l'accumulation pluriannuelle du déficit d'un Etat, ne doit pas dépasser 60% du PIB annuel. Lors des négociations du traité, l'Allemagne avait proposé 5% au lieu des 3% imposés. Il suffisait pour cela d'indexer le niveau de déficit autorisé sur le taux de croissance prévisible. Mais les promoteurs du traité, aux ordres du Bilderberg ont eu le dernier mot. De sorte qu'au cœur de la crise, les pays européens sont tenus d'accepter une saignée, par l'amputation de budgets sociaux colossaux.

Il est aisé de comprendre que les États nation, pris en tenaille entre les instigateurs de ce traité, le milieu financier et la perte de ressources essentielles à cause d'un contexte de récession généralisée, subissent l'érosion de leur souveraineté nationale. Exactement comme le prévoyait la planification en cours d'achèvement.

RESTRICTION BUDGÉTAIRE À MARCHE FORCÉE

La restriction budgétaire à marche forcée touche désormais tous les États. Par exemple, sur la base des prévisions économiques les plus optimistes, il est prévu pour la France d'économiser minimum 50 milliards € sur deux ans (2012 - 2013). La Grèce en totale faillite prévoyait de faire 28 milliards € d'économie sous forme de plans de rigueur successifs. En privatisant des pans entiers de l'économie, elle prévoyait faire un gain supplémentaire de 50 milliards €. À quoi cela servirait-il, puisque l'économie intérieure est à bout de souffle. Le Portugal a décidé d'économiser 5 milliards € pour 2011, 3,6 milliards pour 2014, 1,4 milliard pour 2015, en augmentant les impôts, les taxes, le prix des transports, en diminuant les retraites, les salaires, en supprimant certaines prestations sociales.

L'Italie avait décidé une première économie de 48 milliards € sur 3 ans. S'ajoute un deuxième plan de rigueur sociale de 45 milliards € sur 2 ans, en augmentant les impôts, en regroupant l'administration décentralisée. En 2010, L'Espagne visait une économie de 65 milliards € sur 3 ans, en 2011 la prévision passait à 70 milliards €, en 2012 79 milliards €. Les salaires, les prestations sociales, sont diminués, parmi les populations, l'endettement, les faillites personnelles, la misère noire augmentent. Malgré cela, le gouvernement espagnol édicte une règle de stabilité budgétaire qu'il veut inscrire dans la constitution. Pour 2012, le gouvernement danois, placé hors zone euro, tablait sur un déficit de 85 milliards de couronnes (11,4 milliads €), décidant de faire des économies strictes sur le fonctionnement de l'administration locale.

UN ÉLAN POUR TENTER DE RENÉGOCIER LES TRAITÉS

Tout ceci démontre l'impact de la crise majeure sur l'ensemble des économies mondialisées. En 2012, certains leaders politiques nationaux conscients des conséquences économiques et sociales néfastes pour leur pays essaient de renégocier les traités européens, sans trouver le consensus avec les autres nations pour y parvenir.

Au cœur de la crise, en Europe, il s'avère que les ratios du traité de Maastricht ne sont ni logiques, ni applicables. Contrairement au Japon, qui malgré sa dette publique à 250% de son PIB, emprunte directement auprès de sa banque centrale (BOJ). La seule institution financière au monde non inféodée au milieu de la haute finance anglo-saxonne. Elle a toujours alloué des prêts à taux réduits directement au gouvernement japonais, avec l'entier soutien du peuple nippon détenteur de la grande majorité d'obligations (titres de dette) émises par l'État. Sans avoir besoin que le Département du Trésor japonais n'emprunte sur les marchés financiers, comme les pays européens sont dans l'obligation de le faire. Toutefois, cette particularité japonaise n'est en aucun cas un gage de réussite économique car ce pays, assujetti à la politique de la FED, subit sa folle politique de planche à billets. D'où une inflation, récession, grandissantes, sur fond de baisse marquée des exportations nipponnes, malgré les dévaluations successives du yen. Ceci dans un contexte de chute de l'économie mondiale, depuis 2007, confirmée par deux indicateurs ininterprétables le Dry Baltic index et l'Harpex index.

En Europe, les gouvernants soumis au dictat des traités européens devraient malgré tout s'unir et s'organiser pour revoir la définition de la dette publique en la calculant au prorata de son échelonnement. La créance des titres obligataires s'étale en moyenne sur 7 années et non pas sur 12 mois. Il faudrait donc calculer le ratio de la dette en le rapportant à sa durée effective de 7 années. Si c'était le cas, le pourcentage moyen de la dette des pays par rapport au PIB annuel serait inférieur à 20%., alors qu'il se situe actuellement près de 100%.

En fait, les gouvernements pris cet engrenage, assaillis de difficultés, sont avant tout très préoccupés pour la pérennité de leur souveraineté. Ils ont à faire front simultanément 1) aux pénalités infligées par les agences de notation 2) à la décote de confiance des marchés boursiers, 3) à la hausse des taux d'emprunt 4) au report de la spéculation sur les obligations émises par les États les mieux côtés, par exemple l'Allemagne, au détriment d'autres pays et du secteur des entreprises privées. D'où le risque à court terme de tension des taux et de raréfaction du crédit pour les acteurs de l'économie réelle. Cette

situation obligerait à nouveau les gouvernements, ou la BCE, à soutenir le milieu bancaire. Avec pour conséquence directe la dégradation marquée de l'activité économique. Voir plus haut – le marché financier est inondé de bons du Trésor et d'obligations d'État.

Pour éviter que les nations européennes ne se rebellent contre la contrainte des ordonnances du traité de Lisbonne, 2007 – article 123, introduites par le milieu de la haute finance, la BCE a décidé de les shunter en rachetant directement la dette des Etats et une partie des titres pourris[289] détenus par les banques privées, grandement réjouies de s'en défaire à si bon compte. Par la suite, les banques, malgré la masse restante de leurs actifs toxiques,[290] se sont enrichies à nouveau en accordant des prêts en direction des États et du secteur privé à un taux bien plus élevé que celui auquel elles empruntent auprès de la BCE.

Si aucune réforme allant dans le sens d'une économie de redistribution des richesses produites n'a été appliquée jusque-là, c'est bien parce que le SYSTÈME a été verrouillé par des mains expertes. Toutes les nations sont placées sous l'astreinte de combinaisons de réglementations, de procédures, de codes complexes spécialement élaborés pour assurer cet enfermement. Tandis qu'aucun gouvernement n'a eu la volonté, la capacité, ni l'ingéniosité, de modifier, de réformer, ou de déverrouiller, les mécanismes en cause.

---

[289] Voir plus haut en 3e partie le sous-titre – du côté des banques, l'on transfère les dettes privées en dettes publiques.

[290] **« Bad Banks » : une bombe de 1.000 milliards d'euros pour les contribuables européens**
http://www.lesechos.fr/17/06/2013/lesechos.fr/0202834793278_--bad-banks-----une-bombe-de-1-000-milliards-d-euros-pour-les-contribuables-europeens.htm

LES PAYS PAUVRES D'EUROPE CENTRALE, LE RISQUE INATTENDU

Le FMI de son côté conditionne drastiquement ses prêts[291] aux pays pauvres d'Europe (situés entre l'Europe occidentale et la Russie, de la Baltique aux Balkans). En 2011, il fait de même à l'endroit des pays les plus fragiles du pool européen : Irlande – Grèce – Portugal – Espagne – Italie... Il impose des exigences extrêmes, sous la forme d'une fausse stratégie de déflation, ordonnant la baisse des dépenses publiques et des salaires. Le FMI prétexte qu'il n'exige pas ces conditions, mais simplement qu'il attend de voir ostensiblement que le pays demandeur fasse par lui-même les efforts pour y correspondre. Cela revient à vouloir demander à un individu en train de se noyer, au bord de l'asphyxie, d'être en condition impérative d'apprendre à se sauver lui-même avant d'espérer recevoir un quelconque secours !

Tandis que les pays les plus riches d'Europe sont confrontés à la montée incessante du chômage et de la pauvreté, les pays baltes (Bulgarie, Estonie, Lettonie, Lituanie) paient le prix de leur trop grande dépendance aux pays occidentaux. Ces quatre pays ont fait le choix d'ancrer leur monnaie sur l'euro. La quasi-parité des monnaies a attiré les capitaux étrangers, cela s'est traduit par des déficits courants de plus en plus importants. Cette dépendance a conduit leur système bancaire à devenir une filiale des banques européennes – en Lettonie 60% des actifs[292] sont détenus par des banques étrangères – 99% en Estonie. Selon le FMI près de 70% de l'endettement letton et estonien est libellé en devises étrangères. Le système bancaire de ces

---

[291] **Retour en force du FMI en Europe**
http://cadtm.org/IMG/pdf/Retour_en_force_du_FMI_unviv2011.pdf
[292] **Actif Bancaire (et Bâle III)**
http://archives.lesechos.fr/archives/cercle/2011/11/01/cercle_39467.htm

pays est devenu dépendant de la politique menée par les banques européennes vis-à-vis de leurs filiales.

Les pays d'Europe centrale (République tchèque – Hongrie – Roumanie récemment intégrés à l'Union européenne ; et la Serbie, Croatie, Biélorussie, Ukraine liées à l'UE) piégés par la mondialisation ont un pied dans les mâchoires de la banqueroute. Ces pays, n'utilisant pas l'euro, n'ont pas été prudents, ils se sont endettés en monnaies étrangères, se sont laissés dépasser par la surconsommation, et le surendettement des populations criblées de dettes. La crise financière de 2008 a provoqué la fuite des devises et une rapide dépréciation[293] de leur monnaie nationale, les banques européennes n'ayant pas voulu renouveler leurs prêts, leurs économies sont entrées en forte récession.

Ces pays appellent l'UE et le FMI à l'aide[294] et reçoivent ce type de réponse lapidaire « il ne faut pas paniquer, surnagez, surnagez encore, sinon avant que nous puissions intervenir vous finiriez au fond du lac « ! Ceci n'est pas une triste histoire à propos de petits pays européens d'Europe centrale insignifiants perdus dans les forêts que l'on veut bien entendre d'une seule oreille. La masse du besoin d'encours de financement pour pouvoir rembourser, ou renouveler leur emprunt est estimée à 400 milliards €, un tiers de leur PIB cumulé. Soit l'équivalent du premier plan de garantie d'emprunt, soutenu par le FMI, voté en mai 2010 par la Commission européenne pour soutenir les pays de l'Union européenne les plus fragilisés par la crise.

---

[293] Hongrie et Roumanie moins 25% / l'euro. Pour 2012, la Hongrie confrontée à une crise de l'endettement et à une inflation supérieure à 4% cherche à réemprunter auprès du FMI, tout en votant un budget de rigueur.
[294] **Crise de la dette : la Hongrie exsangue doit montrer patte blanche**
http://www.leparisien.fr/international/crise-de-la-dette-la-hongrie-exsangue-doit-montrer-patte-blanche-09-01-2012-1804274.php

En cas de la faillite très probable des pays d'Europe centrale, les banques ouest-européennes, particulièrement autrichiennes et suédoises, devront compter avec les 600 milliards € de leurs engagements pris en 2012. Elles sont donc en face d'une deuxième déferlante financière de même ampleur que celle de la titrisation scandaleuse des subprimes américaines. La montée en puissance de ce raz de marée entraînerait la dévaluation systémique de l'euro. Simultanément, ce serait l'état de crise à un niveau paroxystique pour les pays les plus récemment intégrés à l'UE (Espagne – Portugal...). Par effet d'onde de choc, les hautes vagues submergeraient cette fois les pays les plus anciens (Italie, France...) menacés à leur tour de rapide faillite budgétaire.

LA CRISE MAJORE LA CRISE

En 2009, les prêts du FMI consentis à la Lettonie, Serbie, Hongrie sont assortis d'une obligation de réduction des dépenses publiques, ainsi que la baisse du salaire des fonctionnaires, des retraités... Des exigences si grandes qu'elles compriment la demande intérieure, au point de devenir une crise sociale et politique. En 2011, c'est aussi le cas de la Grèce, du Portugal, de l'Italie....
Après une première tranche de 4 milliards € sur un prêt global de 16 milliards €, l'Ukraine s'est révoltée contre les nouvelles exigences du FMI. La réduction du déficit budgétaire, les hausses des loyers, le relèvement de l'âge de départ à la retraite sont inacceptables pour ce peuple confronté à cette forme de crise sociale. C'est pourquoi des manifestants ont appelé au rattachement avec l'ex-URSS, considérée comme le seul ponton d'amarrage. Au point que la Russie a interpellé l'UE pour qu'elle débloque conjointement avec la Russie 5 milliards $.

Fin 2011, L'Irlande, la Grèce, le Portugal, l'Italie sont dos au mur… les uns après les autres, tous entrent dans ce vortex. En mai 2012, le FMI insiste pour que l'Union Européenne n'abandonne pas la Grèce, tout en sachant pertinemment qu'à terme il n'y aura aucune issue possible pour les autres pays européens. Comment les autres pays de l'UE, en particulier la France et l'Allemagne, pourraient-ils les aider alors qu'eux-mêmes sont lourdement endettés. Que la croissance s'avère quasi nulle, que les entrées fiscales sont très insuffisantes, que la récession chronique s'installe partout. Qu'en fin 2011, les investisseurs se retournent délaissant les obligations d'État émises par les pays les plus fragilisés, pour se rabattre sur les obligations les plus cotées, principalement le Bund allemand, qui est délaissé[295] à son tour, c'est dire l'instabilité et l'absence totale de fiabilité du SYSTÈME.

De leur côté, les populations crient à l'injustice à l'annonce de nouveaux plans de sauvetage à coups de dizaines de milliards d'euros, autant d'austérité, de privations pour eux. Cela uniquement pour soutenir des gouvernements incompétents, eux-mêmes soutiens du milieu bancaire cupide, annonçant qu'ils n'y a pas d'autre solution que celle d'imposer des restrictions drastiques aux peuples afin d'éviter la faillite du système social à travers lui la faillite de l'État lui-même.

Tous les pays européens essaieront, tour à tour, de trouver un secours financier auprès d'une Union européenne très affaiblie en passe d'être rapidement déstabilisée. Mais en vain, car dès 2012, les hauts dirigeants de l'UE, à défaut d'aide par l'emprunt sur les marchés financiers, n'auront d'autre solution à leur proposer qu'un projet de taxe sur les transactions financières.

---

[295] **Méfiance généralisée : même le Bund est délaissé**
http://finargis.skynetblogs.be/archive/2011/11/23/mefiance-generalisee-meme-le-bund.html

Le projet porte sur la résurgence d'une vieille idée de 1972, dite taxe Tobin, initialement prévue pour couvrir le monde entier. L'objectif est de limiter la spéculation et surtout de renflouer les caisses vides de l'UE. Si cette taxe était appliquée en Europe, elle ne rapporterait en 2013 tout au plus que 50 milliards € par an, à répartir entre les 17 pays de la zone euro. Le risque annoncé, c'est qu'il se produise un effet de lobbying. Une fuite vers l'Asie et les États-Unis de fonds spéculatifs et d'organismes bancaires, notamment britanniques, placés à la croisée des flux financiers mondiaux.

Tour à tour, d'autres pays européens n'auront d'autre choix que de solliciter le FMI. S'il intervenait, il faudrait qu'ils se soumettent aux contraintes de ses exigences draconiennes. Une institution apparemment salvatrice, mais entièrement modelée par les directives mondialistes de la véritable gouvernance mondiale. Combien de temps encore ces pays pourront-ils tenir avant que ces immenses problèmes sans cesse croissants ne les submergent.

De quelle capacité financière disposera le FMI pour faire d'autres prêts ? Au dernier trimestre 2011 ses caisses sont à moitié vides, 385 milliards $ sur les 630 milliards $ d'avant la série de prêts accordés aux pays de l'UE. Le Fonds demande aux 187 pays membres 500 milliards $ pour venir en aide à la zone euro. En janvier 2012, la Commission européenne appelle tous les pays membres du Fonds monétaire international à participer à ce renflouement, dans le même temps, elle annonce un apport de 150 milliards € provenant des pays de la zone euro. De leur côté, les pays émergents, Chine, Brésil, Russie et Inde, hésitent à contribuer plus ou moins directement à un sauvetage de l'euro, les États-Unis et le Royaume-Uni s'y refusent. Pourtant ce dernier pays fait partie de l'Union européenne, d'ici à 2017 un référendum pourrait aboutir à son retrait de l'UE, d'où la déstabilisation de l'Europe.

Malgré cet appel quelque peu désespéré, dans la courte période à venir, les ressources du FMI seront minorées à cause d'une grande majorité de pays cotisants affaiblis par la dette publique grandissante et par la récession économique mondiale. Le temps est désormais compté pour les pays européens. C'est juste l'affaire de quelques années avant qu'ils ne subissent de nouvelles difficultés décisives. Ils finiront par plier et indirectement à renoncer à leur souveraineté, en acceptant la nouvelle donne économique et financière du cartel.

S'ajoute le Plan de soutien à l'euro, l'indispensable bouée de sauvetage

Le 7 juin 2010, les ministres des finances de la zone euro ont défini un plan de soutien à l'euro. Obligation leur est faite de soutenir chacun des pays qui à l'image de la Grèce rencontrerait à son tour des difficultés financières.

Pas de l'argent disponible, juste une capacité d'emprunt auprès des marchés financiers

En mai 2010, ils avaient opté pour le déblocage de 750 milliards € – 250 milliards sont prêtés par le FMI – 440 milliards seraient versés comme garantie d'emprunt par les pays de la zone euro – 60 milliards sont prêtés par la Commission européenne. Ce fonds de stabilisation n'est pas de la monnaie sonnante et trébuchante, juste une capacité d'emprunt auprès des marchés financiers pour lever des fonds dans de bonnes conditions de taux d'intérêt.

Or, s'il fallait venir intégralement en aide à l'Espagne et à l'Italie (30% du PIB de l'UE, contre 3% pour la Grèce), avec le consentement obligatoire de l'Allemagne,[296] il faudrait injecter 1000 milliards €, soit 5 fois plus que pour la Grèce. Trois mois plus tard, en août 2011, des experts prévoient de tripler le montant prévu en mai. Ils estiment qu'au moins 2000 milliards € sont nécessaires pour disposer d'une réelle marge de manœuvre afin de sauver la zone euro. En janvier 2012, l'on approche les 1500 milliards € en incluant l'appel international du FMI...

En septembre 2011, consécutivement à toutes les opérations de prêts effectuées dans la seule zone euro (Irlande, Grèce, Portugal, Hongrie...) le FMI ne dispose plus que de la moitié des fonds initiaux prévus pour l'ensemble des pays riches et pauvres du monde. En octobre 2011, la Chine se propose de venir en aide pour renflouer le fonds de stabilisation, afin de soutenir l'Europe son principal client et d'assurer son volume d'exportation de produits finis vers l'UE. Dans un contexte de

---

[296] Ce pays lui aussi fragilisé par la crise (2000 milliards € d'endettement, 78% du PIB) reste néanmoins le pivot de l'Union européenne. Sur les marchés financiers, il a bénéficié d'un report d'achat d'obligations d'État émises par le gouvernement allemand. Au cours de l'année 2011, les investisseurs ont acheté préférentiellement et massivement des titres de la dette allemande (Bund). Pour ce faire, ils ont revendu tout aussi massivement les titres obligataires émis par les pays les plus endettés : Grèce – Espagne – Portugal – Italie... à leur entier détriment. Un mouvement de transfert qui a fragilisé plus encore l'équilibre de la zone euro. Mais fin 2011, un revirement s'opère, les investisseurs en grande partie influencés par la rumeur des rabatteurs de la finance occulte, délaissent les titres souverains allemands. Dès 2012, l'Allemagne ne pourra plus se soustraire à l'opinion publique d'un grand nombre de citoyens hostiles au renflouement de pays incompétents en gestion de leurs fonds publics. Une population qui subit la montée en flèche de la précarité professionnelle et de la pauvreté. Un peuple qui ne voudra, ne pourra, plus financer les demandes successives d'aide aux faillites annoncées, même si cela devait mettre en cause la survie de l'euro.

récession chronique, son initiative ne sera pas d'un grand secours.

L'Europe est très divisée sur la question monétaire

L'Allemagne, pilier de l'Europe, l'une des nations les plus vertueuses en matière de gestion publique ne fera pas toujours les frais de l'incompétence budgétaire de ses partenaires. Ces derniers la sollicitent instamment de relancer sa consommation intérieure afin d'absorber une part plus grande de leur production de biens de consommation. Sinon, l'Italie, l'Espagne… laisseront planer le doute sur l'obligation de restaurer leur compétitivité par eux-mêmes, au risque d'une scission de l'UE. Les dirigeants de la RFA ont alimenté plusieurs fois le fonds de stabilité destiné à soutenir financièrement tout pays de l'UE en difficultés, notamment la Grèce.

Fin 2011, l'Allemagne connaît à son tour un retournement de tendance boursier, les investisseurs influencés par la rumeur, lancée par des rabatteurs du cartel, délaissent les obligations allemandes, si prisées jusque-là. D'ici peu, sous la pression de leur électorat clairvoyant, les dirigeants allemands finiront par refouler le rôle permanent du Saint-Bernard de service, se préparant au pire, la chute rapide de l'euro.

Contrairement aux autres monnaies de la zone euro, le Deutsche Mark n'a pas été invalidé. Selon la Bundesbank 13,6 milliards de DM (environ 7 milliards €) sont en circulation, moitié en pièces, moitié en billets, 160 millions de DM ont été échangés en 2008. En décembre 2009, le quotidien Thüringer Allgemeine Zeitung indiquait l'achat par la société Ruhlamat de Thuringe de 14 rotatives à billets de banque pour une nouvelle usine employant 230 personnes. En avril 2010, des billets de 100 DM ont été imprimés en grand nombre. Ces nouveaux

DM sont identiques à ceux mis en suspens le 31 décembre 2001, au bénéfice de l'euro. Ces billets sont immédiatement utilisables si l'Allemagne venait à réintroduire sa monnaie.

LA VOLONTÉ D'UN RETOUR AUX MONNAIES NATIONALES, LE PROBABLE DÉMANTÈLEMENT DE LA ZONE EURO

La succession d'évènements qui se profile clairement depuis le deuxième semestre 2012 est annonciatrice d'un prochain bouleversement. Parmi les premiers signes, la psychose de tout perdre pourrait pousser les usagers de banque à retirer la totalité de leurs avoirs (Bank run).[297] L'on peut donc s'attendre prochainement à la chute des cours artificiellement surévalués de l'euro, à la dislocation de cette devise, puis au démantèlement de la zone euro.

En 1999, dès la création de la monnaie européenne, Milton FRIEDMAN (1912 – 2006) considéré comme l'un des économistes les plus influents du XXe siècle avait pronostiqué l'échec de l'euro. Il argumentait disant qu'il est impossible de gérer une monnaie commune avec des pays d'Europe aussi composites, dont le niveau de démographie, de productivité est si différent.

L'actuelle crise de confiance qui ébranle l'union monétaire démontre l'évidente inadéquation entre d'une part la nécessité pour chaque nation de conduire une politique nationale en tenant compte du niveau économique et démographique

---

[297] **Panique bancaire**
http://fr.wikipedia.org/wiki/Panique_bancaire

spécifique à chaque pays et d'autre part les contraintes qu'impose une monnaie unique et des règles communes strictes. Ce qui oblige tous les Etats 1) à la centralisation de toutes les grandes lignes de décision politique 2) à n'emprunter qu'auprès des marchés financiers. Se profile aussi, à l'instar du dollar, le désintérêt, ou le retournement du marché mondial des changes à l'égard de cette monnaie, par trop surévaluée en 2013. D'où une tentation supplémentaire des États à faire sécession pour survivre aux conséquences asphyxiantes de la crise majeure.

Par ailleurs, même si tous les ministres des Finances s'y opposaient vertement, de nombreux pays aimeraient rétablir leur barrière protectionniste. Le retour à leur monnaie nationale semble être le meilleur moyen de s'adapter aux dévaluations dites compétitives pratiquées par leurs partenaires de l'UE n'ayant jamais adhéré à l'euro (Danemark – Hongrie – Royaume-uni – Pologne –Suède), sachant que la devise européenne ne peut pas faire l'objet d'une dévaluation forcée. Rouvrir leur Banque centrale nationale, solliciter un grand emprunt de solidarité nationale permettrait aux nations de ne plus être soumises aux marchés financiers. Il serait alors possible de réduire l'endettement public et de mieux maîtriser le déficit de la balance des paiements (toutes les transactions monétaires d'un pays d'avec le reste du monde : exportations et importations de produits de services, de capitaux, de transferts financiers).

Malgré l'avis contraire de leurs dirigeants, les populations de plusieurs pays sont très favorables à retrouver leur monnaie d'origine, notamment l'Allemagne □ vidéo, l'Espagne, l'Italie. Par définition, aucun pays ne pourrait prétendre être souverain s'il n'émet pas sa propre monnaie, s'il ne peut pas emprunter auprès de sa Banque centrale. Cependant, cette formule d'échappée belle placée dans le contexte contraignant de la globalisation n'est pas forcément la solution idéale, pourquoi ?

Parce que les États-nation sont devenus économiquement interdépendants, liés, encordés les uns aux autres. Par conséquent, ils ne peuvent pas s'extraire si facilement de la mâchoire du fédéralisme européen et moins encore se libérer du collet d'une mondialisation déshumanisée, avec lequel les ont piégés les esprits supérieurs. En 2012, le peuple grec s'oppose vivement aux mesures de rigueur budgétaire imposées par le gouvernement, quitte à sortir de la zone euro. La politique de la nouvelle présidence française appelle à la renégociation du traité européen de discipline budgétaire afin d'établir un pacte de croissance, quitte à créer une scission avec l'Allemagne.

Ces réactions et celles à venir sont les signes précurseurs d'un probable démantèlement de cette zone. Quel que soit le cas de figure, quelle que soit la tournure des évènements à venir, si les pays européens devaient résister trop longuement aux effets généraux de la crise majeure, alors une forte dévaluation du dollar et/ou de l'euro donnerait le coup de grâce économique et financier à l'Europe, conformément au plan de sape des souverainetés nationales.

LE GOUFFRE ABYSSAL DE LA DETTE PUBLIQUE DES ÉTATS-UNIS[298]

Au premier semestre 2011, le montant faramineux de la dette publique US[299] (déficit annuel de l'ensemble des administrations publiques, des organismes de santé publique, des États fédérés d'Amérique) est officiellement de 17.000 milliards $ en 2012 – soit 110% du PIB annuel du pays – un niveau sans précédent. En réalité la dette dépasse les 25 000 milliards $. Tandis que le

---

[298] **US Debt - Visualized in physical $100 bills**
https://www.youtube.com/watch?feature=player_embedded&v=iTBODoBaCns#!
[299] **La crise de la dette simplement expliquée en 5 minutes.**
https://www.youtube.com/watch?feature=player_embedded&v=mrxUUz3TAdk

cumul de l'endettement atteint les 210.000 milliards $.[300] Le Trésor américain ayant pour fonction de répondre aux besoins fiscaux et monétaires du pays, depuis janvier 2011, son directeur Thimothy GEITHNER, membre du CFR, du Centre d'études stratégiques et internationales (CSIS) et du Bilderberg group, demande aux élus de relever le plafond officiel.

En attendant, GEITHNER avec le partenariat occulte de la FED a mis en œuvre des mesures exceptionnelles pour continuer à émettre des obligations sans augmenter l'endettement net de l'État. En juillet 2011, c'est le président OBAMA qui s'apprête de sa propre autorité à relever le plafond de la dette, malgré l'opposition des républicains. Tout en programmant pour les dix années à venir une coupe budgétaire supérieure à 4000 milliards $, à déduire des besoins habituels de fonctionnement du gouvernement fédéral.

Ces démarches de consolidation apparemment teintée de patriotisme ne sont en fait qu'une manœuvre. Il s'agit de gagner suffisamment de temps pour que le bloc des pays européens, plus encore confrontés aux effets corrosifs de la crise majeure, finisse par s'effondrer. Il est prévu qu'il cède le premier sous le poids de la récession prolongée, voire qu'il entre dans une phase de dépression économique. Car pour un peu de temps encore, les Etats-Unis ont à jouer le rôle de leader du monde.[301] Jusqu'à ce qu'ils parviennent conjointement à l'ONU à introduire un nouvel agencement financier et politique. Toutefois, cette situation d'endettement ne pourra pas durer bien longtemps, car légalement l'État américain soumis à l'avis du Congrès n'a pas le droit de dépasser le plafond fixé. De son côté, la Chambre des représentants actuellement sous le contrôle des républicains ne veut plus entendre parler de ce

---

[300] http://www.lejardindeslivres.fr/dollar.htm
[301] Voir en 2e partie au sous-titre – Les États-Unis doivent relayer les Nations Unies et prendre en main la conduite et l'avenir des peuples – la citation clé de Nelson ROCKEFELLER.

relèvement. L'on évoque comme solution une réduction drastique des dépenses publiques, dans une mesure que le gouvernement et les démocrates jugent inacceptable. D'autre part, au rythme actuel de l'endettement, le nouveau plafond même s'il était relevé par décision présidentielle serait à nouveau rapidement atteint au cours de la période à venir.

En 2012, la croissance de l'économie américaine est de 2,3%, dont 70% correspond à des dépenses publiques de l'Etat fédéral pour l'armement – soit une croissance nette restante de 0,7%. En 2013, il faudra revoir la croissance à la baisse du fait de la restriction du budget fédéral et du fait de la levée de nouveaux impôts pour solutionner le Fiscal CLIFF[302] (la falaise fiscale) de 16.000 mds $.

En réalité, en incluant les sommes débloquées en secret par la FED au profit du Trésor, la dette officielle US se situe à 25.000 milliards $, le cumul officieux à 210. 000 mds $. La situation n'est donc pas supportable bien longtemps. Toutefois, sous l'influence de la véritable gouvernance mondiale, via la FED, via Wall Street, le gouvernement en place, quelle que soit son étiquette politique, maintiendra ce cap, jusqu'à ce que le continent européen sombre le premier. Après lui, le gouvernement fédéral connaîtra à son tour la banque route. C'est alors que tous les services publics US (administration, hôpitaux, services fédéraux divers...) seraient privés de fonds, que les 800.000 fonctionnaires n'auraient plus aucun salaire...

---

[302] La dette publique est la somme du déficit budgétaire de l'État fédéral accumulé au fil des années – 1400 milliards $ en 2011 – soit 11% du PIB – ses recettes fiscales étant inférieures à ses dépenses de fonctionnement.

LE SEUL PAYS QUI PEUT S'ENRICHIR EN LAISSANT FILER SA DETTE EXTÉRIEURE

Tout aussi paradoxalement que cela puisse paraître, assurément quel que soit le déficit colossal de leurs comptes budgétaires, les États-Unis tiendront le temps qu'il faudra. Suffisamment longtemps pour que s'accomplisse pleinement le plan des esprits supérieurs. Les patrons de la Réserve fédérale américaine, la banque privée la plus puissante au monde, ceux à qui le monde entier doit de l'argent sont assurés de s'enrichir toujours plus. Car plus le niveau de la dette extérieure du pays s'élève[303] plus ils sont gagnants. Comment est-ce possible ?

Les principales banques centrales du monde, dont la BCE, sont détentrices en moyenne 60 à 80% de dollars, conséquemment elles financent le déficit américain. C'est particulièrement le cas des pays asiatiques : Chine – Japon – Corée du Sud – dans l'obligation de détenir de fortes réserves en dollars. Faute de quoi, ces pays ne pourraient pas conserver le même taux de change entre leur monnaie volontairement dévaluée[304] et le billet vert, d'où la mise en cause de leur compétitivité commerciale. Pour eux, c'est le seul moyen d'assurer leur indispensable source de devises, mais dont la valeur n'est payable qu'en dollars US.

---

[303] La dette brute extérieure des USA, de l'ordre de 17 000 mds $ – soit l'ensemble des dettes dues par le pays à des prêteurs extérieurs au pays : celles de l'État – des entreprises – et des particuliers compris. La valeur nette de cette dette est la différence entre ce que le pays a emprunté à l'extérieur et ce qu'il prête lui-même à l'extérieur.

[304] Depuis 1995, la Chine, principal partenaire des USA, déprécie sa monnaie par rapport au dollar, 8 yuans pour 1 $.

Malgré le niveau très élevé de leur dette extérieure, les USA ne cessent d'emprunter massivement au reste du monde quelques 4500 milliards \$/an. Tandis qu'au fil des années d'emprunt, la valeur cumulée de leur dette envers les autres pays du monde n'a augmenté que de 800 milliards \$! L'explication tient au fait que les actifs[305] et passifs[306] des États-Unis envers les autres pays du monde ne sont pas homogènes et réagissent différemment aux mouvements des marchés mondiaux. En particulier le passif qui est libellé en dollar alors qu'une grande partie des actifs l'est en monnaie étrangère (par exemple, une action détenue par une entreprise américaine sur le marché du CAC 40 est cotée en euro). Les périodes répétées de faiblesse du billet vert ont généré alors un gain pour le pays la valeur en dollar de leurs actifs augmente (par exemple une action du CAC 40 ayant évolué jusqu'à 100 euros, vaut en fait 115 \$ au lieu de 100 \$) alors que celle de leur passif reste inchangée.

Lorsque les marchés mondiaux sont en hausse, la valeur des avoirs américains augmente fortement. Si cette hausse accroît la valeur d'actions US appartenant à des investisseurs étrangers, le montant est limité du fait de la prédominance d'obligations dans le passif américain. Les huit dernières années, le dollar s'est affaibli, ce qui a accru la valeur – en dollar – des actifs libellés en monnaie étrangère – de 1200 milliards \$. C'est donc la progression des marchés financiers qui a généré 1200 milliards \$ de gains pour le pays. Toutefois, les dernières années de crise ont eu un effet négatif sur ce processus gagnant. En 2007 la dette était de 1400 milliards \$, mais en 2008 elle montait

---

[305] En matière de comptabilité générale, l'actif est la totalité du patrimoine d'une entité économique donnée, autrement dit tout ce qui est en sa possession.

[306] Un passif est un élément du patrimoine ayant une valeur économique négative pour le pays (ou pour une entreprise). C'est-à-dire une obligation du pays (ou de l'entreprise) à l'égard d'un tiers. Cette obligation provient de transactions ou d'événements commerciaux antérieurs inclus dans un bilan annuel. Pour régler l'obligation en question, le pays peut abandonner un actif, fournir un service ou selon un accord particulier apporter toute autre forme d'avantage économique équivalente à celle en quoi il est redevable.

à 4100 milliards $. Non pas en raison d'emprunts massifs, mais à cause de l'effondrement des marchés financiers. Singulièrement, le cas du géant Lehmann Brothers[307] dont la chute a coûté 1800 milliards $ au pays. Auxquels s'ajoutent 700 milliards $ de moins-value du fait du renforcement du dollar.

Mais en 2009, le scénario s'est inversé, la dette nette est descendue à 2900 milliards $. Ce fut le résultat du rebond des marchés donnant un gain de 800 milliards $, auquel s'est greffé cette fois l'effet d'affaiblissement de la devise US, apportant 400 milliards $ de plus-value.

C'est une situation qui favorise la mise à l'équilibre de la dette extérieure américaine, dopant la prédominance des Etats-Unis sur la scène mondiale. Prééminence qui a été orchestrée savamment par les grands financiers aux ordres du cartel de Bilderberg. Dans la même ligne, les mesures prises récemment par T. GEITHNEIR et par B. OBAMA en faveur du maintien de la budgétisation de l'État fédéral sont de nature à faire gagner du temps à la véritable gouvernance mondiale. Ceci pour lui permettre, via son héros états-unien, leader de toutes les mystifications, de conduire jusqu'à son terme les négociations en cours, spécialement celles visant à l'application de la nouvelle économie keynésienne, en vue d'une nouvelle refonte de la finance mondiale.

---

[307] L'analyse de la faillite de cette banque c'est l'objet d'un rapport de 2200 pages qui met en cause le PDG Dick FULD, des cadres, le Cabinet d'audit Ernst & Young et 2 banques concurrentes. Repo 105 était le nom de code d'une malversation pratiquée par Lehman Brothers pour falsifier ses comptes. L'on vendait à un partenaire des actifs à la veille de la publication des comptes, pour les lui racheter quelques jours plus tard. But de la manœuvre, alléger temporairement la dette sur son bilan. Un maquillage réalisé en 2001 et fin du dernier trimestre 2007 pour 39 milliards $. Fin du premier trimestre 2008 pour 49 milliards $, et pour 50 milliards $ au second trimestre 2008. Ainsi que d'autres trafics sur ses actifs immobiliers jusqu'à 450 millions d'euros.

UN NOUVEAU SYSTÈME FINANCIER MONDIAL N'Y SUFFIRAIT PAS

Le 17 mars 2009, le directeur du FMI (membre du Bilderberg et du siècle) qualifiait la crise actuelle de grande récession aux conséquences multiples pour tous les pays du monde, à tous niveaux de développement. Depuis cette date, le ralentissement de la production de richesses (PIB) ne cesse d'impacter par milliards de dollars les échanges et l'investissement. Démonstration de l'efficacité obtenue par le goulot d'étranglement façonné pour ne laisser passer qu'à minima l'argent indispensable à l'économie réelle.[308] Conséquemment, chaque mois, des centaines de millions de $ de recettes fiscales n'entrent plus dans les caisses des États nation, d'où la brusque aggravation de leur déficit budgétaire et l'envolée de leur immense dette publique.

Plus important encore, mais loin d'être résolument le centre des préoccupations des chefs de gouvernement, les conséquences humaines se traduisent par le déclassement professionnel, l'augmentation des contrats de travail précaire, la perte supplémentaire[309] de millions d'emplois à l'échelle planétaire, l'accroissement général de la pauvreté.

Réalistement, la réorganisation spontanée du système financier, sous la forme d'une monnaie et d'une banque mondiale uniques, comme solution à tous ces problèmes socio-économiques ne serait qu'un simple effet d'annonce. Mais en raison de la désespérance ambiante, ce serait suffisant pour

---

[308] Voir plus haut le Point clé – Sixième moyen, parvenir à assécher l'économie réelle.

[309] Par exemple depuis 2008, en France, 1000 emplois sont perdus chaque jour.

donner à la grande masse des gens l'espoir d'un possible renouveau. Vu l'état de morcellement de la société civile, l'économie mondiale ne serait en rien régénérée sans la profonde détermination de vouloir corriger les conditions de la demande sur le marché intérieur, ainsi que l'équilibre des échanges sur les marchés extérieurs. Donc, au plan macro-économique, à minima, il faudrait retrouver une certaine stabilité perdue au début de la décennie 90. Sans avoir l'assurance de retrouver du même coup l'état d'esprit progressiste et constructif de cette époque-là.

Pour croire en de telles orientations planétaires, toute personne sensée demandera « *Dès maintenant, montrez-moi en quoi consiste ce nouveau modèle économique. Comment les règles duquel seraient appliquées pour être profitables à tous, équitables pour tous ?* ». La toile vierge, pour reproduire ce beau paysage idyllique avec toute sa palette de couleurs, dans un style réaliste, ne sera jamais posée sur le chevalet. Depuis fort longtemps, tous les artistes-peintres célèbres et qualifiés pour le faire se sont exclusivement affairés à réaliser leurs objectifs personnels, à garantir le devenir politique de leur corporation. Attention à ne pas être dupe et abêti par les prochaines annonces d'un renouveau économique à l'échelle du monde entier *! Il vaut mieux par avance s'efforcer de discerner sur la base du contenu de notre ouvrage que ce prochain appel de sirènes charmantes et envoûtantes, sera le plus mirifique, le plus subjuguant, des plus grands mensonges de toute l'histoire de l'humanité.*

POURTANT, IL SUFFISAIT D'ÊTRE SOLIDAIRE

Au cours des quatre dernières décennies, si les chefs d'État avaient eu suffisamment de cran, de courage, ils auraient appliqué des mesures équitables de protection envers les plus fragiles, les plus déshérités. Au lieu de cela, obsédés par leur devenir, ils se placent aujourd'hui dans la condition qu'il faut pour se laisser charmer par l'annonce de prochaines chimères vantant les mérites extraordinaires d'un nouveau modèle financier mondial. Être solidaire, n'aurait consisté simplement qu'à prélever une faible part annuelle sur les profits spéculatifs réalisés sur les milliers de milliards $ annuels de flux boursiers mondiaux, dont une grande partie se compose de produits dérivés hyper spéculatifs. Puis de transférer ces fonds vers une structure apolitique capable de les répartir équitablement.

Hormis les situations de famine consécutives à des phénomènes climatiques anormaux et répétitifs (sécheresse – inondation – prolongée), 30 milliards $ par an suffisaient à éradiquer le fléau de la faim dans le monde. L'on aurait pu résoudre les autres principaux besoins fondamentaux des populations pauvres, et du milliard d'humains vivant dans les bidons villes, en affectant 20 milliards $/an supplémentaires pour la construction rapide de logements simples. L'on pouvait aussi réaliser les travaux de raccordement aux réseaux d'eau courante et d'assainissement des eaux usées. Une poignée de milliards $ en plus pour faire des forages et installer des purificateurs d'eau douce, pour installer des stations énergétiques à énergie libre…[310] Il aurait été facile d'organiser et d'encadrer le développement de l'agriculture locale afin d'assurer rapidement l'autonomie alimentaire de tous les pays pauvres… Tout ceci ne représente que l'équivalent annuel de l'escroquerie MADOFF. Ce n'est qu'une broutille par rapport aux 25.000 milliards $ qui sont partis en fumée lors du krach boursier de 2008.

---

[310] **L'impression 3D de métal offre de nouvelles perspectives aux moteurs d'énergie libre à aimants.**
http://energie-libre.com/

Selon un service de l'ONU, chaque année, 1300 millions de tonnes de nourriture sont perdues. Soit le tiers de la production mondiale de denrées alimentaires. Si dans les pays en voie de développement, ce problème est consécutif surtout au défaut d'infrastructures (absence de transport et stockage réfrigérés, voies d'accès impraticables, absence d'organisation de centre de distribution...). Par contre dans les pays développés il s'agit d'un véritable gaspillage, pendant qu'un milliard de personnes (1 sur 7) souffrent chroniquement de faim. Sans l'avoir vécu soi-même, l'on ne peut pas imaginer ce que peut ressentir un de nos semblables, épuisé de fatigue après la répétition de dures journées de travail. Lorsqu'il se retrouve jour après jour à court de ressources, sans pouvoir reprendre des forces, un être humain représentatif de tous les autres pauvres de la planète. Lui qui ne dispose d'aucun confort, forcé de dormir à même le sol, ou ne disposant que d'un couchage sommaire. Lui qui n'ayant pas pu manger à sa faim le soir venu, si tant est qu'il ait pu s'alimenter normalement au cours de la journée, tente de s'endormir le ventre tordu par la faim.

LES PAYS PAUVRES SONT CONTRAINTS À LA MISÈRE, MALGRÉ LES PROMESSES D'EXONÉRATION DE LA DETTE

En 1996, l'évolution de la dette des pays pauvres semblait pouvoir bénéficier d'un allégement, ou d'une réduction, de la dette. Une initiative lancée en fanfare par le G7, le FMI et la Banque mondiale, sous la pression de la plus grande pétition de l'Histoire, 24 millions de signatures recueillies entre 1998 et 2000. En 2005, dans le cadre de la campagne du millénaire des Nations-Unies, le G8 promet un allégement de 40 à 50 milliards $. Mais depuis 1996, rien n'a été suivi d'effet, c'est le statu quo. Au final, l'aide au développement accuse une baisse significative.

Cela est d'autant plus injuste qu'une grande partie de la dette contractée dans la décennie 1970 pour financer utilement des projets nationaux. À l'époque, les prix des produits de base et les revenus générés par les exportations étaient assez élevés ce qui permettait de rembourser plus facilement l'emprunt. Mais le choc pétrolier de 1979 et la récession mondiale des années 1980 ont provoqué un effondrement prolongé du prix des matières premières, augmentant d'autant le profit des industriels de pays importateurs. Ces peuples toujours plus appauvris se sont alors retrouvés avec d'importantes dettes qu'ils n'étaient plus en mesure de rembourser. En 2006, la dette était de l'ordre de 2600 milliards $, y inclus 1000 milliards $ des pays émergents en développement (PED).

Ces nations étaient soumises à une montée en flèche de leur dette intérieure, au détriment des conditions de vie des populations, déjà en état de souffrance. Par exemple, l'Afrique subsaharienne dépense quatre fois plus d'argent pour rembourser sa dette extérieure. Ce qui l'empêche de couvrir les besoins de dépenses nécessaires à la santé, à l'éducation, de la population. À elle seule, la difficulté à rembourser la dette est donc en bonne partie responsable de la pauvreté qui sévit aujourd'hui dans les pays déshérités.

Outre la spéculation sur les matières premières des années 1980, pour cerner les causes de cette hausse inexorable de la dette globale, il faut remonter à 1979. Cette année-là, Paul VOLCKER, président de la Réserve fédérale (FED) décide le triplement des taux d'intérêt. Il évoque le besoin de stopper l'inflation et d'attirer des capitaux pour faire face à la gravité de la crise intérieure. Sous prétexte de protéger l'économie américaine, le but de la manœuvre consistait en fait à dominer l'économie mondiale.

Il s'agissait d'inverser le rapport de force entre les pays créditeurs, incluant les institutions financières internationales (FMI B.M…) et les débiteurs, incluant l'ensemble des pays pauvres. Ces derniers ne pouvaient pas attirer des capitaux étrangers à des taux aussi avantageux que ceux offerts par les USA. Par contre, ils étaient tenus comme les autres de rembourser cette énorme majoration du triplement des intérêts de la dette, indexés sur les taux américains.

En dix ans la dette passe de 580 milliards $ à 1420 milliards $ auxquels se cumule le manque à gagner de la chute progressive du cours des matières premières exportées. Un fardeau financier réduisant d'autant les ressources limitées des pays pauvres. Les obligeant à emprunter davantage pour pouvoir faire face à cette nouvelle situation de surendettement. Les populations pauvres vont en faire doublement les frais puisque les gouvernements corrompus ou dictatoriaux, soutenus par diverses organisations de la gouvernance mondiale occulte, se sont endettés bien au-delà de leur capacité de remboursement. Nombre de tyrans à la tête de ces pays défavorisés ont organisé ce dépassement d'endettement dans un but d'enrichissement personnel. Ils ont détourné la plus grande part des sommes initialement reçues pour leur pays, formant ainsi la spirale infernale de la dette des pays du Sud.

Fin de la décennie 1980, la situation est paroxystique, les créanciers (B.M – FMI – Club de Paris : *groupe informel de créanciers publics se réunissant régulièrement à Paris*) décident de lâcher un peu de lest. Mais en fait, ce sont les PED qui vont produire le plus grand effort en augmentant la quote-part de leur remboursement. Malgré tout, la détérioration va se poursuivre, le niveau d'endettement atteindra le niveau historique de 2850 milliards $. Et comble de sauvagerie, certains rabatteurs de petits gibiers accompagnés de leurs fidèles chiens de meute, se transforment impitoyablement en vautours. C'est l'image même de la bande internationale de

spéculateurs qui ont reçu l'assentiment du cartel de la haute finance, les Maîtres de la chasse à courre.

Qui aurait pu imaginer un seul instant que la dette des pays pauvres allait devenir un moyen de spéculation au bénéfice de cette horde infâme ! Cette idée en tête, ils organisent l'achat de cette créance au prix le plus bas, lorsqu'elle sur le point d'être annulée, ils lancent une procédure judiciaire pour obtenir le paiement du montant initial augmenté des intérêts, empochant ainsi jusqu'à dix fois la mise de départ. Une extorsion de fonds considérée aux yeux des autorités judiciaires comme légale, portant le nom de « *fonds Vautours* ». Sur la liste des 41 pays éligibles à l'allégement des dettes du FMI, 20 d'entre eux ont été menacés ou l'objet de poursuites judiciaires par des fonds vautours. Les plus grosses sommes réclamées furent de 900 millions $ à la République du Congo, 350 millions $ au Cameroun et 275 millions $ au Nicaragua.

Ces montants sont nettement supérieurs aux budgets alloués dans le cadre conventionnel de l'aide au développement. Une dizaine de pays africains sont concernés par une cinquantaine de procès en cours, pour un montant estimé à près de 2 milliards $. Cette frénétique curée s'est même étendue avec férocité sur le riche État de Dubaï dès le début de la crise qui l'a frappé fin 2009.

En 2010, le total d'allégement de la dette alloué par la Banque mondiale aux 40 pays les plus pauvres ne représentait que 35 milliards $ sur un total de 2850 milliards $. Pour financer sa quote-part de dégrèvement, le FMI prévoit d'utiliser les bénéfices réalisés sur une transaction d'or remontant à 1999. Le stock d'or officiel du FMI de l'ordre de 3300 tonnes, 44 milliards $, est sous-estimé car l'institution cache sa position de troisième détenteur d'or au monde, déclarant en posséder 5 fois moins.

En fait, le FMI cherche à offrir la meilleure image de grand secouriste du monde en échangeant des dollars sans valeur contre l'or des nations endettées. Alors que son objectif caché consiste à gagner du temps pour tenir le plus longtemps possible dans l'asservissement des pays les plus pauvres, dont désormais ceux de l'Union européenne. Depuis 2008, en aparté et de concert avec le CFR, le FMI évalue la situation de la dette et ses répercussions économiques en chaîne sur les autres pays de l'UE. Ce pôle mondialiste est aussi dans l'attente probable de la forte dévaluation du dollar, après celle de l'euro, pour aboutir à la création d'une monnaie mondiale unique probablement adossable à l'or. Deux moyens de changer carrément les données de cette dette à l'immense avantage financier du FMI.

DES SIGNES DE RÉBELLION APPARAISSENT LÀ OÙ L'ON NE LES ATTENDAIT PAS

En 2009, environ un million de Texans ont signé une pétition pour faire sécession du reste des États-Unis. 50% des habitants de cet État n'acceptent pas la réforme organisée par le gouvernement fédéral. Ils considèrent comme une régression et une injustice les modifications portant sur le système de santé, l'éducation, les taxes, le sauvetage d'entreprises en faillite et les ménages surendettés. Ils réclament avec insistance leur indépendance. Le mouvement indépendantiste dopé par la crise économique majeure, compte 250 000 membres, trois fois plus qu'en 2008. Ils considèrent leurs droits constitutionnels bafoués, ils ont le soutien du gouverneur Rick PERRY, candidat à l'élection présidentielle de

2012. En 2013, le Texas veut rapatrier son or de la Réserve fédérale (FED).[311]

La situation inquiète l'administration OBAMA.[312] Ce n'est pas un cas isolé, de plus en plus d'États américains réclament leur indépendance, du côté des républicains ce sont les États de l'Oklahoma – Missouri – Montana – Georgia. Les suivront de près les États d'Alabama – Idaho – Nevada – Alaska – Arkansas – Kansas. Côté démocrate sont concernés les États de Washington – Vermont – Californie – Arizona – Michigan – New Hampshire. Les suivront de près les États de l'Illinois – Hawaii – Colorado – Pennsylvanie – Indiana – Maine.

La seule hausse des taxes fédérales, liées à l'insurmontable endettement du gouvernement fédéral,[313] suffit à les révolter pour faire rapidement sécession.

En 2008 et 2009, les 320 000 habitants de l'Islande, un État insulaire prospère, situé sur l'océan Atlantique Nord, rattaché à l'Europe, rejettent le sauvetage des banques, nationalisent la principale banque et provoquent la démission du gouvernement en place. Ils organisent un referendum pour se prononcer sur les décisions économiques de fond, réécrivent la constitution et emprisonnent les responsables de la crise.

---

[311] **Le Texas veut rapatrier son or de la Réserve Fédérale américaine (FED)**
http://www.latribune.fr/bourse/devises-forex/20130326trib000756054/le-texas-veut-rapatrier-son-or-de-la-reserve-federale-americaine-fed.html
[312] **Crise systémique globale - USA 2012/2016 : Un pays insolvable et ingouvernable**
http://www.leap2020.eu/Crise-systemique-globale-USA-2012-2016-Un-pays-insolvable-et-ingouvernable_a8454.html
[313] Voir plus haut le sous-titre – Les chefs de gouvernement sont dans l'expectative et – Le gouffre abyssal de la dette publique des États-Unis.

Une information que les médias européens ont passée sous silence. Une situation dont personne n'a fait état au cours des débats politiques télévisés. Voir le détail ici.[314]

La vie de la grande majorité des populations mondiales soumise et dépendante d'un revenu salarial est actuellement bouleversée par le chômage massif, l'emploi précaire, la montée du prix des produits de première nécessité. Ce fléau s'étend brutalement telle une forte marée montante et grondante. Les peuples rapidement appauvris ou privés des besoins essentiels de la vie ne supporteront plus longtemps de suffoquer et se révolteront en masse. En témoigne l'insurrection des populations arabes de janvier 2011. Suivie de la révolte d'autres catégories sociales en Grèce, en Bulgarie, Islande, Angleterre, Espagne, Italie...

Aux États-Unis, le pays le plus riche au monde, 1 citoyen sur 7 (50 millions de personnes) vit au-dessous du seuil de pauvreté.[315] Tous ceux-là ont besoin de l'aide alimentaire du gouvernement fédéral, sous forme de tickets alimentaires, mais à cause du programme d'austérité, courant 2013, six cent mille personnes en seront exclues – 1 sur 5 (62 millions de personnes) est en situation d'insécurité alimentaire.

En France et en Allemagne, nations les plus riches d'Europe, la pauvreté monte aussi en flèche. Un adulte sur six doit vivre également sous ce seuil, idem pour un enfant, ou un adolescent, sur sept. Soit au total plus de 22 millions de personnes se trouvent plongées dans le dénuement. Sur les trois dernières années, le nombre de précaires, sous alimentés, délaissés par les citoyens les plus fortunés du monde, a augmenté de 25%. Les organismes caritatifs n'ont pas assez de moyens pour les

---

[314] **Nouvelle constitution en Islande : la conspiration du silence...**
http://www.agoravox.fr/actualites/international/article/nouvelle-constitution-en-islande-114748
[315] **USA : 10 chiffres qui disent tout**
http://www.mondialisation.ca/usa-10-chiffres-qui-disent-tout/5310915

nourrir. Par exemple, il manquera à une association humanitaire française 5 millions €, une somme considérable rapportée au volume de denrées alimentaires utiles aux plus démunis. Malgré cette pauvreté criante et incessante, il était question de réduire de 2,1 milliards, soit 40%, le budget européen d'aide alimentaire PEAD pour 2014, sous la pression médiatique cette initiative impopulaire a été abandonnée.

Bientôt, les envies caractéristiques du mode et du train de vie à l'occidentale ne seront plus qu'un vague souvenir. Elles n'évoqueront que de la frustration, la douloureuse impression d'échec de toute une vie d'efforts pénibles pour les uns, de compétition acharnée, déshumanisée, inutile et sans lendemain pour les autres. D'ici peu, les lamentations monteront de toutes parts. S'ajoutera l'expression très sombre d'un profond sentiment d'insécurité grandissante et d'une totale absence de perspective pour l'avenir.

LES CHEFS D'ÉTAT S'EXPOSENT DANGEREUSEMENT À LA TOURMENTE DE LA VINDICTE POPULAIRE

Toujours dans l'attente d'une meilleure conjoncture économique, synonyme de croissance salvatrice, les États-nation s'exposent tel un vieux navire marchand à supporter une houle sociale de force 6 se renforçant en tourmente de force 7. Les chefs de gouvernement, tels de vieux briscards des mers, auront alors le réflexe d'augmenter la puissance des moteurs, mais la corrosion survenue sur les pièces en mouvement, mal entretenues, ajouteront à l'inertie de la manœuvre. La vétusté, le mauvais état du bâtiment rendront toute manœuvre inopérante contre l'énergie gigantesque des murs d'eau qui s'abattront de toutes parts. Le risque de prendre une lame de travers et de coucher le bateau augmentera à chaque instant. C'est la violente tempête qui imposera sa folle direction. L'équipage subira alors simultanément le sens, la force, des vents et les puissants courants marins. Sans aucune possibilité pour lui d'exercer le moindre contrôle sur le navire et sur une grande partie du fret, endommagé par les déferlantes d'eau salée.

Une marchandise qui aura perdu toute sa valeur commerciale avant même qu'il ne soit possible de la décharger à quai. Au sein de l'équipage, l'angoisse et le stress augmenteront d'heure en heure. Le capitaine, les quartiers-maîtres et les hommes d'équipage, se demanderont s'il est encore possible de rentrer entier à bon port. Pareillement, du côté des gouvernements nationaux, la nature perverse et corrosive de la crise majeure, la crise des crises, son impact économique et sociétal frontal, brutal, inattendu, imprévisible, ne leur permettra bientôt plus aucune latitude pour gouverner en toute autonomie. Aux carences du passé, qu'il était possible de combler en temps voulu, s'ajouteront chaque jour les immenses et multiples difficultés tombant comme les immenses premières déferlantes survenues dès 2008.

Cette année-là, le marché de l'immobilier s'est effondré aux États-Unis, entraînant à sa suite la chute vertigineuse de toutes les autres valeurs boursières. Cependant, les adorateurs de Mammon n'en ont éprouvé aucun remords. Ils n'ont eu aucune pitié à l'égard des millions de gens mis à la rue à cause de la saisie de leur maison.

Ce petit gibier a été traqué et privé de son habitat naturel par des rabatteurs impitoyables accompagnés de chiens de meute excités par l'odeur de cette venaison facile à repérer, laissant derrière elle les marques olfactives de sa crainte panique, de sa sueur, de son sang. Ces grands canidés ont été lâchés à leur guise en dehors des parcours de chasse habituellement organisés par les maîtres de la battue.

Insuffisamment satisfaits de cette traque sans merci sur le petit gibier, les seigneurs de la chasse ont changé de parcours et de proie. Ils donnent maintenant libre cours à la meute pour qu'elle s'attaque aux matières de première nécessité: riz, blé, maïs, sucre, huile végétale, cacao, coton, caoutchouc… l'objet d'amples et incessants mouvements spéculatifs. Ils sont devenus proportionnellement aussi chers que le pétrole. D'ici peu, leur prix pourrait encore s'emballer, rendant la vie impossible au plus grand nombre.

Dans ce contexte exécrable, si les gouvernements nationaux avaient vraiment voulu garantir les besoins fondamentaux des populations, ils auraient immédiatement réagi en portant l'affaire devant l'ONU, l'UNESCO, l'OCDE, l'OMC, pour faire interdire ce type de spéculation abusive. Dénués de courage et de profond sentiment altruiste, assurés pour eux-mêmes de pouvoir vivre dans le luxe quoiqu'il se passe, ils ont délibérément accepté de se laisser enfermer docilement, progressivement, dans le carcan intraitable du mondialisme. Abandonnant ainsi le peu de volonté qu'il leur restait pour s'opposer à toute forme d'injustice criante. Ils ont préféré ne s'en tenir qu'aux accords de libre-échange, cosignés avec l'OMC. Mais, cette lâcheté les a conduits à un piège inévitable, ils sont devenus entièrement dépendants des pressions et fluctuations des marchés financiers, maîtres de leur destinée.

D'ici peu, une fois la crise devenue paroxystique, toutes formes de cris et de pleurs monteront de la grande multitude jusqu'au sommet des États nation. L'amplification de ces lamentations deviendra très vite insupportable aux tympans des gouvernants. Confrontées à ce bouleversement chaotique, les élites des nations se verront à nouveau proposer le même projet qu'au cours des sommets internationaux précédents. Cette fois, il semblera apporter promptement une solution globale sans aucun heurt, sans violence, dans un élan mondial de pacification. Cet harmonieux modèle de refonte universelle du système financier, économique et politique du monde leur sera proposé, une dernière fois très habilement, comme l'unique solution, probablement au cours d'un G20, si finement présenté qu'ils auront l'assurance d'accéder par la même occasion à d'autres privilèges princiers.

Tout est prévu pour que légalement, universellement, les chefs d'État puissent se décharger quasi immédiatement sur le gouvernement mondial naissant de l'immense poids de tous leurs fardeaux et tourments. Dès après avoir souscrit à cette nouvelle charte, ils se croiront enfin débarrassés de toutes contraintes financières, de tous soucis d'ordre politique, social, de tout risque de crise civile grave. Ainsi, ils penseront s'extraire commodément d'une situation nationale et internationale devenue ingérable, ingouvernable.

CHAPITRE 12

LA CRÉATION D'UNE MONNAIE UNIQUE, D'UN NOUVEAU SYSTÈME FINANCIER ET POLITIQUE MONDIAL

En février 2009, dans le cadre de l'élargissement de l'actuelle gouvernance mondiale des États nation, le secrétaire américain au Trésor, Timothy GEITHNER[316] s'accordait avec les membres du CFR sur la disposition visant à établir un nouveau système de monnaie mondiale. Il s'agissait dans un premier temps de remplacer le dollar, monnaie de référence et devise incontournable pour les échanges mondiaux. Ce modèle, avait été avancé par le même GEITHNER, alors président de la Banque de Réserve fédérale de New York, peu de temps après sa participation à la réunion annuelle du Bilderberg group de juin 2008. Dès lors, la confrérie universaliste a instrumentalisé l'ONU et le FMI, afin qu'ils soutiennent cette idée, initialement écartée des thèmes prévus pour la réunion du G20, du 2 avril 2009.

Les organisateurs de ce rendez-vous ont bien insisté sur l'absolue nécessité de remplacer le système référentiel instable du dollar. L'atout évoqué, pouvoir stimuler durablement les économies des pays riches. Lors de cette réunion, cette thèse fut présentée comme une réelle opportunité. Pour éviter que les chefs d'État ne puissent s'apercevoir de ce faux semblant, le

---

[316] Membre de la Pilgrim's society – du CFR – du Bilderberg – de la Trilatérale – directeur de développement du FMI, voir organigramme.

directeur du FMI à court d'arguments pour étayer ce sujet délicat s'évertua à rassurer son auditoire. Il n'a eu de cesse de ponctuer et argumenter cette position, disant tout l'intérêt légitime d'appliquer dans les mois à venir cette nouvelle disposition progressiste.

L'ÉVOLUTION DE LA FINANCE MONDIALE SE DESSINE RAPIDEMENT AU FUSAIN

Au regard de l'avancement du plan général du cartel, l'introduction d'une monnaie unique constitue le moyen principal de surconcentration et de contrôle absolu du système financier et économique mondial. Une prérogative qui n'appartient qu'à l'élite du Bilderberg. Vue sous cet angle, la poursuite d'une rapide érosion de l'économique mondiale, une des tactiques mondialistes confiées au CFR, s'avère donc être la condition préalable à l'union monétaire mondiale. L'évolution de la finance internationale se dessine donc rapidement au fusain. Le premier élément qui apparaît sur la toile se rapporte aux banques centrales, principalement la BCE et la FED. Puisqu'elles sont indépendantes et détachées des décisions politiques des États, elles n'ont donc aucun compte à rendre aux populations européennes et américaines. Ces institutions financières sont très probablement l'embase à la constitution d'un nouveau système mondial de réserve monétaire.

La dette publique des Etats occidentaux est devenue monstrueuse au point que les Banques centrales ne cessent de procéder au rachat d'obligations - bons du Trésor. Cela ne change rien au déficit sans cesse croissant des comptes publics, puisque la récession chronique s'est installée partout en occident. De ce fait, les gouvernements privés de ressources fiscales n'ont plus suffisamment de latitude pour gouverner, ils seront donc contraints d'adhérer à cette totale refonte du système monétaire. C'est alors que les États et les peuples de la planète Terre franchiront la dernière écluse, l'ultime passage obligé conduisant cette fois à l'inauguration d'une nouvelle structure politique du monde.

Aucun chef de gouvernement ne pourra se soustraire à ce processus. Ni même s'y opposer, si tant est que l'un d'eux ait pu au préalable en comprendre la manœuvre et la finalité. Au cours des dernières décennies, en ayant su contrôler les rouages vitaux de l'économie mondiale, dont tous les mécanismes de la monnaie et du crédit, les esprits brillants ont pu encapsuler les États nation. Connaissant tous les rouages d'une finance mondialisée, qu'ils ont su cadenasser, les planificateurs de la récession mondiale, seront à même de démonter et de figer toutes les formes d'objections, d'opposition, des chefs d'Etat à l'instauration triomphante de ce nouveau gouvernement du monde.

Néanmoins, ces derniers recevront l'assurance de conserver leur autonomie souveraine, s'ils soutiennent l'ultime transformation, la seule voie, la seule chance qui leur permettra de s'extraire d'un système moribond. Cette négociation du renouveau, parée de tous ses attraits, sera habillée de pourpre et de satin. L'ambiance royale très valorisante du moment honorera, et mettra en confiance le rassemblement de toute cette élite aristocratique.

Comme l'avait fait remarquer Carroll QUIGLEY, un professeur de Georgetown et historien du CFR, le but des familles bancaires c'est « *de créer un système mondial de contrôle financier entre des mains privées, capable de dominer le système politique de chaque pays et l'économie du monde dans son ensemble [...] Surveillé de manière féodale par les banques centrales du monde agissant de concert, au travers des accords secrets pris lors de fréquentes rencontres privées et lors de conférences* ». En 1966, son livre, *Tragédie et Espoir*, fut si révélateur qu'il fut retiré et détruit. En 2007, Robert MUNDELL, prix

Nobel d'économie 1999, promoteur de l'euro et préposé à la monnaie mondiale unique, avait prescrit « *qu'habituellement la réforme monétaire internationale devient possible seulement en réponse à un besoin ressenti et à la menace d'une crise mondiale* ».

Rien de surprenant à ce que la réalisation de cette réforme monétaire se situe et s'articule précisément juste après un niveau paroxystique de difficultés qu'auront dû supporter les États nation. Juste avant que les gouvernements nationaux n'entrent dans une phase de totale déconfiture. C'est à ce moment propice que ce programme de nouvelle donne économique et financière, ce New Âge promis à un bel essor, sera établi. Il englobera de nouveaux fondements socio-économiques, prétendument acceptables par tous, ouvrant de nouveaux droits de consolidation sociale et environnementale. Cette démarche inédite permettra aux esprits supérieurs de se placer tactiquement en libérateurs de l'économie mondiale.

LA MONNAIE MONDIALE UNIQUE, L'ALTERNATIVE ENTRE L'ÉPERON ET LA CRAVACHE ?

Dans les circonstances actuelles de dégradation économique mondiale avancée, deux scénarios se profilent, 1- sous leadership américain, l'occasion sera prochainement offerte aux nations de prendre fait et cause pour la réinitialisation – Global Reset - de l'actuel système financier. Au cours des derniers sommets du G8, du G20, les chefs d'État ont été préalablement piqués au vif sur les flancs à petits coups d'éperon par le cavalier mondialiste pour qu'ils acceptent ces nouvelles directives. Afin de préserver leurs intérêts immédiats et futurs, lors de prochains sommets il leur sera demandé de s'impliquer volontiers à la pleine réussite de ce plan.

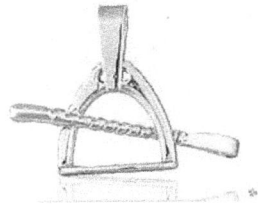

2- S'ils refusent partiellement ou catégoriquement cet accord de la dernière chance, en y faisant obstruction d'une manière ou d'une autre – s'ils obligent les organisateurs au renvoi à de nouvelles négociations internationales, c'est alors qu'ils s'exposeraient à une réaction immédiate de la part des commanditaires de ce sommet. Ils seraient aussitôt châtiés par de terribles coups de cravache assenés par cet écuyer impitoyable. La sanction consisterait, sous prétexte d'assainir l'inextricable dette publique américaine, à organiser subrepticement le chaos sur le marché monétaire. Afin de réunir efficacement les conditions préliminaires à ce volet du plan, il est très probable qu'une chasse à courre soit organisée cette fois sur le gros gibier du monétaire, en s'attaquant une ultime fois à l'euro, puis au dollar. Prenant ainsi de court l'initiative de la Chine d'adosser le yuan à l'or physique, qu'elle a accumulé en très grande quantité, pour détrôner le dollar.

LA CHUTE DE L'EURO, PUIS CELLE DU DOLLAR

Car si la devise européenne, proche d'un schisme n'était pas complètement dépréciée avant que ne se produise la chute du dollar, alors la partie des investisseurs livrés à eux-mêmes, non appareillés au cartel de la haute finance, pourraient se reporter massivement vers la monnaie européenne (carry-trade), ce qui affaiblirait d'autant l'impact de cette stratégie. Pour ajouter à la confusion boursière du moment, les chiens de meute et les rabatteurs surexcités pourront encercler à leur guise bien d'autres gibiers. Une fois de plus, ils ne se priveront pas de cerner et de mettre à mal sans pitié d'autres secteurs boursiers. Le moyen imparable d'affecter gravement les pays opposés au projet, notamment ceux les plus robustes ayant le mieux résisté à la succession de secousses provoquées dès 2008 par le déclenchement de la crise majeure.

Indépendamment d'une crise généralisée sur le marché monétaire, la décision de dévaluer unilatéralement le billet vert, serait un argument inopposable car il correspond au besoin impérieux d'apurement de la dette publique officielle des États-Unis.[317] Censément le seul moyen pour ce pays de solutionner ces immenses problèmes en stimulant les exportations et de relancer l'emploi.

Voilà de quoi donner un violent coup de bâton sur l'échine des nations, mais sans que personne puisse vraiment comprendre de quoi il retourne ! Le moyen imparable de mettre à genoux toutes les économies souveraines puisqu'elles détiennent en moyenne 60 à 80% de leur réserve de change en devise américaine.

Placés dans ce contexte ultra dépressionnaire le milieu bancaire, tout autant que les gouvernements auraient à faire face à la dévaluation démesurée des investissements en valeur nominale (papiers monétaires, obligations, fonds de placement…). La panique s'emparerait des places financières. Les prix de détail flamberaient.

Les populations affolées se précipiteraient aux guichets des banques pour retirer toutes les liquidités. En mars 2013, des signes avant-coureurs se produisent au guichet de banques anglaises,[318] des millions de clients ont été privés de liquidités. De surcroît, les magasins seraient vidés, voire pillés, de tous produits de consommation courante. Au total cet enchaînement de troubles aboutirait inévitablement la déstabilisation totale de l'économie mondiale.

---

[317] En 2011 – 15. 040 milliards de $ - soit plus de 100% du produit intérieur brut - PIB - annuel. Une décision recevable et politiquement acceptable par tous puisqu'il s'agit du pays reconnu et considéré comme l'indispensable motrice de l'économie mondiale.

[318] **Millions left without money as RBS systems crash**
http://www.telegraph.co.uk/finance/newsbysector/epic/rbs/9914242/Millions-left-without-money-as-RBS-systems-crash.html

Dans les conditions qui s'annoncent, à très court terme, d'une façon ou d'une autre, le monde entier sera confronté à une dépression économique sans commune mesure avec celle des années 1929. Pour éviter l'apogée de cette crise majeure, riches et pauvres, nations et peuples, tous exsangues, seront probablement heureux d'accepter une planche de salut. Elle se présentera sous la forme de directives qui imposeront la totale refonte de l'économie et de la finance mondiales et la ruine des épargnants. Pour le lot de gens riches et fiers de l'être, par trop assurés de la pérennité de leurs biens, la présente explication devrait les éclairer sur la valeur réelle et le devenir du système monétaire actuel.

BIENTÔT, ILS SE POSERONT EN LIBÉRATEURS DE L'ÉCONOMIE MONDIALE

Lorsque la situation socio-économique atteindra un stade suffisamment critique et ingérable, les instances de la véritable gouvernance mondiale se poseront immédiatement en libérateurs du monde. Cette nouvelle autorité, autrefois opérant en coulisse, émergera en proposant de stopper net l'état déplorable d'une économie mondiale minée, au bord d'une totale faillite. Une formidable propagande médiatique sur le thème d'un renouveau économique et social[319] sans pareil permettra de gagner l'adhésion du plus grand nombre à l'agencement de ce nouvel organigramme du monde.

---

[319] **Et si on partageait la valeur ?**
http://www.weave-air.eu/et-si-on-partageait-la-valeur/

POURQUOI PERSONNE NE PEUT VRAIMENT S'Y OPPOSER ?

Depuis 1998, la Banque du Japon et la Banque centrale européenne peuvent agir en toute indépendance des gouvernements nationaux. Bien avant elles, dès 1913, sous l'impulsion des esprits supérieurs, la Réserve fédérale américaine (FED) a su se détacher de la tutelle de l'État fédéral. Du fait de la mondialisation des échanges libellés en dollars, les deux premières contre leur gré se livrent au même jeu tragique du sauvetage obligé du billet vert. Les gouverneurs de ces banques savent pertinemment à quel point la monnaie US a perdu toute valeur. Néanmoins, ils ont couvert leur propre monnaie par des réserves monétaires dont les lignes de compte sont libellées avec cette devise sans valeur, à hauteur minimale de 70%. C'était la seule façon de soutenir volontairement l'illusion durable que le dollar pouvait être imposé à tous comme unique moyen de paiement légal. Ces gouverneurs se sont tus, forcés à maintenir un équilibre économique relatif, faussé par les dures règles de la mondialisation, tandis qu'ils n'ont cessé d'être influencés et manipulés par les représentants de grandes institutions internationales et de réseaux occultes.

En témoigne, en novembre 2011, la nomination de Mario DRAGHI, à la tête de BCE, l'un des fidèles serviteurs de la confrérie, membre de la Commission trilatérale, du Bilderberg. En décembre 2011, à peine nommé, le nouveau gouverneur de la BCE offre au milieu bancaire un pactole de 489 milliards €, au taux inespéré de 1% sur 3 ans. Il prévoit une autre opération de même type pour février 2012. Censément pour limiter l'inflation et faciliter le crédit, mais sans avoir reçu au préalable le moindre engagement constructif de la part des banques en faveur de l'économie réelle. En 2015, nouvelle aide de 1100 milliards €. Avec ces nouvelles ressources, les banques reprendront sans tarder leurs habitudes spéculatives d'hyper-profit. Au final, cette opération sera quasi nulle, sans impact probant sur l'économie réelle.[320]

Selon les textes du traité financier européen, la Banque centrale européenne ne pouvait pas racheter directement une partie de la dette des banques ou des États en difficulté. Pourtant en 2008, cette réglementation a été contournée pour sauver le milieu bancaire et de surcroît lui racheter des titres considérés comme pourris[321] à cause de la spéculation frénétique engagée depuis les années 2000. En septembre 2012, sous l'impulsion de son nouveau président Mario DRAGHI, la politique de la BCE s'inverse à nouveau pour sembler solutionner cette fois l'endettement des pays européens.

Mais l'objectif du cartel mondialiste transparaissait clairement au travers des propos de DRAGHI du 20 juillet 2012 *« Tout mouvement vers **une union financière, budgétaire et politique est à mon sens inévitable** et conduira à la création de nouvelles entités supranationales. Dans certains pays, le transfert de souveraineté [...] que cela implique est un enjeu majeur. Avec la mondialisation, c'est précisément en partageant la souveraineté que les pays peuvent mieux la conserver »*. Pour que cet objectif puisse être atteint, l'assèchement de l'économie réelle doit se poursuivre. Si cela n'y suffisait pas, il faut s'attendre à un bouleversement monétaire. À ce stade, la BCE serait dépourvue de toute marche de manœuvre.

Si la tour dédiée au dieu Mammon[322] est restée artificiellement debout jusqu'à présent c'était pour parvenir à une

---

[320] **Avec presque 500 milliards d'euros, la BCE soulage les banques et la zone euro**
http://www.citoyendeurope.com/?p=350
[321] **Crise financière mondiale: le Dico pour tout comprendre**
http://www.vsd.fr/contenu-editorial/l-actualite/les-indiscrets/948-crise-financiere-mondiale-le-dico-pour-tout-comprendre
[322] **Mammon ou l'argent-roi**
http://atheisme.free.fr/Contributions/Mammon.htm

surconcentration de la finance mondiale afin de pressurer toute l'économie mondiale et par là même enserrer les États-nation sous la contrainte des marchés financiers. Derrière ces manœuvres de fond se dissimule l'objectif central qui consiste à dissoudre l' système financier et économique. Pourquoi depuis 2008, la Réserve fédérale – FED – ne cesse-t-elle au prix d'un lourd bilan et de détournement de fonds[323] de soutenir coûte que coûte l'économie américaine et les réseaux occultes du cartel ? Parce que les États-Unis ont un rôle prépondérant à jouer pour relayer l'ONU défaillante et finalement parvenir à mettre en place une nouvelle structure du monde.

Toutefois, cette cathédrale est sur le point de s'écrouler. Personne parmi les puissants, ne pourra plus jamais en tirer un quelconque bénéfice ou s'en glorifier avec grande présomption. D'ores et déjà, les esprits supérieurs projettent les applications de leur futur modèle mondial comme s'il existait déjà. Il ne fonctionnera pas du tout sur le modèle actuel,. Il sera légitimé pour servir au tout premier rang les intérêts primordiaux de Gaïa, la Terre mère, afin de garantir la pérennité des écosystèmes. Une mission déléguée particulièrement au Club de Rome – thème développé dans notre livre « *Initiation et Sociétés secrètes* ».

---

[323] **9000 MILLIARDS $ ont disparu de la FED Federal Reserve Bank**
https://www.youtube.com/watch?v=3o8E6ZjE6OQ

Poussés à accepter le Traité de la dernière chance

Bien avant que ne débute la crise des crises, la plupart des nations occidentales n'avaient pas été capables de maîtriser l'endettement public et d'assurer le progrès social. Elles se trouvaient dans une position d'abaissement qui avait déjà entamé leur autonomie et leur capacité d'intervention. Depuis 2008, ces gouvernements, notamment ceux du vieux continent, se trouvent confrontés au front tempétueux de multiples enchaînements mettant en évidence des problèmes insolubles.

Une fois qu'ils seront placés face à une situation plus troublante, plus alarmante, les leaders nationaux n'auront d'autre choix que d'accepter instamment le traité innovant proposé par les représentants de la véritable gouvernance mondiale. D'autant mieux que ce traité mettra subtilement, mensongèrement, en valeur une clause permettant de sauvegarder l'embasement traditionnel de l'économie et de la finance mondiale. Tout bien considéré, cet engagement représentera pour eux une occasion unique de se libérer une fois pour toutes, des ornières et du dédale de difficultés insurmontables dans lesquelles ils seront enlisés à cette période-là.

Actuellement, les vives réactions des États-nation qui croulent sous le poids de la dette et de la récession sont comparables à celles d'un randonneur égaré, pris soudainement en traitre par la première vague de froid. En position de survie, le cerveau de cet individu commandera au flux sanguin d'irriguer prioritairement ses organes vitaux, délaissant progressivement les extrémités du corps. Ce qui explique les gelures typiques des extrémités, des mains et des pieds, qu'il faudra amputer.

De même, les chefs de gouvernement se démènent depuis 2008 pour éviter la faillite. Ils n'ont d'autre solution que d'emprunter auprès des marchés et de canaliser un flot constant de ressources financières pour assurer prioritairement le train de vie de l'État, parallèlement à la réduction de l'endettement par des mesures de rigueur sociale, d'austérité. C'est une intervention vitale pour leur autonomie, leur souveraineté, qui évidemment s'opère au détriment du reste de la nation. Conséquemment, sans avoir le niveau de ressources suffisant, les secteurs clés (éducation, santé, assurance emploi, logement, formation...) se sont sclérosés. Avant de devoir les amputer davantage, les gouvernants nationaux accepteront l'offre du nouvel ordonnancement économique mondial. D'autant plus qu'à ce stade de difficulté, ils seront convaincus que la fin annoncée de la civilisation ne sera pas le fait d'une guerre violente entre les super puissances, mais le fait de l'écroulement de l'économie mondiale.

Depuis de nombreuses décennies, toutes les élites à la tête des nations sont coutumières de contacts, d'échanges cordiaux et constructifs avec les représentants de la véritable gouvernance mondiale. Il leur sera donc plus aisé d'accepter la mise en œuvre immédiate de cette première partie du traité de la dernière chance.

DEPUIS LES ANNÉES 1980, LES CHEFS D'ETAT APPELLENT UNANIMEMENT À UN NOUVEL ORDRE MONDIAL

Au cours de son mandat 1989 – 1993 – George Herbert Walker BUSH, 41e président des Etats-Unis, déclara « *Nous avons devant nous l'opportunité de construire pour nous-mêmes et pour les générations futures un nouvel ordre mondial. Un monde où les règles de la loi, pas celles de la jungle, gouverneront la conduite des nations [...] Nous aurons une réelle chance avec ce nouvel ordre mondial* ».[324]

Le 16 mars 1999, lors d'une conférence, Bill CLINTON, 42e président des Etats-Unis, déclara « *Et après 1989, BUSH avait l'habitude de dire cette phrase que je vais utiliser moi-même, nous avons besoin d'un nouvel ordre mondial* ».[325]

Le 18 novembre 2004, à l'International Institute of Strategic Studies de Londres, Jacques CHIRAC, président de la République française, déclara « *Pour construire le nouvel ordre mondial qui garantira durablement la paix..* ». Source.[326]

Le 8 janvier 2009, lors d'un discours, Angela MERKEL, Chancelière d'Allemagne, déclara « *Le G8 ne peut garantir l'ordre sur les marchés financiers à lui tout seul. Nous devons inclure un nombre croissant d'acteurs. Nous devons créer un nouvel Ordre international dans lequel l'Europe jouera un rôle important. Aucun pays ne peut agir seul*

---

[324] **Bush senior annonce le N.O.M.**
http://www.dailymotion.com/video/x8cdcn_bush-senior-annonce-le-n-o-m_news?from_related=related.page.int.gravity-only.4c1aa2db9e82a0d84e9e1dbe004bb034142774200
[325] **Clinton sur le N.O.M.**
http://www.dailymotion.com/video/k2Ukxi7tYsbTrgjN4D
[326] http://www.jacqueschirac-asso.fr/archives-elysee.fr/elysee/elysee.fr/francais/interventions/discours_et_declarations/2004/novembre/fi001268.html

contre les effets de la crise, même pas les États-Unis, aussi puissants soient-ils ».

Le 16 janvier 2009, à l'ONU, Nicolas, président de la République française déclara « *On ira ensemble vers ce nouvel ordre mondial ; et personne, je dis bien personne, ne pourra s'y opposer car les forces au service de ce changement sont considérablement plus fortes que les conservatismes et les immobilismes.*» [327]

Le 26 janvier 2009, Gordon BROWN, premier ministre britannique disait que la crise financière et économique ne doit pas être une excuse de repli dans le protectionnisme, mais plutôt que ce sera « *l'accouchement difficile d'un nouvel ordre mondial* ». Source.[328]

Le 1er février 2012, lors d'une interview, Henry KISSINGER, ancien Secrétaire d'Etat – Conseiller à la sécurité des Etats-Unis – Prix Nobel de la paix 1973, déclara « *Il y a besoin d'un nouvel ordre mondial… *».[329]

En avril 2010, lors d'une conférence du CFR à Montréal, Zbginiew BRZEZINSKI – expert géopolitique, cofondateur avec David ROCKEFELLER de la Commission Trilatérale en 1973, membre éminent du Bilderberg group, ex Conseiller politique au Département d'Etat, aux affaires étrangères, à la sécurité nationale, actuel Conseiller du Président OBAMA, « *parlant d'un leadership manquant d'unité interne, de la nouvelle identité du G20, dans un monde où les gens, pour la première fois dans toute l'histoire de l'humanité, sont politiquement éveillés, conscients de ce qui se*

[327] **Sarkozy veut imposer le NOUVEL ORDRE MONDIAL (NWO)**
https://www.youtube.com/watch?v=aeXhEp7dhvw
[328] **La crise doit « accoucher d'un nouvel ordre mondial », selon Brown**
http://www.lemonde.fr/europe/article/2009/01/26/la-crise-doit-accoucher-d-un-nouvel-ordre-mondial-selon-brown_1146375_3214.html
[329] **Henry Kissinger veut le Nouvel Ordre Mondial / Ordo Ab Chao**
http://www.dailymotion.com/video/xo9cyn_henry-kissinger-veut-le-nouvel-ordre-mondial-ordo-ab-chao_news

passe en général dans le monde, des iniquités, inégalités, de l'exploitation humaine. Un contexte beaucoup plus difficile pour toute puissance majeure, y compris les Etats-Unis. Il précise le besoin d'une source de pouvoir concentré de portée universelle que même l'Amérique n'a pas, ni l'ONU dont le pouvoir est limité, de la nécessité d'un gouvernement mondial unique ».[330]

Peu de temps après l'acceptation ce premier volet du traité, ce sera l'occasion de les inviter à une nouvelle assemblée extraordinaire toujours sous la houlette des États-Unis et de l'ONU. Cette fois, les esprits supérieurs les pousseront à conclure la deuxième partie d'alliance, pour une toute nouvelle gouvernance politique du monde.

Le cadre de ce pacte inclura des clauses humanistes et sociales tout à fait inédites. Une série de dispositions surprenantes, décrites pour être les plus complètes, les plus justes, les plus fiables, jamais offertes au monde démocratique. Elles seront d'apparence si parfaite, qu'elles prendront aussi en compte tous les besoins de réforme environnementale, conformément aux intérêts vitaux de Gaïa la Terre-Mère. Parmi lesquelles, la mise en valeur de formes d'énergie non polluantes et quasi gratuites, soi-disant nouvelles, trois exemples parmi d'autres technologies déjà existantes :

1) L'utilisation de l'hydrogène de l'eau reconvertible en haute énergie (plasma).[331] 2) le procédé de fusion froide (par opposition à la fusion chaude des centrales thermonucléaires), dénommé « E-Cat »,[332] sans danger, applicable à grande échelle dès 2013, une découverte des années 1980.[333] 3) certaines

---

[330] **Conférence du CFR sur le Gouvernement Mondial à Montréal - Z. Brezinski**
https://www.youtube.com/watch?v=ZiL53QjQL0o
[331] **Genepax - Water Car from Japan**
https://www.youtube.com/watch?v=WLjVVPeyDKk
[332] http://fusion-froide.com/732
[333] http://www.fusionfroide.org/

applications électromagnétiques offrant une énergie à l'infini, l'objet des travaux de Nikola TESLA début du XXe siècle. Jusque-là, autant de procédés financièrement contre-productifs pour le cartel de lobbyistes ayant décidé, via d'autres sources d'énergie polluantes et lucratives, de tenir en bride toute la civilisation, jusqu'à ce qu'ils aient décidé de faire diamétralement le contraire, au moment propice.[334]

Pour les chefs de gouvernement, cette alliance représentera une solution globale très opportune. Un réel package dans un écrin rutilant, qui offrira un modèle idéal tant financier, économique, sociétal, sécuritaire, qu'énergétique et environnemental. Un paradigme qui permettrait à toutes les nations non seulement de sortir de la crise majeure, mais aussi de trouver un ensemble de garanties pour assurer à tous les peuples une toute nouvelle forme de vie sociétale qui puisse garantir la pérennité de l'humanité.

Cette offre de traité universel, incluant la protection de tous les éco systèmes et l'équilibre des ressources naturelles, sera assortie d'une clause de concorde entre toutes les nations et tous les peuples du globe, sur la base d'une nouvelle charte des droits publics. Elle fixera le rôle participatif de tous les chefs d'État-nation. Cette élite recevra l'assurance de conserver tous les droits, toutes les prérogatives attachées à la souveraineté nationale, si chère à leurs yeux.

Une façon très habile de les sécuriser afin qu'ils en ratifient toutes les clauses. Après l'obtention d'un rapide consensus scellant toutes les dispositions et extensions de ce traité, l'on assistera à la retransmission d'une cérémonie extraordinaire, grandiose, majestueuse. Le grand public y participera à sa manière, en envahissant les rues et les avenues. Les

---

[334] **Comprendre L'Empire - Le Monde ou nous vivons**
https://www.youtube.com/watch?v=8EFlzvbXS2g

représentants charismatiques des esprits brillants s'adresseront solennellement à tous. Ils valoriseront, entre autres thématiques salutaires au devenir de la société humaine, le respect absolu de nouveaux droits universels des peuples. Ils se porteront aussi garants de la liberté de culte, assurés toutefois de parvenir rapidement à l'unification de toutes les religions du monde.

La jubilation générale manifestée sur les cinq continents témoignera de l'adhésion unanime des leaders nationaux et de l'ensemble des peuples de la planète à ce traité unique dans les annales de l'histoire. À ce moment-là, seuls les êtres perspicaces pourront discerner à quoi, à qui, ils sont vraiment confrontés.

Pour l'immense majorité des gens, ce ne sera qu'un moment bien éphémère d'euphorie collective, suscitée par un cérémonial grandiose, si festif, si triomphant. Un apparent renouveau censé donner les moyens de dénouer tous les maux de la civilisation, et de porter tous les espoirs frustrés de l'humanité. En réalité ce sera la phase ultime, continuité de la crise majeure caractérisée par le chaos sociétal absolu, l'angoisse des gens partout dans le monde ne sachant où et vers qui se tourner – voir ici à partir du point n°13.[335]

Toutefois, confiant en d'autres promesses rendues plus sûres, l'individu lucide se tiendra fort éloigné de ces festivités très attrayantes. Il ne se laissera aucunement troubler par ces belles paroles infondées. L'homme avisé, loin de se laisser impressionner par des formules creuses et trompeuses n'accordera aucun crédit à ces effets d'annonce à venir d'envergure mondiale, universelle.

---

[335] **Le plan planétaire à venir, en trois parties**
http://crisemajeure.jimdo.com/le-plan-plan%C3%A9taire-%C3%A0-venir-en-trois-parties/

CHRISTIAN ROUAS

LIVRES DU MÊME AUTEUR

L'EMPRISE du MONDIALISME

II - Initiation & Sociétés secrètes - Quel avenir cette élite d'initiés réserve-t-elle à l'humanité ?

III - Le Secret des Hautes Technologies - Les moyens de haute technologie des superpuissances ont-ils capacité à manipuler, bouleverser, le climat, produisant des inondations, sécheresses, ouragans, tsunamis, tremblements de terre… ?

IV - Hérésie Médicale & Éradication de masse – les principaux moyens microbiologiques de pandémie - stérilisation de masse - Cancer & médicaments chimiques

Ouvrages publiés chez **Omnia Veritas Ltd**

www.omnia-veritas.com

ℰMNIA VERITAS

Suivre l'évolution de la crise majeure sur notre site

www.crisemajeure.jimdo.com